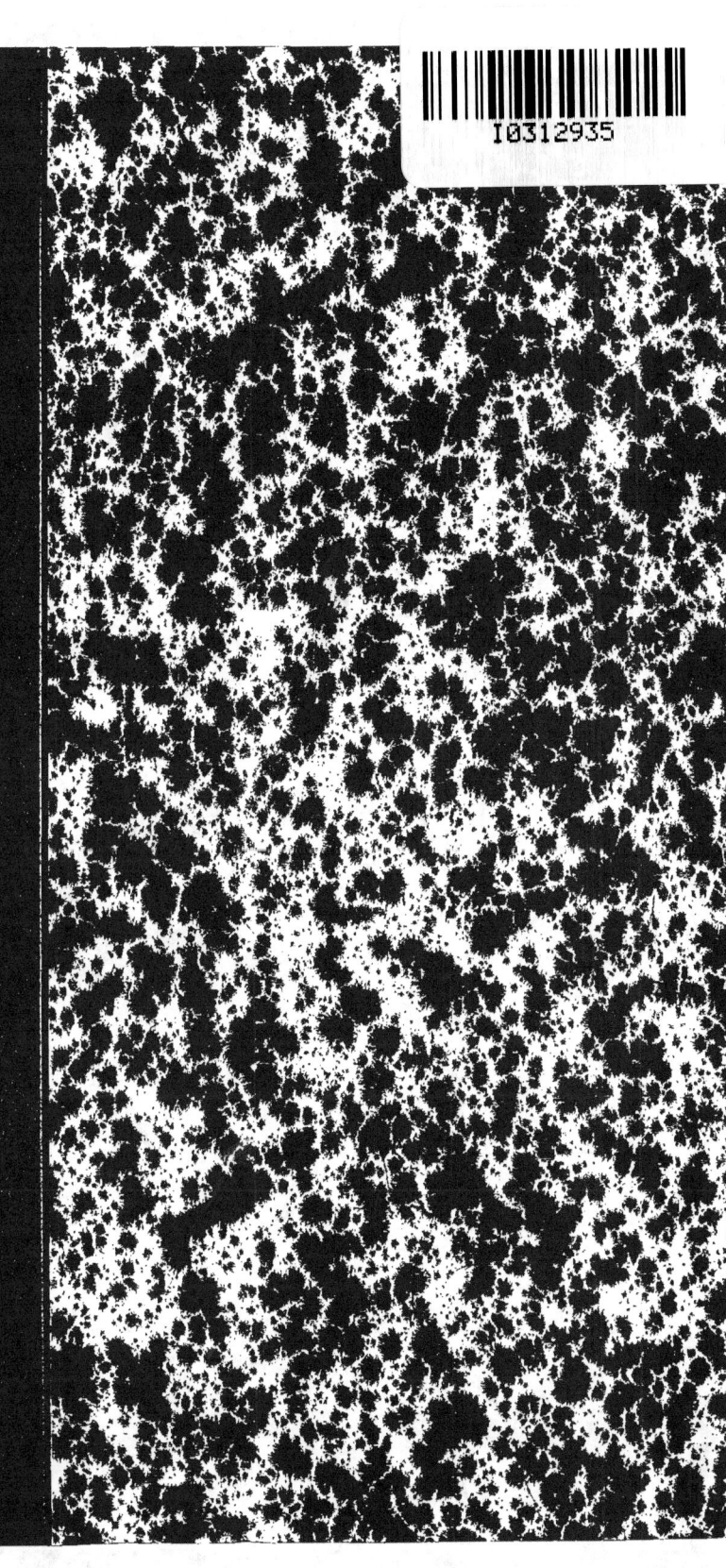

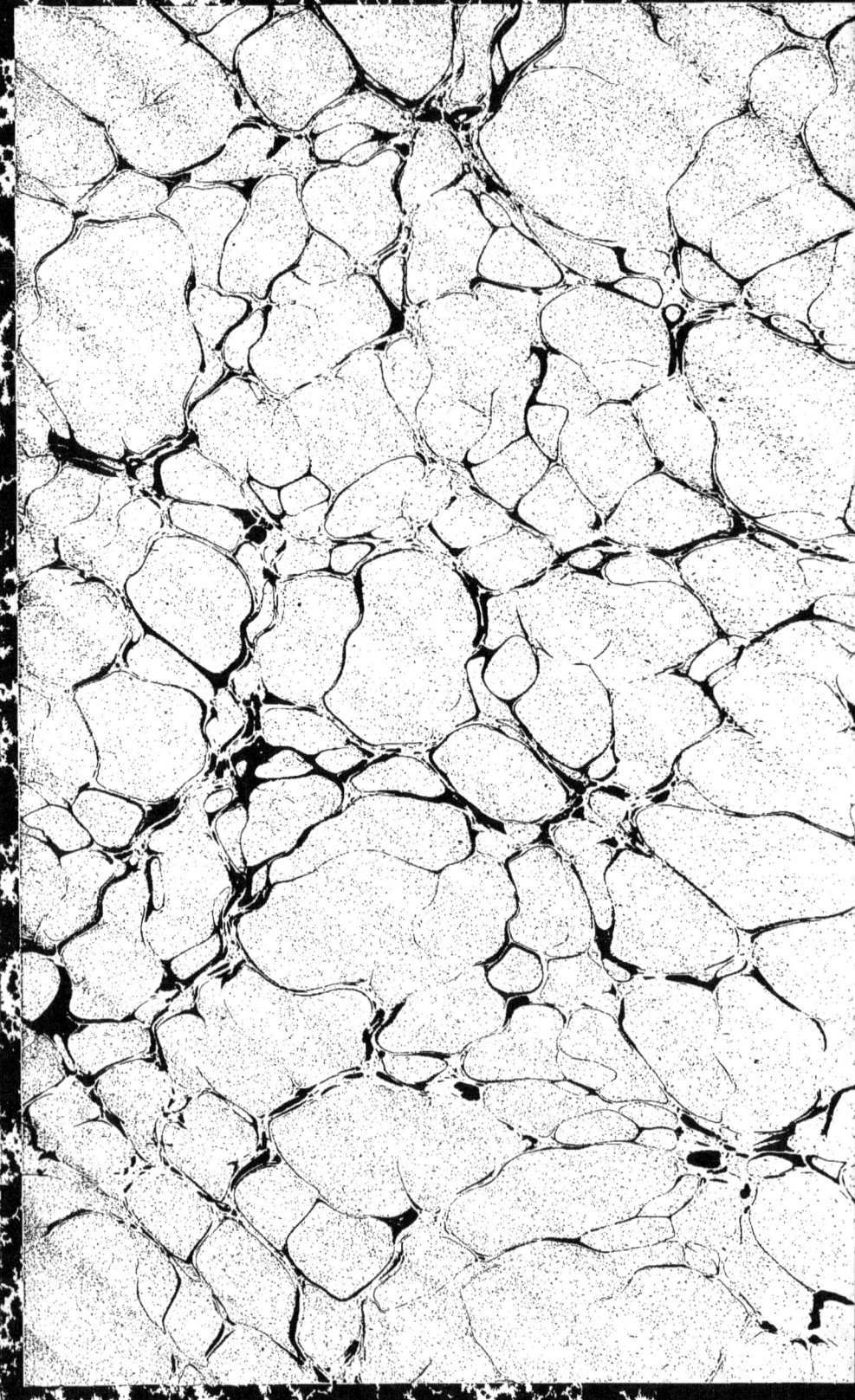

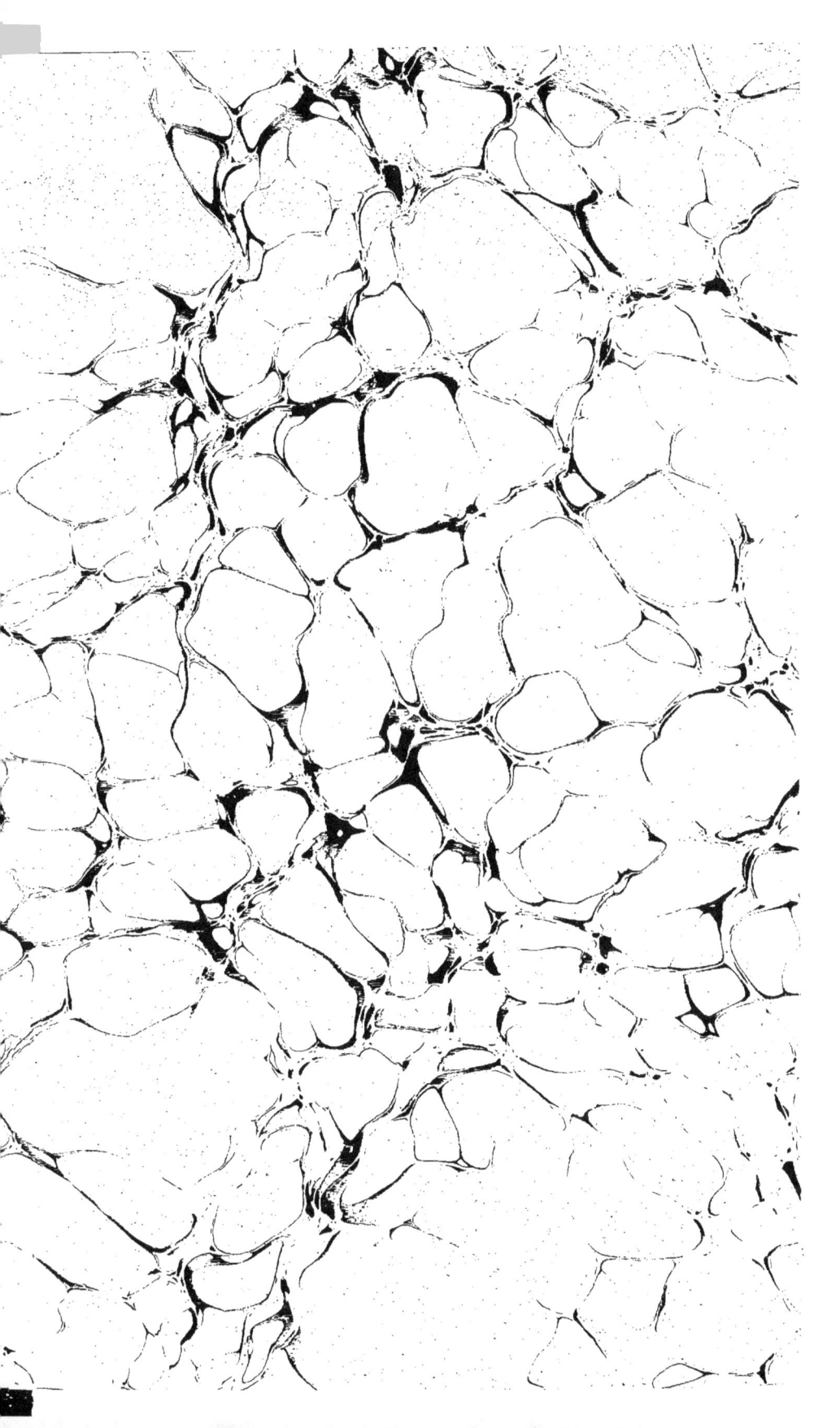

MÉMOIRES
DE
SAINT-HILAIRE

PUBLIÉS
POUR LA SOCIÉTÉ DE L'HISTOIRE DE FRANCE

PAR

LÉON LECESTRE

TOME QUATRIÈME

1704-1706

A PARIS
LIBRAIRIE RENOUARD
H. LAURENS, SUCCESSEUR
LIBRAIRE DE LA SOCIÉTÉ DE L'HISTOIRE DE FRANCE
RUE DE TOURNON, N° 6

M DCCCC XI

Exercice 1911
2° volume.

MÉMOIRES

DE

SAINT-HILAIRE

IMPRIMERIE DAUPELEY-GOUVERNEUR

A NOGENT-LE-ROTROU.

MÉMOIRES

DE

SAINT-HILAIRE

PUBLIÉS

POUR LA SOCIÉTÉ DE L'HISTOIRE DE FRANCE

PAR

Léon LECESTRE

TOME QUATRIÈME

1704-1706

A PARIS
LIBRAIRIE RENOUARD
H. LAURENS, SUCCESSEUR
LIBRAIRE DE LA SOCIÉTÉ DE L'HISTOIRE DE FRANCE
RUE DE TOURNON, N° 6

M DCCCC XI

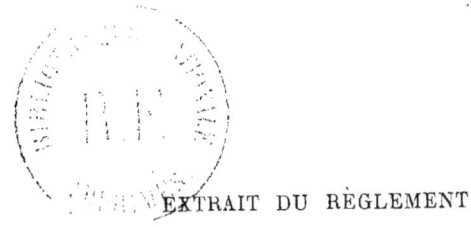

EXTRAIT DU RÈGLEMENT.

Art. 14. — Le Conseil désigne les ouvrages à publier, et choisit les personnes les plus capables d'en préparer et d'en suivre la publication.

Il nomme, pour chaque ouvrage à publier, un Commissaire responsable, chargé d'en surveiller l'exécution.

Le nom de l'éditeur sera placé en tête de chaque volume.

Aucun volume ne pourra paraître sous le nom de la Société sans l'autorisation du Conseil, et s'il n'est accompagné d'une déclaration du Commissaire responsable, portant que le travail lui a paru mériter d'être publié.

Le Commissaire responsable soussigné déclare que le tome IV des Mémoires de Saint-Hilaire, *préparé par* M. Léon Lecestre, *lui a paru digne d'être publié par la* Société de l'Histoire de France.

Fait à Paris, le 1er octobre 1911.

Signé : Noël VALOIS.

Certifié :

Le Secrétaire adjoint de la Société de l'Histoire de France,

HENRI COURTEAULT.

MÉMOIRES
DE
SAINT-HILAIRE

TROISIÈME PARTIE

(Suite.)

Campagne de M. de Vendôme en Piémont, 1704. — Les forces des deux Couronnes, commandées par M. de Vendôme en qualité de généralissime, furent si bien recrutées et si supérieures à celles de l'Empereur et du duc de Savoie, qu'il se trouva en situation d'en donner une bonne partie au Grand Prieur son frère[1] pour s'opposer aux Impériaux sur le Bas-Pô et sur la Secchia. Il en eut encore plus qu'il ne lui en falloit pour être maître de la campagne en Piémont et réduire le duc de Savoie dans la dure nécessité de jeter la meilleure partie de ses troupes dans les différentes places de son État, presque toutes également menacées de siège, et de rester avec l'autre à l'appui de Verrue, dont il fit son attention principale, parce que cette

1. Philippe de Vendôme (1655-1727) avait le grand prieuré de France de l'ordre de Malte depuis 1678.

place couvroit Turin, la capitale de son État; ainsi il abandonna presque toutes les autres à leurs propres forces, après les avoir bien munies chacune selon ses besoins.

[M. de Vendôme, ayant fait faire tous les préparatifs nécessaires pour l'exécution de ses projets, fit assembler son armée sous Casal, du côté du Montferrat, où il laissa Albergotti, lieutenant général, avec huit bataillons, autant d'escadrons et quelques petites pièces de campagne, pour le couvrir et le préserver des courses des Piémontois, et plus effectivement pour quelque dessein qu'il avoit formé, dont je ferai mention dans la suite.]

Ce prince fit faire trois ponts sur le Pô, les premiers jours de mai, et le fit incontinent passer à son armée, qui se trouva forte alors de quarante-deux bataillons, de soixante-quinze escadrons, avec un équipage d'artillerie de campagne proportionné. Il s'avança sur M. de Savoie, qui étoit posté du côté de Verceil avec un petit corps d'armée fort inférieur; ce qui l'obligea aussitôt à décamper de nuit pour se retirer du côté de Trin, d'où il partit encore le lendemain dès le point du jour, dirigeant sa marche sur Crescentin, où il avoit laissé un petit corps de troupes pour soutenir Verrue, qui est vis-à-vis, le Pô entre deux. M. de Vendôme suivit ce prince dans le dessein de faire attaquer son arrière-garde, où il avoit ordonné deux cents chevaux, deux régiments de dragons et huit compagnies de grenadiers, le tout commandé par Vaubonne[1], officier général de l'Empereur, qui avoit posté derrière

1. Joseph Guibert, marquis de Vaubonne : tome II, p. 418.

lui, dans le village de Treno, quelque infanterie pour le soutenir.

Une partie de cette arrière-garde avoit déjà passé un défilé, quand l'autre fut atteinte et chargée par quatre cents chevaux commandés par la Bretonnière[1], qui étoit soutenu par deux régiments de dragons françois. Vaubonne plia et fut poussé jusqu'au village de Treno, où j'ai dit qu'il avoit posté de l'infanterie. Il se rallia sous son feu, se remit en bataille et vint charger à son tour la Bretonnière, qui fut obligé de se replier sur les deux régiments de dragons, qui avoient ordre de le soutenir. Il s'y rallia, rechargea Vaubonne et le fit plier. Vaubonne fut même pris prisonnier; mais sa cavalerie et ses dragons se retirèrent en assez bon ordre et vinrent encore se rallier sous le feu de leur infanterie de Treno et se remettre en bataille sur le bord du village.

Les affaires étoient en cet état, lorsque M. de Vendôme arriva avec les carabiniers, plusieurs brigades de cavalerie et de dragons. Il alla reconnoître le village et le fit attaquer, la baïonnette au bout du fusil, par deux brigades de dragons, qui mirent pied à terre. La cavalerie ennemie se retira derrière le village, où les dragons entrèrent et essuyèrent une rude décharge de cette infanterie avant qu'elle commençât sa retraite. Cette décharge, qui fut vive, tua et blessa quelques officiers et plusieurs dragons; les ennemis perdirent aussi du monde et deux étendards. On les poussa jusques au village de Ramassano, où le duc de Savoie,

---

1. Gilles de Botterel, comte de la Bretonnière, venait d'être fait brigadier de cavalerie; il devint maréchal de camp en 1709.

qui vint à cette action, où on dit qu'il avoit couru risque d'être pris, avoit jeté beaucoup de grenadiers, ce qui fit cesser cette affaire, M. de Vendôme n'ayant pas jugé à propos de la pousser plus avant[1]. Il ramena ses troupes contre Trin, où il avoit fait marquer son camp; il en partit le lendemain dès le matin avec l'armée pour s'avancer vers Crescentin, dans l'espérance qu'il avoit que les ennemis abandonneroient ce poste pour passer la Doria Baltea. Mais, comme ses partis lui rapportèrent qu'ils n'en avoient rien fait et qu'au contraire ils se retranchoient fortement, ayant appuyé leur gauche à la Doria et leur droite à Crescentin, il se contenta de camper à une lieue de leur camp, qu'il alla reconnoître le lendemain avec cinq cents grenadiers et deux mille chevaux.

Prise de Suse. — Pendant ces mouvements, le duc de Savoie avoit été obligé de retirer presque toutes les troupes qu'il avoit encore en Savoie pour venir fortifier son armée de Piémont. Ainsi le duc de la Feuillade, qui commandoit en Dauphiné, ne trouvant plus cet obstacle pour l'exécution des ordres de M. de Vendôme, auquel il étoit subordonné, fit entrer Goas, maréchal de camp[2], en Savoie avec quelques troupes, qu'il suivit bientôt avec le reste des siennes et quelques autres qui lui vinrent des Cévennes et du Languedoc.

1. Ce petit combat fut livré le 7 mai. L'*Histoire militaire*, t. IV, p. 343-345, en donne un récit qui présente de grandes analogies avec celui de Saint-Hilaire, quoique plus détaillé; comparez celui des *Mémoires du chevalier de Quincy*, t. II, p. 5-8.

2. Blaise de Biran, comte de Goas, venait d'être fait maréchal de camp; il mourut en novembre 1705 des suites de blessures reçues dans divers combats.

Avec cette armée, qui en total fut composée de vingt-quatre bataillons et de quatre régiments de dragons et la grosse artillerie nécessaire, il passa les Alpes et vint assiéger Suse, située à dix lieues de Turin, [au débouché le plus commode du passage du Dauphiné et de la Savoie au Piémont.] La ville n'étoit aucunement fortifiée et ne le pouvoit pas être utilement; mais il y avoit, sur une hauteur qui en est tout proche, un petit château assez bien fortifié, qui lui servoit de citadelle et battoit sur une vallée où passe la Doria, [qui dérive du Mont-Cenis, par où est le grand chemin qui mène à Turin.] Ce château ne pouvoit contenir que peu de monde, ni par conséquent faire une longue défense. De l'autre côté de la ville, dans un terrain presque uni, il y avoit une redoute assez bonne, où commençoit un retranchement spacieux, qui se terminoit sur une montagne qu'on appelle la Brunette, où il y en avoit d'autres fort bons, qui flanquoient toute la partie qui est au-dessous[1].

Le duc de la Feuillade, en arrivant devant Suse, s'empara de toutes les hauteurs voisines de la ville et du château et des autres postes avantageux, de façon qu'elle se trouva tout à fait resserrée et se rendit au premier coup de canon. Après cela, il fit attaquer les retranchements de la Brunette, qui furent défendus par quinze cents hommes; l'action y fut vive de part et d'autre, et l'on y perdit assez de monde, même quelques officiers de considération.

Une partie des ennemis se retira sous la redoute; l'autre se dissipa à travers les montagnes. Le duc de

1. Le *Mercure* de juin 1704, p. 288-293, donne une description de Suse et de ses fortifications au moment du siège.

la Feuillade, s'en étant ainsi rendu le maître, fit battre la redoute pendant deux jours; la garnison demanda à capituler et fut faite prisonnière de guerre. Après cela, on vint au château, qui fut vigoureusement battu pendant quatre jours par douze mortiers et vingt pièces de gros canon, qui y firent des brèches considérables. Alors les assiégés, qui eurent peur d'être emportés d'assaut, battirent la chamade et se rendirent[1].

Cette expédition finie, M. de la Feuillade laissa dans Suse la garnison qu'il jugea nécessaire et marcha brusquement sur la Pérouse[2], dont les retranchements furent abandonnés par les Vaudois qui le gardoient. De là, il vint dans les vallées de Lucerne[3], de Saint-Germain et de Saint-Martin, qui s'engagèrent envers lui à demeurer neutres et tranquilles dans leurs habitations; mais ils manquèrent bientôt à leur parole. Ce duc s'en vengea en faisant brûler et saccager totalement Saint-Germain et quelques autres lieux; ensuite il dispersa des détachements dans les montagnes de Pramola, Coldespis (?) et de la Pérouse et s'empara de Pignerol, du poste de Sainte-Brigitte et du château d'Osasco et y mit des garnisons.

Je reviens à présent à M. de Vendôme. Ce prince,

---

1. Sur le siège de Suse et la capitulation, voyez les *Mémoires militaires*, t. IV, p. 121-138, le *Mercure* de juin, les volumes 1765 et 1766 du Dépôt de la Guerre, et les nouvelles enregistrées successivement par la *Gazette*, par Dangeau et par Sourches.

2. Petit bourg fortifié sur le Cluson, entre Pignerol et Fénestrelle.

3. Le bourg de Lucerne est aussi sur le Cluson, au sud-est de Pignerol; toute cette région, qu'on appelait les Vallées du Piémont, était habitée par les Barbets, descendants des Vaudois du moyen âge.

ayant bien reconnu le camp de M. de Savoie à Crescentin et l'ayant jugé inattaquable, s'en vint camper à Fontanetto, et de là à Desana, où il séjourna quelques jours pour faire fortifier ce poste, celui de Tricerro, la petite ville de Trin et la tête du pont qu'il avoit fait faire sur le Pô, tout proche de cette petite ville, au moyen duquel on se communiquoit avec Albergotti[1], qui étoit au delà de cette rivière avec dix bataillons et sept escadrons pour couvrir le Montferrat et le garantir des incursions des troupes de M. de Savoie. Il mit aussi dans Desana six bataillons et neuf escadrons, dans Tricerro deux régiments de dragons et trois autres dans Trin, qui étoient aussi chargés de la garde du pont sur le Pô. Ces troupes étoient disposées de manière qu'elles conservoient non seulement une communication avec Casal, dont il tiroit bien des secours et de la subsistance, mais encore avec Albergotti, et le pouvoient joindre en cas de besoin en très peu de temps. J'ajouterai que cet officier général, qui étoit fort entendu, n'avoit pas manqué d'occuper dans le Montferrat les postes les plus avantageux, qui se communiquoient les uns aux autres par de bons retranchements.

Toutes ces dispositions étant faites et tous les préparatifs pour le siège se trouvant prêts, M. de Vendôme marcha avec tout le reste de son armée le 5 juin. Elle consistoit en quarante bataillons et cinquante-cinq escadrons. Il arriva devant Verceil, qu'il avoit déjà fait investir de son côté par ses troupes, et, du côté

1. François-Zénoble-Philippe, comte Albergotti (1654-1717), était lieutenant général depuis 1702 et eut le cordon de chevalier du Saint-Esprit en 1711.

du Milanois, au delà de la Sesia, par le marquis de las Torrès[1], officier général espagnol, avec les troupes de cet État. M. de Vendôme campa la droite des siennes au château de la Visalte, proche de la Sesia, et sa gauche au canal d'Ivrée; las Torrès mit sa gauche vis-à-vis, de l'autre côté du canal, à la même hauteur de celle de M. de Vendôme, la Sesia entre deux. On travailla aussitôt aux lignes.

Siège de Verceil. — Verceil[2] est une grande ville épiscopale des États du duc de Savoie, enceinte de quatorze bastions bien revêtus, avec un bon fossé, dix demi-lunes et un chemin couvert bien palissadé et en bon état. Comme ce prince s'étoit attendu à ce siège, il n'avoit rien négligé pour la munir de tout ce qui étoit nécessaire pour une bonne défense. Il y avoit mis onze des meilleurs bataillons de ses troupes, avec cinq cents chevaux, et, pour y commander, un vieil officier général de son armée[3], en qui il se confioit fort, et qui avoit acquis quelque réputation, apparemment mal fondée, puisqu'il la perdit en cette occasion. On en jugera mieux par le récit de ce siège qu'on va voir, et s'il s'acquitta bien ou mal des ordres précis que

---

1. Christophe de Moscoso y Montemayor, comte de las Torrès, était général de l'artillerie du Milanais depuis 1695; il devint par la suite vice-roi de Valence en 1723 et grand d'Espagne en 1734.

2. Il y a une description de Verceil en 1698 dans le *Grand Dictionnaire géographique* de Bruzen de la Martinière.

3. C'était M. des Hayes, gentilhomme de Beauce, dont le chevalier de Quincy a raconté l'histoire (*Mémoires*, t. I, p. 194-195); il fut malade pendant toute la durée du siège, et toute la direction de la défense incomba à son lieutenant le comte de Préla.

son maître lui avoit donnés par écrit et qu'il lui avoit commandé de lire publiquement à sa garnison, dès qu'il se verroit assiégé. Ils contenoient précisément de ne point capituler tant qu'il y auroit quelque terrain à défendre, et de faire pendre tous ceux qui en parleroient avant ce temps, leur donnant à remarquer que de la conservation de cette place importante, qu'il avoit pris tant de peine à munir avec abondance et où il avoit mis de si nombreuses et de si bonnes troupes, dépendoit en partie celle de son État.

Toutes choses étant disposées pour l'ouverture de la tranchée[1], elle se fit à la droite, la nuit du 14 au 15 juin, environ à trois cents toises de la place, et beaucoup plus près à la gauche, parce qu'il s'y trouva des fonds par lesquels on eut la facilité de s'approcher à couvert. On la dirigea sur un polygone qui étoit une espèce de citadelle, se trouvant fermé par des ouvrages que les assiégés firent en dedans de la ville.

Je ne ferai point en détail le journal de ce siège, où il ne se passa rien de fort mémorable ; je dirai seulement qu'on y alla pied à pied, parce que les assiégés faisoient un très grand feu de canon et de mousqueterie, qui ne laissa pas de tuer et de blesser bien du monde. Au surplus, je n'ai point vu qu'ils aient fait plus d'une sortie ; encore eut-elle peu de succès. Ils firent aussi jouer quelques mines et fourneaux, quand

1. Sur le siège de Verceil, on peut voir la *Gazette*, p. 296, 308, 319-322, etc., le *Mercure* des mois de juin et de juillet, la *Gazette d'Amsterdam*, n°ˢ LXIII-LXVI, les *Mémoires militaires*, t. IV, p. 227-238, l'*Histoire militaire*, t. IV, p. 347-362, les lettres insérées dans les *Mémoires de Sourches*, t. VIII, p. 384-389, les *Mémoires du chevalier de Quincy*, t. II, p. 12-26, etc.

on fut près de leurs ouvrages, et elles leur firent plus de mal que de bien; car les assiégeants se logèrent dans les fossés qu'elles firent. Le chemin couvert fut pris par sapes et logements; à la vérité, les assiégés se mirent en devoir de le reprendre; mais ils furent rechassés par des compagnies de grenadiers qui se coulèrent en dehors, le long des palissades, et firent un si grand feu sur leur flanc qu'ils ne purent le soutenir. Ils se retirèrent de traverse en traverse, d'où ils furent aussitôt chassés totalement. On leur prit la demi-lune qui couvroit et défendoit l'approche des bastions attaqués; on y trouva assez de difficulté, tant par rapport à sa situation qu'au grand feu de la place et à la quantité d'artifices qu'ils lançoient et jetoient de toutes parts. Il fut aussi très difficile d'attacher utilement le mineur, ce qui en retarda la prise de quelques jours et allongea un peu le siège.

A la fin, l'impatience prit à Chemerault[1], qui se trouva, ce jour, lieutenant général de tranchée. Ayant remarqué que le feu qui partoit de cette demi-lune étoit très médiocre, il en inféra qu'il falloit qu'il y eût peu de monde dedans pour la garder. Ainsi, quoique la brèche que le canon y avoit faite fût peu praticable, et à peine suffisante pour y faire monter dix hommes de front, même avec beaucoup d'incommodité, il ne laissa pas d'entreprendre d'y envoyer un capitaine de grenadiers avec sa troupe, qui devoit être soutenu, en cas de succès, par d'autres détachements et des travailleurs. Cet officier ne trouva point d'opposition, n'y ayant dans la demi-lune que douze ou quinze hommes,

1. Tome III, p. 208.

dont une partie fut prise et l'autre chassée à coup de fusil[1].

D'autres détachements entrèrent aussitôt avec des travailleurs. On se logea, sans que les assiégés fissent aucun mouvement pour la reprendre, et on travailla diligemment à faire de bonnes communications de la demi-lune au chemin couvert, sur lequel il y avoit déjà des batteries de canon pour battre en brèche les faces et les flancs des deux bastions attaqués. On en fit aussi dans la demi-lune qui avoit été prise, pour ruiner la courtine. On saigna le fossé; on y fit des espèces de galeries, au moyen desquelles on attacha le mineur, qui commença de travailler.

Le siège en cet état, on ne s'attendoit pas d'avoir besogne finie, et on fut surpris quand on entendit battre la chamade le 19 juillet, d'autant plus qu'on étoit informé qu'il ne manquoit rien aux assiégés et qu'on n'ignoroit pas les ordres qu'ils avoient du duc de Savoie, leur maître, de ne point songer à se rendre, sous peine de la vie, tant qu'il y auroit du terrain à défendre. On ne doutoit pas qu'ils ne soutinssent, au moins, un assaut, si tant est qu'ils ne pussent défendre les retranchements et les retirades qu'ils avoient faites non seulement sur les ouvrages attaqués, mais aussi dans le dedans de la ville, pour disputer du terrain pied à pied, conformément à l'intention de leur maître[2].

Ils demandèrent donc de sortir avec armes et bagages, et les autres honneurs de la guerre, pour être

1. C'est dans la nuit du 15 au 16 juillet qu'eut lieu ce petit fait d'armes (*Mémoires du chevalier de Quincy*, t. II, p. 22).
2. Les raisons de cette capitulation sont données par une lettre publiée dans les *Mémoires militaires*, t. IV, p. 816.

conduits à l'armée du duc, et, sur ce que M. de Vendôme les vouloit avoir prisonniers de guerre, afin d'affoiblir son ennemi, il y eut, là-dessus, bien des allées et des venues. A la fin, on convint que cette garnison sortiroit en armes, par la brèche (à l'effet de quoi il fallut beaucoup travailler pour la rendre praticable), mais sous condition qu'étant arrivée sur les glacis, elle mettroit les armes bas et seroit faite prisonnière de guerre pour être dispersée dans les places du Milanois, ce qui fut exécuté. Il y a grande apparence que le commandant s'en consola; car il n'a jamais osé depuis paroître devant son maître, ni se tenir à portée de son ressentiment.

L'armée des deux Couronnes eut, à ce siège, environ mille hommes tués ou blessés, mais aucun officier de marque, que des Marets[1], colonel, qui fut tué, et Dreux[2], brigadier, blessé.

M. de Vendôme n'eut d'autre inquiétude, pendant ce siège, de la part du duc de Savoie, si ce n'est que ce prince fit attaquer un de ses convois par mille chevaux, sous les ordres du prince Charles de Lorraine[3], qui eut d'abord quelque avantage, comme c'est assez l'ordinaire en pareille occasion; mais Chartoigne,

1. Cet officier commandait le régiment d'infanterie de la Fère depuis le mois de mai 1703.
2. Thomas III Dreux, marquis de Brezé, dit le marquis de Dreux, était brigadier d'infanterie depuis 1702 et commandait le régiment de Bourgogne; il deviendra lieutenant général en 1710.
3. C'était un bâtard du duc d'Elbeuf, Charles III de Lorraine; né vers 1645, il fut légitimé en mars 1678, et servit dans les armées de l'Empereur, qui lui donna, en 1708, le commandement de la citadelle de Mantoue.

maréchal de camp[1], qui commandoit l'escorte, sut si bien poster son infanterie, et s'en servir si à propos, que le prince Charles fut obligé de se retirer avec perte d'une centaine de cavaliers.

Après cette conquête, où l'on trouva une grande quantité de munitions de guerre et de bouche, M. de Vendôme fit de nouveaux préparatifs pour une seconde expédition et auroit bien voulu tomber sur Verrue; mais il jugeoit qu'il n'en pouvoit faire le siège tant que M. de Savoie resteroit dans son camp de Crescentin. La difficulté de l'en déposter étoit grande; car ce prince, très habile, n'étoit pas un homme à prendre le change; néanmoins, on n'en désespéra pas, et l'on commença par envoyer une augmentation de troupes dans le Montferrat, aux ordres d'Albergotti, sous le prétexte spécieux de mieux couvrir cette province, mais effectivement pour investir Verrue de ce côté-là, si l'on venoit à bout de faire déposter M. de Savoie, [sur qui en ce cas il viendroit prendre le camp de Crescentin et investiroit la place en deçà du Pô.] Voilà le projet principal ou la première vue, qui ne réussit pas; car le duc ne donna pas dans ce panneau, la conservation de Verrue étant alors son objet capital et invariable.

Un autre projet, qui étoit encore relatif au premier, au moins en partie, fut de venir camper à San-Germano et d'y séjourner pendant quelques jours, sous prétexte d'attendre la grosse artillerie, afin de donner

1. Philippe-François de Chartoigne, maréchal de camp depuis 1702, fut fait lieutenant général à l'issue du siège de Verceil; nous le verrons tué au siège de Verrue le 26 décembre de la présente année.

le temps à M. de Savoie de s'ébranler de son camp de Crescentin, pour venir, à l'appui d'Ivrée, lui disputer le passage de la Doria Baltea; mais ce prince fut encore inébranlable et se contenta de jeter onze bons bataillons dans Ivrée, avec deux cents heiduques et douze cents chevaux, qui se campèrent au pied de la ville, pour favoriser l'entrée d'un dernier convoi de munitions, qu'il y jeta par la porte de Turin, à la vue de M. de Vendôme, qui avoit négligé de faire investir la ville de ce côté-là. [Mais, pour donner une narration de ce siège plus intelligible, il faut que je la reprenne de plus haut.]

En quittant San-Germano, M. de Vendôme alla camper à Santhià[1], petite ville du Piémont; de là, il vint à Viverone[2]. Il en partit avec son avant-garde, marchant en ordre de bataille et suivie du reste de l'armée. Elle fit son chemin entre les montagnes et le canal d'Ivrée et arriva devant cette ville le 30 août. [Quelques houssards des ennemis qui vinrent reconnoître cette marche parurent dans la plaine et furent vigoureusement poussés par des dragons qu'on détacha sur eux. Il y en eut un qui tua Blénac[3], colonel du régiment Royal-Piémont au duc de Savoie.]

Siège d'Ivrée. — Ivrée est une petite ville de Piémont, située au bas des Alpes et environnée de montagnes qui la dominent, et dont quelques-unes voient une partie des fortifications à revers. Elle est aussi

---

1. Santhià est une petite ville du Novarois, près du canal qui réunit Ivrée à Verceil.
2. Village à deux lieues au sud-est d'Ivrée.
3. C'était un cadet de la famille saintongeaise de Courbon, qui était passé au service de la Savoie.

accompagnée d'un côté par un fort ou château, et, de l'autre, par une petite citadelle, séparée de la ville par la Doria Baltea. Il y avoit aussi en cette ville un faubourg, que les assiégés avoient retranché, et qui étoit entouré d'une muraille terrassée[1].

En arrivant devant la place, M. de Vendôme trouva la plupart de ces montagnes occupées par des détachements ennemis. Il en fit faire aussitôt plusieurs de son armée, qui gagnèrent les sommets de ces hauteurs à grands coups de fusil, et rencognèrent ces détachements dans leur ville, si bien que les siens se rendirent maîtres des montagnes, où l'on établit de bons postes.

Son armée fut d'abord de trente-quatre bataillons, fortifiés de douze autres, tirés des troupes du duc de la Feuillade, et de quelques autres, qu'il fit venir de Verceil et d'autres endroits. Il avoit aussi soixante-dix escadrons et soixante pièces de gros canon, douze mortiers et quantité de munitions de guerre et de bouche. La tranchée fut ouverte devant la ville, et fort près, la nuit du 2 au 3 septembre[2]; [je dis fort près, parce qu'on trouva des cavins et des fonds qui facilitèrent beaucoup les approches.] On établit plusieurs batteries, qui tirèrent le surlendemain avec succès et firent brèche aux bastions attaqués, et à quelques petits ouvrages qui se trouvèrent plus difficiles à ruiner qu'on ne l'avoit cru.

Le 8, on arriva si près du chemin couvert, qu'on s'y

1. Comparez la description donnée par le chevalier de Quincy (*Mémoires*, t. II, p. 35-36).

2. Des récits du siège d'Ivrée ont été donnés dans les *Mémoires militaires*, t. IV, p. 266 et suivantes, dans l'*His-*

logea sur une espèce de contre-garde, qui fut peu disputée. Le même jour, M. de Vendôme fit faire un pont sur la Doria, [à la faveur de quelques pièces de canon, et de quelque feu sur ceux qui parurent, lesquels se retirèrent aussitôt.] Ce pont fut assuré par quelque travail, et le lendemain M. de Vendôme y fit passer la brigade de la Marine, qui alla s'emparer des hauteurs au delà de cette rivière, d'ou les assiégés auroient pu incommoder les troupes pendant l'assaut qu'il prétendoit faire donner à la ville.

Le 10, le convoi de munitions de guerre dont j'ai déjà touché un mot[1] entra dans la place, sans aucune opposition, par la porte de Turin. Afin d'empêcher que pareille chose n'arrivât une seconde fois, M. de Vendôme fit passer la Doria à trente escadrons, qui investirent entièrement la place. On travailla les jours suivants aux batteries sur le chemin couvert, qui fut pris par sapes, et à la descente du fossé ; on attacha le mineur à une face du bastion. Ensuite, et jusqu'au 18, les batteries, par leur grand feu, firent des brèches fort considérables et culbutèrent une redoute au delà de la Doria, qu'on appeloit la Cassine. On faisoit toutes les dispositions nécessaires pour faire sauter la mine et donner l'assaut, quand le comte de la Trinité[2] vint de la part de Kirkbaum, gouverneur et officier général dans les troupes de l'Empereur, pour deman-

toire militaire, t. IV, p. 365-370, et dans les *Mémoires du chevalier de Quincy*, t. II, p. 35-49.

1. Ci-dessus, p. 14.
2. Ce seigneur appartenait à la famille piémontaise de la Coste, dont un des membres, Jérôme de la Coste, comte de la Trinité, était mort à Paris en 1667, y étant ambassadeur du duc de Savoie.

der à capituler pour la ville seulement. Comme M. de Vendôme n'y voulut point entendre, à moins qu'il ne rendît les forts en même temps, ce gouverneur refusa d'accepter cette condition. Il fit passer son artillerie, ses munitions et ses troupes dans les forts et dans un faubourg qu'il avoit fait retrancher; il rompit le pont de communication et fit dire à M. de Vendôme qu'il lui abandonnoit la ville, le priant de vouloir bien faire prendre soin des blessés et des malades qu'il y avoit laissés.

Aussitôt nos troupes y entrèrent et se saisirent des postes. On fit une nouvelle batterie sur le bord de la rivière, qui fit bientôt une brèche considérable à la muraille du faubourg, où l'on se prépara à donner l'assaut avec huit compagnies de grenadiers et douze piquets. On avoit disposé, outre cela, une quantité de carabiniers dans les maisons de la ville qui dominoient le faubourg. Le 9, à la pointe du jour, les troupes commandées se trouvèrent à portée de monter à l'assaut, et se saisirent d'abord d'une redoute où il y avoit cinquante hommes, et d'une cassine où il y en avoit une vingtaine, dont quelques-uns furent tués et le reste fait prisonnier. De là on marcha au pied de la brèche, et, les ennemis s'étant présentés pour la défendre, il sortit un feu si terrible des maisons de la ville où les carabiniers avoient été postés, auxquels on avoit joint quelques dragons, que le commandant fut contraint de faire battre la chamade et de se rendre à discrétion; la citadelle en fit de même.

Il ne restoit plus que le fort ou château, dans lequel Kirkbaum s'étoit enfermé avec sept ou huit cents hommes. M. de Vendôme le fit aussitôt sommer de se rendre, avec menace qu'il ne lui feroit point de quartier, s'il s'opiniâtroit davantage. Il demanda une suspension d'armes de trois ou quatre heures pour aviser à ce qu'il auroit à faire; elle lui fut accordée. Au bout de ce temps, il envoya demander que sa garnison fût conduite à l'armée de M. de Savoie. Cette proposition extraordinaire n'ayant pas été écoutée, la tranchée fut ouverte devant ce château la nuit du 20 au 21 et poussée bien avant. Dès le matin, les assiégés firent une sortie sur les travailleurs, qui en furent un peu ébranlés, comme il arrive toujours; mais Dreux, brigadier de tranchée, s'étant mis à la tête de quelques compagnies de grenadiers, les repoussa jusqu'au chemin couvert et leur tua du monde. Les assiégés tentèrent de se retirer par les montagnes; comme on s'en doutoit, on y avoit mis de bons postes; ainsi il n'y eut pas moyen de se sauver.

Prise d'Ivrée. — Le jour suivant, M. de Vendôme fit encore sommer Kirkbaum de se rendre. On entra en pourparlers; on donna des ôtages, et on convint d'une suspension d'armes pendant quelques heures. Comme on ne conclut rien, le feu recommença de part et d'autre avec beaucoup de vivacité, et plus de la part des assiégés, jusqu'au lendemain, que Kirkbaum se rendit à discrétion avec sa garnison; tellement que le duc de Savoie perdit encore onze bataillons, qui furent dispersés dans les places du Milanois.

Tentative de M. de Savoie sur Verceil. — Pendant que l'armée de France étoit occupée à ce siège, M. de Savoie forma un projet, qui certainement auroit fort déconcerté M. de Vendôme, s'il eût réussi, et lui auroit coupé ses vivres, qu'il tiroit du Milanois. C'étoit la surprise de Verceil, qu'il avoit méditée sur ce qu'il avoit appris que presque toute la garnison de cette place en avoit été tirée pour servir ailleurs, et qu'il n'y restoit plus que sept à huit cents hommes, parmi lesquels M. de Savoie avoit fait introduire une quantité de prétendus déserteurs de ses troupes, qui s'y étoient venus rendre et y avoient pris parti. Il avoit été concerté qu'un tel jour, à l'ouverture d'une porte qu'on leur avoit désignée, ils se rendroient maîtres du corps de garde intérieur. Le prince Charles de Lorraine, qui étoit chargé de l'exécution, partit du camp de M. de Savoie à Crescentin, au crépuscule de la nuit du 21 au 22 septembre, avec huit cents chevaux, portant chacun un fantassin en croupe, qui furent suivis par douze cents grenadiers des plus ingambes. Mais il arriva heureusement que les guides qui conduisoient ces troupes se perdirent en chemin, et qu'elles ne purent arriver qu'à demi-heure de jour à portée de la porte de Verceil dont on étoit convenu, et que les cinquante grenadiers qui s'étoient coulés contre la barrière avancée, pour s'en saisir dès qu'on l'ouvriroit, ne purent se cacher sans être aperçus par une sentinelle du rempart. Si ce contretemps ne fut pas survenu, le prince Charles devoit accourir à toutes jambes avec sa cavalerie et entrer dans la ville suivi des grenadiers, à la faveur des déserteurs qui devoient faire main basse sur ceux du corps de garde intérieur. Mais, la sentinelle ayant averti le corps de garde, l'officier fit prendre les armes; la porte ne fut point ouverte; le commandant vint, et les officiers majors arrivèrent d'abord avec ce qu'ils purent ramasser de monde. On tira force coups de canon sur les troupes du prince de Lorraine. Il fut obligé de reprendre le chemin de l'armée du duc de Savoie, qu'il rencontra lui-même à quelque distance, comme il venoit, avec d'autres troupes, à l'appui de cette entreprise, qui pouvoit fort bien réussir[1]. [C'est pourquoi je tiens que les places exposées ne peuvent être dénuées de leurs garnisons que jusques à un certain point, sous quelque prétexte que ce puisse être, et que celui qui y commande a beau être alerte et être un excellent officier, cela ne sert de rien, s'il n'a une garnison suffisante pour se garantir.]

Il arriva encore, pendant ce siège d'Ivrée, que le duc de la Feuillade, étant revenu en Savoie, y ramassa quelques troupes et s'en vint, par le petit Mont-Saint-Bernard, attaquer le fort de la Tuile et les retranchements qui le soutenoient dans le val d'Aoste. Ils furent défendus par un bataillon de troupes réglées et par quelques milices et camisards commandés par Cavalier, dont j'ai parlé ailleurs[2]. On gagna les hauteurs qui dominoient les retranchements par les flancs; on les attaqua aussi par la tête, et on les força, de même que le fort, après un petit combat, où il y eut quelque monde de tué de part et d'autre. Ensuite le duc de la Feuillade marcha à la cité d'Aoste, qui lui ouvrit ses portes, tellement que, par les prises d'Ivrée, de Suse et de cette cité, le Piémont n'eut plus de communication avec la Savoie, ni du côté de la Suisse.

Siège de Verrue. — Les heureux succès de M. de Vendôme, qui ne trouvoit rien au-dessus de son cou-

---

1. Cette entreprise manquée est racontée de même par le chevalier de Quincy (*Mémoires*, p. 49-50).
2. Tome III, p. 228-231.

rage, lui persuadèrent, après ses conquêtes de Verceil et d'Ivrée, qu'il n'y avoit rien au-dessus de ses hautes idées ni de si hardi qu'il ne pût entreprendre [et qui ne lui réussît pour l'augmentation de sa gloire]. Les grandes difficultés ne l'étonnèrent point ; il avoit des troupes excellentes et très affectionnées, à la vérité un peu affoiblies et fatiguées des deux sièges précédents ; la saison étoit même très avancée ; mais il crut suppléer à tout en père et en général. Rien ne put le détourner d'aller faire le siège de Verrue, qui étoit une véritable place de guerre, bien revêtue et fortifiée irrégulièrement de trois enveloppes.

M. de Savoie, [qui la conservoit comme la prunelle de l'œil,] étoit campé vis-à-vis avec son armée, à la vérité inférieure, la rivière du Pô entre deux, dans un poste qu'il avoit trouvé lui-même inattaquable, et, par une bonne communication bien établie, étant à même d'y faire combattre toute son armée en détail, de rafraîchir la place, de la pourvoir journellement de tout ce qui y seroit nécessaire et d'animer ses troupes par son exemple, sa valeur, sa capacité et sa présence, étant secondé de celle d'un des grands capitaines de l'Europe, le comte Guy de Stahrenberg, qui servoit sous lui.

M. de Vendôme arriva devant Verrue avec son armée le 14 octobre[1] et trouva onze bataillons du duc postés

1. Sur le siège de Verrue, on peut voir la *Gazette de France* et le *Mercure* pour les mois d'octobre, novembre et décembre 1704 et janvier à avril 1705, le *Journal de Dangeau*, t. IX, et les *Mémoires de Sourches*, t. IX, le t. IV des *Mémoires militaires*, les volumes 1777 à 1779 du Dépôt de la guerre, le Journal du siège publié dans la *Gazette d'Amsterdam*, 1704 et 1705, les *Mémoires du chevalier de Quincy*, t. II, p. 55-87, etc.

sur trois hauteurs différentes voisines de la place. Il les fit attaquer, et les chassa à la vue de ce prince, qui fut obligé de se retirer avec sa suite dans les retranchements de Guerbignan.

Après cela, M. de Vendôme fit bien camper son armée et retrancher les hauteurs que ses troupes venoient d'occuper. Il assura les postes, et on fit les provisions nécessaires de fascines, de gabions et de piquets pour attaquer le fort et les retranchements de Guerbignan, situés sur le plateau d'un rocher escarpé, qui défendoit les approches de la place et couvroit l'attaque la plus facile.

Attaque de Guerbignan. — La grosse artillerie, qui consistoit en quarante-huit pièces de canon, treize mortiers, avec l'attirail complet, ne put arriver au camp que le 22 à cause du mauvais temps et des mauvais chemins.

Le soir du même jour, la tranchée fut ouverte devant le fort et les retranchements de Guerbignan, dans un terrain de rocaille et de tuf. On fit pourtant une parallèle d'environ trois cents toises. Richerand[1], principal ingénieur, fut blessé mortellement[2]; et ce fut une grande perte.

La tranchée fut poussée, la nuit du 23 au 24, jusques à environ vingt-cinq toises du fort, et on travailla à une seconde parallèle et à plusieurs batteries.

---

1. Guy de Richerand, d'abord capitaine au régiment de la Marine, entra ensuite dans le corps des ingénieurs, devint brigadier en 1696, maréchal de camp en 1704 et mourut le 27 octobre de cette année.

2. Blessé à la tête le 22 octobre, il mourut cinq jours plus tard, à la suite de l'opération du trépan.

Ce même jour, Wartigny[1], maréchal de camp, fut tué dans la tranchée.

Le 30, M. de Vendôme fit attaquer la contrescarpe de Guerbignan à une heure après midi, par trois angles saillants. Chartoigne[2] marcha à celui de la droite, Bouligneux[3] à celui de la gauche, et Grancey[4] à celui du centre. Ils avoient chacun à leur tête vingt grenadiers, suivis de travailleurs pour couper les palissades, soutenus de compagnies de grenadiers, [ceux-ci par des piquets et des corps entiers.] Chartoigne ne trouva pas grande résistance; ce qui lui donna lieu de pousser jusques à une espèce d'ouvrage qu'il emporta, et s'y maintint, malgré trois fourneaux que les ennemis firent jouer pour l'en chasser et tâcher de le reprendre. Ils ne purent en venir à bout, par sa fermeté et les précautions qu'il prit.

Bouligneux fut repoussé deux fois, parce que les ennemis avoient de l'infanterie fraîche dans un fond prochain entre le fort et la ville. Il emporta pourtant son angle à la troisième attaque et s'y logea.

Grancey, qui attaquoit celui du centre, y trouva tant de résistance qu'il ne put l'emporter ni s'y loger; mais il y fit ensuite son logement par la sape.

1. César de Brouilly, marquis de Wartigny, colonel de dragons en 1689, était maréchal de camp depuis le mois de février 1704; il fut tué le 24 octobre. Saint-Simon, en mentionnant sa mort (*Mémoires*, t. XII, p. 339-340), a raconté une curieuse anecdote à propos d'un masque fait à sa ressemblance.

2. Philippe-François de Chartoigne : ci-dessus, p. 13.

3. Tome III, p. 207.

4. François Rouxel, marquis de Grancey, était brigadier d'infanterie; il devint lieutenant général en 1718 et mourut en 1729.

On a assuré que le duc de Savoie et le comte de Stahrenberg furent présents à cette attaque, [qui dura trois heures,] et que le dernier y fut blessé à la jambe. De notre côté nous eûmes quelques officiers et une centaine d'hommes tués, et deux cents blessés. Les assiégés en perdirent davantage.

Les nuits suivantes, jusques au 4ᵉ novembre, furent employées à assurer et perfectionner les travaux et les logements. On attacha même les mineurs, qui travaillèrent avec tant de diligence que leurs mines furent prêtes ce jour-là ou peu s'en fallut. Alors M. de Vendôme, ayant fait toutes ses dispositions pour faire monter à l'assaut, crut qu'il y réussiroit plus facilement et avec moins de perte s'il pouvoit obliger M. de Savoie à retirer la meilleure partie des troupes qu'il tenoit dans les retranchements et le fort de Guerbignan.

Pour en venir à bout, il manda à Ruffey[1], qui étoit à Trin avec deux mille chevaux, et à Goas[2], qui étoit dans le Monferrat avec mille autres, de passer le Pô et de s'avancer sur Crescentin. Il fit commander quatre régiments de dragons sous Senneterre[3], ayant chacun un fantassin en croupe, et vingt-huit escadrons qui en porteroient d'autres et seroient suivis par une quantité de mulets chargés de munitions et d'outils. Ils devoient passer le Pô par des gués qui avoient été reconnus. Le reste des vingt bataillons dont on avoit

---

1. Anne-Marie-Louis Damas, marquis de Ruffey, était maréchal de camp; lieutenant général en 1710, il devint en 1716 sous-gouverneur du jeune Louis XV.
2. Ci-dessus, p. 4.
3. Tome III, p. 198.

détaché ces fantassins, devoit aussi passer cette rivière dans des barques ou sur un pont qu'on devoit faire.

Tout cela avoit ordre de se mettre en marche le 6, à deux heures du matin; mais le Pô, [très rapide de lui-même,] avoit si fort grossi par les pluies continuelles qu'il avoit fait pendant deux jours, que ce dessein ne put s'exécuter. Néanmoins, ces grands mouvements, dont M. de Savoie fut bientôt averti, ne laissèrent pas de produire leur effet; car ce prince, ayant peur d'être attaqué brusquement dans son camp de Crescentin, retira la plus grande partie des troupes qu'il avoit tenues jusque-là dans les retranchements de Guerbignan et de Verrue, et leur fit rejoindre son armée.

Prise de Guerbignan. — M. de Vendôme, d'un autre côté, ayant disposé tout ce qu'il falloit pour l'attaque de Guerbignan, fit donner le signal pour mettre le feu à la mine chargée de trois ou quatre milliers de poudre, qui fit un prodigieux effet. Aussitôt les troupes commandées pour l'attaque marchèrent à la brèche l'épée à la main, montèrent à l'assaut et forcèrent facilement le peu de troupes qui la défendoient, dont il y eut une grande quantité de tués, de blessés et de faits prisonniers[1].

Ouverture de la tranchée devant Verrue. — Ce stratagème ayant réussi et cet important poste étant pris, on se prépara à ouvrir la tranchée devant Verrue, [ce qu'il n'auroit pu faire autrement, à cause de sa situation et de celle de la place. La tranchée y fut

---

1. Voyez les *Mémoires du chevalier de Quincy*, t. II, p. 58-59.

ouverte] la nuit du 7 au 8 novembre, et, malgré le mauvais temps continuel, elle se trouva poussée, le 11, jusques à une portée de fusil de la palissade du chemin couvert. On disposa plusieurs batteries, qui tardèrent un peu à tirer, parce qu'on fut obligé, à cause des pluies qui avoient extrêmement gâté les chemins et détrempé le terrain, d'y conduire le canon et les mortiers à bras d'hommes, [qu'on paya très grassement].

La continuation et même l'augmentation du mauvais temps et des pluies incommoda à un point que les batteries et les tranchées furent sous l'eau et que les troupes étoient épuisées de travail et de fatigues pour tâcher de la faire écouler, et que, malgré l'affection qu'elles avoient pour M. de Vendôme, il auroit eu beaucoup de peine à les contenir, s'il ne les avoit soutenues par une subsistance abondante, quelque liberté et beaucoup d'argent.

Le temps s'étant un peu remis, on avança la tranchée le plus qu'il étoit possible, si bien que, le 22, elle se trouva à sept ou huit toises du chemin couvert. Ce jour-là, les assiégés firent une sortie et causèrent d'abord quelque petit dérangement, qui fut bientôt réparé, et eux contraints de se retirer avec perte de quelques hommes.

Le siège avoit repris son train tout doucement pendant quelques jours, mais le temps fâcheux étant revenu de plus belle, M. de Vendôme, pour empêcher sa cavalerie de périr entièrement, fut obligé de l'envoyer cantonner dans les lieux les plus voisins et de ne retenir avec lui, au siège, que six cents chevaux et deux cent cinquante hussards. L'armée du duc de

Savoie, ressentant presque les mêmes incommodités, et ce prince ne craignant plus d'entreprise de la part de M. de Vendôme sur son camp, envoya aussitôt cantonner sa cavalerie dans les places de ses derrières les plus prochaines. Il prit ce temps-là pour aller faire un tour à Turin, y donner quelques ordres, sur ce que le comte d'Estaing[1], avec un corps de cavalerie, étoit venu lever des contributions jusques aux portes, et avoit même fait mettre le feu à quelques villages ou cassines qui avoient refusé de contribuer.

Le temps s'étant un peu remis, les travaux se réparèrent devant Verrue, et, le 8 décembre, on se trouva en état d'attaquer le chemin couvert l'épée à la main. Il fut bien défendu par Blagnac[2] et le régiment de Saluces, dont il étoit colonel. Il y fut pris, dangereusement blessé, et tout son monde tué ou blessé. Les assiégeants y perdirent quelques officiers et environ cent cinquante soldats et eurent un plus grand nombre de blessés. On y dressa aussitôt des batteries pour battre la première enceinte en brèche, et on en fit d'autres pour battre le pont sur le Pô, qui servoit de communication avec Crescentin; mais tous ces efforts furent inutiles, [soit qu'il fût à trop de distance ou qu'on ne pût le voir à souhait.]

Dans ce temps-là, le duc de Savoie revint à son camp et médita un furieux effort pour tâcher de sauver sa place. Il étoit vraisemblable qu'il pourroit

---

1. François III, comte d'Estaing, né en 1754, était lieutenant général; il ne mourut qu'en 1732.
2. N. du Mont de Blagnac, originaire de Guyenne, était passé depuis longtemps au service de Savoie; il mourut peu après des blessures qu'il reçut dans cette attaque.

réussir, n'y ayant que peu de cavalerie, et l'infanterie se trouvant fort diminuée par la mortalité et les fatigues d'un siège vif, qui avoit déjà duré deux mois, par une saison rigoureuse et un temps affreux. M. de Vendôme envoya la partie de son infanterie la plus ruinée se mettre à couvert dans les villages les plus proches; l'autre se tenoit dans des barraques un peu éloignées, d'où elle partoit pour monter la tranchée, et étoit soulagée de temps en temps par celle qui venoit des villages pour la monter à son tour. [On voit bien par ce récit que cette place étoit, dans ce temps-là, mal circonvallée.]

Le 18, les assiégés firent sauter un fourneau à l'angle d'une place d'armes, qui renversa l'épaulement d'une batterie et enterra deux pièces de canon. Le 19, on perça le chemin couvert et on se logea dans le trou que le fourneau avoit fait. On fit une nouvelle batterie; l'autre fut réparée, et on remit sur pied les deux pièces qui avoient été enterrées. Le 20 et le 21, les assiégeants firent jouer une mine qui fit sauter la face gauche de la fausse braie et renversa l'angle dans le fossé; les assiégés mirent le feu à une fougade, qui enterra huit ou dix hommes et en blessa quelques autres; cette fougade combla le puits du mineur des assiégeants qui travailloit sous la gauche. Depuis ce jour jusques au 26, il ne se passa rien de considérable; on avança seulement le plus qu'il fut possible, et les batteries continuèrent toujours de tirer contre la place.

Grande sortie des assiégés. — Les choses étoient en cet état lorsque M. de Savoie, de retour de Turin à son armée, crut qu'il étoit temps de faire un grand effort pour tâcher de sauver Verrue. Afin d'y réussir avec plus de facilité, il en fit évacuer une partie de l'artillerie, et fit courir le bruit qu'il vouloit abandonner cette place. Pour qu'on le crût plus positivement, il avoit fait faire des mines sous les trois enveloppes des fortifications et sous le donjon, qui furent chargées prêtes à y mettre le feu. Mais il avoit bien un autre dessein en tête; car il avoit fait entrer d'augmentation dans Verrue trois mille hommes choisis sur toute son infanterie et mille chevaux, qui firent une furieuse sortie sur la tête et sur la queue des tranchées jusques à Guerbignan, et attaquèrent aussi les revers. Tout plia d'abord; mais la garde des tranchées se rassembla vers le milieu et y fit ferme. Il y eut là un combat assez rude, où Chartoigne, lieutenant général de tranchée, fut blessé mortellement et pris, et Imécourt[1], son maréchal de camp, tué. Les assiégés se rendirent maîtres des batteries et enclouèrent le canon. Ils s'y maintinrent pendant plus de deux heures et commençoient à démolir les travaux lorsque M. de Vendôme arriva, qui retint et rassembla les fuyards, à quoi sa présence et son exemple contribua beaucoup. Les troupes du camp arrivèrent à l'appui; celles qui étoient cantonnées dans les villages les joignirent, et alors il se donna un rude combat que les ennemis soutinrent un espace de temps avec valeur; mais, comme il survenoit toujours aux assiégeants quelques troupes fraîches, et que celles des assiégés avoient combattu longtemps, ils furent obligés de se retirer et le firent en bon ordre. Il y eut quantité de

1. Jean-Bernard de Vassinhac d'Imécourt était tout récent maréchal de camp.

monde tué et blessé en cette action, qui dura longtemps et fut très vive, mais qui ne fit pas lever le siège, ainsi que M. de Savoie l'avoit espéré. [On va voir qu'il se continua de plus belle et dura fort longtemps.]

Depuis le jour de la sortie, 26 décembre, jusques au 4 janvier suivant 1705, on répara le dommage qu'elle avoit causé ; et on n'eut pas grande peine à désenclouer le canon, d'autant que les lumières étoient devenues extrêmement évasées à force d'avoir tiré et que par conséquent les clous n'y pouvoient guère tenir et qu'on avoit de l'espace pour faire agir le ciseau[1].

Ce même jour, on fit sauter une mine sous la fausse braie du bastion appellé de Sainte-Marie. Les mineurs en firent d'autres et s'occupèrent à éventer celles des assiégés, qui faisoient toujours sauter quelques fourneaux avec succès. Chacun, de son côté, fit aussi faire de nouvelles batteries.

Il arriva aux assiégeants une quantité de canons de surcroît dont ils avoient grand besoin ; car, la plupart de leurs pièces étant ou égueulées ou ayant la volée fort endommagée, il avoit fallu, pour en faire quelque usage, en attendant les autres, scier ces volées de manière que les pièces n'étoient plus que des demi-canons et faisoient peu d'effet.

On élargit encore les travaux des attaques ; et on assura les têtes et les revers contre les sorties ; mais tous ces ouvrages et les attaques allèrent fort lentement jusques au 25, à cause des mauvais temps et d'une quantité de neige dont il fallut vider les batteries et

1. Voyez les *Mémoires du chevalier de Quincy*, t. II, p. 67.

les tranchées et cesser tout autre travail. Tout ceci tint jusqu'à la nuit du 27 au 28 que les assiégés firent une sortie sur quelque poste, qui ne leur réussit pas.

Ensuite, jusques au 10 février, on perfectionna les ouvrages, on fit de nouvelles batteries qui voyoient la communication de Verrue avec le camp de Crescentin. On commença d'ouvrir un boyau pour tirer sur l'ouvrage situé à la tête du pont sur le Pô, au moyen duquel les ennemis communiquoient aux ouvrages de Verrue. On travailla d'ailleurs à une nouvelle batterie sur la pente d'un plateau, du côté du donjon de la place, qui fut soutenue d'une redoute qu'on fit contre les sorties, et l'on en fit encore une autre destinée à ruiner un ouvrage qui joignoit le donjon et le bastion. Comme les assiégés jetoient une prodigieuse quantité, ou, pour mieux dire, une grêle de grenades et de pierres avec leurs mortiers sur la tête des tranchées et des logements, on les blinda avec des madriers et des fascinages.

Conseil qui se tint où il fut résolu d'attaquer la communication. — Le siège étoit en cet état lorsque Lapara, célèbre ingénieur[1], envoyé par la cour, arriva au camp. Il reconnut aussitôt la place et les attaques, s'informa exactement de tout ce qui s'étoit passé, et des travaux que les assiégés avoient faits dans les espaces du terrain d'une enceinte à l'autre, des mines et des fourneaux qu'ils avoient disposés partout sous le roc sur lequel la place étoit bâtie. Il conclut, comme avoient déjà fait plusieurs autres, qu'elle ne pouvoit

1. Louis Lapara de Fieux était regardé comme un des meilleurs ingénieurs après Vauban; nous le verrons tué en 1706 au siège de Barcelone.

être emportée d'assaut, ainsi que M. de Vendôme l'avoit projeté, et qu'il y perdroit une grande quantité de braves gens, [dont son armée, déjà fort affoiblie, n'avoit pas besoin;] en un mot, qu'il ne l'emporteroit pas tant que M. de Savoie seroit le maître d'y introduire toutes les troupes et autres secours dont elle auroit besoin, et que, de toute nécessité, il falloit attaquer et prendre la communication à toutes risques, si on vouloit réduire la place à capituler.

Il est à présumer que M. de Vendôme eut la même pensée dès le commencement du siège, mais qu'il crut alors qu'il y avoit trop de péril d'aller attaquer d'abord cette communication bien fortifiée, à la vue d'une armée bien commandée, qui la défendroit en gros ou en détail selon le besoin, et qu'il espéra qu'en attaquant la place par un autre endroit, il ne risqueroit pas tant, et que, par son courage et son exemple, ses troupes surmonteroient tous les obstacles, et que même il pourroit survenir quelques-uns de ces événements miraculeux qui le tireroient de cette entreprise avec plus de gloire et d'éclat; mais on lui remontra qu'il falloit changer ce projet, et qu'autrement son armée couroit risque de périr entièrement, sans prendre la place, et que, pour se retirer honorablement d'affaire, il falloit risquer brusquement l'attaque de la communication et cacher soigneusement ce dessein aux ennemis. A la fin, il se rendit et convint de tout.

En conformité de ce résultat, M. de Vendôme fit continuer les travaux des anciennes attaques du corps de la place; les batteries faisoient toujours grand feu sur la ville et sur la communication de temps à autre, et presque journellement on faisoit sauter quelques fourneaux ; et M. de Vendôme, continuant le dessein qu'il avoit eu d'opposer un camp à celui de Crescentin, manda au duc de la Feuillade de lui envoyer, par le Val d'Aoste, les troupes qu'il avoit en Savoie pour venir, par Verceil, joindre celles qui étoient à Trin et dans le Montferrat aux ordres d'Albergotti. Il fit aussi préparer à Casal des machines flottantes combustibles et remplies d'artifice pour brûler le pont des ennemis ; mais, [comme on se précautionne à l'encontre,] qu'elles n'arrivent jamais à point nommé et qu'elles avoient le Pô à remonter [pendant plusieurs lieues de chemin, lequel est naturellement assez rapide], elles ne furent d'aucun usage, ainsi que j'ai presque toujours vu arriver en pareil cas.

Enfin, toutes choses étant préparées pour cette grande attaque, qui devoit décider du sort de Verrue, elle se fit la nuit du 1er au 2 de mars à peu près comme je le vais dire. Ce jour-là, la tranchée se monta à l'ordinaire avec Vaubecourt[1], lieutenant général de jour, et sous lui Mauroy[2], maréchal de camp ; mais il y eut de plus vingt-cinq compagnies de grenadiers et trente et un bataillons commandés et une quantité de travailleurs qui, avec des outils, portoient des échelles, des haches, des gabions, des sacs-à-terre. Les grenadiers étoient aussi munis de haches pour couper les palissades, et l'on porta quelques échelles. On fit courir le bruit que tous ces préparatifs étoient pour donner l'assaut

1. Louis-Claude de Nettancourt-Haussonville, comte de Vaubecourt, eut peu après le commandement de Verceil et fut tué en mai 1705.
2. Denis-Simon, marquis de Mauroy, maréchal de camp en 1704, devint lieutenant général en 1718 et mourut en 1742.

au corps de la place; et, sur les neuf heures du soir, M. de Vendôme envoya chercher Vaubecourt, et, lui ayant communiqué son véritable dessein et remis en main son projet d'attaque, il se mit à la tête des troupes qu'il fit marcher dans un grand silence, droit à un pont sur un petit ruisseau qu'il falloit passer. Il envoya devant lui quelques officiers afin d'empêcher qu'aucun ne se détachât pour avertir les ennemis. Malgré ces précautions et toutes les autres qu'on put prendre, c'est une espèce de miracle qu'un aussi gros corps de troupes que celui qui attaqua le fort de la communication ait pu se mouvoir et tomber sur l'ennemi sans qu'il s'en aperçût.

Attaque de la communication. — Je viens présentement à la description de cette attaque. Toutes les troupes commandées s'étant assemblées, à l'entrée de la nuit, au pont dont je viens de parler, s'ébranlèrent sur les neuf heures du soir et commencèrent à le passer[1]. A mesure qu'elles le débouchoient, elles se mettoient en bataille de l'autre côté dans l'ordre prescrit pour l'attaque. Cela fut achevé sur les dix à onze heures du soir qu'elles s'ébranlèrent pour arriver chacune à une petite distance et vis-à-vis des ouvrages que chacune d'elles avoit ordre d'attaquer. Elles se couchèrent sur le ventre pour n'être point découvertes, en attendant le signal pour donner, qui se fit vers les deux heures après minuit. Alors elles s'avancèrent promptement, et, comme elles étoient à portée du pis-

---

1. Le chevalier de Quincy, dans ses *Mémoires* (t. II, p. 73-76), donne la disposition des attaques et les noms des régiments qui y prirent part et des officiers qui les commandèrent. L'action eut lieu le 1er mars 1705.

tolet, une sentinelle les découvrit et cria : *Qui vive?* Aussitôt les grenadiers et autres détachements commandés coupèrent les palissades, se jetèrent dans le fossé, plantèrent leurs échelles et montèrent sur les parapets, avant que les ennemis, [tant ils furent surpris et tant le désordre fut grand parmi eux,] eussent pris les armes et se fussent assemblés.

Prise de la communication. — Cependant les troupes continuoient d'entrer, et, comme elles se formoient, les ennemis firent quelques décharges sur elles; mais cela ne dura guère; car on les chargea si brusquement qu'ils furent presque tous passés au fil de l'épée ou faits prisonniers, avec la Tour-de-Villeneuve, leur commandant, vingt officiers et les drapeaux des régiments d'Aoste et de Tarentaise, qui défendoient ce fort.

Pendant ce temps-là, M. de Vendôme fit faire une fausse attaque au corps de la place, à la brèche de la première enceinte, par deux compagnies de grenadiers et deux bataillons afin de causer quelque diversion; et Mauroy, presque sans résistance, se rendit maître du retranchement qui couvroit la tête du pont sur le Pô, et en fit couper en grande diligence huit bateaux qui furent emportés à vau-l'eau; ainsi les ennemis ne purent plus passer le Pô pour venir au secours de leurs gens.

M. de Savoie, qui étoit à Crescentin, ne fut presque averti de ce désastre, auquel il ne s'attendoit pas, que par le grand feu qu'il entendit. Il accourut aussitôt au pont avec les piquets de son infanterie, à qui il donna ordre, en passant, de prendre les armes et de le suivre. Il vint jusques au-dessus avec des détachements et des flambeaux allumés, au moyen de quoi il vit son pont à moitié coupé. Il fut même salué par huit pièces de canon chargées à mitraille, que M. de Vendôme avoit eu la précaution de faire venir. Ayant connu qu'il n'y avoit plus de remède, puisque le pont étoit rompu et la communication prise, à mesure que son infanterie arrivoit de son camp, il la fit étendre le long de la rivière et lui fit faire un feu terrible sur nos troupes, la rivière entre deux; mais, comme il étoit nuit et qu'on travailloit fort et ferme à se loger, ce feu ne fit pas grand mal, non plus qu'une quantité de pierres qu'il faisoit jeter par ses mortiers.

Cette action, qui nous devoit faire perdre bien du monde, à en juger selon les apparences, et même dont la réussite étoit fort incertaine, ne nous coûta qu'un capitaine d'infanterie et une centaine d'hommes, tant tués que blessés, parce que les ennemis furent surpris et n'eurent pas le temps de se mettre en défense sur leur rempart, où l'on fut plus tôt qu'eux. Ils s'excusèrent sur leurs batteurs d'estrade, qui s'éloignèrent trop de la place, et furent tous pris, sans qu'aucun pût s'échapper pour porter des nouvelles. Je laisse à juger si cette excuse est valable.

M. de Savoie fut cruellement affligé de ce mauvais succès, et de n'avoir aucun moyen de le réparer pour envoyer ses ordres à Verrue. Il fallut se résoudre à les y faire passer par des bombes qu'on avoit chargées de terre, et dans lesquelles on mettoit les billets [qui les contenoient, ne le pouvant plus faire par la communication ordinaire]. Il est aisé de s'imaginer la joie que M. de Vendôme eut de cet heureux succès, puisqu'il lui assuroit la prise de Verrue, qui avoit paru assez problématique tant que la communication avoit subsisté. Il est vrai qu'on lui a reproché de n'en avoir pas tenté l'attaque plus tôt, parce que le siège n'auroit pas tant duré et que son armée en auroit été fort soulagée. Je ne puis juger par moi-même si ceux qui furent de cet avis avoient raison; car je ne servois pas dans cette armée. Ainsi je me contenterai de dire qu'il est à présumer que M. de Vendôme eut ses raisons de ne le point faire.

Continuation du siège. — Deux ou trois jours après cette action, ce prince fit sommer Fiecset[1], qui commandoit dans Verrue, de rendre la place. Sur ce que cet officier répondit fièrement qu'il falloit s'adresser au duc, que, pour lui, il ne comptoit être assiégé que du jour de la prise de la communication et du fort, son premier mouvement fut de faire donner un assaut à la place, les trois enceintes étant ouvertes et les brèches accessibles; il en fit même faire les dispositions; mais depuis, ayant réfléchi qu'il y avoit de bons fossés au delà des brèches, avec des palissades plantées au milieu, et des retranchements au delà; que l'espace du terrain, d'une enceinte à l'autre, étoit partout semé de mines et de fourneaux, qui causeroient beaucoup de perte et d'embarras, ce qui pourroit aussi le priver du fruit qu'il espéroit de cet assaut, il changea de dessein, sur les avis certains qu'il eut qu'il n'y avoit plus de vivres dans la place que pour peu de temps, et qu'il n'y en pouvoit plus entrer du côté de l'armée ennemie, ni de secours, la communication étant prise, [ni par l'autre côté, qu'il tenoit en se tenant bien sur ses gardes.]

---

1. Le chevalier de Quincy (p. 86) appelle cet officier M. Frecset; il était lieutenant-colonel du régiment impérial de Nigrelli; l'*Histoire militaire* l'appelle le baron de Freissing.

Considérant que la place ne pouvoit lui échapper, il se réduisit à tenir tous ses postes alertes et bien garnis, et à faire tirer continuellement son artillerie contre ce qui restoit de défenses au corps de la place, sans pourtant en venir à aucun coup de main.

M. de Vendôme se prépare à hâter le décampement de M. de Savoie de Crescentin. — Cependant le voisinage de M. de Savoie et de son armée, qui se tenoit encore dans son camp de Crescentin, ne laissoit pas de le tenir dans une espèce d'inquiétude. Pour s'en délivrer, il fit assembler sa cavalerie du Montferrat et de Trin et des autres postes voisins entre le Pô et la Doire, et fit remonter son pont du Pô au plus près de son armée, dans la vue d'y faire passer de forts détachements pour joindre cette cavalerie, et faire marcher ce corps sur Crescentin, pour accélérer le décampement de M. de Savoie.

Décampement de M. de Savoie. — Mais ce prince, qui avoit de nouvelles vues [pour tâcher encore de sauver Verrue, ainsi que je le dirai bientôt], lui en épargna la peine : car il commença le 13 à faire filer ses gros bagages et son artillerie du côté de Chivas, fit mettre le feu aux fascines et aux palissades de son camp et de sa communication de Crescentin au bord du Pô, et, le 14, deux heures avant le jour, ses troupes marchèrent par la même route. Ce prince, s'étant mis à l'arrière-garde, acheva de sortir de son camp à sept heures du matin, ayant fait rompre les digues qui retenoient les eaux pour en former une espèce d'inondation, et s'empêcher d'être suivi dans sa retraite. Cependant le pont de M. de Vendôme sur le Pô s'achevoit; ce général le passa aussitôt avec deux cent cinquante chevaux et huit compagnies de grenadiers et entra dans le camp que M. de Savoie venoit de quitter. Il n'y vit plus que quelques troupes de hussards restés pour observer ses mouvements; on les poussa incontinent hors de vue.

Les habitants de Crescentin vinrent implorer la miséricorde de M. de Vendôme, qui y envoya les huit compagnies de grenadiers pour en prendre possession. On trouva à la rive du Pô dix-huit bateaux des ennemis échoués, avec quelques chaînes de fer qui avoient servi à l'estacade qu'ils avoient faite à travers la rivière pour contregarder leur pont.

M. de Savoie, étant arrivé à Chivas, où il avoit un pont sur le Pô, avoit distribué ses troupes dans des quartiers voisins, [le pays n'étant pas mangé,] jugeant que M. de Vendôme ne manqueroit pas d'en user de même pour les siennes, [qui en avoient encore plus besoin, avec cette différence qu'il ne pouvoit les faire prendre qu'au loin,] tout le voisinage de Verrue étant ruiné par le long séjour de l'armée, et qu'il ne retiendroit près de lui que ce qu'il falloit absolument de troupes pour le blocus et la garde des travaux et des attaques. Dans cette supposition, il avoit espéré de tomber à l'improviste sur M. de Vendôme, avec toutes les siennes, par le côté du Montferrat, de les défaire, de ruiner les attaques et les travaux, de ravitailler la place et d'y mettre du monde; en un mot de faire lever le siège à un général naturellement un peu paresseux et peu défiant.

Nouveau dessein de M. de Savoie de secourir Verrue, lequel est découvert. — Quoique ce projet fût de difficile exécution, il n'auroit peut-être pas été hors d'espérance d'y réussir sans deux contre-temps qui survinrent, comme il arrive presque toujours en pareil cas, et le firent échouer. L'un fut que M. de Savoie faisoit donner toutes les nuits, de Chivas à Verrue, de fréquents signaux par des fusées volantes; ce qui donna quelque soupçon; l'autre qu'on arrêta un sergent des troupes de M. de Savoie, qui sortoit de la place assiégée. On le mena d'abord à M. de Vendôme; après bien des questions, des menaces et des promesses qu'on lui fit, il découvrit tout le mystère; et on lui en trouva des preuves par écrit. Aussitôt M. de Vendôme fit rapprocher ses troupes et se tint fort sur ses gardes. Ces mouvements, dont le duc de Savoie eut bientôt connoissance, lui firent comprendre que son dessein étoit découvert, et il en fut entièrement persuadé lorsqu'il vit que son homme ne revenoit point et qu'il apprit qu'il avoit été arrêté. Alors ce prince compta que sa place seroit dans peu absolument perdue.

En effet, peu de jours après, il envoya ordre à celui qui commandoit dans Verrue d'entrer en capitulation, mais que, si M. de Vendôme vouloit l'avoir prisonnier de guerre, il se défendît le plus longtemps qu'il seroit possible pour consommer ses munitions et gagner le temps qu'il faudroit pour achever de préparer à sauter les mines et les fourneaux sous les trois enceintes afin de détruire toutes les fortifications, d'y faire mettre le feu et de se retirer dans le donjon avec sa garnison, où il capituleroit et se rendroit aux meilleures conditions qu'il pourroit obtenir. Tout cela fut parfaitement suivi par le commandant; car, ayant fait battre la chamade le 6 avril pour entrer en capitulation, il demanda à sortir de la place avec tous les honneurs de la guerre. Sur le refus qu'en fit M. de Vendôme, qui vouloit l'avoir prisonnier de guerre, le feu recommença, et fut si prodigieux de la part des assiégés en bombes, pots-à-feu et toutes sortes d'artifices, pendant quinze heures, qu'on vit bien qu'ils jouoient de leur reste.

Capitulation de Verrue, 9 avril 1705. — Le 7, ils battirent encore la chamade, espérant que leur opiniâtreté adouciroit les conditions; mais ils se trompèrent; car on leur répondit qu'on ne vouloit plus les recevoir qu'à discrétion. Sur quoi le commandant fit jouer toutes ses mines, qui renversèrent entièrement les fortifications des trois enceintes, et se retira dans le donjon avec le reste de sa garnison. Ce fut sa dernière ressource; car il se rendit à discrétion, ainsi qu'on vouloit l'avoir, le lendemain 9 avril, dès le point du jour.

Ceux qui voudront se rappeler les circonstances de ce siège, qui dura près de six mois, verront que ceux qui le firent eurent à combattre en détail, dans une bonne place, une armée commandée par un prince habile et valeureux, qui défendoit en personne son propre bien, dans une saison fâcheuse. Ils auront peut-être de la peine à décider s'il y eut plus de grandeur de courage à pousser à bout, en plein hiver, une pareille entreprise, où toute la valeur et la science militaire furent employées de part et d'autre au premier degré, que de témérité à l'avoir entrepris. Il est pourtant vrai de dire, et on ne peut en disconvenir, que la conjoncture du temps et des affaires vouloit que l'on poussât le duc de Savoie avec célérité; mais qu'auroit-on dit et que seroit-il arrivé si elle avoit manqué, par plus de vigilance de la part de celui qui commandoit dans la communication quand elle fut attaquée? Cette surprise empêcha le duc de Savoie d'arriver à temps à son secours avec toute l'infanterie de son armée. [Pour ce qui est de moi, je ne puis m'empêcher de résumer de ceci qu'une témérité opiniâtre fit éclore en cette occasion une espèce de miracle très rare.]

Après cette conquête, l'armée de France entra dans des quartiers de rafraîchissement, dont elle avoit grand besoin. On évacua Verrue, dont on fit aussi sauter le château par les mines. De toute cette place, il ne resta que les masures, non plus qu'à Verceil, dont on fit aussi sauter les fortifications.

Campagne de Lombardie pour 1704. — Après la relation de ce siège, je vais rapporter ce qui se passa sur la Secchia et le Pô, [c'est-à-dire en Lombardie, pour me servir d'un terme plus significatif,] entre l'armée des deux Couronnes, commandée par le grand prieur de Vendôme, et celle de l'Empereur, dont le comte de Linange[1] fut le général.

Le Grand Prieur voulut se mettre en campagne dès le mois de mars; mais le mauvais temps et les pluies continuelles le retinrent jusqu'au 9 d'avril, qu'il partit de San-Benedetto et passa la Secchia avec trois mille chevaux et cinquante compagnies de grenadiers, dix-huit bataillons et une artillerie proportionnée. Il vint

---

1. Philippe-Louis, comte de Linange, ou plutôt de Leiningen-Westerburg, s'était jeté dans le parti de l'Empereur en 1701, quoique marié en France; il fut tué en 1705 au combat de Cassano.

camper d'abord à une demi-lieue de Revere[1], qu'il fit reconnoître; mais, comme il jugea qu'il lui falloit de la grosse artillerie pour l'attaquer, qui ne pouvoit venir que par eau, et ne pouvoit passer, parce que les ennemis avoient un petit poste dans une maison au delà du Pô, au moyen duquel ils l'auroient empêché, il fit ramasser quelques bateaux et les donna à Tavagny, brigadier d'infanterie[2], avec ordre de passer cette rivière avec dix compagnies de grenadiers, et d'aller attaquer ce poste. Il n'eut pas beaucoup de peine à s'en rendre maître; car il y avoit peu de monde, et la maison ne valoit rien. Mais, à peine y avoit-il établi deux compagnies de grenadiers pour le garder, qu'il vit venir à lui sept à huit cents chevaux des ennemis, et autour de quinze cents hommes de pied. Aussitôt il retira ses deux compagnies de grenadiers et songea à sa retraite. Comme il se sentoit pressé, le bonheur voulut qu'il rencontrât une assez bonne maison, entourée de murailles, dans laquelle il se jeta avec tous ses grenadiers. Il y fut attaqué et s'y défendit avec tant de bravoure qu'il les obligea de se retirer, après leur avoir tué plusieurs de leurs gens et en avoir blessé davantage.

Le Grand Prieur, ayant été informé de ce qui s'étoit passé, envoya ordre à Tavagny de venir le rejoindre, de peur qu'il ne fût attaqué une seconde fois avec des troupes plus nombreuses, et qu'il ne pût leur résis-

1. Revere est situé sur la rive droite du Pô, vis-à-vis d'Ostiglia.
2. François de Tavagny, qui venait d'être fait brigadier d'infanterie en 1704 (Pinard, *Chronologie militaire*, t. VIII, p. 146).

ter. En même temps, le Grand Prieur fut averti que les Impériaux faisoient rompre leur pont sur le Pô et évacuer Revere. Afin de savoir plus précisément ce qui en étoit, il envoya des ingénieurs reconnoître la place, avec quelques compagnies de grenadiers, qui se placèrent dans deux cassines, à une demi-portée de fusil. Par le peu de feu qu'ils essuyèrent en se postant, on jugea qu'il n'y avoit plus que peu de monde dans cette petite place. Le chevalier de Luxembourg y marcha aussitôt avec le reste des grenadiers. Ceux de dedans ne firent qu'une foible décharge sur lui, et se jetèrent dans des bateaux qui les attendoient, pour passer à Ostiglia, d'où il partit un assez grand feu de canon et de mousqueterie, le Pô entre deux, pour favoriser le passage. On s'empara de Revere, et on n'y trouva que deux cents hommes du pays, qu'on fit prisonniers de guerre.

Après ceci, les Impériaux étendirent leurs quartiers depuis Ostiglia jusqu'à Palantone, Ficarola et la Stellata[1]. Les deux armées se canonnèrent, la rivière entre deux; mais le Grand Prieur, qui n'en vouloit pas demeurer là, envoya un détachement qui se rendit maître des écluses de Serravalle et de quelques hauteurs voisines.

Pendant que cela se passoit, un détachement d'Impériaux de la garnison de la Mirandole surprit Concordia[2]. La petite garnison de cette place ayant trouvé

---

1. Ces trois villages sont situés sur les bords du Pô, à plusieurs lieues en aval d'Ostiglia, vers Ferrare, Ficarola sur la rive gauche du fleuve, les deux autres sur la rive droite.

2. La Concordia est une petite ville située sur la Secchia, à six kilomètres à l'ouest de la Mirandole.

moyen de s'évader, fit ferme dans une cassine, qui étoit bonne, et donna le temps au comte d'Estrades[1], qui étoit à Revere, de venir à son secours avec quelques compagnies de grenadiers et un régiment de dragons. Dès qu'il fut à portée de cette cassine et d'en être entendu, il fit battre tous ses tambours pour donner à connoître que le secours approchoit, et qu'il étoit nombreux. Sur cela, les Impériaux firent charger leurs blessés et se retirèrent à la Mirandole, d'où ils n'étoient qu'à une bonne lieue. La garnison, qui n'avoit été que deux compagnies de grenadiers, rentra dans Concordia, fut augmentée de cent hommes, et le comte d'Estrades s'en revint.

Dans le même temps, le Grand Prieur se saisit de deux châteaux dans la Garfagnana[2], appartenant au duc de Modène, et situés dans l'Apennin, qui ôtoient aux Impériaux toute communication par les montagnes avec M. de Stahrenberg, et des moyens de recevoir des secours par la mer, sans au moins en être averti.

Ayant nettoyé les environs de la Secchia d'Impériaux, à la réserve de ceux de la Mirandole, il prit le dessein de les chasser d'Ostiglia, du Mantouan et de ce qu'ils occupoient dans les terres de l'Église. L'entreprise étoit difficile ; mais aussi les Impériaux étoient réduits à une petite quantité par le grand nombre de troupes que M. de Stahrenberg avoit menées en Piémont vers la fin de l'année dernière, au secours de M. de Savoie.

Jusques alors, l'Empereur n'avoit pu remplir ce

1. Godefroy-Louis, comte d'Estrades, fils du maréchal, était brigadier de dragons ; il fut tué en 1718 au siège de Belgrade.
2. La Garfagnana est un petit canton des confins du Modè-

grand vide, à cause des terribles efforts qu'il avoit résolu de faire cette année-ci sur la Bavière, et qui lui réussirent, ainsi que je le dirai en son lieu, tellement que le Grand Prieur eut beau jeu à ce commencement de campagne, et fut aidé dans son projet par un officier suisse, qui étoit ingénieur, et lui rendit un si bon compte des postes que les Impériaux occupoient, et des fortifications des Tours de Serravalle[1], dont il avoit une parfaite connoissance, et qui étoient la principale défense d'Ostiglia et le couvroient, qu'il n'hésita pas à les faire attaquer. Il en fit aussitôt les dispositions. La première fut de faire construire un pont pour entrer dans l'île de Mezzana, formée par des marais et des canaux, et d'y faire établir des batteries pour battre les Tours de front, et de revers les ouvrages qui les environnoient. Ensuite, il fit descendre et faire son pont sur le Pô, à Lebiola, laissant Saint-Frémond de l'autre côté de la rivière, avec quelques troupes, pour le garder en cette partie, avec les galiotes, et un reste de bateaux, où il y avoit des vivres et des munitions. Le Grand Prieur vint avec ses grenadiers aux Quadrelle, de là à Stellata, et tomba peu de jours après sur Ficarola, où il surprit un petit quartier d'Impériaux sous Annibal Visconti, qui fut obligé de se sauver en chemise. On en tua une vingtaine; quelques-uns furent pris; mais la plus grande partie se sauva derrière un naviglio.

Les Impériaux abandonnent Ostiglia pour se retirer

nois, dans l'Apennin, vers les États de Lucques. Ces deux châteaux s'appelaient Monte-Alfonso et Sestola.

1. Serravalle est sur la rive gauche du Pô, un peu en amont d'Ostiglia.

dans le Trentin. — Les Impériaux qui étoient à Ostiglia, d'où ils défendoient les Tours de Serravalle, qu'on battoit toujours, crurent alors qu'ils alloient être coupés et que, pour l'éviter, il étoit plus à propos d'abandonner les Tours de Serravalle et Ostiglia, après les avoir évacuées et fait sauter les fortifications, et de rassembler toutes leurs troupes pour aller dans le Trentin recevoir douze mille hommes qui leur venoient d'Allemagne. Ainsi ils vidèrent toutes les terres de l'Église et du Mantouan qu'ils avoient occupées, vinrent passer le Canal Blanc, puis l'Adige à Castelbaldo, et continuèrent leur route sur Vérone; de là, ils marchèrent à Roveredo et Ala[1], leur cavalerie s'étendant jusqu'au lac de Garde.

Le Grand Prieur détacha le comte d'Estrades, avec un régiment de cavalerie et trois de dragons, pour aller les observer du côté de Carpi et de Ponte-Molino. Comme il falloit que ce petit corps passât par un coin du territoire des Vénitiens, il eut une petite noise avec eux à Sanguinetto, qui leur appartient, et où il y avoit un mauvais château, avec une petite garnison vénitienne, qui avoit planté au bas, à travers le chemin, des barrières qui empêchoient absolument le passage. D'Estrades demanda qu'on les lui ouvrît, et, sur le refus qui lui en fut fait, il fit mettre pied à terre à ses dragons pour les couper. La garnison fit une décharge qui tua Wiltz, colonel[2], cassa la jambe à un capitaine et blessa plusieurs officiers et dragons.

1. Ala, petite ville sur l'Adige, en aval de Roveredo, et séparée du lac de Garde par une chaîne de montagnes.
2. Le comte de Wiltz, d'une famille lorraine, avait été d'abord capitaine de cavalerie et avait obtenu un régiment en 1696.

On força aussitôt les barrières, et on s'empara facilement du château. Le Grand Prieur ne tarda guère à être informé de ce qui venoit de se passer, et en fit demander satisfaction au général vénitien Molino, qui, dans le premier ressentiment qu'il eut de la prise de ce fort, loin de la donner, laissa passer sur les terres de la République quelques partis allemands venus du Trentin, qui se jetèrent dans le Mantouan et y saccagèrent et brûlèrent deux villages. Le Grand Prieur aussitôt fit user de représailles sur deux autres de la République et menaça de faire récidiver toutes les fois que pareil cas arriveroit, ce qui accéléra l'accommodement de cette affaire. Les Vénitiens donnèrent parole que cela n'arriveroit plus, et, sur cette assurance, le Grand Prieur fit évacuer Sanguinetto, Serio et quelques autres postes qu'il avoit fait occuper sur le territoire des Vénitiens.

Comme ce prince eut des avis certains des secours qui devoient arriver incessamment aux Impériaux, il en demanda à M. de Vendôme, son frère, qui lui en envoya; et il détacha de ses troupes quelques bataillons et quelques escadrons pour aller renforcer Saint-Frémond, qui faisoit le blocus de la Mirandole. Ensuite, il mena son armée dans le Véronois pour être à portée de barrer le chemin aux Impériaux, soit qu'ils voulussent revenir du côté du Pô, après la jonction de leurs troupes, ou tenter de s'aller joindre à l'armée de M. de Savoie en Piémont, qui le demandoit à l'Empereur avec les dernières instances, [ou d'hasarder à lui faire passer quelque fort détachement.] Cela l'obligea à détacher de son armée cinq bataillons et sept escadrons, qui prirent leur marche sur Côme, et fit évanouir le dessein des Impériaux, qui apparemment n'étoit pas bien déterminé.

Le comte de Linange ayant reçu les douze mille hommes qu'il attendoit d'Allemagne, et qui devoient être suivis de quelques autres secours, quitta le Trentin le 15 octobre et vint camper entre la Chiesa et le Naviglio; alors le Grand Prieur étoit campé à Medoli, d'où il envoya un bataillon à Castiglione-delle-Stiviere, avec ordre de s'y bien fortifier; puis il partit de Medoli et vint contre Montechiaro. Linange s'avança vers Gavardo, qui n'en est qu'à deux petites lieues, et fit mine de vouloir l'attaquer. Le Grand Prieur, qui avoit projeté de prendre ses quartiers d'hiver dans le Bressan, fit faire quantité de palissades et de fascines, pour bien fortifier son camp, et enlever aux environs de Chiari tout ce qu'il se put de vivres et de fourrages, sous promesse d'en faire indemniser les Vénitiens, à qui ils appartenoient, et les fit transporter à Mantoue.

Le comte de Linange, de son côté, fit un détachement pour aller tenter le secours de la Mirandole; mais les justes mesures que le Grand Prieur prit pour l'en empêcher, rendirent ce projet infructueux.

Il ne se passa plus rien de considérable entre les deux armées pendant le reste de la campagne, qui ne dura plus guère, la saison étant fort avancée. Toutes deux entrèrent dans leurs quartiers d'hiver sur les terres de la république de Venise, et se harcelèrent, tant qu'il dura, pour l'étendue des quartiers.

Campagne de Flandre, 1704. — Le maréchal de Villeroy commanda en Flandres l'armée des deux Couronnes; le marquis de Bedmar commanda un autre corps dans les Pays-Bas espagnols, et le comte de la

Motte un troisième du côté de Gand. Le comte de Coigny, lieutenant général[1], eut encore un autre corps sur la Moselle pour se porter en Flandres ou en Allemagne, selon le besoin.

Le duc de Marlborough commanda l'armée des Alliés, ayant sous lui le maréchal d'Owerkerque, général des troupes hollandoises, et vint camper à Liège. Les ennemis eurent aussi un camp volant sous Berg-op-Zoom, un autre contre Hulst, et le troisième près de l'Écluse.

Le maréchal de Villeroy, ayant assemblé son armée, qui fut de quarante bataillons et de soixante escadrons, avec un bon équipage d'artillerie, vint camper à Montenaeken[2]. Il y apprit que le duc de Marlborough s'étoit séparé du maréchal d'Owerkerque avec quinze mille hommes, qui furent suivis, peu de jours après, par six régiments d'infanterie danois et autant de cavalerie et de dragons de la même nation, avec lesquels il prit le chemin de Coblenz, faisant courir le bruit qu'il vouloit faire quelque entreprise du côté de la Moselle.

Le maréchal de Villeroy suit le duc de Marlborough. — Sur cette nouvelle, le maréchal de Villeroy le suivit avec son armée à travers le Luxembourg; il laissa un gros détachement au comte de Guiscard[3], qui rentra dans les lignes de Wasseiges, et joignit aussitôt après le marquis de Bedmar, qui fut chargé de tenir tête à l'ennemi, qui fit un mouvement en avant et

---

1. Tome II, p. 429.
2. Montenaeken est un village du Limbourg belge, à treize kilomètres de Saint-Trond.
3. Tome II, p. 369.

détacha un nombre d'escadrons avec quelques grenadiers. Cette troupe entra dans les lignes de Wasseiges, qui n'étoient pas gardées, et en sortit quatre heures après, sur ce qu'elle apprit que M. de Bedmar, qui étoit à Heilissem, venoit de son côté. Quoique l'armée des Alliés fût supérieure à la nôtre, elle resta dans l'inaction jusqu'au 26 juin, qu'elle vint du côté d'Yhek[1], puis à Montenaeken, d'où le baron de Trogné[2] fut détaché, avec trois mille hommes et du canon, qui entrèrent une seconde fois, sans opposition, dans les lignes, [vers Merdorp, qui n'étoient pas non plus gardées.] Ils n'y furent que quelques heures, parce qu'ils eurent nouvelle que le marquis de Bedmar faisoit marcher un corps pour les en chasser, [et qu'il ne put être soutenu par un gros détachement de son armée, qu'un débordement du Demer survenu empêcha de passer ; ainsi cette course n'aboutit à rien.]

Le général d'Owerkerque bombarde Namur, puis se retire et repasse la Meuse. — M. d'Owerkerque passa la Mehaigne et la Meuse sur un pont qu'il fit faire, et envoya un détachement se saisir de Dinant, qui avoit été démoli à la paix dernière. Plusieurs partis en sortirent et allèrent entre la Sambre et la Meuse, et en tirèrent quelques contributions. D'autres passèrent dans le Condroz, pour y faire la même opération, pendant que la grande armée vint bombarder Namur et dressa ses batteries sur la montagne de Sainte-Barbe. Ils firent un grand feu de canon et de

1. Cette localité n'a pu être identifiée.
2. Officier général hollandais que les *Mémoires de Sourches* appellent le « baron de Troignies ».

mortiers, sans pourtant causer un grand dommage aux maisons de la ville, ni aux fourrages qu'on y avoit rassemblés pour l'hiver et le commencement de l'année suivante[1]. Ils restèrent trois ou quatre jours sur cette montagne, où ils furent rudement battus par l'artillerie de la ville et du château, qui les voyoit à revers, et leur tua ou blessa environ quinze cents hommes.

Le 5 et le 6 août, toute cette armée repassa la Meuse et la Mehaigne, et vint camper à Saint-Trond, qui est une petite ville du pays de Liège.

Les alliés prennent le fort Isabelle. — Les ennemis avoient projeté en même temps de venir insulter nos lignes d'Anvers avec un corps qu'ils tenoient à portée ; mais le comte de la Motte, y étant venu avec celui qu'il commandoit, les prévint, et ils ne purent exécuter ce projet. Il n'en fut pas de même du côté de l'île de Cadzand et de l'Écluse ; car le général Salisch, avec un petit corps qu'il commandoit, vint assiéger et prit sans beaucoup de peine le fort Isabelle, qui n'étoit aucunement revêtu, et où il n'y avoit qu'un major avec cent cinquante hommes. Environ dans ce temps-là, il vint un secours au marquis de Bedmar de douze bataillons, quatre régiments de cavalerie et un de dragons, qui contint les ennemis ; ainsi les deux armées, de part et d'autre, ne firent plus de mouve-

---

1. « On eut nouvelle que les ennemis, s'étant approchés de Namur par le Condroz, y avoient jeté trois mille bombes, mais qu'elles y avoient fait si peu de désordre qu'il n'y avoit eu que trois ou quatre maisons de brûlées et six autres qu'on avoit abattues pour couper le feu, outre un petit magasin de foin et un petit magasin d'avoine » (*Mémoires de Sourches*, t. IX, p. 33-34).

ments le reste de la campagne que pour changer de camp à mesure que les fourrages manquoient. Elles s'éloignèrent insensiblement l'une de l'autre, et entrèrent dans des quartiers de fourrages pendant le mois d'octobre, en attendant les ordres pour les quartiers d'hiver, qui ne tardèrent pas d'arriver.

Campagne d'Allemagne et de Bavière, année 1704.
— Je crois avoir décrit, à la fin de la campagne d'Allemagne en 1703, la disposition des Impériaux dans leurs quartiers d'hiver[1] qui fut telle, par les précautions qu'ils prirent et leurs travaux prodigieux, que tous les passages furent gardés par une quantité de milices, soutenues par de bonnes troupes, qui se communiquoient les unes aux autres, au moyen d'une continuité de bonnes lignes palissadées. Ils inféroient de là qu'aucun secours de la part de la France ne pourroit pénétrer en Bavière, et ils vivoient dans une espèce de sécurité. Néanmoins, le maréchal de Tallard, qui devoit commander l'armée de France sur le Rhin, fut chargé de la difficile exécution d'y faire passer les secours qui y étoient destinés.

Le maréchal de Tallard se prépare à faire passer les recrues en Bavière et tâche de cacher son dessein aux Impériaux. — Dès qu'il fut arrivé à Strasbourg, il se mit à préparer et à assembler tous ses matériaux, avec tout le secret et les précautions possibles en pareil cas; mais, comme le volume en étoit gros, puisqu'il consistoit en treize ou quatorze mille hommes de recrues, en quantité de munitions, tant de guerre que de bouche, beaucoup d'armes, d'habits, de l'argent,

1. Tome III, p. 189-190.

des équipages, pour lesquels il falloit six à sept cents charriots, il étoit moralement impossible d'empêcher les ennemis d'en être informés. Tout ce qu'il put faire fut d'user de ruse et d'artifices [pour leur en dérober la connoissance distincte]. Dans cet esprit, il commença par envoyer quelques pièces de gros canon avec leur attirail au Fort-Louis-du-Rhin, d'y faire passer une quantité de bateaux propres à construire des ponts, d'en faire marcher d'autres par terre à Landau pour la même fin, et d'y envoyer une tête d'armée, dans l'intention de faire croire qu'il en vouloit aux lignes de Stolhoffen, et d'obliger le prince de Bade à dégarnir ses postes du côté du Haut-Rhin pour venir fortifier les troupes de ces lignes. Pour lui faire croire qu'il trouvoit trop de difficulté à faire passer en Bavière les recrues qui s'étoient assemblées dans la Haute-Alsace, il les occupa à la démolition de la petite ville de Neubourg, sur le Rhin, entre Brisach et Huningue; et il fit charger à Strasbourg, sur des charriots propres à porter du canon, quarante pièces de vingt-quatre et plusieurs mortiers avec leurs équipages. Il vouloit par là persuader aux ennemis que les grandes difficultés du passage lui avoient fait changer de dessein.

En même temps que ceci se passoit et pour intriguer davantage les ennemis et leur faire encore affoiblir leurs postes du côté de la Forêt Noire, il fit répandre le bruit sourd que, s'étant informé plus précisément des passages [qu'il pouvoit prendre pour pénétrer vers la Bavière], on lui avoit rapporté qu'outre la difficulté des chemins, presque insurmontable [avec un corps considérable de troupes et une quantité de voitures], par des défilés continuels et des montagnes rudes et âpres par où il falloit nécessairement passer, il en trouveroit les débouchés bien retranchés et bien gardés et soutenus de quartier en quartier par des troupes nombreuses, qui ne manqueroient pas de s'y porter à la première nouvelle; d'où il concluoit que, sans une témérité extrême, il ne pouvoit prendre d'autre passage que celui de la Maison-Rouge, à travers un petit canton du territoire des Suisses[1].

Le bruit en vint bientôt jusques à eux, qui ne manquèrent pas sur-le-champ d'en porter leurs plaintes au marquis de Puyzieulx[2], ambassadeur de France près de la république. Pour leur complaire, il écrivit au maréchal et lui représenta que, s'il persistoit à prendre cette route, ce seroit donner une occasion formelle aux Cantons de se brouiller avec la France, qui avoit tant d'intérêt de se les conserver dans la conjoncture présente des affaires.

Le maréchal lui répondit que cela pourroit bien arriver, mais que, dans la situation où les ennemis étoient, il n'avoit que ce seul parti à prendre sans risquer visiblement de perdre l'armée du Roi, engagée d'honneur, de parole et d'intérêt de tout tenter pour faire passer le secours à l'Électeur, étant aussi de la prudence de le faire avec le moins de péril qu'il seroit

1. A l'extrémité nord du canton de Bâle, presque au débouché d'Huningue.
2. Roger Brûlart, marquis de Puyzieulx (1640-1719), gouverneur d'Huningue, était lieutenant général depuis 1696; il fit les fonctions d'ambassadeur auprès des Cantons suisses de 1698 à 1708.

possible; mais qu'au surplus, les troupes marcheroient avec tant d'ordre et vivroient avec tant de discipline, que les Suisses en seroient contents et n'auroient pas lieu de se repentir de leur condescendance.

Cet artifice eut encore son effet en ce que les Impériaux, qui n'avoient aucunes troupes au défilé de la Maison-Rouge, se crurent obligés d'affoiblir les gardes des autres passages, pour envoyer à celui-ci un nombre de gens suffisant pour le garder.

Le maréchal, ayant ainsi donné de la jalousie de toutes parts au prince Louis et surtout du côté des lignes de Stolhoffen, pour lesquelles il appréhendoit le plus, et qui fermoient le passage le plus facile pour pénétrer en Allemagne par le Würtemberg, ce prince se contenta de bien faire garnir de troupes la vallée de la Kinzig, celle de Waldkirch[1] et le passage de la Maison-Rouge, ayant de plus un corps considérable sous le général Thungen dans les quartiers aux environs de Rottweil, pour faire tête à l'électeur de Bavière, ou se porter de droite ou de gauche, selon le besoin qui surviendroit.

Toutes choses ainsi disposées, le maréchal se mit en mouvement le 11 avril et fit sortir de Strasbourg, par différentes portes, les troupes qu'il en tiroit, afin de mettre les émissaires que les Impériaux pourroient avoir en cette ville, dans l'incertitude de la véritable route qu'il leur faisoit prendre.

Il fit descendre de Brisach les bateaux nécessaires pour faire un pont sur le Rhin à Rheinau, et envoya

---

1. Petite ville au nord de Fribourg.

le comte de Coigny, lieutenant général, avec quatorze bataillons et les trente escadrons qu'il avoit amenés de la Moselle. Il prit des mesures si justes que toutes les troupes qu'il tiroit de Franche-Comté, et celles qui étoient répandues dans la Haute-Alsace, arrivèrent le même jour 13 avril sous Brisach, où elles passèrent le Rhin avec celles qui étoient venues de Strasbourg, et un équipage de trente pièces de canon de campagne.

Toutes ces troupes, non comprises celles du comte de Coigny, composoient une armée de trente-deux bataillons et de cent escadrons. M. de Coigny passa le Rhin à Rheinau avec les siennes; et elles vinrent toutes ensemble camper à la plaine de Saint-Georges, près de Fribourg.

Passage des recrues et du convoi en Bavière. — Dès que le maréchal y fut arrivé, il alla soigneusement reconnoître la gorge de Saint-Pierre, et remarqua qu'elle n'étoit qu'à quatre cents toises ou environ de cette place[1] [et étoit enfilée par plusieurs batteries de canon tant de cette ville que des forts adjacents]. Il alla encore reconnoître un autre chemin, dont il étoit bien informé, et auquel il y avoit beaucoup à travailler pour le rendre praticable. Il se trouvoit une espèce de chemin à côté d'une montagne qu'on appelle des Milles, qui conduisoit à l'abbaye de Kindersthal[2], tout le long d'une autre montagne, [la plus haute de celles des environs de Fribourg,] et qu'on nomme Cappel. Il visita lui-même fort avant cette coulée, et y trouva déjà, par ses ordres, une quan-

1. C'est-à-dire de Fribourg.
2. Ou plutôt Kindelthal.

tité de paysans qui travailloient aux chemins, et d'autres qui labouroient les rampes des montagnes et y pratiquoient de nouveaux chemins, autant que l'industrie le pouvoit permettre. Étant revenu le soir au camp, il acheva toutes les dispositions de son passage, et fit partir le lendemain seize compagnies de grenadiers, cent cinquante hommes par bataillon, avec un détachement de deux mille chevaux, et un nombre de nouveaux travailleurs, sous le commandement de Zurlauben[1], lieutenant général, auquel il donna ordre de marcher à la montagne de Hohle-Graben, et de là à Kindersthal, et d'attaquer les retranchements que les ennemis pourroient y avoir fait, s'il les trouvoit encore occupés. Zurlauben ne rencontra d'autre obstacle à surmonter que ceux de la difficulté des chemins; il en informa le maréchal et s'arrêta à Kindersthal, en attendant de nouveaux ordres.

Le maréchal se mit en mouvement avec son armée, laissant son artillerie au comte de Coigny, qui resta, avec ses troupes, à l'entrée de la gorge par où il avoit passé, afin d'être plus à portée de le venir joindre, si le besoin le requéroit. Les recrues, dont on avoit composé dix-sept bataillons, prirent la même route, seulement sur les quatre heures du soir, afin de laisser le temps aux troupes que le maréchal menoit d'enfiler la gorge et de la longer pour éviter la confusion et le retardement. En même temps, il fit marcher, sous

1. Béat-Jacques de la Tour-Châtillon, comte de Zurlauben (1656-1704), était au service de la France en 1670 et était lieutenant général depuis 1702; il sera tué le 21 septembre 1704 à la bataille d'Hochstedt.

de bonnes escortes, cent charriots chargés de poudre, suivis de quatre cent cinquante autres de munitions, de vivres, d'armes et d'habits, destinés pour l'armée de Bavière. Quelques autres qui étoient restés survinrent le lendemain, le tout par la gorge entre les montagnes de Cappel et des Milles, et approcha de Fribourg, d'où ils essuyèrent plusieurs volées de canon, qui ne firent pas grand dommage.

L'électeur de Bavière s'avance jusqu'à Donaueschingen pour recevoir les secours qui lui viennent de France.
— Le lendemain, le reste des troupes du maréchal se mit en marche et prit le même chemin. Il arriva à Kindersthal et les y laissa, prenant seulement avec lui le même détachement que Zurlauben y avoit conduit, et marcha à la hauteur de Thurner[1], d'où deux mille hommes des troupes de Brandebourg, qui y avoient été postés, se retirèrent à la nouvelle de son approche pour aller joindre le général Thungen, qui s'étoit campé à Rottweil avec environ vingt-cinq mille hommes pour observer l'électeur de Bavière. Celui-ci, pour favoriser la jonction, s'étoit avancé à Donaueschingen, où est la source du Danube, avec une partie de ses troupes et l'armée du maréchal de Marcin, qu'on faisoit monter à trente-cinq mille hommes.

Le maréchal, qui étoit bien informé de cette marche, ne manqua pas de donner avis à l'Électeur de son arrivée à la hauteur de Thurner, et de ce qui s'étoit passé jusque-là. Le prince lui répondit qu'il alloit aussitôt faire marcher son armée sur Villingen[2], pour

1. Thurner est un village du Hohle-Graben, à quelques lieues à l'est de Fribourg.
2. Villingen est sur la Kinzig, au nord de Donaueschingen.

ôter aux Impériaux toute communication avec les montagnes et venir au-devant de lui ; qu'il enverroit le comte de Lannion[1] avec des troupes, pour recevoir les recrues et le convoi qu'il lui avoit amenés, dont la plus grande partie avoit péri par la célérité de la marche, le mauvais temps et l'âpreté des chemins et peut-être aussi par la négligence des conducteurs.

L'électeur de Bavière reçoit les secours de France. — La jonction se fit, et le maréchal, avec une escorte de douze cents chevaux, alla trouver l'Électeur, qui vint au-devant de lui. Tout se passa en grand respect d'une part, [et en offres, de la part du Roi, de toute l'armée ou de la partie d'icelle à sa volonté,] et de l'autre, en remerciements de l'Électeur, qui loua fort le maréchal, avec grande raison, de sa bonne conduite et de son extrême diligence.

Le maréchal de Tallard revient en Alsace. — Cela fait, M. de Tallard retourna joindre ses troupes et les remena camper dans la plaine de Saint-Georges, près de Fribourg, le 20 avril, qui étoit le neuvième jour à compter de celui qu'il partit de Strasbourg pour cette pénible et difficile expédition, [qui lui acquit beaucoup de louanges à juste titre]. Il ne séjourna qu'un jour à la plaine de Saint-Georges pour attendre que ses troupes eussent achevé de passer les longs défilés des montagnes, et il prit sa route par Weil et Altenheim, pour arriver à Kehl, où il repassa le Rhin.

Le comte de Coigny, avec sa petite armée, fit tou-

---

1. Anne-Bretagne, comte de Lannion, colonel d'infanterie depuis 1702, était alors brigadier et ne parvint qu'en 1734 au grade de lieutenant général.

jours son arrière-garde à une marche de distance, et l'armée vint camper le 5 mai vers Lauterbourg où le maréchal prit son quartier, et le comte de Coigny à Sulz[1], qui n'en est qu'à trois lieues ; ils restèrent dans l'inaction jusqu'au 28.

L'Électeur s'en retourne dans ses pays. — A l'égard de l'Électeur, il étoit décampé le 19 des environs de Villingen pour retourner en Souabe ; et tout ceci s'étoit passé avec tant de diligence que le général Thungen n'eut pas le temps de rassembler toutes les troupes qui étoient à ses ordres et qui consistoient en quarante bataillons et cent dix-sept escadrons ; il ne put donc s'opposer à temps à la jonction, ni à l'Électeur ; mais peut-être y eut-il en cela un peu de sa faute.

Le prince de Bade arrive au camp de Thungen, d'où il part pour suivre l'Électeur ; il fait canonner l'arrière-garde bavaroise ; l'Électeur poursuit son chemin et va camper à Lawingen. — Le soir du même jour que ce prince avoit décampé des environs de Villingen, le prince de Bade arriva au camp de Thungen avec quelques troupes qu'il avoit amenées et se mit le lendemain à suivre l'Électeur. Son avant-garde, où il avoit mis du canon, arriva en vue de l'arrière-garde bavaroise vers Stockach[2] où elle fut un peu canonnée. Cette avant-garde prit même quelques mulets de l'Électeur et quelques équipages de l'armée, qui étoient demeurés derrière ; mais cela ne put empê-

---

1. Lauterbourg est situé presque au confluent de la Lauter et du Rhin, et Sulz est en arrière, dans une autre vallée, vers Haguenau.

2. Petit bourg situé non loin de l'extrémité nord du lac de Constance.

cher l'Électeur de poursuivre son chemin et d'arriver à Dillingen et à Läwingen[1], où il se retrancha.

Le maréchal de Villeroy passe de Flandre en Alsace avec une armée. — J'ai laissé ci-devant le maréchal de Villeroy, faisant route par le Luxembourg pour observer le duc de Marlborough, qui tiroit vers Coblenz. A cette nouvelle, le maréchal vint à la Moselle, sur laquelle il fit faire un pont entre Thionville et Sierck, passa cette rivière et arriva avec son armée dans le voisinage de Landau. Ayant appris que le duc avoit fait passer le Rhin à son armée un peu au-dessous de Coblenz, et qu'il dirigeoit sa marche droit au Mein, on ne douta plus que son dessein ne fût d'aller joindre les Impériaux en Bavière, et de faire les derniers efforts contre le duc, s'il ne pouvoit le porter à faire son accommodement avec l'Empereur.

Conférences des maréchaux de Villeroy et de Tallard sur les opérations de la campagne. — Le maréchal de Tallard vint s'aboucher avec M. de Villeroy pour concerter ensemble ce qu'ils pourroient faire de mieux en cette conjoncture. Ils résumèrent dans leur conférence qu'étant hors de moyen de barrer le chemin au duc, le plus expédient étoit d'aller, avec leurs deux armées et le corps que commandoit M. de Coigny, attaquer les lignes de Stolhoffen, où il n'y avoit, dans ce temps-là, que vingt-cinq mille hommes, et de les prendre en tête, en queue et en flanc, et qu'ayant battu les ennemis, ainsi qu'ils l'espéroient, ils porteroient, en passant par le Wurtemberg, toute la guerre en Allemagne, et seroient à portée de soutenir l'Élec-

---

1. Villes de Bavière sur le Danube, en aval d'Ulm.

teur et de l'empêcher de faire aucun traité, ou d'être accablé.

Ils envoient leur projet à la cour, où il n'est point goûté. — Dans cette résolution, ils en dressèrent un projet qu'ils envoyèrent à la cour [pour le faire agréer et, en attendant son retour, ils firent leurs dispositions pour cette attaque et pour faire trois ponts sur le Rhin, qu'il leur falloit passer, l'un, entre Strasbourg et le Fort-Louis, pour les troupes du maréchal de Tallard, qui devoit attaquer ces lignes par le front, le second à ce fort, pour celle du comte de Coigny, qui devoit prendre le flanc en y pénétrant par l'île du Marquisat, et le troisième à la hauteur de Landau pour passer l'armée du maréchal de Villeroy, qui devoit prendre ces lignes par les derrières. Mais il arriva que, pendant l'aller à la cour et le retour du courrier, on perdit un temps précieux et que, de plus, le projet ne fut pas agréé, Sa Majesté n'ayant pas jugé à propos de hasarder toutes les forces de son royaume et l'élite de ses troupes hors de la portée de ses États; ce qui parut un grand trait de prudence, et ne l'empêcha pas de donner de nouveaux secours à l'Électeur, comme on le verra bientôt.

Le duc de Marlborough poursuit sa marche en Allemagne; conférences à Heilbronn entre les généraux alliés; propositions d'accommodement faites de leur part à l'électeur de Bavière, qui les refuse. — Cependant, l'armée du duc de Marlborough avançoit toujours son chemin, et dès que ce général se trouva à portée d'Heilbronn, le prince de Bade et le prince Eugène y vinrent aussi avec quelques-uns des généraux des troupes de leurs alliés. Il se tint là une grande conférence dans laquelle il fut résolu que le prince Eugène iroit prendre le commandement de l'armée qui étoit dans les lignes de Stolhoffen et que le duc de Marlborough, avec la sienne, joindroit l'armée impériale, et que le tout seroit commandé, par jours alternatifs, par le prince de Bade et lui ; qu'ils marcheroient ensemble contre l'Électeur ; mais qu'au préalable on lui feroit faire les propositions d'accommodement suivantes de la part de l'Empereur et de la reine d'Angleterre :

1° De faire sortir des places de ses États les troupes françoises qui y étoient ;

2° De lui laisser la jouissance des conquêtes qu'il avoit faites dans l'Empire, jusques à ce qu'on lui eût donné une entière satisfaction sur ses prétentions ;

3° Que l'Angleterre et la Hollande lui paieroient de leurs deniers toutes les sommes qui lui étoient dues par l'Empereur ;

4° Qu'on rendroit à l'électeur de Cologne, son frère, ses États ;

5° Qu'on donneroit la liberté aux troupes françoises qui étoient au service de l'Électeur de retourner en France en toute sûreté, pourvu qu'elles ne marchassent qu'un ou deux régiments à la fois, et qu'on leur fourniroit, en payant, les vivres et les chariots nécessaires sur les terres de l'Empire ;

Et enfin qu'on retiendroit le maréchal de Marcin et quelques officiers généraux en otage, jusques au retour de l'électeur de Cologne dans ses États.

L'Électeur refusa, en grand prince et en honnête homme, de rompre ses engagements avec la France en une pareille conjoncture, dans l'espérance et la certitude où il étoit de la protection du Roi. Il ne s'y trompa point.

Les résolutions ci-dessus étant prises entre les généraux ennemis, ils se séparèrent pour se rendre chacun à leur armée. Le prince de Bade retourna à la sienne, qui campoit à Sandhausen[1], à quatre lieues d'Ulm. Le mylord continua sa marche et vint loger à Sansée, près du camp du prince; les deux armées y séjournèrent pendant quatre jours. Alors l'Électeur et le maréchal de Marcin étoient dans un camp bien retranché entre Dillingen et Läwingen.

Les deux généraux ennemis ayant agité lequel étoit plus expédient, ou d'aller droit à l'Électeur ou d'attaquer un retranchement qui se faisoit sur la montagne de Schellenberg, qui touche à Donauwert et protégeoit cette ville, dans laquelle on avoit mis onze bataillons de Bavarois, sept de François, deux régiments de dragons et huit pièces de canon, le prince de Bade fut du premier avis, le duc de Marlborough du second et l'emporta; ainsi cette attaque fut résolue.

Les deux armées quittèrent leur camp et arrivèrent en deux marches sur la petite rivière de Brentz[2], où elles séjournèrent quatre jours pour faire reposer leurs troupes. Elles vinrent ensuite à Ouderinghem. Le duc de Marlborough faisoit l'avant-garde avec la cavalerie, l'infanterie et l'artillerie angloises, et joignit à ce corps quelques bataillons hollandois et trois bataillons de grenadiers impériaux.

1. Nous n'avons pu identifier cette localité, non plus que celle de Sansée, dont Saint-Hilaire va prononcer le nom deux lignes plus loin.
2. Petit affluent de gauche du Danube.

Le lendemain, 2 juillet, les deux armées partirent de ce camp. Le duc de Marlborough, qui avoit ce jour-là le commandement, prit les devants avec cette avant-garde et arriva vers le midi sur la rivière de Wörnitz[1], à une portée de canon des retranchements de Schellenberg. Il y fit faire des ponts, et, ne voulant partager avec personne la gloire de cette journée, il fit hâtivement passer la Wörnitz à son infanterie, à son artillerie et à trente-deux escadrons qu'il avoit menés avec lui.

Combat de Schellenberg gagné par les Alliés sur les François et Bavarois. — Le maréchal d'Arco[2], général de l'Électeur, qui défendoit ces retranchements, n'y étoit arrivé que la veille, et, les ayant trouvés fort imparfaits et d'une trop grande étendue pour les troupes qu'il avoit, il en demanda aussitôt de nouvelles d'augmentation à l'Électeur, qui ne purent arriver à temps; car le duc de Marlborough, après avoir reconnu les retranchements et mis ses troupes en bataille, les fit aussitôt avancer, et commença les attaques à la faveur de son artillerie, qui étoit bien postée et fit grand feu. Il avoit projeté de faire sa principale attaque à droite du retranchement où étoient les François, à cause d'un grand bois qui en étoit fort près; mais, comme il se trouva fort épais, et qu'il ne pouvoit être percé, il retira l'infanterie qu'il avoit destinée à cette attaque. Il la fit revenir à sa droite, qui étoit la gauche du retranchement [qui se terminoit au chemin couvert de Donauwert]. Ce chemin couvert, en cet endroit, formoit une espèce d'angle saillant, aboutissant d'un

1. Elle se jette dans le Danube à Donauwert.
2. Jean-Baptiste d'Arco : tome III, p. 177.

côté à la ville et de l'autre à un bras du Danube, tellement qu'il faisoit un revers assez étendu et de flanc sur les ennemis qui attaquèrent la gauche du retranchement. Le maréchal d'Arco, qui s'aperçut que les ennemis quittoient l'attaque de la droite du côté de ce bois pour revenir à sa gauche, ne doutant plus qu'ils ne fissent leur principale attaque en cet endroit, fit entrer quatre bataillons dans Donauwert, avec ordre à celui qui y commandoit de les poster dans cette partie du chemin couvert dont je viens de parler et d'en faire partir un grand feu de revers, qui auroit fort contenu l'ennemi, et lui auroit fait perdre bien du monde. Le malheur voulut qu'il fut mal obéi et que les quatre bataillons ne s'y portèrent pas. Si les attaques furent vives, la défense ne leur céda en rien, ni ne fut pas moins valeureuse; car, en quelques endroits du retranchement, nos troupes en sortirent à propos et rompirent les premiers rangs des bataillons des ennemis; mais, comme le prince de Bade arriva avec le reste de l'armée sur la Wörnitz, qu'il la passa avec presque tous les bataillons de l'armée pour prendre part à cette attaque, et que les premiers étoient rafraîchis à chaque instant, le retranchement fut emporté au bout de trois heures de temps, et les Impériaux y pénétrèrent à la gauche, qui étoit la droite de l'ennemi. Le maréchal d'Arco accourut en cet endroit avec quelques escadrons; mais, voyant qu'il n'étoit plus temps et qu'il alloit être entouré de tous côtés, il fit enclouer son canon, qu'il ne pouvoit emmener, et ordonna aux Bavarois de se retirer peu à peu vers le pont du Danube, qui se trouva encore malheureusement endommagé par des radeaux que les ennemis jetèrent au fil de l'eau. Il arriva de plus que la porte de la ville se trouva fermée, et qu'avant qu'elle fût ouverte et le pont raccommodé autant qu'il fut possible, il fallut tenir ferme, et on perdit bien du monde. Le mal même auroit été plus grand sans Listenois[1], qui survint là avec son régiment de dragons et écarta et contint un peu l'ennemi pendant un espace de temps dont les Bavarois se servirent utilement pour se tirer d'affaire un peu moins mal.

Les troupes françoises, qui avoient la droite du retranchement, sous Lée[2], maréchal de camp, se voyant séparées des Bavarois par l'ennemi, et ne pouvant plus regagner la ville, prirent sagement le parti de se retirer à Neubourg, en faisant face de temps en temps sur l'ennemi, qui les fit suivre jusques à un bois qui se rencontra sur le chemin, où elles entrèrent et cessèrent d'être poursuivies[3].

[Sans m'arrêter au calcul qu'on fit alors des morts et des blessés en cette occasion, que l'on fait rarement à son désavantage, je dirai que] nous eûmes bien deux mille cinq cents hommes tués ou blessés en cette occasion. Nettancourt[4], qui étoit brigadier et un très galant

1. Jacques-Antoine de Bauffremont, marquis de Listenois, devint maréchal de camp en 1710 et fut tué la même année au siège d'Aire.
2. André de Lée, colonel d'un régiment irlandais en 1694, maréchal de camp depuis 1702, devint lieutenant général en 1704.
3. C'est le 2 juillet qu'eut lieu ce combat (*Gazette*, p. 346-348, 356-358 et 362; *Gazette d'Amsterdam*, nos LVI et LVII; Dangeau, t. IX, p. 66-77; *Mémoires de Sourches*, t. VIII, p. 13-27; *Mémoires militaires*, p. 511-516; Quincy, *Histoire militaire*, p. 250-254; *Mercure* de juillet, p. 346-374).
4. Louis III, marquis de Nettancourt, était brigadier d'infanterie depuis 1703.

homme, fut du nombre des premiers, et quelques officiers particuliers, mais davantage de blessés. Les Bavarois perdirent aussi quelques-uns de leurs officiers généraux et le fils du maréchal d'Arco; d'autres furent blessés. La perte des ennemis monta bien au double, avec une quantité considérable d'officiers généraux de réputation; le prince de Bade fut même blessé au pied.

L'Électeur abandonne Donauwert et plusieurs autres places et se retire dans Augsbourg. — Cet échec fut le signal de ceux qui survinrent, [et de la défilade qui s'en ensuivit, s'il m'est permis de me servir de cette expression;] car l'Électeur envoya ordre à celui qui commandoit dans Donauwert de le venir joindre avec sa garnison, et, avant de quitter la ville, de faire brûler toutes les provisions qui y étoient pour l'armée. Neubourg, Kempten, Ratisbonne et quelques autres postes furent aussi évacués, et on en tira les troupes pour venir fortifier l'armée.

L'Électeur et le maréchal de Marcin quittèrent les retranchements de Dillingen et de Läwingen et allèrent camper sous Augsbourg, en un poste excellent, auquel on fit ajouter de nouvelles fortifications.

Prise de Rain par les Alliés. — Donauwert ainsi abandonné, les ennemis s'en emparèrent, y passèrent le Danube et vinrent camper à Mertingen, [et de là sur le Lech à Welde et Genderpine,] d'où ils firent partir un détachemant assez considérable, qui alla canonner [quelques mille hommes de troupes de] l'Électeur, qui étoient dans de bons retranchements, entre le Lech et le Wertach. L'armée ennemie passa le Lech et envoya un fort détachement, sous le comte de Friesen, assiéger Rain[1], qu'il prit le quatrième ou cinquième jour de tranchée. Cette armée s'approcha des retranchements de l'Électeur, sous Augsbourg, et, n'ayant pas trouvé qu'il fût praticable de l'attaquer en ce poste, les ennemis prirent le parti de faire brûler et ravager quelque canton de la Bavière, même jusqu'aux portes de Munich, pour exciter la compassion du souverain, et tâcher de le réduire à quelque accommodement. On a dit même qu'il y parut un peu incliné, mais qu'ayant appris, en ce temps-là, que le Roi envoyoit une nouvelle armée à son secours, on ne parla plus de s'accommoder.

Pour donner une intelligence plus facile de ce qui se passa du côté du Rhin et de la Bavière pendant le reste de la campagne, j'ai cru qu'il étoit à propos de revenir aux maréchaux de Villeroy et Tallard que j'ai laissés dans la Basse-Alsace, attendant le retour du courrier qui avoit porté leur projet à la cour[2].

Le maréchal de Tallard passe en Bavière avec une armée. — Ce courrier étant de retour, il apporta à ces généraux des ordres tout contraire à ceux qu'ils attendoient, et qui portoient de mener leurs armées passer le Rhin au fort de Kehl, près Strasbourg, et au maréchal de Tallard de prendre son chemin de là pour joindre l'électeur de Bavière, avec quarante-deux bataillons des meilleures troupes, une artillerie de campagne proportionnée, soixante escadrons choisis, les caissons de l'armée et deux mille cinq cents chariots de paysans chargés de farine et de biscuits. Elle se mit en marche et arriva le 9 juillet à Ementingen, près de Fribourg.

1. Petite ville forte sur le Lech.
2. Ci-dessus, p. 63.

Le maréchal de Villeroy va camper à Offenbourg. — Le maréchal de Villeroy vint camper à Offenbourg, faisant face du côté des lignes de Stolhoffen, qui en étoient éloignées d'environ une bonne marche, et dans cette situation il fut en état de tenir la gorge de la vallée de la Kinzig et d'envoyer des postes d'infanterie [dans Bibrach, Elsasshausen et autres] le long de cette vallée et de les soutenir.

Le maréchal de Tallard partit d'Ementingen le lendemain qu'il y fut arrivé, et se mit à la tête de la droite, ayant fait marcher devant lui Courtebonne[1] avec tous les dragons de l'armée et une brigade de cavalerie pour se saisir de Waldkirch[2] et nettoyer la vallée. Le marquis d'Hautefort[3], avec la gauche et les deux mille cinq cents chariots de paysans chargés de vivres, prit un autre chemin, qui se trouva très rude et très difficile, ce qui fit rompre plusieurs chariots, retarda et embarrassa la marche. Le comte de Roucy[4] faisoit l'arrière-garde avec quelques escadrons. L'armée, après avoir passé cette vallée, arriva à celle de la Kinzig et prit le chemin d'Hornberg, qui se trouva encore plus fâcheux

---

1. Jacques-Louis de Calonne, marquis de Courtebonne, mestre de camp de cavalerie en 1677, était devenu maréchal de camp en 1696, lieutenant général en 1702, était directeur général de la cavalerie depuis 1703; il mourut le 17 février 1705.

2. Petite ville du Brisgau, au nord de Fribourg.

3. François-Marie, marquis d'Hautefort (1654-1727), colonel du régiment d'Anjou en 1673, était lieutenant général depuis 1703; il reçut le cordon de l'ordre du Saint-Esprit en 1724.

4. François de la Rochefoucauld-Roye, comte de Roucy, était lieutenant général et capitaine des gendarmes écossais; il mourut en 1721.

que le précédent, pendant une bonne lieue de montagnes de roches très roides, tant à monter qu'à descendre, tellement qu'il fallut doubler les chevaux aux voitures pour les monter et les retenir pour les descendre. On fut obligé de faire travailler le mineur en quelques endroits pour élargir les passages ; enfin l'armée se trouva hors des montagnes le cinquième jour après être parti d'Ementingen, [n'ayant trouvé d'autres obstacles que ceux de la difficulté des chemins, qui étoit très grande;] elle campa à Lauterbach.

Le maréchal de Tallard fait assiéger Villingen par le marquis d'Hautefort. — Le lendemain, le marquis d'Hautefort en fut détaché avec trois brigades d'infanterie, une de cavalerie, [les quatre pièces courtes de 24 de l'armée, huit autres pièces de 8 et leur attirail,] pour aller attaquer Villingen, assez jolie ville et médiocrement fortifiée, [que nous avons toujours manquée et] qui se trouve à quelques lieues du débouché des Montagnes Noires.

Il est assez difficile de démêler les solides raisons qui engagèrent à cette entreprise; car Villingen n'empêchoit le passage en aucune façon, et le retardement de la jonction avec l'Électeur pouvoit devenir très périlleux. On en jugera mieux par ce qu'on pourra remarquer ci-après. Je ne sais même s'il n'est pas permis de dire que le maréchal crut emporter brusquement cette ville, et donner par là plus d'éclat et de brillant à son passage.

Le maréchal de Tallard fait le siège de Villingen et va joindre l'Électeur. — Quoi qu'il en soit, il décampa bientôt de Lauterbach, pour venir à Saint-Georges et s'approcher du siège. Cette ville se défendit mieux qu'il ne croyoit; on se douta que le prince Eugène pourroit bien s'ébranler; et l'Électeur, se trouvant fort pressé, envoya courriers sur courriers au maréchal, le priant de hâter sa marche; ainsi le siège fut levé le cinq ou sixième jour de tranchée, sans avoir été beaucoup avancé. Toute l'armée décampa donc de devant Villingen, et vint camper à Estingen le 22 juillet, le lendemain à Tuttlingen[1], où elle passa le Danube à gué. Je vais la laisser là pour un moment, et je dirai ce que le prince Eugène fit dans ce temps-là.

Le prince Eugène part des lignes de Stolhoffen avec une partie de l'armée qu'il y commandoit et observe le maréchal de Tallard pendant sa marche. — On a vu que le prince Eugène étoit dans les lignes de Stolhoffen, où il commandoit les armées des Alliés, qui étoient alors de soixante bataillons et de quatre-vingt-sept escadrons. Dès qu'il eut appris que le maréchal de Tallard avoit pris le chemin des Montagnes Noires et qu'il faisoit attaquer Villingen, il laissa le prince de Nassau-Weilbourg[2] dans les lignes avec trente-deux bataillons et vingt-sept escadrons pour les défendre en cas d'attaque, jugeant que le maréchal de Villeroy, qui étoit toujours à Offenbourg et n'avoit que vingt-huit ou trente bataillons et soixante escadrons, n'entreprendroit pas de les aller attaquer dans cette disproportion. Il se mit en marche avec vingt-huit bataillons et soixante escadrons, prenant son chemin par le Würtemberg pour aller observer le maréchal de Tallard et joindre, en le côtoyant, le prince de Bade et le duc de

1. Ville du Würtemberg, sur le Danube.
2. Jean-Ernest, comte de Nassau-Weilbourg (1664-1719), était maréchal général de la cavalerie impériale.

Marlborough, ne doutant pas que ce maréchal ne suivît sa route vers l'Électeur.

De Tuttlingen, M. de Tallard vint à Moeskirch. La marche fut pénible à cause des défilés et d'une montagne, et l'on passa près des retranchements que le prince de Bade avoit fait faire pour ôter à M. de Bavière toute communication avec la France et mettre ses quartiers d'hiver en sûreté.

Ces retranchements avoient cinq grandes lieues d'étendue, et tenoient depuis le lac de Constance jusques à Tuttlingen, et étoient fraisés et palissadés, avec des chevaux de frise sur le fossé pour en défendre le passage [et des abatis de bois devant jusques à une portée de mousquet].

De Moeskirch, l'armée vint à Neufra, de là à Berg, puis à Dulmunling[1], où elle séjourna deux jours; de là on fit passer à Ulm les munitions et les vivres surabondants; on renvoya en Alsace et dans le Brisgau les chevaux inutiles qui avoient servi à les porter. Ensuite l'armée parut à la vue d'Ulm et campa à Weissenhorn[2]; elle passa l'Iller sur trois ponts, puis alla à Krumbach et le lendemain à Thannhausen[3] sur la Mindel, où l'on fut sûr de la jonction des deux armées. On avoit appréhendé que le prince Eugène n'eût eu le dessein de venir attaquer ce poste, où l'on auroit été

1. Neufra est situé sur un bras du Danube; l'armée y arriva le 26 juillet. Berg est un peu plus en aval, vis-à-vis Ehingen. Quant à Dulmunling, nous n'avons pu identifier cette localité; c'est peut-être Dellmensgen.

2. Le campement à Weissenhorn n'eut lieu qu'après le passage de l'Iller, cette localité étant au delà de cette rivière.

3. Krumbach, sur la Roth, et Thannhausen sont entre Ulm et Augsbourg.

obligé de le combattre avec beaucoup de désavantage à cause de la situation du terrain.

Le maréchal de Tallard joint l'Électeur près d'Augsbourg. — L'armée continuant sa marche arriva à Dierkirch et à Gessertshausen[1], à deux lieues d'Augsbourg [et à une demie de celle de l'Électeur, qui étoit campé entre le Wertach et le Lech, près d'Augsbourg].

Le prince Eugène se campe à Münster entre Läwingen et Donauwert. — Le prince Eugène, qui avoit voulu observer le maréchal de Tallard pendant sa marche, campa, avec les troupes qu'il avoit amenées des lignes de Stolhoffen, entre Läwingen et Donauwert, près d'un bourg qu'on appelle Münster, ayant la rivière de Wörnitz à quelques lieues derrière lui.

L'Électeur et le maréchal de Tallard confèrent sur leurs opérations. — Après la jonction du maréchal de Tallard et de l'Électeur, les armées séjournèrent encore trois jours dans leur camp, tant pour savoir le parti que les ennemis prendroient que pour délibérer de leurs opérations. La matière ayant été agitée dans le conseil, on y convint que, pour tirer les ennemis de la Bavière, chose que l'Électeur avoit fort à cœur, il n'y avoit point de meilleur moyen que celui d'aller passer le Danube à Läwingen, et de choisir au delà un camp qui fût sûr, où l'on trouvât des fourrages et où les troupes du maréchal de Tallard se pussent un peu remettre des fatigues d'une longue et pénible marche et y attendre en sûreté celles que l'Électeur avoit encore dans quelques places et qu'il avoit dessein de faire joindre. On convint de plus qu'il ne fal-

1. Dierkirch ou Dierdorf et Gessertshausen sont deux villages de la campagne d'Augsbourg.

loit aucunement s'exposer à une bataille qu'elles ne fussent arrivées, mais qu'en attendant on fatigueroit tellement les ennemis qu'ils eussent beaucoup de peine à subsister. L'embarras fut de trouver un pareil camp ; celui de Läwingen étoit tel ; le maréchal de Villars, la campagne précédente, en avoit donné l'expérience ; mais, pendant celle-ci, l'Électeur y avoit déjà campé et fait consommer les fourrages des environs. On ne vouloit point toucher à ceux de Souabe, qu'on avoit dessein de conserver pour les quartiers d'hiver ; et au surplus le duc de Marlborough, après la prise des retranchements de Schellenberg, avoit fait raser tous ceux de Läwingen.

L'Électeur et le maréchal de Tallard décampent et marchent au Danube pour le passer à Läwingen. — Quelques officiers généraux, qui avoient servi l'année dernière sous le maréchal de Villars, proposèrent celui de Plentheim[1] qui en est environ à trois lieues, pour un camp tel qu'il convenoit. Ainsi les deux armées décampèrent des retranchements près d'Augsbourg et vinrent le 6 août camper à Biberbach et à Güblingen[2].

Le prince de Bade et le duc de Marlborough décampent et arrivent ensemble à Enheim et à Dillingen. — Les généraux des ennemis, ayant eu nouvelle de l'arrivée de nos armées aux lieux que je viens de nommer, levèrent leur camp, ne doutant plus du dessein de l'Électeur, et continuèrent leur marche ensemble jusqu'à Enheim[3] et Dillingen. De là le prince de Bade,

1. Plentheim, ou plutôt Blindheim, est sur la rive gauche du Danube, près d'Hochstedt.
2. Petits bourgs sur la Schmütter, sur la route d'Augsbourg à Donauwert.
3. Sur le Danube, entre Läwingen et Hochstedt.

après avoir détaché vingt-huit escadrons impériaux, sous le prince régent de Würtemberg, qui prirent la droite de l'armée du duc de Marlborough, marcha à Neubourg, où l'on avoit assemblé tout ce qui étoit nécessaire pour faire un siège. Il envoya investir Ingolstadt[1], bonne place sur le Danube, appartenant à l'électeur de Bavière, et dont il avoit besoin pour rendre la navigation libre depuis Passau jusqu'aux armées ennemies, et vint assiéger Ingolstadt avec l'armée impériale.

Le duc de Marlborough marche au Danube et y envoie à l'avance un gros détachement qui passe ce fleuve à Marxheim. — Le duc de Marlborough, ayant eu avis que le maréchal de Tallard et l'Électeur continuoient leur marche pour passer le Danube à Läwingen, fit marcher aussitôt les vingt-huit escadrons que le prince de Bade lui avoit laissés et les fit suivre par vingt bataillons et toute son artillerie pour aller passer le Danube sur le pont de Marxheim et renforcer le prince Eugène, qui décampa de Münster dès qu'il eut appris que nos armées passoient ce fleuve à Läwingen, pour se retirer sur la Wörnitz auprès de Donauwert. Il y fut joint aussitôt par le détachement que le duc de Marlborough lui avait envoyé. Alors il alla reprendre son camp de Münster, appuyant sa gauche au Danube et sa droite au bois d'Appershofen. Le duc de Marlborough, qui avoit passé le Danube à Donauwert, le vint joindre le soir avec le reste de son armée. Ils y séjournèrent le 12. Pendant ce temps-là, nos armées se trouvèrent avoir passé le même fleuve à Läwingen;

---

1. Ingolstadt est à mi-chemin entre Munich et Nuremberg, sur le Danube, en amont de Ratisbonne.

on se saisit de Dillingen et du château d'Hochstedt, où les ennemis avoient mis quelques cent hommes qu'on fit prisonniers de guerre. Nos armées se mirent en marche de Läwingen le même jour 12 août, et, ayant traversé le marais d'Hochstedt, qui étoit très ferme partout, on arriva sur le terrain où l'armée devoit camper, et où on campa effectivement. Mais on aperçut sur la hauteur de Schentining (?), à quelque distance du front que le camp devoit occuper, quarante escadrons des ennemis, ce qui fit croire qu'ils nous venoient attaquer, et on se préparoit à les bien recevoir, lorsqu'on vit qu'ils se retiroient, et l'on sut que c'étoient le prince Eugène et le duc de Marlborough qui s'étoient avancés jusque-là dans le dessein qu'ils avoient eu de venir le lendemain camper à Hochstedt à la vue de nos armées. Ils en prirent un autre, dont l'exécution fut remise au lendemain.

L'Électeur, avec les deux armées auxiliaires, va camper à Plentheim, où il est attaqué dès le lendemain sans avoir eu le temps de reconnoître son terrain. — Cependant nos armées se campèrent, sans se mêler, le long d'une petite éminence, dans la plaine de Plentheim, celle de M. de Tallard à la droite et appuyée à ce village séparé du Danube par un petit intervalle; il y a un coulant qui le sépare en deux parties et qui prend sa source dans la plaine. Ce village étoit grand, environné de tous côtés par des maisons et des vergers fermés de haies ou de palissades. Dans l'autre partie, qui étoit dans le derrière au delà du ruisseau, il y avoit un cimetière et un petit château où l'on pouvoit bien établir des postes d'infanterie.

Le maréchal de Tallard fit poster quatre régiments

de dragons dans cet intervalle du village au Danube. La gauche de nos armées se trouva à la hauteur du village de Lutzingen et étoit fermée par la cavalerie de M. de Marcin, et, pour empêcher qu'elle ne fût prise en flanc, on avoit posté neuf bataillons en crochet, dans un bois qui en étoit proche.

Le village d'Oberklaw se trouvoit devant le centre, et, tout le long du front de bandière, il y avoit un petit ruisseau dont les bords étoient plats et les issues naturellement marécageuses; mais, malheureusement, ce jour-là elles étoient desséchées par l'ardeur du soleil et l'aridité de la saison.

Outre ce ruisseau, il y en avoit un autre plus petit qui prenoit sa source dans la plaine et traversoit le village de Plentheim.

Le 13 août, dès le grandissime matin, l'armée ennemie marcha sur huit colonnes, et son avant-garde, où le duc se mit, se trouva à six heures du matin à la hauteur au bas de laquelle couloit le premier ruisseau qu'elle avoit à passer; elle s'y mit en bataille, aussi bien que le reste de l'armée, à mesure qu'elle arrivoit.

Je crois qu'il est à propos, avant d'entrer dans le détail de la bataille, de donner à connoître la force des armées de part et d'autre. Les ennemis avoient soixante-deux bataillons et cent quatre-vingt-un escadrons, avec une nombreuse artillerie, et l'Électeur, avec ses troupes et celles des maréchaux de Tallard et de Marcin, quatre-vingt-deux bataillons, [quatre-vingt-dix pièces de canon] et cent quarante-sept escadrons[1],

1. D'après les *Mémoires militaires*, t. IV, p. 558, les Anglo-Allemands auraient eu 66 bataillons et 181 escadrons, et l'armée franco-bavaroise 78 bataillons et 143 escadrons.

presque tous très foibles, [aussi bien que tous les bataillons,] l'armée de Marcin ayant très peu profité des recrues qui lui étoient venues de France, dont la plus grande partie avoit péri en chemin de misère, par le peu de soin qu'on en prit et par d'autres accidents, ainsi que je l'ai déjà dit, [aussi bien que de la maladie des chevaux de cavalerie,] ce qui fut cause qu'on fut obligé de mettre les escadrons à deux rangs de hauteur et les rendit bien inférieurs à ceux des ennemis qui étoient sur trois rangs, et même débordoient les nôtres.

Nos généraux ne furent avertis par les gardes avancées que sur les six heures du matin que les ennemis venoient à eux. Ils firent aussitôt tirer trois coups de canon pour avertir les fourrageurs de revenir.

Dispositions des armées pour la bataille. — On battit la générale et l'assemblée en même temps, et les armées furent mises en bataille dans le même ordre qu'elles étoient campées[1]. L'artillerie fut disposée le long du front de bandière et placée sur le terrain qu'on jugea le plus avantageux.

Par les dispositions qu'on vit faire aux ennemis, on jugea que M. de Marlborough attaqueroit l'armée du maréchal de Tallard, qui avoit la droite et qui, quoique

1. Sur la bataille d'Hochstedt ou de Blindheim, qui se donna le 13 août, on peut voir la *Gazette*, p. 416-417 et 428-430, le *Journal de Verdun*, p. 223-235, 276-280 et 390-403, l'*Histoire militaire*, t. IV, p. 269 et suivantes, les *Mémoires militaires*, t. IV, p. 558-601, les *Feldzüge des prinzen Eugen*, t. VI, p. 460-528, le *Journal de Dangeau*, t. X, p. 101-103, les *Mémoires de Sourches*, t. X, p. 52-56. Il y a de nombreuses lettres et relations dans les volumes 1750, 1751, 1752 et 1756 du Dépôt de la Guerre.

non mêlée avec celle de l'Électeur et du maréchal de Marcin, étoit en bataille sur le même alignement, de façon que la gauche de cette armée joignît la droite des Bavarois, qui étoient dans le centre des deux armées.

On connut aussi que le prince Eugène attaqueroit les Bavarois et l'armée du maréchal de Marcin, qui avoit la gauche de tout, et que le principal dessein de ce prince étoit de tâcher de la prendre par le flanc qui se trouvoit appuyé au bois, où le maréchal avoit placé neuf bataillons pour le couvrir. Ce qui ayant été reconnu par le prince Eugène, il fit marcher à sa droite dix-huit bataillons pour les porter dans la continuité de ce bois; mais, comme il leur fallut prendre un long détour pour s'y rendre et défiler en plusieurs endroits, ils n'y purent arriver qu'une bonne heure après que le duc de Marlborough eut commencé son attaque.

Il étoit environ midi lorsque ce duc fit passer le ruisseau à vingt bataillons, la plupart anglois, et leur ordonna d'aller attaquer le village de Plentheim, où le maréchal avoit jeté toute sa première ligne d'infanterie, presque toute la seconde et quatre régiments de dragons; en quoi on peut dire qu'il fit une grande faute, dont les ennemis surent bien profiter; car notre cavalerie ne se trouva plus protégée par l'infanterie, qui avoit laissé un grand vide dans la ligne, qu'il fallut remplir en étendant les escadrons déjà foibles et en mettant entre eux de plus grands intervalles. Les bataillons ennemis se portèrent de bonne grâce à l'attaque du village et y combattirent avec beaucoup de valeur; mais ils y trouvèrent une si forte résistance et y perdirent tant de monde, qu'ils se virent forcés de lâcher prise et de se retirer vers le ruisseau. On détacha trois ou quatre escadrons de gendarmerie pour tomber sur leur flanc, ce qui augmenta leur désordre ; mais ces escadrons, ayant poussé avec trop de vivacité, tombèrent sous le feu de plusieurs bataillons postés derrière un rideau au delà du ruisseau, qui leur tua et blessa beaucoup de monde, et les mit en désordre. Ils ne purent se rallier et se reformer qu'au delà du ruisseau qui couloit dans la plaine et derrière notre ligne de cavalerie. Le duc de Marlborough se servit de ce temps-là pour faire passer le ruisseau à une quantité d'escadrons qui commencèrent à former une ligne ; il fit marcher ses vingt bataillons jusqu'à une portée de mousquet du village avec ordre de faire de fréquents détachements. Ceux-ci se relevoient par d'autres qui faisoient leur décharge par pelotons sur les troupes du village, pour faire croire qu'il se disposoit encore à le faire attaquer, non pas qu'il crût l'emporter de vive force, mais seulement pour y tenir tous nos bataillons en échec et empêcher qu'on n'en retirât un nombre pour les porter dans la ligne, contre laquelle il avoit résolu de faire ses plus grands efforts, ayant remarqué son mauvais ordre de bataille et qu'elle étoit absolument dénuée d'infanterie.

Pendant ceci et même avant que le combat commençât, le maréchal de Tallard, sans trop de ménagement pour l'Électeur, non plus que pour son collègue, et sans trop de réflexion pour ce dont il étoit chargé en particulier, étoit allé voir la disposition des autres armées, dont la gauche étoit à plus d'une grandissime lieue de la sienne. Pendant ce temps-là, la cavalerie ennemie passoit le ruisseau et se formoit en ligne ; ce qui ayant été remarqué par Zurlauben, qui commandoit l'aile droite de notre première ligne de cavalerie, il s'ébranla pour aller charger celle des ennemis, [qui se formoit en deçà du ruisseau; mais il tomba dans le même inconvénient que la gendarmerie, c'est-à-dire que, leur ayant fait repasser le ruisseau] et les ayant suivis, il tomba sous un grand feu d'infanterie, qui le mit en désordre. La cavalerie ennemie, qui s'étoit ralliée derrière l'infanterie, revint à la charge, passa le premier ruisseau après lui et le poussa rudement jusqu'au delà du second ruisseau qui couloit dans la plaine. Elle tint notre cavalerie en arrêt un espace de temps et l'empêcha de le repasser pour revenir à la charge et reprendre son premier poste jusqu'à l'arrivée des deux bataillons du Royal, qui sortirent de la gauche du village de Plentheim, et vinrent, en longeant le ruisseau, faire leur décharge sur cette cavalerie et l'obligèrent de se retirer. Alors notre aile droite repassa le ruisseau, revint dans son premier terrain, et il n'y eut plus au delà du ruisseau que les huit escadrons de gendarmerie qui étoient en bataille dans l'intervalle de la droite du village au Danube. Les deux bataillons du Royal rentrèrent dans le village et y reprirent leur poste.

Pendant ces mouvements, le duc de Marlborough eut le temps de faire passer le premier ruisseau, qui s'appelle l'Asingen, à ce que je crois, au reste de ses troupes. Il forma deux lignes de cavalerie, soutenues d'une troisième d'infanterie, en bataille derrière un rideau, et, afin de ne point perdre l'avantage de cette disposition, dont il s'étoit bien trouvé pendant les charges précédentes, il attendit toujours de pied ferme qu'on le vînt attaquer.

Le maréchal de Tallard, ayant examiné la contenance des ennemis, autant que sa vue basse le lui pouvoit permettre, crut qu'il étoit temps de les faire charger par ses deux lignes de cavalerie et ordonna à chaque escadron de charger ce qu'il trouveroit devant lui, ayant pourtant destiné quelques escadrons pour prendre en flanc une ligne des ennemis qui sembloit le prêter. Cette charge se fit avec beaucoup de vigueur, et la cavalerie des ennemis fut rompue et poussée encore avec trop de vivacité et d'ardeur jusque sous le feu très prochain de son infanterie. Ayant passé les intervalles des bataillons, elle alla se rallier derrière avec beaucoup de promptitude. Alors cette infanterie fit des décharges si terribles sur nos escadrons qu'ils se rompirent et se débandèrent, et l'on ne put les rallier que bien au delà du premier terrain qu'ils avoient occupé. Zurlauben fut blessé de plusieurs coups en cette charge et en mourut.

Il n'étoit resté, comme on l'a vu, de notre seconde ligne d'infanterie que neuf bataillons du front de bandière; le maréchal les fit avancer devant sa première ligne de cavalerie qui se reformoit; pour la rassurer et lui en donner plus de moyen, il en détacha un bataillon, qui alla faire feu par manche sur quelques escadrons des ennemis qui avoient passé le petit ruisseau de la plaine, et les obligea de se retirer avec quelque désordre. Le maréchal en voulut profiter en faisant charger de nouveau les escadrons ennemis par sa gauche; mais, toute la ligne n'ayant pas suivi, notre cavalerie s'en revint en grand désordre et laissa les neuf bataillons dont je viens de parler à la merci des ennemis qui les environnèrent de toutes parts, entrèrent dedans malgré leur résistance et les taillèrent en pièces.

Bandeville[1], Albaret[2] et Chabrillan[3], tous trois colonels, furent tués après s'être défendus valeureusement jusqu'à la dernière extrémité.

Malgré tous ces désastres, le maréchal rallia encore sa cavalerie et la mena lui-même aux ennemis, qui attendoient toujours de pied ferme; mais, cette charge n'ayant pas mieux réussi que les précédentes, notre cavalerie étant toujours tombée sous le feu de leur infanterie, elle se trouva fort affoiblie. Le maréchal fut blessé légèrement d'un coup de sabre et d'un coup de feu; toutefois, il ne laissa pas de rallier encore sa cavalerie, qui se trouva si diminuée que, de ces deux lignes, il n'en put plus composer qu'une fort fatiguée et très ébranlée; ce qui l'obligea, quoiqu'un peu tard pour rétablir les affaires, d'envoyer demander du secours au maréchal de Marcin, qui ne lui en put envoyer, parce qu'il étoit au fort du combat contre le prince Eugène.

Cependant, les ennemis demeurèrent dans l'inaction devant le maréchal de Tallard, pendant une bonne

1. Louis II Sevin, marquis de Bandeville, d'abord capitaine au régiment des dragons de la Reine, avait eu ensuite un régiment d'infanterie.
2. N. d'Albaret, fils de l'intendant de Roussillon, était colonel d'un régiment de nouvelle levée qui fut entièrement détruit.
3. Antoine de Moreton, marquis de Chabrillan, aussi colonel d'un nouveau régiment levé en 1702; ses deux frères, dont l'un était lieutenant-colonel et l'autre major de son régiment, furent tués en même temps que lui.

demi-heure, attendant, en bon ordre, qu'on les vînt charger, ce qu'ils avoient toujours observé jusque-là, et dont ils s'étoient bien trouvés, au moyen du feu de leur infanterie, qui les soutenoit et favorisoit leur ralliement; au lieu que notre cavalerie, dépourvue d'un pareil secours, ne put se rallier que fort loin, et à chaque charge, perdoit bien du terrain, bien du monde, et ne combattoit qu'avec inégalité. Ce n'étoit pas le moyen de gagner la bataille; au lieu que, si on avoit retiré du village l'infanterie qu'on y avoit postée en seconde ligne, et qui y étoit absolument inutile, [au dire des officiers principaux qui se sont trouvés à ce combat,] pour la faire combattre dans le même ordre observé par les ennemis, il paroît évident que le combat auroit tourné tout autrement.

Il est bien vrai qu'une partie de l'infanterie ennemie se tenoit toujours en bataille devant le village, en posture de l'attaquer à tous moments une seconde fois; mais ne pouvoit-on pas en cela démêler la ruse du duc de Marlborough, pour contenir notre infanterie dans ce village, et empêcher qu'on en tirât au moins une partie, puisqu'en ne l'en retirant pas, on lui donnoit un si beau jeu?

Pendant l'inaction de demi-heure des ennemis dont je viens de parler, pendant laquelle ils s'attendoient qu'on les viendroit charger, [méthode dont ils s'étoient bien trouvés jusque-là,] on s'avisa de faire faire imprudemment un mouvement en arrière à notre cavalerie, [ce qui est toujours dangereux en présence de l'ennemi,] sous prétexte de la poster plus avantageusement. Les ennemis, s'en étant aperçus, marchèrent en avant pour la suivre et en profiter; ce que quelques-uns de nos escadrons ayant reconnu, ils se débandèrent, prirent la fuite et entraînèrent tous les autres.

Après cette triste aventure, le maréchal, voyant le combat perdu sans retour, puisque les ennemis étoient maîtres de son champ de bataille, et que, par leur position, il ne pouvoit plus être secouru par l'Électeur et le maréchal de Marcin, qui étoient toujours attaqués vivement par le prince Eugène, songea, quoiqu'un peu tard, à retirer son infanterie et ses dragons du village de Plentheim, et à leur faire faire retraite derrière le ruisseau de Sundenheim, qui n'en est qu'à une petite portée de canon. La chose paroissoit sûre et facile à un aussi grand corps, qui n'avoit pas beaucoup de chemin à faire jusque-là, pour se mettre dans une espèce de sûreté, joint à cette circonstance que la lassitude et l'affoiblissement des ennemis étoient grands, et que le prince Eugène, qui se sentoit fort pressé, avoit besoin d'être secouru, et le demandoit fortement au duc de Marlborough. Quoi qu'il en pût arriver, cette entreprise ne pouvoit être que glorieuse et nécessaire, si on vouloit se sauver de la honte qui suivit, et il parut que le maréchal connut bien qu'il n'avoit d'autre parti à prendre et avoit résolu de faire cette retraite. On a assuré qu'il en avoit envoyé l'ordre à l'officier général qui commandoit dans le village[1], par le major général, qui ne put y arriver, soit que les ennemis l'en empêchassent, ou bien que la peur l'eût pris; car on a dit qu'il ne songea plus qu'à se sauver, et qu'il se jeta dans le Danube pour le passer et se mettre en sûreté

1. C'était le marquis de Clérambault, Philippe de Palluau, lieutenant général depuis 1702.

au delà; ce qu'il y a de certain, c'est qu'on ne l'a point vu depuis et qu'on n'en a eu aucunes nouvelles[1].

Le maréchal, voyant qu'il ne revenoit point lui rendre compte de sa commission, s'achemina lui-même au village et tomba, chemin faisant, dans un gros des ennemis, où il fut fait prisonnier par un aide de camp du prince de Hesse-Cassel, qui le reconnut[2].

Le champ de bataille étant ainsi demeuré aux Impériaux, le duc de Marlborough fit investir le village de Plentheim par toutes ses troupes. La tête tourna absolument à celui qui y commandoit les nôtres en chef; il ne s'y trouva plus, et se sauva à travers le Danube, où il se noya[3].

Le duc de Marlborough fit attaquer le village par un flanc que la brigade de Zurlauben gardoit. Sept bataillons anglois vinrent faire leur décharge à quarante pas, et leur feu fut si grand que cette brigade perdit du terrain; les ennemis vinrent aussitôt l'occuper, et chargèrent ensuite le régiment Royal par le flanc, et l'obligèrent de se retirer et de passer, fort en désordre, au delà du ruisseau qui séparoit le village en deux parties, et où ils se rallièrent à la faveur du cimetière, qui étoit gardé. Le lieutenant-colonel reforma ses bataillons, et vint charger les ennemis avec tant de vivacité, qu'il les repoussa jusque dans la plaine; il

1. Le major général de l'armée du maréchal de Tallard était M. de Maisoncelles; il fut tué en effet ce jour-là (*Mémoires de Sourches*, t. IX, p. 57).

2. M. de Tallard était accompagné d'un de ses gentilshommes et du marquis de Silly, Jacques-Joseph Vipart, maréchal général des logis de son armée.

3. Ce commandant était M. de Clérambault (ci-dessus, p. 87); voyez les *Mémoires de Saint-Simon*, t. XII, p. 175.

revint ensuite au poste que la brigade de Zurlauben avoit abandonné. Là-dessus Mylord Cutz arriva avec un grand nombre de bataillons et envoya sommer le colonel du régiment Royal[1] de se rendre, ce qu'il accepta, de l'avis des officiers, à ce qu'il a dit vainement pour sa justification, et se rendit prisonnier de guerre.

Cette brigade fut désarmée; les ennemis occupèrent son terrain et se trouvèrent par ce moyen au flanc du village, qui devint tout découvert, et que le Royal devoit chèrement défendre. Il arriva encore pis, car Mylord Cutz envoya sommer le maréchal de camp qui se trouvoit commander dans le village[2], à la place de celui qui y avoit commandé en chef, et qui ne se trouvoit plus. Il lui fit dire nettement que, s'il ne se rendoit prisonnier de guerre, ainsi que le régiment Royal l'avoit déjà fait, il l'alloit tailler en pièces, [sans qu'il pût s'en sauver, le maréchal de Tallard étant prisonnier et toute la cavalerie mise en fuite.] Ce maréchal de camp ne se rendit pas d'abord à cette sommation, [quoiqu'il parût ébranlé;] c'est pourquoi l'Anglois lui en fit faire une seconde, qu'il accompagna du colonel du Royal qu'il avoit fait prisonnier, et qui n'eut point de honte de venir certifier le premier message, apparemment afin de rendre le reproche qu'on lui feroit, à juste titre, commun avec les autres. Enfin, et pour

1. Pierre-René de Brisay, comte de Denonville, était fils d'un des sous-gouverneurs du duc de Bourgogne; il avait eu le régiment Royal-infanterie en novembre 1703. Sa conduite en cette circonstance fut fort blâmée, et il en fut perdu pour le reste de sa vie (*Mémoires de Saint-Simon*, t. XII, p. 178).

2. C'était le marquis de Blanzac, Charles de la Rochefoucauld-Roye; il était maréchal de camp depuis 1703.

finir ce triste récit, il faut dire qu'après un court examen, ce maréchal de camp entra en capitulation et se rendit prisonnier de guerre avec toutes ses troupes; mais Seignier[1], qui commandoit la brigade de Navarre[2], n'y voulut avoir aucune part, et ce régiment, pour signaler sa douleur avant que de se rendre, rompit ses armes et mis ses drapeaux en pièces.

Presque toute la droite de cavalerie de l'armée de Tallard, s'étant abandonnée et mise en fuite, fut poussée vers le Danube par quelques escadrons des ennemis qui en acculèrent une partie, avec plusieurs officiers généraux qu'elle avoit emportés, dans une espèce d'anse ou cul-de-sac que formoit le fleuve en cet endroit où il se trouvoit un petit bois. Environ une centaine d'entre ces cavaliers se jetèrent dans le Danube pour le traverser à la nage et se sauver; plusieurs se noyèrent et peu se tirèrent d'affaire, n'ayant pas trouvé à l'autre bord des rives accessibles. Plusieurs autres, parmi lesquels il se trouva beaucoup d'officiers généraux et de la gendarmerie, tentèrent de se sauver en passant à travers les ennemis. Cela réussit à quelques-uns; mais quantité d'autres furent faits prisonniers; le reste fut dégagé par le marquis d'Hautefort, qui, ayant rallié et reformé plusieurs escadrons, marcha aux Impériaux, qui se retirèrent sans plus faire de poursuite, tellement qu'on passa le ruisseau d'Hochstedt,

---

1. Jean-Pierre-Bruno de Seignier était lieutenant-colonel du régiment de Provence; en récompense, le Roi le fit maréchal de camp.

2. Ce régiment, le quatrième des vieux corps, avait pour origine le régiment des gardes du roi de Navarre, avant qu'il devînt roi de France; son colonel ne se trouvait pas au combat d'Hochstedt.

on se reforma, et l'on se mit en bataille au delà tant bien que mal.

Pendant que tout ceci se passoit si malheureusement du côté du maréchal de Tallard, le prince Eugène attaqua l'Électeur et le maréchal de Marcin. Il avoit fait quantité de ponts sur le ruisseau à la faveur de son artillerie, et il y eut à cette occasion une assez furieuse canonnade de part et d'autre, où les ennemis perdirent bien du monde.

Attaque du village d'Oberklaw bravement soutenue par le marquis de Blainville. — Ils ne trouvèrent pas la même facilité que du côté du maréchal de Tallard, parce que ces deux armées étoient en bataille dans une situation plus heureuse et plus à portée du ruisseau pour en bien défendre le passage. Le général-major Wilkes, qui fut chargé de commencer le combat et de faire passer le ruisseau à dix bataillons pour attaquer le village d'Oberklaw, trouva en tête le marquis de Blainville[1], avec plusieurs bataillons, qui soutenoit le village, dans lequel il n'y avoit que des piquets d'infanterie. Blainville tomba si subitement sur ces bataillons dès qu'il les vit à moitié passés qu'il ne leur donna pas le temps de se reformer. Il les rechassa au delà du ruisseau et leur tua bien du monde. Un prince d'Holstein, qui les commandoit, fut blessé dangereusement et fait prisonnier. En même temps, le

1. Jules-Armand Colbert, marquis d'Ormoy, puis de Blainville, quatrième fils du ministre, avait exercé les fonctions de grand maître des cérémonies jusqu'en 1701; nommé maréchal de camp en 1702, puis lieutenant général en 1703, il mourut le 17 août 1704 des blessures reçues dans la présente bataille. Il a été parlé de lui dans le tome II, p. 16, sous le nom d'Ormoy.

prince Eugène faisoit passer le ruisseau à la cavalerie et étendoit, autant qu'il pouvoit, ses escadrons vers le flanc gauche du maréchal de Marcin. Quand l'Électeur eut jugé qu'il y en avoit assez de passés en deçà du ruisseau, il les fit charger avec tant d'impétuosité qu'ils furent bientôt rompus et obligés de le repasser. Nos troupes les suivirent et les poussèrent à plus de cent cinquante pas au delà du premier terrain où ils s'étoient mis en bataille. Le prince Eugène les rallia à la faveur d'un grand bois qui se trouva derrière, et les empêcha toujours d'être entièrement rompus, [ce qui peut-être les sauva.] Il les ramena à la charge jusqu'à trois fois, et y perdit bien du monde ; ce qui l'obligea de demander du secours au duc de Marlborough, qui ne put lui en envoyer que sa victoire ne fût bien décidée. Alors presque toute son armée commença à marcher comme pour tomber sur le flanc droit de nos armées.

Retraite de nos armées après la perte de la bataille d'Hochstedt. — L'Électeur et le maréchal de Marcin, ayant appris d'ailleurs la défaite du maréchal de Tallard, jugèrent qu'il n'y avoit point d'autre parti à prendre que celui de se retirer dans le meilleur ordre qu'il seroit possible. Ils formèrent une arrière-garde de leurs meilleures troupes, se mirent en marche sur deux colonnes, qui tirèrent l'une au village de Suslingen, et l'autre à celui de Morzelingen[1]. Il arriva encore un petit esclandre, pendant cette marche, à la colonne d'infanterie ; mais il fut bientôt réparé par le maréchal de Marcin : quelques escadrons ennemis se trouvèrent

---

1. Nous n'avons pu identifier ces deux localités.

sur le flanc de cette colonne, dont la tête étoit déjà au village, et tombèrent à la hauteur de trois bataillons bavarois, auxquels ils crioient de mettre les armes bas; ce qui s'exécutoit et étoit d'une très dangereuse conséquence pour le reste de la colonne, quand le maréchal arriva avec un grand nombre d'escadrons et fit retirer ceux des ennemis. Les Bavarois reprirent leurs armes, et la colonne continua sa marche.

[*Quelques réflexions sur les mauvais événements de la bataille d'Hochstedt et sur ce qui semble les avoir causés.* — Ce fut là la dernière action de cette sanglante et malheureuse journée, dont les événements sinistres furent principalement causés en ce qu'on n'avoit pas bien reconnu le marais qui bordoit le ruisseau en deçà, ou qu'on l'avoit cru impraticable, ce qui fut cause que, pour se conserver le prétendu avantage de la hauteur, on se mit en bataille trop loin du ruisseau et on appuya sa droite, peut-être mal à propos, au village de Plentheim, au lieu de l'appuyer en avant au Danube; et, au lieu d'y jeter encore plus mal à propos presque toute l'infanterie et les dragons de l'armée, il pourroit bien être qu'on auroit fait moins mal, selon ma pensée, de mettre ce village entre les deux lignes, garni de quelque infanterie, ou d'en brûler la partie qui étoit au delà du ruisseau qui le traversoit, et d'en garder l'autre, où il y avoit un château et un bon cimetière, avec de bons piquets d'infanterie soutenus de quelque peu de bataillons. Cela auroit favorisé les ralliements de la droite en cas de besoin; on auroit été plus à portée du prétendu marais; la plus grande partie de l'infanterie, ou, pour mieux dire, presque toute, se seroit trouvée en ligne, auroit servi au ralliement de notre cavalerie, si le cas y eût échu, et auroit empêché à grands coups de fusil et de canon le passage du ruisseau aux ennemis, qui en usèrent en toute liberté et prirent nos vingt-huit bataillons et nos quatre régiments de dragons dans le village. Le duc de Marlborough, ayant bien remarqué le défaut de notre ordre de bataille, eut l'adresse de les tenir en échec et de les séparer de notre cavalerie, qui fut bien battue au moyen du feu de leur infanterie, qui attendoit de pied ferme toutes les charges et derrière laquelle leur cavalerie se rallia toutes les fois, jusque sur les fins du combat, qu'ils furent certains de la victoire et marchèrent en avant sans plus trouver de résistance.]

Après l'aventure et la délivrance des trois bataillons bavarois[1], les ennemis ne suivirent plus nos armées, qui passèrent un ruisseau et se mirent en bataille au delà; ensuite elles se remirent en marche et allèrent passer un autre ruisseau qui tombe dans le Danube à Steinheim, et vinrent à Läwingen, où elles trouvèrent tous les bagages de l'armée. Ce ne fut pas un petit embarras, dont les ennemis, qui vinrent le même jour camper leur droite derrière le bois de Lutzingen, et leur gauche à Sandern[2], ayant le ruisseau et le marais d'Hochstedt devant eux, auroient pu profiter, s'ils n'avoient pas tant perdu de monde et s'ils n'eussent pas été si accablés de lassitude.

Continuation de la retraite d'Hochstedt. — Dès que l'on fut arrivé à Läwingen, on fit marcher toute la cavalerie droit à Ulm, où elle traversa le Danube. On

---

1. Ci-dessus, p. 92-93.
2. Sandern, ou plutôt Sanderdorf, et Lutzingen sont deux villages très voisins d'Hochstedt.

fit encore deux ponts contre Läwingen; tous les bagages et l'artillerie les passèrent en diligence, et ensuite l'infanterie. On évacua cette petite ville; on rompit les ponts, et tout le reste de l'armée alla camper le lendemain 14 en deçà du Danube en un lieu qu'on appelle Burselingen[1], et n'eut plus aucune inquiétude dans toute sa marche jusqu'en Alsace.

Pendant sa route, elle fut jointe par Chamarande[2] et la garnison d'Augsbourg, qu'il eut ordre d'évacuer. L'Électeur fit encore évacuer quelques autres places, et l'Électrice[3] remit le reste par un traité qu'elle fit et qui fut mal exécuté par les ennemis. La plupart de l'infanterie de l'Électeur se débanda, aussi bien que ses dragons et sa cavalerie; car je n'ai pas vu qu'il passât dans les Pays-Bas plus de vingt-cinq à trente escadrons de ses troupes, qui furent assez mal entretenus pendant le reste de la guerre.

Partage entre le prince Eugène et le duc de Marlborough des prisonniers qu'ils firent sur nous à la bataille d'Hochstedt. — Le prince Eugène et le duc de Marlborough ayant fait le partage des prisonniers pris sur nous en cette bataille, il se trouva, conformément à la relation qu'ils en donnèrent, que le prince Eugène eut en son lot la moitié des officiers généraux, des brigadiers, des colonels, dont le nombre étoit considérable, cent cinquante-huit capitaines, autant de lieutenants, quatre-vingt-trois sous-lieutenants, enseignes ou cornettes, cent soixante-quinze cavaliers, cinq cents et

1. Localité qui n'a pu être identifiée.
2. Tome III, p. 178.
3. C'était Thérèse-Cunégonde Sobieska, fille du roi de Pologne; Maximilien-Emmanuel, dont elle était la seconde femme, l'avait épousée en 1694; elle mourut à Venise en 1730.

tant de dragons, environ quatre mille fantassins et vingt pièces de canon. Le duc de Marlborough eut le maréchal de Tallard, qu'il fit passer en Angleterre, l'autre moitié des officiers généraux, des brigadiers, colonels et principaux officiers, cent quinze capitaines, cent dix-neuf lieutenants, environ quatre mille fantassins, deux cents cavaliers, six cents dragons, cent soixante autres officiers de cavalerie et de dragons, vingt pièces de canon.

Officiers généraux et principaux que nous perdîmes à la bataille d'Hochstedt. — Nous perdîmes en ce combat Zurlauben, lieutenant général, et le marquis de Blainville, autre lieutenant général, deux très bons et très braves officiers, Verrue[1], Valsemé[2], Marillac[3], Gassion[4], d'Ormoy[5], de Broc[6], Busca[7], et plusieurs

---

1. Marie-Joseph-Ignace-Jérôme de Scaglia, comte de Verrue, mari de la fameuse maîtresse du duc de Savoie, était venu en France en 1690 et y avait obtenu un régiment de dragons; il avait acheté en 1703 au maréchal de Villars sa charge de commissaire général de la cavalerie.

2. Louis-Ferry Malet de Graville, marquis de Valsemé, capitaine des chevau-légers du duc d'Orléans et maréchal de camp, ne fut pas tué à Hochstedt, mais seulement fait prisonnier; il mourut en 1707.

3. Jean-François, marquis de Marillac, colonel du régiment de Languedoc et brigadier, avait épousé en 1703 une sœur du duc de Beauvillier.

4. Charles, marquis de Gassion, capitaine-lieutenant des gendarmes de Bourgogne et brigadier de cavalerie, mourut de ses blessures quelques jours après.

5. Cet officier, qui appartenait à la famille de Garges, était major d'une compagnie de gendarmes.

6. Éléonor de Broc, page de la grande écurie en 1685, était officier de gendarmerie.

7. C'était le fils du lieutenant général Pierre de Montlezun de Busca; il était enseigne aux gendarmes de Bourgogne.

autres officiers principaux. Beaucoup d'autres furent blessés et bien du monde tué de part et d'autre; en cela la perte des ennemis ne fut que très peu inférieure à la nôtre.

Levée du siège d'Ingolstadt par le prince de Bade; marche des Impériaux après la bataille d'Hochstedt; le général Thungen assiège et prend Ulm. — Après cette bataille, le prince de Bade leva le siège d'Ingolstadt[1] que l'Électrice fit remettre peu de temps après aux Impériaux. Il laissa quelques troupes pour contenir les Bavarois et vint avec son armée rejoindre le prince Eugène et le Mylord. Ils marchèrent tous ensemble à Ulm, laissant le Danube à gauche, et firent sommer inutilement cette ville, où on avoit jeté quelques bataillons. Comme les ennemis avoient un dessein plus considérable, ils ne voulurent point s'amuser à en faire le siège et en commirent le soin au général Thungen, à qui ils laissèrent douze mille hommes, et qui s'en rendit maître en douze ou quinze jours. Ils continuèrent leur marche à travers le Würtemberg pour se rendre à Philipsbourg, où ils se campèrent le long du Rhin et y firent des ponts.

Le maréchal de Villeroy marche avec son armée vers les Montagnes Noires pour favoriser la retraite de nos armées de la Bavière. — Nos armées, qui revenoient de Bavière avec l'Électeur, poursuivirent toujours leur chemin avec beaucoup de tranquillité de la part des ennemis, qui auroient pu facilement leur donner de terribles échecs pendant leur marche, s'ils n'avoient pas craint de manquer de subsistances ou formé un

1. Ci-dessus, p. 77.

autre projet. Dans cette appréhension, le maréchal de Villeroy leva son camp et enfourna la vallée de la Kinzig avec son armée, afin de favoriser à l'Électeur le passage des Montagnes Noires. Il laissa son infanterie dans des postes tout le long de cette vallée, depuis Offenbourg jusqu'à Hornberg, son artillerie un peu en deçà, et, s'étant mis à la tête de la Maison du Roi et de sa cavalerie, il passa les Montagnes Noires et vint au devant de l'Électeur jusques dans la plaine au delà, où ce prince le joignit. Ensuite les armées repassèrent les montagnes les unes après les autres, entrèrent dans la vallée de la Kinzig, que l'infanterie du maréchal de Villeroy quitta pour se replier sur le fort de Kehl de Strasbourg, où elle passa le Rhin. Les autres armées en firent de même, à mesure qu'elles arrivèrent au pont, et l'Électeur s'en retourna en Flandres avec le reste de sa cavalerie bavaroise.

Opérations de nos armées après qu'elles eurent passé le Rhin. — Après le passage du Rhin, le maréchal de Villeroy avec son armée et les troupes du maréchal de Marcin qui étoient revenues de Bavière, vint camper à la Wanzenau[1] et à Weyersheim; le reste de celles de Tallard à Hochstett[2], où elles demeurèrent; car la maladie des chevaux étoit violente dans le peu de cavalerie qui étoit resté.

Le maréchal de Villeroy, ayant eu nouvelle que les armées ennemies arrivoient sur le Rhin, et que l'on y faisoit des ponts, ne douta point que leur dessein ne fût de venir assiéger Landau. C'est pourquoi il mar-

1. Petit bourg sur l'Ill, près de son embouchure dans le Rhin.
2. Ce village est situé non loin d'Haguenau. Saint-Hilaire l'appelle *Auxet*.

cha incontinent pour le couvrir, et il y jeta ce qui étoit de plus nécessaire pour soutenir le siège. Il se campa le long de la petite rivière de Queich, qui passe à Landau, et qui est guéable presque partout et d'un abord favorable du côté de l'ennemi.

Il mit sa gauche sous le canon de cette place et sa droite tirant sur Germersheim[1], à environ une lieue de cette petite ville, fermée de murailles en quelques endroits, accompagnées de quelques vieux et anciens boulevards, nullement en état de défense. Le maréchal y envoya pourtant le comte de Guiscard, lieutenant général[2], avec une brigade de cavalerie et dix bataillons pour y tenir poste seulement, et, en barrant le chemin aux ennemis, s'ils le prenoient, lui donner le temps d'étendre sa droite jusqu'à ce poste. Sur les avis qu'on eut qu'ils passoient le Rhin avec des armes victorieuses et des forces supérieures, on tint un conseil de guerre, où Laubanie, gouverneur de Landau, fut mandé. On y conclut qu'il falloit beaucoup mieux abandonner Landau à sa propre défense que de risquer l'armée du Roi avec tant d'évidence d'inégalité. On envoya donc, sur ce résultat, six bataillons d'augmentation dans cette place, des officiers d'artillerie, des canonniers, des ingénieurs et les autres secours dont on pouvoit avoir besoin; mais l'argent n'y put être remis que le lendemain, parce qu'il n'étoit pas encore arrivé de Strasbourg. On fit marcher dès le lendemain cent gardes du Roi et cent carabiniers, que le duc de Montfort[3] voulut absolument commander, quoique le

1. Germersheim est sur le Rhin, à l'embouchure de la Queich, vis-à-vis de Philipsbourg.
2. Louis, comte de Guiscard : tome II, p. 369.
3. Le duc de Montfort, Honoré-Charles d'Albert, était le fils

maréchal lui représentât, pour l'en dissuader, que ce n'étoit pas un assez gros détachement pour lui. Il entra bien l'argent dans la place sans trouver d'opposition ; mais, quand il en sortit et qu'il revenoit joindre l'armée, il aperçut, près d'un village voisin, la tête d'une colonne de cavalerie des ennemis. Malgré cela, on dit qu'il auroit bien pu se retirer ; mais, comme il étoit jeune, bouillant et plein de courage, il ne voulut pas le faire sans coup férir ; il marcha aux escadrons des ennemis qui s'étoient détachés pour venir sur lui, et engagea avec eux une forte escarmouche. Mais, comme la partie n'étoit pas égale, il fallut se retirer ; et il reçut une si grande blessure qu'il en mourut deux heures après qu'il fut arrivé au quartier général[1]. Il en coûta quelques gardes du Roi et vingt-cinq carabiniers.

Le maréchal de Villeroy se retire de dessus la Queich avec son armée et abandonne Landau à ses propres forces. — Sur la résolution prise dans le conseil et sur l'approche des ennemis, le maréchal se prépara à faire sa retraite dans le meilleur ordre qu'il seroit possible. Il fit partir l'artillerie à minuit et retira celle qui étoit dans Germersheim avec le comte de Guiscard et les dix bataillons. Toute l'armée quitta le bord de la Queich et, marchant sur plusieurs colonnes, passa le ruisseau de Langenkandel[2] et campa dans la plaine.

---

aîné du duc de Chevreuse ; il avait le grade de maréchal de camp et avait épousé une fille de Dangeau en 1694.

1. Cette escarmouche et la mort du duc de Montfort eurent lieu le 9 septembre. Le jeune duc était ami intime de Saint-Simon, qui a raconté dans ses *Mémoires* (t. XII, p. 207-210) son trépas prématuré et a fait de lui un portrait très flatteur.

2. Petite localité à trois lieues de Landau.

Les ennemis vinrent occuper le camp que nous venions de quitter et en usèrent de même les jours suivants.

Notre armée, étant partie de Langenkandel dès la petite pointe du jour, vint passer la Lauter à Lauterbourg, à Alstadt et à Langethal[1], où fut le quartier général. L'artillerie et les gros bagages passèrent outre et vinrent jusqu'à Sulz, tirant sur Haguenau.

[Quand l'armée passa la Lauter, un escadron de notre arrière-garde fut attaqué par un autre des ennemis; mais il fut enveloppé peu après par quelques escadrons de la Maison du Roi, qui le taillèrent en pièces.]

Le lendemain, l'armée vint camper au delà de la Mutter, [mettant sa droite à Bischwiller, et sa gauche à Schweighausen[2], Haguenau devant à hauteur du centre.] Le maréchal envoya six bataillons au Fort-Louis, qui pouvoit être assiégé. L'armée resta plusieurs jours dans ce camp; la maladie des chevaux venus de Bavière se communiqua à ceux de l'armée de Villeroy et causa une grande mortalité et beaucoup d'infection.

Le prince Eugène et le duc de Marlborough se campèrent à Wissembourg, le long de la Lauter, et le prince de Bade, avec les armées de l'Empereur et de l'Empire, alla faire le siège de Landau, sous le Roi des Romains. Marlborough, avec les troupes angloises et hollandoises, commanda l'armée d'observation, et le prince Eugène se mit à la tête de celle de l'Empire, qui y fut aussi employée.

Ouverture de la tranchée devant Landau par les Impériaux. — Les Impériaux ouvrirent la tranchée

---

1. Alstadt ou Altenstadt est tout près de Wissembourg; nous n'avons pu identifier *Langethal*.
2. Village sur la Mutter ou Moder, en amont d'Haguenau.

la nuit du 13 au 14 septembre[1] et l'attaquèrent par le même front qu'elle avoit été prise la dernière fois, parce que les réparations qu'on y avoit faites depuis étoient trop imparfaites et la maçonnerie toute nouvelle.

Laubanie remédia à toutes ces choses, et même pendant le siège, autant qu'il étoit possible à un aussi [brave homme qu'il étoit et à un aussi] bon officier. [Je ne m'arrêterai pas à donner ici un journal de ce siège, afin d'abréger ma narration, ayant d'ailleurs donné tant de détails, dans le cours de cet ouvrage de ce qui se pratique aux sièges, que je crois y avoir pleinement satisfait, d'autant plus que, pendant celui-ci, il n'y eut aucun usage nouveau, si ce n'est que] Laubanie se servit, dans les places d'armes de son chemin couvert, de certains retranchements crénelés faits avec de grosses pièces de bois, dont il avoit une bonne provision, et qui étoient fraisées en dehors. Il les employa très utilement à prolonger sa défense et à donner bien de la besogne aux assiégeants avec perte de beaucoup de monde.

Laubanie se conduisit en cette défense avec toute la sagesse, l'intelligence et la valeur possible, de manière que, sans espérance d'aucun secours et

1. Le journal du siège de Landau, rédigé sur l'ordre de M. de Laubanie, a été publié dans les *Mémoires militaires*, t. IV, p. 949-964; voyez aussi l'*Histoire militaire*, t. IV, p. 292-314, les correspondances de la *Gazette*, le *Mercure* de novembre et de décembre et les nouvelles insérées dans le *Journal de Dangeau* et les *Mémoires de Sourches*, septembre à novembre 1704. Le capitaine É. Heuser a publié en 1896 un autre volume sur les sièges de Landau, qui traite de ceux de 1704 et de 1713.

avec une garnison assez foible, mais valeureuse, il tint soixante-neuf jours de tranchée contre deux grosses armées commandées par le Roi des Romains en personne, et deux princes qui ont passé pour deux des meilleurs capitaines. Il est même à croire que cette place auroit tenu plus longtemps si Laubanie n'avoit pas été blessé par les éclats de bombes, qui le privèrent de la vue pour le reste de ses jours. Cependant il ne discontinua point de donner ses ordres pendant le reste du siège, en quoi il fut très bien secondé par Gasquet[1], maréchal de camp, Marcé[2] et d'autres officiers de la garnison, dont les bataillons étoient fort foibles; mais à la fin il fit battre la chamade pour capituler, quand il vit la demi-lune prise, et les ennemis logés à demeure sur les deux contre-gardes, les brèches au corps de la place toutes faites et très praticables, et la ville prête à être emportée d'assaut, n'ayant plus que deux mille hommes en état de porter les armes, de cinq mille qui y étoient au commencement du siège. Nous y perdîmes plusieurs braves gens, et entre autres Boisfermé, colonel du régiment d'infanterie qui portoit son nom[3], et qui étoit un homme plein de valeur et de courage.

Prise de Landau par les Impériaux. — La capitula-

1. Joseph de Gasquet était maréchal de camp de la promotion de 1704.
2. François-Guillaume de Marcé de la Motte, brigadier d'infanterie, fut fait maréchal de camp en récompense de sa conduite pendant ce siège.
3. Le général Susane, dans son *Histoire de l'infanterie*, appelle ce colonel M. de Beaufermé; son frère lui succéda à la tête de son régiment.

tion fut des plus honorables, et Laubanie en son particulier eut tout lieu d'être content des honnêtetés et des louanges qu'il reçut du Roi des Romains et des princes qui servoient sous lui ou qui l'accompagnoient[1].

Par la liste que le prince de Bade fit répandre dans le public de la perte qu'ils avoient faite à ce siège, on trouva qu'elle montoit à neuf mille trois cent vingt-deux hommes, tant tués que blessés; le comte de Fürstenberg[2] fut du nombre des premiers avec plusieurs autres.

Le maréchal de Villeroy fait commencer de nouvelles lignes depuis Drusenheim jusqu'au bas de la montagne de Lichtenberg. — Pendant le temps du siège, le maréchal de Villeroy, qui n'étoit pas assez fort pour l'empêcher, étoit toujours campé à Haguenau et faisoit travailler à de nouvelles lignes le long de la Mutter, depuis Drusenheim, sur le bord du Rhin, jusqu'à l'abbaye de Neubourg, dont on fit un poste; de même qu'à Bischwiller; et ces lignes se prolongèrent ensuite jusqu'à Pfaffenhoffen et alloient tout le long de la petite rivière qui y passe se terminer au bas du château de Lichtenberg[3].

Le 20 d'octobre, il envoya son artillerie en Flandres;

---

[1]. M. de Laubanie rendit la place le 23 novembre. La capitulation fut semblable à celle qui avait été accordée l'année précédente au comte de Frise. Laubanie revint à Paris se faire soigner par l'oculiste Gendron; finalement, il perdit les deux yeux et ne survécut pas deux ans à la prise de Landau.

[2]. Prosper-Ferdinand, comte de Fürstenberg, de la branche de Stullengen; il fut tué le 21 novembre, deux jours avant la capitulation.

[3]. Ces lignes formaient un demi-cercle très étendu au sud d'Haguenau, en arrière de la Mutter ou Moder.

et, ayant appris, vers la fin du siège de Landau, que le duc de Marlborough alloit vers la Moselle avec ses Anglois et quelques troupes hollandoises, il quitta l'Alsace, qu'il laissa sous le commandement du maréchal de Marcin, puis se rendit à Bruxelles.

Siège et prise de Traërbach par le prince héréditaire de Hesse. — Chemin faisant, le duc de Marlborough s'empara de Trèves, de Sarrebourg et de quelques autres postes sur la Sarre et fit assiéger le château de Traërbach sur la Moselle. Comme cette place étoit très bonne, tant par sa situation que par sa fortification, ce siège tira en longueur, et le prince de Hesse y vint mettre fin avec quelques troupes d'augmentation. La place, qui ne put être secourue, se rendit à lui moyennant tous les honneurs de la guerre, le 19 novembre, après une belle et longue défense[1]; Reignac[2] y commandoit et la défendit bien. [Le duc de Marlborough s'en alla encore faire quelques négociations en Allemagne pendant le siège de Landau et sur la fin de celui de Traërbach.]

Le prince Eugène veut faire surprendre Brisach et le manque. — Le prince Eugène ayant fait pratiquer quelques intelligences dans le Vieux-Brisach, [qu'on n'a pu découvrir, et dont la meilleure, à ce que je crois, étoit que la garnison étoit très foible,] voulut faire surprendre cette place et ensuite Neuf-Brisach

---

1. Traërbach se rendit le 19 décembre (et non pas novembre), la plupart des officiers et un grand nombre de soldats ayant été tués ou blessés (*Gazette*, p. 586-587; *Dangeau*, t. X, p. 202-203 et 210).

2. Louis de Barberin, comte de Reignac, maréchal de camp de 1704, ne commandait pas à Traërbach, mais à Limbourg (*Dangeau*, p. 132).

par escalade. La première pensa réussir, au moyen d'une quantité d'officiers et de soldats déguisés en paysans et déterminés, dont une partie avec leurs armes étoient cachés dans des chariots qu'on avoit parés de foin au dehors et se présentèrent un matin à une des portes de la ville pour y entrer, comme s'ils conduisoient des foins de contributions qu'on amenoit pour le magasin, où il en arrivoit tous les jours. Ils étoient suivis à quelque distance par un détachement de cavalerie, qui devoit pousser à toute bride dès que les autres seroient maîtres de la porte; mais il arriva heureusement que les officiers déguisés, s'empressant un peu contre la porte, rencontrèrent un inspecteur qui sortoit pour faire travailler des paysans aux fortifications et qu'un d'eux le heurtant inconsidérément, cet inspecteur lui donna quelques coups de canne. Comme celui-ci étoit un lieutenant-colonel qui n'étoit pas accoutumé à en recevoir, il courut au chariot le plus prochain prendre un fusil; d'autres en firent autant; l'inspecteur se jeta dans un fossé; ils tirèrent dessus et donnèrent l'alarme. La garde prit les armes et tua d'abord les chevaux du premier chariot qui étoit resté exprès sous la porte pour empêcher qu'on ne pût la fermer. Il arriva quantité de soldats et de bourgeois avec leurs armes. Raousset[1], qui commandoit dans la place, accourut avec ses officiers majors suivis de la garde de la place, qui n'étoit pas loin; toute la garnison vint; on garnit les flancs des bastions qui défendoient la demi-lune, le pont et

1. N. de Raousset était colonel d'un régiment d'infanterie depuis 1690.

la porte; on fit force décharges sur les Impériaux, qui leur tuèrent bien du monde, et on les contraignit de s'en retourner avec leur courte honte.

Cette surprise manquée empêcha celle qu'ils avoient projeté de tenter à Neuf-Brisach; ils coulèrent à fond sept bateaux qu'ils avoient fait arriver, chargés de monde, d'échelles et autres préparatifs, et se retirèrent comme les autres.

On s'appliqua pendant l'hiver avec beaucoup de soin à recruter toutes nos troupes et à remonter toute la cavalerie, où la mortalité des chevaux, causée par une maladie extraordinaire et à laquelle on ne trouvoit point de remèdes, avoit fait de grands ravages. On travailla aussi à remettre sur pied nos armées avec tant de diligence et de succès que tout fut en bon état pour la campagne prochaine. On jugera facilement que, pour en venir à ce point, il fallut avoir recours à quantité de nouveaux impôts et que, [pour en avoir le produit à la main, qui pressoit fort,] les maltôtiers et usuriers, auxquels on étoit obligé de s'adresser, firent leurs affaires aux dépens de tout le monde. On fut encore contraint de donner cours à une certaine monnoie de papier, appellé billets de monnoie et assignations qui se multiplièrent fort et augmentèrent l'usure avec perte pour ceux à qui le Roi les faisoit donner en payement.

Année 1705. — Pendant l'hiver de 1704 et au commencement de l'année 1705, les ennemis tinrent un assez gros corps de troupes en quartier dans le duché des Deux-Ponts et dans les pays du derrière, depuis le Rhin jusqu'à la Moselle; ils occupèrent aussi

Consarbrück et Sarrebourg sur la Sarre, et leur principal quartier fut à Trèves, qu'ils raccommodèrent du mieux qu'ils purent et où ils firent de grands magasins de toutes sortes de munitions; car, quoique le pays fût ingrat de lui-même, le Rhin et la Moselle leur donnoient de grandes facilités pour les assembler.

Notre cour, ayant été avertie de tout ceci et de la visite exacte du pays que le Mylord avoit faite en revenant du siège de Landau, jugea que le grand projet des ennemis étoit d'avoir cette année 1705 une armée formidable de ce côté-là pour assiéger Luxembourg, Sarrelouis, et même Thionville et Metz, pour entrer en France par les Évêchés et la Lorraine ou par la Meuse, à quoi ils croyoient trouver plus de facilité que du côté de l'Alsace ou de la Flandre, à cause de la quantité de bonnes places soutenues par de bonnes armées qu'ils trouveroient en leur chemin.

Campagne de la Moselle. — Ainsi on se prépara à former une puissante armée pour leur opposer de ce côté-là, où la guerre n'avoit pas encore été portée; et le Roi en destina le commandement au maréchal de Villars, qu'il fit partir les premiers jours de février pour aller visiter les places de la Meuse et donner partout les ordres qui conviendroient, soit pour leur défense particulière ou pour l'opération de l'armée qu'il devoit commander. Il trouva sur cette frontière qu'il y avoit déjà trente-six mille hommes de troupes de campagne qu'il pouvoit rassembler en très peu de temps; cela lui donna une espèce d'envie de s'emparer de Trèves, qui est une grande villasse, où il n'y a que de simples murailles avec de mauvaises tours de distance en distance, couvertes d'un fossé sec. Dans cette vue, il fit embarquer à Metz quelques grosse artillerie et des munitions.

Sur les nouvelles qu'en eut le comte de Noyelles[1], qui commandoit les troupes ennemies, il leur envoya ordre de venir se rassembler sous Trèves et prit d'ailleurs si bien ses précautions que le maréchal ne put exécuter son dessein. Il en forma un autre dès qu'il fut de retour à Metz, et partit incontinent avec trente escadrons, mille grenadiers, trois ou quatre pièces de canon de campagne, vint passer la Sarre à trois ou quatre lieues de Sarrelouis et prit le chemin d'Hombourg, que les ennemis avoient rétabli le mieux qu'ils avoient pu et y avoient mis un gouverneur et une garnison.

Tentatives du maréchal de Villars sur quelques quartiers des ennemis, qui s'en retirent. — Le maréchal le fit sommer en passant; et, comme il refusa de se rendre, il alla sur la Blies[2] dans l'intention de faire enlever quelques quartiers des ennemis au delà de cette rivière. Elle se trouva si débordée qu'on ne la pouvoit passer que sur un pont à moitié rompu, au delà duquel il y avoit une redoute et quelques bouts de retranchement gardés par une quarantaine d'hommes des troupes palatines qu'il fallut attaquer. Par bonheur, on trouva quelques nacelles, avec lesquelles on fit passer au delà un détachement de grenadiers, qui

---

1. Frédéric, comte de Noyelles, était un Picard passé au service de Hollande; il était général d'infanterie et gouverneur de Berg-op-Zoom; en 1706, il passa en Espagne et mourut à Barcelone en 1708.

2. Petit affluent de la Sarre, dans laquelle elle se jette à Sarreguemine.

allèrent escarmoucher contre ceux de la redoute. D'autres trouvèrent moyen d'y entrer par la gorge et tuèrent ou firent les Palatins prisonniers. Mais, comme on tirailla longtemps avant que de s'en être rendu maître, ce fut un signal d'avertissement pour les quartiers voisins, qui eurent le temps de raccommoder le pont et de le mettre en état d'y faire passer de la cavalerie.

Pendant qu'on y travailloit, le maréchal fit trois détachements; il en donna un au comte de Druy [1] avec ordre d'aller enlever le quartier des ennemis qui étoit à Hornbach; le second au chevalier du Rozel [2] qui marcha aux Deux-Ponts, où le général major Butler [3], qui commandoit aux quartiers circonvoisins, faisoit sa résidence; enfin le troisième détachement, qui passa le premier le pont de la Blies, eut ordre de tomber sur les quartiers les plus voisins, où il trouva buissons creux, les ennemis ayant eu tout le temps, avant qu'on put être à eux, de plier bagages. Druy, étant arrivé sur la petite rivière d'Horn, ne la put passer pour tomber sur Hornbach, qui est au delà, parce qu'elle se trouva enflée par les pluies précédentes.

A l'égard du chevalier du Rozel, il arriva bien aux Deux-Ponts; mais il n'y trouva plus que quelques

1. François-Eustache Marion, comte de Druy, était lieutenant général depuis 1702; c'est le frère aîné du chevalier dont il a été question dans le tome II, p. 313.

2. Alexis-François, chevalier du Rozel, maréchal de camp en 1702, lieutenant général en 1704, devint en 1706 capitaine des gardes du duc du Maine; il mourut en 1716.

3. James Butler, plus connu sous le nom de duc d'Ormond, était un des principaux officiers des troupes anglaises et jouissait de la confiance entière de la reine Anne.

valets avec des équipages qu'il fit piller par ses troupes.

Sur ces alarmes, qui se répandirent dans tous les environs, les ennemis vidèrent les quartiers qu'ils avoient à Kaiserslautern, Landstuhl et autres lieux. Une partie se retira du côté de Mayence, d'autres vers Landau, et toute cette course n'aboutit qu'à donner de l'inquiétude aux ennemis. Ils revinrent bientôt prendre leurs quartiers et fatiguer notre cavalerie, qui manqua presque toujours de fourrage pendant cette course. [Mais il n'importe; car, à la guerre, il faut faire de fréquentes tentatives, pourtant avec prudence, pour réussir à quelques vues et tenir son ennemi en crainte.]

Après que le maréchal de Villars eut bien reconnu la situation du pays qu'il avoit à défendre et les meilleurs postes qu'il pouvoit occuper pour barrer aux ennemis tous les chemins qu'ils pourroient prendre, il revint à la cour y rendre compte de toutes les mesures qu'il avoit prises pour l'exécution des projets qu'il avoit formés. Le Roi donna ordre au maréchal de Villeroy, qui devoit commander l'armée de Flandre, et au maréchal de Marcin, que Sa Majesté avoit choisi pour mettre à la tête de celle d'Allemagne ou d'Alsace, de faire, chacun de son côté, des détachements proportionnés à ceux que les généraux des ennemis qui leur devoient être opposés pourroient faire pour aller sur la Moselle, et de leur faire prendre le même chemin. Quoique les troupes de la Maison du Roi eussent coutume de faire partie de l'armée de Flandres, Sa Majesté les envoya d'abord à Metz aux ordres du maréchal de Villars, qui retourna de bonne heure sur la frontière pour l'ouverture de la campagne.

Il fit ruiner tout le pays qu'il vouloit laisser entre les ennemis et lui, [celui qui est entre Trèves et Luxembourg en deça de la Moselle, et les environs de Sarrelouis,] afin qu'ils n'y pussent trouver de subsistance.

Campagne de la Moselle, 1705. — Le duc de Marlborough faisoit de son côté toutes les dispositions qu'il crut nécessaires pour l'exécution de ses grands projets; et, après avoir été à Rastadt s'aboucher avec le prince Louis de Bade, qui étoit alors incommodé de la goutte, il arriva à Trèves le 26 mai et alla dès le lendemain visiter le pays le long de la Moselle et le long de la Sarre, [au-dessus de Wasserbillig[1].] Les Anglois et les autres troupes qu'il attendoit de Flandres et d'Allemagne étant arrivés, aussi bien qu'une partie de sa grosse artillerie, le général Coëhorn[2], fameux ingénieur, une grande quantité d'autres, toute son armée, qu'on faisoit monter à cent mille hommes, et par conséquent fort supérieure à celle du Roi, qui n'alloit pas à quatre-vingt mille, se mit en marche le 31 mai et vint camper à Consarbrück sur la Sarre.

Poste avantageux dans lequel le maréchal de Villars attend le duc de Marlborough, qui n'ose l'y attaquer, ce qui lui fait échouer tous les grands projets qu'il avoit formés du côté de la Moselle. — Celle du maréchal de Villars étoit campée proche de Sierck, la gauche à une hauteur qu'on appelle Keinsberg et la droite s'étendant sur les hauteurs voisines, vers le petit village de Kerling, et se rapprochant du ruisseau de Königsmacker[3]. Toute l'armée se trouva placée en une figure de

1. Petit bourg sur la Moselle, en amont de Trèves.
2. Tome III, p. 131.
3. Ces trois villages, Keinsberg, Kerling et Königsmacker sont situés entre Sierck et Thionville.

fer à cheval et dans une situation où elle ne pouvoit être attaquée par son flanc droit ni par son flanc gauche et couvroit absolument Thionville, dont elle tiroit, aussi bien que de Metz, une abondante subsistance. A l'égard de Luxembourg, quoiqu'il n'y eût guère d'apparence que les ennemis eussent dessein de l'aller attaquer, à cause de la difficulté de la subsistance pour une aussi grosse armée et d'avoir le grand nombre de chevaux et de chariots nécessaires pour y voiturer par terre l'artillerie, les munitions et les vivres pendant dix ou douze lieues de distance, par des chemins âpres et difficiles, le maréchal ne laissa pas de prendre ses précautions, en faisant faire des ponts sur la Moselle derrière son armée et des chemins à travers les bois, bordés du côté de la marche que l'ennemi pouvoit tenir par de grands abattis d'arbres, afin de faire la sienne avec plus de sûreté et y arriver aussitôt qu'eux.

Il avoit plus d'appréhension pour Sarrelouis, parce que les ennemis auroient pu faire toutes leurs voitures par eau et y arriver peut-être plus tôt que lui; c'est pourquoi il redoubla d'attention sur cet article.

Une des premières choses qu'il fit fut d'y jeter onze bataillons, un escadron de dragons et quelques compagnies franches; ensuite il envoya un petit camp volant du côté de Freistroff et de Bouzonville[1], sous Streiff[2], maréchal de camp, et fit camper ses dragons

1. Village et bourg entre Thionville et Sarrelouis, dans la vallée de la Nied.
2. Charles-Frédéric, baron de Streiff, d'origine livonienne, était maréchal de camp de la promotion d'octobre 1704; il fut tué en 1706 sur le Rhin.

à la droite de la brigade de Picardie, pour se porter de ce côté-là et y composer une tête d'armée qu'il auroit suivie avec tout le reste, à la première nouvelle certaine qu'il auroit de la marche des ennemis de ce côté-là. Pour être plus précisément averti, outre les partis qu'il avoit toujours en campagne, il avoit établi un poste dans le château de Bourg-Esch[1], qui étoit assez bon et se trouvoit sur le flanc de l'ennemi, tellement qu'il ne pouvoit faire aucun mouvement qu'il n'en fût instruit de très bonne heure. Outre ces précautions, il fit ouvrir plusieurs chemins très faciles pour se rendre sur la Nied en cas de besoin et arriver en même temps que l'ennemi sur Sarrelouis, s'il étoit possible.

Les choses en cet état, l'armée ennemie décampa à la sourdine à une heure après minuit, passa la Sarre et vint camper aux villages de Borg et de Fau[2], à deux petites lieues de Sierck. Le même jour, sur les six heures du soir, le duc de Marlborough s'avança avec beaucoup de cavalerie jusques sur la hauteur d'Apach[3], s'étendant le long du ravin du même nom, jusqu'auprès du château de Mensberg[4], dans le dessein de reconnoître la situation de notre camp.

Le maréchal, qui en fut averti aussitôt, monta à cheval, se faisant suivre seulement par quelques dragons et cinq cents chevaux et vint au village d'Apach, où il fit mettre pied à terre aux dragons qui bordoient les haies; ensuite il monta sur la hauteur derrière le

---

1. Presque sur la frontière franco-allemande avant 1871, dans l'ancienne commune de Grindorf.
2. Au nord-est de Sierck, dans la direction de Sarrebourg.
3. Village situé sur une colline qui domine la Moselle.
4. Au nord-est de Sierck, dans l'ancienne commune française de Manderen.

village de Sierck avec sa cavalerie, ayant entre lui et l'ennemi le ravin d'Apach. Il demeura dans cette situation jusque vers les neuf heures du soir, que chacun de son côté retourna à son camp.

Le lendemain, quelque grosse artillerie, tous les ingénieurs, des détachements des troupes d'Allemagne et de Flandres et les gros bagages joignirent l'armée des ennemis, qui marcha en avant le jour suivant et vint camper à la vue de la nôtre, sa droite à Perl[1] sur la Moselle et sa gauche au château de Menberg. Elle demeura tout le jour sous les armes, ce qui donna quelque lieu de croire que leur dessein étoit d'attaquer l'armée.

Le maréchal de Villars, qui connoissoit la valeur de ses troupes et l'excellence du poste qu'il occupoit, ne songea point à la supériorité du nombre de l'ennemi et l'attendit avec une contenance fière et hardie, et cependant faisoit toujours continuer à ouvrir et préparer les chemins pour marcher. Les ennemis en faisoient autant de leur côté, et leurs généraux se promenoient avec fréquence et donnoient toute leur application pour reconnoître la situation de notre armée et tâcher d'en profiter.

Les grandes difficultés qu'ils trouvèrent à nous attaquer causèrent beaucoup de dissension entre leurs officiers généraux. Le duc de Marlborough persistoit à vouloir attaquer l'armée et à suivre son projet; les Allemands vouloient qu'il allât attaquer Sarrelouis; les États-Généraux redemandèrent leurs troupes en Flandres, où leur armée étoit fort foible, parce que le maréchal de Villeroy avoit assiégé et pris Huy, et

---

1. Un peu au nord de Sierck.

qu'il se préparoit à aller prendre la citadelle de Liège. La désertion et la maladie se mettoient dans leur armée, où la subsistance devenoit très difficile pour un aussi grand nombre de troupes. Ils se plaignoient aussi que le prince de Bade n'avoit pas tenu ce qu'il avoit promis, non plus que quelques autres princes alliés, par rapport à l'artillerie, munitions de guerre, troupes et subsistances, que chacun devoit fournir.

Ces différents sentiments occasionnèrent un conseil de guerre, où toutes les raisons furent agitées et examinées. Le résultat fut que le duc de Marlborough envoya par un trompette une lettre au maréchal de Villars, le 15 juin, par laquelle il lui mandoit qu'il se retireroit le lendemain avec les troupes angloises et celles qui étoient à la solde des États-Généraux, pour aller en Flandres, et lui marquoit de plus que le prince de Bade lui avoit donné rendez-vous pour exécuter le dessein qu'ils avoient de l'attaquer, et de se saisir, s'ils pouvoient, des Trois-Évêchés, mais que, n'étant point arrivé, il partoit, sans ruse de guerre, plein d'estime pour lui, et fort fâché contre le prince de Bade. En effet, il commença à faire défiler son artillerie et ses bagages le 16, et fit marcher le reste de son armée à minuit, dans un si grand silence que le maréchal de Villars n'en fut informé qu'à une heure de jour, à cause d'un grand brouillard qui empêchoit qu'on ne pût discerner le terrain de leur camp. Il ne laissa pas de les suivre avec quelques escadrons et des grenadiers; mais ce fut plutôt pour faire du bruit dans le monde que pour engager quelque coup de main contre une aussi grosse armée, dont il venoit de renverser tous les grands projets par sa fermeté et le bon camp qu'il avoit su choisir, et dont il avoit fait un si bel usage[1].

Étant de retour en son camp, il envoya, pour ne rien négliger, un détachement de grenadiers et de dragons à Luxembourg. Cependant le duc de Marlborough continuoit son chemin vers Trèves, où il passa la Moselle le 20, avec une partie de son armée, après avoir renvoyé au prince de Bade douze mille hommes des troupes de Prusse et quatre mille de celles de Hollande. Il laissa sur la Basse-Moselle sept mille Palatins et les troupes du cercle de Westphalie; l'autre partie des troupes du duc passa la Moselle à Igel[2], qui est à une lieue au-dessus de Trèves.

Dès qu'ils furent en marche pour s'en aller véritablement en Flandres, le maréchal de Villars envoya à l'Électeur et au maréchal de Villeroy trente-cinq bataillons et cinquante escadrons, tant de la maison du Roi que de cavalerie légère, et treize de dragons; puis il marcha droit à Trèves avec le reste de l'armée, d'où les Allemands se retirèrent, après avoir brûlé leurs magasins de fourrages et jeté dans la rivière, gâté ou gaspillé les autres munitions. Le maréchal envoya aussi

1. Sur cette belle manœuvre de Villars et la retraite de Marlborough, on peut voir la *Gazette*, p. 305, 306 et 334-335, le *Mercure* de juin, p. 342-365 et 387-390, l'*Histoire militaire*, par Quincy, t. IV, p. 485-497, les *Mémoires militaires*, t. V, p. 382-457, les *Mémoires de Villars*, t. II, p. 170-187 et 339-348, ceux *de Saint-Simon*, éd. Boislisle, t. XIII, p. 76-77, qui reconnaissent que Villars se montra l'égal des plus grands généraux. Marlborough décampa du 16 au 18 juin, et la raison principale de sa retraite fut le défaut d'entente qui exista presque toujours entre lui et les autres généraux des alliés.

2. Le manuscrit porte *Jeuth*, localité inconnue; c'est à Igel que se fit le passage.

en Alsace, à M. de Marcin, la gendarmerie, sept ou huit bataillons, deux régiments de dragons et plusieurs officiers généraux. Il laissa aussi environ dix mille hommes dans le Luxembourg aux ordres du comte de Druy ; puis il vint à Sarrelouis avec le reste des troupes, et de là en Alsace.

Campagne d'Allemagne, 1705. — Le maréchal de Marcin, destiné pour commander l'armée d'Alsace, qui fut d'abord très foible, à cause des détachements fréquents qu'il fut obligé d'envoyer au maréchal de Villars sur la Moselle, ne laissa pas de se mettre de bonne heure en campagne pour venir occuper les lignes de la rivière de Mutter, qu'on avoit mise en état pendant l'hiver précédent. Il la passa à l'abbaye de Neubourg, avec quinze bataillons et trente escadrons, qui étoient tout ce qu'il avoit de troupes, et vint camper à Dürenbach[1] le 16 juin.

Il reçut là un courrier du maréchal de Villars qui lui donnoit avis de la retraite du duc de Marlborough. Pendant ce temps-là, une partie de l'armée impériale, sous le prince de Bade, s'étoit avancée lentement du côté de la Moselle, pour y joindre le duc ; l'autre, sous le général Thungen, avoit marché sur la Lauter et y occupoit Lauterbourg, Wissembourg et quelques autres petits postes. [Il en avoit mis en avant à Sulz et dans les châteaux de Hatten et de Rödern, et même à Wœrth, qui n'étoit qu'à une lieue du camp du maréchal de Marcin, qui ne put les voir si près de lui sans faire faire quelques légers préparatifs d'artillerie pour les dénicher ; car le château étoit ceint d'assez bonnes murailles,

---

1. Dürenbach est dans le voisinage du bourg de Wœrth.

et il y avoit trois cents Impériaux dedans, qui se retirèrent et abandonnèrent le château et la ville dès qu'ils eurent nouvelle qu'on leur en vouloit sérieusement. Le maréchal envoya aussitôt démolir ce poste, ce qu'on fit à la françoise, c'est-à-dire fort à la hâte.]

Le maréchal de Villars arrive en Alsace, où il prend le commandement de l'armée. — Le maréchal de Villars, qui n'avoit plus d'armée en tête sur la Moselle, y ayant laissé seulement quinze bataillons et vingt escadrons pour les besoins de la frontière, eut ordre de ramener tout le reste de ses troupes en Alsace. Il arriva à Wœrth le 3 juillet. Dès le lendemain, les deux armées se joignirent et n'en firent plus qu'une, qui fut commandée par le maréchal de Villars (le maréchal de Marcin étant allé peu de temps après commander en Hainaut), qui la mena camper aussitôt sur la hauteur d'Alstadt, vis-à-vis de Wissembourg, qui n'est enclos que de simples murailles, où les Impériaux ne laissoient pas de tenir une espèce de garnison.

Le maréchal de Villars défait quelques escadrons ennemis près de Wissembourg. — Dès que le général Thungen eut nouvelle de la marche de M. de Villars sur Wissembourg, il envoya, par l'autre côté de la Lauter, quelque escadrons pour favoriser la retraite de la garnison. Ils se trouvèrent vis-à-vis la hauteur d'Alstadt, lorsque le maréchal y arriva avec les gardes ordinaires, ses hussards et dix escadrons de cavalerie et de dragons qui passèrent brusquement la Lauter, [à un gué et sur le pont d'un moulin,] et chargèrent vivement les ennemis, leur tuèrent une centaine d'hommes et firent une cinquantaine de prisonniers; [le reste se sauva ou se retira du mieux qu'il put.]

Le maréchal de Villars fait une vaine tentative sur Lauterbourg pour déposter l'armée impériale; on se canonne seulement de part et d'autre. Il revient camper à Wissembourg. — Le maréchal étant bien informé que les troupes qui avoient marché vers la Moselle, pour joindre le duc de Marlborough, n'avoient pas encore joint le général Thungen, non plus que le prince de Bade, qui sembloit marcher assez lentement, il lui prit envie de faire une tentative, pour tâcher de se saisir de Lauterbourg et déposter ce général allemand, dont la gauche étoit appuyée à cette petite ville, bien fortifiée de terre seulement du côté de l'avenue. Tout le front de bandière de cette armée et son flanc droit étoient couverts par de grands bois, le Rhin étoit derrière, et il y avoit un pont de bateaux, au moyen duquel ils communiquoient aux lignes de Stolhoffen, qui en étoient à quelque distance. M. de Villars, ayant reconnu que la situation de cette armée, quoiqu'inférieure en nombre, étoit trop avantageuse pour la déposter de vive force et qu'il ne pouvoit attaquer Lauterbourg sans un risque visible de perdre la plus grande partie de son infanterie, se réduisit à faire canonner, de revers, pendant une journée, ce qu'on pouvoit voir de cette armée et revint camper à Wissembourg, où il mit son quartier général. Le lendemain, il donna un petit corps à Silly[1], maréchal de camp, avec lequel il alla déposter les détachements que les ennemis avoient à Sulz et dans les châteaux de Hatten et de Rödern; il les prit à discrétion et revint au camp[2]. Le

1. Jacques-Joseph Vipart, marquis de Silly (1671-1727), parvint en 1718 au grade de lieutenant général.
2. Sur ces petites opérations, on peut voir les *Mémoires de*

maréchal y séjourna environ trois semaines et jusqu'à ce qu'il eût fait consommer tous les fourrages des ennemis.

Hombourg est assiégé et pris par le marquis de Reffuge. — Pendant ce temps-là, il fit assiéger Hombourg par le marquis de Reffuge[1], lieutenant général, avec les troupes qu'il avoit laissées sur la Sarre, aux ordres de M. de Conflans, maréchal de camp[2]. Les ennemis y avoient établi mille hommes, sur les ruines des anciennes fortifications, qu'ils avoient raccommodées le mieux qu'ils avoient pu, c'est-à dire assez mal; car ils demandèrent à capituler au bout de quatre jours et de sortir avec les honneurs de la guerre; ce que Reffuge leur accorda, sur ce qu'il apprit que les troupes impériales qui revenoient de la Moselle marchoient à lui pour lui faire lever le siège. Il n'avoit pas été averti que le maréchal, qui en avoit eu connoissance, avoit envoyé le comte du Bourg[3] avec dix bataillons et autant d'escadrons aux Deux-Ponts, pour se joindre à lui en cas de besoin.

Reffuge fait raser les lignes des ennemis près Trèves et établit un poste dans l'abbaye Saint-Martin de cette

---

Villars, t. II, p. 187-189, les *Mémoires militaires*, t. V, p. 470-480, la *Gazette d'Amsterdam*, n°s LVIII-LXIII, le *Journal de Dangeau*, t. X, p. 362, 364, 366 et 372, et les *Mémoires de Sourches*, t. IX, p. 291-293 et 299.

1. Pompone, marquis de Reffuge, était lieutenant général depuis 1696 et avait le commandement de la place de Metz; il mourut très âgé en 1712. Il était fort versé dans la science généalogique.

2. Jean-Chrétien de Watteville, chevalier, puis marquis de Conflans, d'une famille comtoise, lieutenant général en 1710.

3. Éléonor du Maine, comte du Bourg (1655-1739), maréchal de camp en 1693, lieutenant général en 1702, chevalier du Saint-Esprit en 1709 et maréchal de France en 1725.

ville. — Après cette expédition, Reffuge, avec une partie de ses troupes, marcha du côté de Trèves et fit raser les lignes que les ennemis y avoient faites, et établit un poste d'infanterie dans l'abbaye de Saint-Martin de cette ville, où il y en avoit eu un précédemment.

Le maréchal de Villars passe le Rhin. — Le 1ᵉʳ août, le maréchal décampa de Wissembourg et vint passer le Rhin à Kehl avec sa cavalerie, quelques bataillons et de l'artillerie de campagne. Le reste de l'armée l'alla passer à Gambsheim[1], sur un pont de bateaux qu'on y fit faire, et resta dans l'île de Gambsheim jusqu'à ce que le maréchal, qui avoit pris sa marche par l'autre côté du Rhin, se fût trouvé à cette hauteur. Alors, on acheva le pont depuis l'île jusqu'au village de Freistett[2], qui se trouvoit vis-à-vis. Le comte du Bourg alla à Drusenheim avec quelques bataillons pour être à l'appui du Fort-Louis.

L'armée, étant décampée de Kehl le 10 août, arriva le même jour sur le bord du ruisseau de Bischen, où son avant-garde se mit en bataille, à cause du voisinage des lignes de Stolhoffen, ayant le ruisseau devant elle. Aussitôt, le maréchal s'avança vers Freistett, où le pont du Rhin devoit aboutir, avec ses hussards et quelques troupes de cavalerie et deux escadrons de carabiniers, et donna ordre qu'on achevât le pont sur le dernier bras du Rhin, pour faire passer le reste de l'armée. Alors nos hussards aperçurent une troupe de ceux des ennemis, qu'ils poussèrent jusqu'au bois qui est entre Bischen et Renchen. Ils lui rapportèrent

---

1. Ce village est au nord de Strasbourg, près de Drusenheim.
2. Village du duché de Bade sur la rive droite du Rhin.

que le gué de cette rivière étoit gardé par trois cents hommes des ennemis, qui y avoient une espèce de retranchement et étoient soutenus par une garde de cavalerie d'environ soixante maîtres. Le maréchal, qui ne les put souffrir si près de lui, envoya chercher deux cents hommes d'infanterie et donna ordre à Silly, maréchal de camp de jour, qui l'accompagnoit, de les aller attaquer. Silly força le gué, presque sans résistance ; cette infanterie se retira de haie en haie, faisant toujours feu. Le maréchal envoya chercher au camp, qui en étoit proche, deux régiments de dragons, et Silly entra dans la plaine avec trois troupes de cavalerie, à dessein de couper cette infanterie. Il y chargea la garde de cavalerie, en tua quelques-uns et en prit une vingtaine. Après cela, il se mit en bataille, entre le bois de Lichtenau et cette infanterie, qui paroissoit vouloir se jeter dans cette petite ville, et il ne put l'en empêcher. Les régiments de dragons arrivèrent et entrèrent dans la ville, dont les ennemis n'avoient pas eu le temps de fermer la porte ; mais ils s'étoient jetés dans les maisons d'où ils faisoient grand feu par les fenêtres, et tuèrent Zeddes[1], qui commandoit les dragons. Il y eut aussi un capitaine et cinq ou six dragons de tués et autant de blessés. A la fin on força les ennemis, dont partie fut tuée et l'autre faite prisonnière de guerre[2]. Ensuite le maréchal entra dans Lichtenau, et, l'ayant traversée, monta sur une hauteur, d'où il vit les lignes de Stolhoffen, puis revint à son camp.

1. Jean-Baptiste-Frédéric de Zeddes, colonel de dragons en 1695, était brigadier depuis février 1704.
2. Cette petite affaire se passa le 12 août : *Gazette*, p. 405 ; *Mercure* de septembre, p. 86-89 ; *Mémoires militaires*, t. V, p. 500 ; *Mémoires de Villars*, t. II, p. 191-192.

Le lendemain, le maréchal prit deux mille grenadiers et quinze cents chevaux et s'avança au delà de Lichtenau, en s'approchant de l'abbaye de Scharzach[1], pour y reconnoître un camp, et examina le revers de l'île de Dalonde dans le Rhin, qu'il muguetoit fort; mais, n'y ayant trouvé ni fourrage, ni eau, il reconnut seulement les lignes des ennemis du côté de Stolhoffen, les considéra à son plaisir et revint dans son camp de Bischen, où feu M. de Turenne avoit campé autrefois, et où celui-ci avoit sa droite appuyée à ce village et sa gauche au bois de Renchen, ayant son pont sur le Rhin derrière lui.

Le comte de Thungen, avec la plus grande partie de l'armée impériale, passe le Rhin et va camper près des lignes de Stolhoffen, où le prince de Bade, général de l'Empereur, étoit arrivé. — Pendant une partie de ces mouvements, le général comte de Thungen étoit toujours resté dans son camp de Lauterbourg, où il reçut quantité de troupes allemandes qui revenoient de la Moselle. Dès qu'il eut appris que le maréchal avoit passé le Rhin, il laissa un petit corps au comte de Nassau-Weilbourg, pour garder son camp de Lauterbourg et son pont, sur lequel il passa le Rhin avec le reste de son armée et vint camper près des lignes de Stolhoffen, où il trouva le prince de Bade de retour des bains d'Ems, où il s'étoit arrêté pour quelque incommodité. Dans ce temps-là, le maréchal de Villars reçut ordre de la cour d'envoyer un détachement de son armée en Italie, [lequel fut un peu modéré sur ses représentations.] Cette raison, jointe à la difficulté des fourrages, l'obligea à prendre le parti de repasser le Rhin par le même chemin par lequel il étoit venu, c'est-à-dire sur le pont de Kehl,

---

1. Au sud de Stolhoffen.

avec sa cavalerie, trois brigades d'infanterie et quelque artillerie; tout le reste de l'infanterie et de l'artillerie sur celui de Freistett, pour lui épargner deux ou trois jours de marche de plus; ce qui pensa lui causer un grand inconvénient et l'intrigua fort; car, à peine étoit-il décampé de Bischen, qu'il apprit que le prince de Bade étoit sorti des lignes de Stolhoffen et marchoit vers lui, sur les nouvelles qu'il avoit eues du détachement pour l'Italie, qu'on lui avoit dit être plus considérable qu'il n'étoit effectivement. M. de Villars envoya ordre à son infanterie de revenir; mais il n'étoit plus temps; car elle avoit déjà passé le premier bras du Rhin et étoit dans l'île de Gambsheim. De plus, le pont se trouva défait; ainsi il fut contraint de continuer sa marche sur Kehl, au risque de tout ce qui en pouvoit arriver; mais il ne fut pas longtemps dans cette perplexité; car il apprit par ses partis que le prince de Bade, au lieu de pousser sa marche sur Wilstedt avec célérité, [par l'autre côté du bois qui vient de Lichtenau et sépare le terrain depuis les montagnes jusqu'au Rhin en deux parties presques égales et continue jusqu'à Wilstett (il l'auroit vraisemblablement atteint sur la Kinzig et lui auroit donné un bon coup de patte)], s'arrêta tout d'un coup et fort heureusement à Achern, et ne vint pas plus avant; de sorte que le maréchal acheva sa marche avec tranquillité; ce qui vraisemblablement ne devoit pas arriver. On voit par là que les plus grands hommes sont sujets, comme les autres, à de grandes fautes.

M. de Villars, après avoir repassé le Rhin, vint camper à Wiersheim[1], où il attendit des nouvelles du

1. Village à mi-chemin entre Strasbourg et Saverne.

parti que le prince de Bade pouvoit prendre, et fit un gros détachement sous le comte du Bourg, qui alla joindre le comte de Coigny[1] à Stattmatt[2], dans la plaine contre le Fort-Louis, où il y eut alors vingt bataillons, autant de pièces de campagne et trente-cinq escadrons.

Le prince de Bade passe le Rhin et vient se camper en deçà. — Le maréchal ne tarda guère à savoir que le prince de Bade, étant revenu dans ses lignes, repassoit le Rhin avec son armée sur son pont de Lauterbourg et qu'il venoit camper à Langethal. Sur cet avis, il vint à Bischwiller pour être à portée de marcher dans la plaine du Fort-Louis et y joindre le comte du Bourg, en cas que le prince de Bade eût dessein de l'attaquer. De Langethal, ce prince vint à Sulz et de là à Wœrth. Alors M. de Villars fit revenir le comte du Bourg, qui laissa seulement sous le Fort-Louis douze escadrons et un détachement de mille hommes de pied pour garder l'inondation qu'on avoit mise en bon état avec diligence, et détacha Silly, maréchal de camp, avec quatre régiments de dragons, pour aller se présenter sur les hauteurs de Pfaffenhoffen et lui donner des nouvelles. Il envoya aussi quelque infanterie au village de Schweighausen[3], tirant sur Pfaffenhoffen, pour soutenir Silly en cas de besoin.

Le lendemain de bon matin, le maréchal fut averti par Silly que les ennemis, marchant sur trois colonnes, s'approchoient des lignes de Pfaffenhoffen. Il apprit

1. Tome II, p. 429.
2. Stattmatt est sur la rive gauche du Rhin, vis-à-vis le Fort-Louis, à la hauteur de Haguenau.
3. Ce village est un peu à l'ouest d'Haguenau.

aussi en même temps, par un courrier d'Anlezy[1], qui commandoit le petit camp sous le Fort-Louis, que le prince de Bade faisoit aussi marcher une tête du côté de ce fort. Peri, maréchal de camp[2], qui commandoit à Haguenau, lui envoya confirmer la même chose. Sur cela, il fit battre la générale, avec ordre de ne point détendre, étant dans la résolution de ne faire aucun mouvement qu'il n'eut su positivement si les colonnes qu'on avoit vu marcher sur Pfaffenhoffen et les lignes ne feroient pas une contremarche sur le Fort-Louis.

Quelques heures après, un officier déserteur des ennemis vint assurer le maréchal que le prince de Bade n'avoit qu'une partie de ses troupes avec lui, ayant laissé dix mille hommes à Surbourg[3] et cinq mille sur la hauteur de Benheim[4], près de l'entrée de la plaine du Fort-Louis. De là M. de Villars inféra, dans l'incertitude du parti que les ennemis prendroient, qu'il étoit plus expédient de garantir le Fort-Louis que les lignes du côté de Pfaffenhoffen, puisqu'il ne pouvoit garder toutes ces lignes qui avoient sept lieues d'étendue de la droite à la gauche, et empêcher que les ennemis n'y entrassent en quelque endroit, pendant qu'il garderoit l'autre. Ainsi, il demeura encore campé entre Bischwiller et Haguenau, et envoya

1. Louis-Antoine-Érard Damas, comte d'Anlezy, mestre de camp en 1696, était brigadier de cavalerie depuis 1703; il devint maréchal de camp en 1709 et mourut en 1712.
2. Jean-Baptiste, marquis de Peri, était d'origine génoise, mais n'avait été anobli que récemment. Il était très brave, homme d'esprit et fort entendu, au dire de Saint-Simon.
3. Petit village à l'est de Wœrth, sur la route d'Haguenau à Wissembourg.
4. Benheim est à la même hauteur sur le bord du Rhin.

le comte de Coigny prendre le commandement de Silly, qui étoit tombé malade, et fit descendre de Strasbourg à Drusenheim les bateaux nécessaires pour faire un pont sur le Rhin et voir par ce moyen si le prince de Bade ne se rapprocheroit pas de ce fleuve, en lui donnant jalousie sur l'île de Dalonde et les lignes de Stolhoffen. Mais ce prince ne prit pas le change; au contraire, en suivant toujours son projet, il vint droit aux lignes de Pfaffenhoffen, qu'on abandonna, après avoir retiré la garnison de la ville, aussi bien que celle d'Ingweiler[1], et le comte de Coigny, conformément à son ordre, se retira quand il vit les Impériaux, sous le comte de Mercy[2], prêts d'entrer dans les lignes. Dans ce moment, le maréchal de Villars arriva avec un assez gros détachement de cavalerie et renvoya une compagnie de grenadiers à Pfaffenhoffen faire évacuer le peu de munitions qu'on avoit oublié d'en faire sortir; mais les Impériaux l'investirent avant qu'elle y pût arriver et la firent prisonnière de guerre. Cet accident fâcha un peu le maréchal, qui fit tourner tête à plusieurs escadrons contre celui de Mercy, ce qui occasionna quelques escarmouches, où il y eut des officiers et des cavaliers de tués et de blessés de part et d'autre; mais le maréchal, voyant arriver toute l'armée impériale, ne songea plus qu'à se retirer dans son camp, et le fit en bon ordre.

1. Ingweiler est plus à l'est, dans la direction de la vallée de la Sarre.
2. Claude-Florimond, comte de Mercy (1666-1734), était général-major des troupes impériales et devint feld-maréchal en 1723; c'était le petit-fils du Mercy tué à Nordlingen.

Le maréchal de Villars va camper sous Haguenau.
— Le lendemain, il changea la disposition de son armée, appuya sa droite à l'ouvrage couronné d'Haguenau, sur lequel il fit mettre quelques pièces de canon de campagne en batteries qui défendoient de revers sa ligne, et sa gauche à l'abbaye de Marienthal, où il posta de l'infanterie. On voit par ce récit que la situation du maréchal étoit assez désagréable, et elle le devint encore davantage, quand il sut que, malgré les précautions qu'il avoit prises, il étoit arrivé de Lauterbourg un gros convoi de vivres aux ennemis, escorté par les quinze mille hommes que le prince de Bade avoit laissés à Surbourg et à Benheim. Ils devoient bientôt être suivis par dix bataillons et vingt escadrons de Brandebourgeois et de Palatins à la solde d'Hollande, qui venoient joindre l'armée ennemie. Elle eut été alors en état de faire tels mouvements qu'il lui plairoit, et de venir impunément se poster entre Strasbourg et notre armée, et la faire périr faute de subsistance et de fourrages, dont elle manquoit déjà. M. de Villars pensa à camper le plus près d'eux qu'il pourroit, afin d'avoir l'œil dessus ou de les attaquer dans leur camp, avant la réunion du reste des troupes qui les devoient joindre, supposé que la situation le pût permettre sans un péril trop évident.

Comme il étoit dans cette résolution, on vint lui dire que le prince de Bade marchoit pour le combattre; ce qui lui fut confirmé par ses gardes avancées de cavalerie, qui lui mandèrent que plusieurs escadrons débouchoient le bois de Schweighausen. Sur cette nouvelle, il fit prendre les armes et mettre l'armée en bataille comme elle étoit campée. Il s'avança vers le bois avec sept ou huit troupes soutenues de douze escadrons. Les ennemis rentrèrent dans le bois et furent poussés jusqu'à l'entrée. On apprit alors que ces escadrons s'étoient ainsi avancés pour couvrir un fourrage qu'ils faisoient; pareille chose, à peu près, arriva une seconde fois.

Le maréchal, persistant toujours dans la résolution de marcher aux ennemis, fit revenir tous les petits corps qu'il tenoit séparés de son armée, et envoya tous ses gros bagages sous Strasbourg, et, ayant pris vingt escadrons, il alla reconnoître sa marche et le terrain qu'il pourroit occuper devant le camp des ennemis. Il revint ensuite dans le sien sans avoir rien rencontré pendant sa promenade, que leurs hussards, qu'il fit pousser et qui se retirèrent.

A son retour, le lendemain après midi, il envoya mille chevaux sous Montsoreau[1] vers Strasbourg et lui donna ordre de revenir au camp le même jour, son dessein étant d'obliger par là le prince de Bade à faire quelques gros détachements de son armée pour l'aller observer et l'affoiblir; mais il ne donna pas dans le piège.

Sur les huit heures du soir, toute l'armée prit les armes et se mit en marche sur trois colonnes. Elle traversa le bois de Schweighausen et se déploya au delà dans une plaine vis-à-vis du camp des ennemis.

Le prince de Bade, qui étoit dans un poste excellent et le connoissoit bien, ne s'en émut pas davan-

---

1. Louis du Bouschet de Sourches, comte de Montsoreau, était fils du marquis de Sourches, grand prévôt de l'hôtel du Roi et auteur présumé des Mémoires qui portent son nom; il était maréchal de camp et devint lieutenant général en 1710.

tage; il fit seulement tirer trois coups de canon pour faire revenir ses fourrageurs et tenir les chevaux de sa cavalerie sellés et ses troupes à la tête de leur camp.

Le maréchal, ayant bien reconnu la situation de l'armée ennemie, trouva qu'elle avoit sa droite qui faisoit un petit crochet, appuyée au village de Ringeldorf, et sa gauche à celui de Dawendorf[1], qu'elle occupoit une hauteur égale partout, et avoit devant elle, dans tout son front de bandière, un ruisseau qui couloit le long d'une ravine. Il remarqua aussi qu'il ne la pouvoit attaquer par la droite ni par la gauche; car, outre les deux villages où chacune de ces deux ailes étoient appuyées, il y avoit de grands bois fort épais qui leur étoient contigus. Dans la situation où étoit notre armée, il ne se trouvoit ni eau ni fourrages; ainsi, dans un petit conseil qui se tint, il fut jugé que le parti le meilleur à prendre étoit de ramener l'armée dans son vieux camp, ce qui fut exécuté; mais, avant de la faire ébranler, le maréchal voulut défier à la bataille le prince de Bade par trois coups de canon qu'il fit tirer. Ce prince, qui vouloit suivre son projet, se moqua de cette bravade. M. de Villars, ayant remis l'armée dans le vieux camp, eut avis qu'un grand convoi de vivres, destiné pour l'armée impériale, étoit parti ou partoit de Lauterbourg pour joindre cette armée; il détacha aussitôt le comte de Lannion, lieutenant général[2], avec deux ou trois mille chevaux, pour tomber dessus; mais il ne le put joindre, tant il avoit gagné pays.

1. Ces deux petits villages sont au sud de Pfaffenhoffen.
2. Pierre, comte de Lannion, lieutenant général depuis 1702.

Le lendemain, le maréchal apprit que les Brandebourgeois et les Palatins, dont j'ai déjà parlé, n'étoient plus qu'à deux journées de marche de l'armée ennemie. Cela lui fit faire quelque nouvelle attention et considérer plus mûrement que le prince de Bade viendroit infailliblement, et sans qu'il put l'empêcher, se poster entre lui et Strasbourg, [qui étoit sa mère nourrice, dont il le sépareroit de toute communication et feroit ainsi périr son armée, qui manquoit de subsistance et où la maladie des chevaux étoit encore.] Toutes réflexions faites, il résolut donc de se retirer et assembla un conseil de guerre, non pas pour mettre la chose en délibération, mais pour savoir [le sentiment des officiers généraux qui le composèrent, ou pour mieux dire s'en autoriser], sur le plus expédient qu'il seroit à suivre d'abandonner Haguenau et Drusenheim à leur propre force ou d'en retirer les garnisons pour éviter qu'elles ne fussent faites prisonnières de guerre. On fit venir Peri, qui commandoit dans cette première ville ; la question fut agitée, et, sur ce qu'il assura, [quoiqu'on fût certain du risque qu'il couroit d'être fait prisonnier de guerre dans une si mauvaise place,] qu'il tiendroit du temps, pourvu qu'on augmentât sa garnison jusqu'à deux mille hommes [et qu'on lui donnât quelques munitions de plus], on lui accorda sa demande, et il s'en retourna. On augmenta aussi la garnison de Drusenheim jusqu'à quatre cents hommes, et on envoya quelques bataillons d'augmentation au Fort-Louis-du-Rhin.

Le maréchal décampe d'Haguenau et va dans l'île de Ruprechtsau près Strasbourg, paroissant avoir dessein de repasser encore le Rhin pour marcher aux lignes de

Stolhoffen, ce que pourtant il n'exécute pas. — Cette résolution prise et exécutée, l'armée décampa et marcha le lendemain et vint passer la rivière d'Ill sur des ponts pour entrer dans le Ruprechtsau[1], près de Strasbourg; ce qui causa quelque surprise, parce que l'on ne s'y attendoit pas; mais on en revint quand on sut qu'il y avoit un pont de bateaux sur le Rhin à cette hauteur, et qu'on eut connu que le maréchal avoit envie [d'aller délivrer Rome en prenant Carthage, c'est-à-dire qu'il vouloit] passer ce fleuve et attaquer les lignes de Stolhoffen, qu'il prétendoit pouvoir prendre avant que le prince de Bade y pût arriver pour les secourir; mais il se rencontra des difficultés qu'on ne put surmonter; car il y a dans cette île de Ruprechtsau plusieurs bras du Rhin qui serpentent, et sur lesquels on avoit fait des ponts qui ne valoient rien et qu'il falloit raccommoder à tout moment. Outre cela, les défilés se trouvèrent longs et fâcheux; tellement qu'on fut bien plus de temps à surmonter toutes ces difficultés qu'on ne s'étoit imaginé. J'ajouterai qu'il falloit encore prendre en passant des vivres et des munitions pour sept ou huit jours; car il n'y avoit rien de tout cela au delà du Rhin sur cette marche. Le maréchal jugea de plus que si le prince de Bade vouloit sauver ses lignes de Stolhoffen, il y arriveroit plus tôt que lui, ou bien que, pendant qu'il seroit au delà du Rhin, il pourroit pénétrer en Lorraine et dans les pays circonvoisins et y établir des quartiers d'hiver et de grandes contributions. Toutes ces raisons bien digérées le firent revenir en Alsace et camper sur des hau-

---

1. On appelle ainsi la langue de terre entre l'Ill et le Rhin.

teurs, sa droite au village d'Hœnheim, sa gauche à Mundelsheim[1], le ruisseau de Souffel devant lui.

Le prince de Bade vient camper à Brumpt et à Wierschen; il envoie le comte de Frise assiéger Drusenheim, qu'il prend. — Cependant, le prince de Bade vint camper sa droite à Brumpt[2] et sa gauche à Weyersheim, ayant devant lui la petite rivière de Zorn, sur laquelle il fit faire plusieurs ponts, et détacha le comte de Friesen avec neuf ou dix bataillons, plusieurs grenadiers, de l'artillerie et vingt escadrons pour aller assiéger Drusenheim, qui se défendit assez bien. Quoique le poste fût mauvais, il ne laissa pas de tenir quelques jours de tranchée; après quoi, le commandant fit battre la chamade, étant sur le point d'être emporté d'assaut. Il fut fait prisonnier de guerre; les Impériaux y perdirent quelque monde. Le prince de Bade fit remonter son pont de Lauterbourg entre Drusénheim et Herlisheim[3]; par ce moyen, il communiqua de plus près et plus commodément avec les lignes de Stolhoffen.

Le général Thungen va assiéger Haguenau. — Le poste de Drusenheim étant expédié, le prince de Bade envoya le général Thungen avec un corps de troupes et de l'artillerie assiéger Haguenau. La tranchée y fut ouverte la nuit du 29 au 30 septembre, et la place ne tint que six jours, parce qu'elle ne valoit rien, et qu'à proprement parler ce n'étoit qu'un poste. Au bout de

---

1. Ces deux villages sont au nord de Strasbourg, Hœnheim à l'embranchement des routes de Lauterbourg et de Saverne, Mundelsheim un peu plus à gauche.
2. Brumath ou Brumpt (tome I, p. 178).
3. Au sud de Drusenheim, sur la route de Strasbourg.

ce temps, les brèches se trouvèrent si grandes et si accessibles que Peri, jugeant qu'il couroit risque d'être emporté d'assaut s'il tenoit davantage, et voulant sauver sa garnison qu'il savoit bien ne pouvoir être secourue, fit battre la chamade et demanda de sortir avec les honneurs accoutumés, ce qu'on lui refusa. Cet officier général, ayant remarqué que le côté de la porte de Saverne n'étoit pas investi, [les ennemis n'ayant pas mené assez de troupes à ce siège, ou l'ayant négligé,] et qu'il n'y avoit que deux gardes ordinaires de cavalerie de ce côté-là, prit en homme de courage et d'esprit le parti de sortir de cette place avec sa garnison sur les neuf heures du soir, pour se retirer à Saverne, et de se faire jour, s'il en étoit besoin, à travers les deux gardes de cavalerie. Il ne manqua à aucune des précautions nécessaires pour tenir son dessein secret, et, à cet effet, il laissa quatre cents hommes à Harling[1], colonel d'infanterie, qui étoit sur les ouvrages attaqués, avec ordre de faire grand feu, puis de lever le piquet et de le suivre une heure après à Saverne. Il fit prendre les armes au reste de la garnison, sous prétexte d'une grande sortie, dont il répandit le bruit, la fit descendre dans le chemin couvert [et couler le long d'icelui,] et prit la route de Saverne. Il y arriva heureusement, sans être suivi que de loin par le général Mercy, avec mille chevaux, qui ne purent le joindre. Harling, après avoir laissé écouler l'heure dont il étoit convenu avec Peri,

---

1. Éberhard-Ernest, comte d'Harling, élevé page de Madame, duchesse d'Orléans, était depuis 1702 colonel du régiment de Guyenne ; il fut fait brigadier à la suite du siège de Haguenau et devint en 1715 capitaine des gardes de la duchesse de Berry.

remit les clefs de la ville au magistrat, avec ordre exprès de ne se rendre qu'à cinq heures du matin, ce qui fut ponctuellement exécuté. Il se retira à Saverne avec le même bonheur que Peri[1].

Le maréchal prit le temps de ces deux sièges pour envoyer Streiff[2], maréchal de camp, avec quinze cents hommes, faire une incursion dans le Würtemberg et dans la Souabe, y établir et tirer des contributions; mais Streiff trouva la vallée de Waldkirch, par où il falloit qu'il passât, si bien gardée, qu'il pensa y être enveloppé, et fut obligé de revenir par Brisach rejoindre l'armée.

Le prince de Bade réunit à la sienne les troupes qui avoient servi aux deux petits sièges dont je viens de parler, et le maréchal se précautionna sur Saverne, en y laissant les trois bataillons qui étoient revenus d'Haguenau, un autre bataillon et un régiment de dragons de son armée pour y tenir poste et lui donner le temps de s'y porter avec toute l'armée, en cas que ce prince tirât de ce côté-là, [à quoi il y avoit assez d'apparence, à cause de l'importance de sa situation qui est dans le passage des montagnes d'Alsace en Lorraine;] mais il demeura dans l'inaction jusqu'au 29 octobre, qu'il décampa de Weyersheim et de Brumpt, après avoir envoyé ses gros bagages repas-

---

1. Il y a des récits du siège et de l'évasion heureuse de la garnison dans les *Mémoires militaires*, t. V, p. 518-520, 530-533 et 801-806, dans l'*Histoire militaire*, t. IV, p. 556-558, dans le *Mercure* d'octobre, dans la *Gazette*, et dans les volumes 1846 et 1847 du Dépôt de la guerre; voyez aussi les *Mémoires de Saint-Simon*, t. XIII, p. 88-90.

2. Ci-dessus, p. 113.

ser la Mutter sur les ponts de Pfaffenhoffen, et alla camper à Kintweiler[1], où il séjourna huit ou dix jours.

Le maréchal de Villars tâche de charger son arrière-garde et ne le peut. — Le maréchal auroit bien voulu faire charger son arrière-garde au décampement de Brumpt et de Weyersheim. Il s'avança dans ce dessein, avec un corps de cavalerie, jusqu'au premier village; mais il trouva tous les ponts sur la Zorn rompus, et de l'autre côté une arrière-garde de deux mille chevaux qu'on ne pouvoit joindre, sans passer cette rivière devant eux, et un défilé au delà, au débouché duquel ils étoient en bataille. Il revint à son camp.

De Kintweiler, le prince de Bade alla camper à Haguenau et mit sa droite à cette ville et sa gauche à Bischwiller; il fit retrancher son camp par des redoutes qu'il fit faire à la tête des deux chemins qui aboutissent, l'un à l'abbaye de Marienthal et l'autre à Bischwiller. Il fit aussi tirer une ligne depuis cette abbaye jusqu'à l'ouvrage couronné d'Haguenau; puis, à la sollicitation de l'Électeur palatin, il détacha le prince de Nassau-Weilbourg, avec un corps de troupes, pour aller reprendre Hombourg, qui incommodoit fort les états du Palatin pour les contributions. Le maréchal envoya le chevalier du Rozel pour s'y opposer; mais le temps devint si mauvais, et la saison si avancée, que le premier fut obligé de rebrousser chemin et de s'en revenir sur ses pas; du Rozel en fit autant.

Cantonnement des armées. — Le mauvais temps augmentant, le maréchal fit cantonner l'armée le long du canal de Molsheim et envoya à Strasbourg les neuf

1. Village à peu de distance au nord de Pfaffenhoffen.

bataillons d'augmentation qui devoient y passer l'hiver. Peu après, il reçut les ordres pour les quartiers et séparer l'armée. Il envoya en Franche-Comté les troupes qui y étoient destinées; mais il retint toutes les autres dans leurs cantonnements, en attendant que les ennemis se séparassent, ce qui ne tarda pas; car, après que le prince de Bade eut achevé les travaux commencés, et bloqué le Fort-Louis, pour empêcher qu'il n'y entrât aucun secours pendant l'hiver, [espérant par ce moyen le réduire sans qu'il fût besoin d'en faire le siège le printemps suivant,] il sépara son armée, laissant au général Thungen, qui prit son quartier à Haguenau, quinze mille hommes de pied et cinq mille chevaux. Thungen les distribua dans Drusenheim, Bischwiller, Haguenau, Pfaffenhoffen, Ingweiler et autres postes le long de la Mutter, où ils se fortifièrent. Le prince de Bade repassa le Rhin, alla à Rastadt, qui lui appartenoit, et où il se trouvoit à peu près dans le centre des troupes qui étoient à ses ordres.

[On verra, par le récit de cette campagne que je viens de faire, que les commencements en furent heureux, brillants et glorieux au maréchal de Villars, qui, par le bon poste qu'il sut choisir, sa fermeté et bonne contenance, fit échouer les grands projets du duc de Marlborough, quoiqu'il lui fût inférieur en troupes, et rompit toutes ses mesures; que la fin en fut un peu ténébreuse en Alsace, et quelques-uns ont cru avec vraisemblance qu'elle l'auroit été davantage, si le prince de Bade l'avoit poussée avec plus d'action et de vigueur.]

Campagne de Flandres, 1705. — L'armée de

Flandres, commandée par l'électeur de Bavière, et sous lui, par le maréchal de Villeroy, auquel le maréchal de Marcin fut adjoint vers le milieu de la campagne, étoit encore de cinquante bataillons et de soixante-douze escadrons, avec une belle et nombreuse artillerie de campagne. Lorsque tous les détachements en furent partis pour la Moselle, elle s'assembla dans les lignes, vers l'abbaye d'Heilissem[1], en sortit, et vint camper sur les hauteurs de Vignamont, vis-à-vis Huy, [petite ville du pays de Liège,] qu'on vouloit assiéger, et qui n'étoit défendue que par son ancien château, [situé sur un plateau de roches,] qui avoit été précédemment démoli, et dont on avoit rétabli les murailles, [qui se trouvèrent assez bonnes.] On y avoit ajouté quelques fortifications, et notamment plusieurs forts dans une petite campagne[2] sur une montagne, au bas de laquelle et au pied d'un escarpement inaccessible couloit, à la gauche, la rivière de Meuse. Le flanc droit de cette petite campagne étoit fermé par un long et profond ravin escarpé, qui périssoit en cette partie au mur de la ville. Il y avoit sur la montagne de cette petite campagne un fort bien revêtu avec son chemin couvert, qui couvroit la partie de la ville qui se trouvoit derrière, et interdisoit de ce côté l'attaque du château, avant qu'on se fût rendu maître de ce fort, dont le fond du terrain étoit de roc, aussi bien que les avenues, et l'on auroit eu beaucoup de peine à y pousser des tranchées. Dans l'autre partie de la montagne dont j'ai parlé, et au bas de laquelle couloit la rivière

1. Tome III, p. 133.
2. C'est-à-dire une petite plaine.

de Meuse, il y avoit un terrain plus élevé, à la tête duquel étoit un fort, de terre seulement, soutenu d'un autre petit fort sur cette langue de montagne qui alloit toujours en rétrécissant jusqu'au château, et entre icelui et le dernier fort une tour ronde, de bonne maçonnerie, bien crénelée à plusieurs étages, avec un chemin couvert, capable de contenir une cinquantaine de mousquetaires.

Il y avoit encore un autre fort revêtu, nouvellement construit à l'autre extrémité de la ville et situé sur le sommet d'une autre montagne voisine, qui se prolongeoit en pente, tirant sur les murs de la place, et la couvroit en cette partie. Mais il y avoit tant de distance de ce fort au château, et à celui qui étoit à droite sur la montagne contre le grand ravin, [et qu'on appeloit le fort Joseph,] qu'il ne pouvoit leur servir de défense, non plus que la ville, ceinte d'une simple muraille, dont on pouvoit approcher sans péril, au moyen d'un grand chemin creux qui, venant de la campagne, alloit tomber et périr à une des portes. De l'autre côté de la ville, la Meuse couloit après avoir serpenté jusqu'autour de la face du château, qui se présentoit en cette partie et laissoit pourtant un espace vide de tout ouvrage, au delà duquel se trouvoit une banquette de rocher, haute de huit ou dix pieds, sur laquelle la muraille du château étoit fondée; [mais, quand on étoit une fois parvenu au pied de cette banquette, les forts sur l'arête de la montagne et la tour prise, on venoit sans péril, si ce n'est d'un flanc du château, qui fut bientôt détruit à coups de canon.] Il y avoit eu autrefois, sur la Meuse, vis-à-vis de la ville, un beau pont de pierre, qui n'avoit pas été si bien démoli qu'on n'eût trouvé le moyen de le rétablir, pour la commodité publique [et pour la communication de la ville avec un assez grand faubourg qu'on appelle Statt].

Voilà à peu près la description de cette place et des fortifications qui l'environnoient. Il me reste à présent à dire qu'il y avoit dedans, y compris le château et les forts, quatre bataillons hollandois et un brigadier nommé Cronström[1], avec des munitions, du canon et des mortiers en suffisance dans le château et les forts pour les défendre.

Le lendemain que l'armée arriva à Vignamont, on se saisit du faubourg de Statt presque sans résistance, et un petit détachement de la garnison, qui y étoit, se retira à travers le pont dans la ville, après avoir tiré quelques coups de fusil, qui ne firent mal à personne. La grosse artillerie, préparée à Namur pour ce siège, arriva avec les bateaux nécessaires pour faire un pont sur la Meuse. On le fit à couvert par un coude, à demi-portée de canon du château et au-dessus, vis-à-vis d'un chemin de charroi fort difficile, pour monter à la petite plaine sur la hauteur. Dès qu'il fut achevé, M. d'Artagnan le passa à la tête d'un corps de troupes, et trois ou quatre pièces de canon, pour investir et attaquer la ville. [Quoiqu'elle ne fût qu'à demi-lieue, il fallut en faire trois pour y arriver, à cause des grands détours qu'il fallut prendre pour monter et descendre les montagnes.] Je[2] passai le pont le même jour avec six bataillons, un régiment de

---

1. Cet officier, d'origine suédoise, était passé au service de Hollande et était de la même famille que Daniel, baron de Cronström, envoyé de Suède en France de 1703 à 1719.

2. On voit que Saint-Hilaire fit à l'armée de Flandre la cam-

cavalerie et deux de dragons pour investir le château et les forts qui l'accompagnoient. Le lendemain, le comte de Gacé¹, [qu'on vouloit avancer,] passa le pont avec de nouvelles troupes pour faire le siège.

La tranchée fut ouverte la nuit du 30; en même temps, on travailla aux batteries de canon. On laissa là le fort Joseph, qui étoit le meilleur, et ne pouvoit nuire à l'attaque des forts [sur l'arête de la montagne du côté de la Meuse, qu'on vouloit attaquer. On y dirigea les ouvrages]; ceux de l'ennemi furent bientôt éboulés à coups de canon, et ils l'auroient été davantage si on s'étoit donné un peu de patience; mais on voulut livrer l'assaut aux deux forts en même temps, le 4 juin, sur les onze heures du matin. On y employa cinq cents grenadiers et un détachement du régiment des Gardes. Les ennemis le soutinrent avec valeur pendant environ trois heures de temps; à la fin, ils furent forcés, tués ou pris; quelques-uns, plus heureux, se sauvèrent dans le château. Nous perdîmes quelque monde à cette attaque, et entre autres d'Avéjan², capitaine aux Gardes, et un lieutenant. Les jours suivants, on fit des batteries de canon et de mortiers en bas, entre le faubourg de Statt et la Meuse, d'où l'on voyoit le château et la tour, [ce qu'on ne pouvoit bien d'ailleurs, à cause de la bizarrerie du terrain.] Les

---

pagne de 1705, puisqu'il se met lui-même en scène, quoique cela lui arrive rarement.

1. Charles-Auguste de Goyon, dont il a été parlé dans le tome I, p. 147, sous le nom de chevalier de Torigny et qui prendra en 1708 le nom de maréchal de Matignon.

2. Ce d'Avéjan, de la famille languedocienne de Banne, était fils du lieutenant-colonel des Gardes françaises, Denis de Banne, comte d'Avéjan, lieutenant général depuis 1702.

batteries commencèrent à tirer le 7; le 10, toutes les défenses furent ruinées, aussi bien que le flanc qui dominoit sur la banquette de rocher. On vouloit y donner l'assaut; on avoit même préparé des échelles [pour monter sur le banc de rocher], lorsque je représentai que je ne croyois pas les brèches assez en état pour emporter la place. L'assaut fut donc remis au lendemain au point du jour, qui ne fut pas plus tôt venu que le gouverneur fit battre la chamade pour capituler. Il y eut d'abord quelques difficultés sur les articles de la capitulation; Cronström n'y voulut pas comprendre les deux forts qu'on n'avoit pas attaqués, et qui étoient les plus considérables, disant qu'ils étoient sous l'autorité de deux commandants particuliers, qui ne dépendoient pas de lui, et, de plus, il demandoit de sortir, lui et sa garnison, avec les honneurs accoutumés. On vouloit au contraire l'avoir à discrétion, et que les deux forts fussent rendus et subissent le même sort que le château. Il y eut là-dessus plusieurs allées et venues; on menaça de donner l'assaut au château, dont les dispositions étoient toutes faites. A la fin, on convint que les deux forts seroient rendus aussi bien que le château, et que toutes les garnisons seroient faites prisonnières de guerre; ce qui fut exécuté[1].

L'armée marche pour assiéger la citadelle de Liège; cette entreprise est manquée par le retour du duc de Marlborough. — Après la prise de Huy, on fit un détachement de douze ou quinze bataillons, sous le mar-

---

[1]. *Dangeau*, t. X, p. 345 et 347; *Sourches*, t. IX, p. 270-271. Nous allons voir ci-après (p. 145) cette ville reprise par les ennemis.

quis d'Alègre[1], pour aller joindre l'armée de la Moselle. Ils n'allèrent pas loin et revinrent bientôt retrouver notre armée. On rembarqua la grosse artillerie et on lui fit prendre le chemin de Namur. A peine y étoit-elle arrivée qu'on y joignit une augmentation et qu'on la fit revenir, pour aller assiéger la citadelle de Liège, où toute l'armée marcha. On débarqua la grosse artillerie; on se saisit de la ville, qui ne pouvoit faire aucune résistance, et on se préparoit à ouvrir la tranchée à la citadelle, lorsque l'on apprit que le duc de Marlborough, ayant manqué l'exécution de son projet du côté de la Moselle[2], revenoit à tire d'aile avec toutes ses troupes rejoindre l'armée des États-Généraux, commandée par M. d'Owerkerque, qui, à cause de sa foiblesse, et ne voulant rien hasarder, s'étoit tenu jusque-là dans son camp retranché sur la montagne de Saint-Pierre, près de Maëstricht. Les troupes angloises et allemandes [à la solde des États-Généraux,] qui avoient composé l'armée du duc de Marlborough sur la Moselle, revinrent successivement sur la Meuse, et avec les Hollandois composèrent une armée formidable, qui fit manquer notre projet sur la citadelle de Liège [et rétablit le calme dans les esprits des États-Généraux, qui avoient appréhendé que notre armée, après la prise de la citadelle de Liège, ne pénétrât dans leurs provinces.]

L'armée française vient camper dans les lignes. — La grosse artillerie, qui étoit arrivée à ce sujet, fut

---

1. Yves, marquis d'Alègre, lieutenant général depuis 1702, devint maréchal de France en 1724 et mourut en 1733 à quatre-vingts ans.
2. Ci-dessus, p. 115-117.

rembarquée et revint à Namur, et l'armée campa dans les lignes, vers l'abbaye de Heilissem, en attendant qu'on vît quel parti prendroient les ennemis, [et que fussent arrivées toutes nos troupes qui avoient composé la plus grande partie de l'armée du maréchal de Villars sur la Moselle. Elles ne tardèrent pas à nous joindre à peu de jours les unes des autres], tellement que notre armée fut alors de plus de cent bataillons et de cent cinquante escadrons ; mais celle des ennemis étoit encore supérieure.

Elle se mit en mouvement le 2 juillet et vint camper à Val-les-Béguines et à Vignamont le 4. Le lendemain, les ennemis firent un détachement de douze bataillons et d'autant d'escadrons, sous le général Schultz, pour aller assiéger Huy, où nous n'avions laissé que cinq cents hommes, et dont les brèches n'étoient réparées que par de mauvais fascinages, qui tombèrent aux premiers coups de canon ; ainsi cette place ne tint que quatre jours ; la garnison fut faite prisonnière de guerre[1].

Cette expédition finie, les généraux ennemis tinrent conseil avec les députés des États-Généraux sur ce qu'ils auroient à faire, et il fut résolu qu'ils viendroient attaquer notre armée dans ses lignes, [dont je tiens important de faire une brève description, aussi bien que du terrain que nos troupes occupoient, afin de démontrer l'impossibilité morale qu'il y avoit qu'elles ne fussent forcées en quelque endroit, et le bonheur que nous eûmes, je ne feindrai point de le dire, d'en être quittes à si bon marché.]

1. C'est le 11 juillet que Huy fut repris par les alliés.

[*Description des lignes.* — Ces lignes, dont les parapets n'étoient pas trop bons, non plus que les redans qui les flanquoient, construits à trop de distance les uns des autres pour épargner le travail, étoient accompagnées d'un assez méchant fossé, en ce qu'il n'étoit ni large ni profond, et que les terres presque partout étoient faites à ébouler; mais le pire de tout étoit leur trop grande étendue.]

[Elles commençoient à la droite à Marche-aux-Dames, sur la Meuse, et, à travers un espace de cinq lieues, aboutissoient de gauche à la Méhaigne, qui venoit jusque-là depuis sa source en une ligne assez droite, puis formoit un retour en demi-cercle depuis le village de Wasseige jusqu'à sa décharge dans la Meuse, un peu au-dessus de Huy, de manière qu'il y avoit environ une lieue de distance d'un beau et spacieux terrain, depuis cette petite rivière jusques à nos lignes, qui couvroient Namur en cette partie. Pour s'y porter et y communiquer des autres lignes dont je vais parler, on fit deux ponts de bateaux au village de Wasseige et on raccommoda un gué. On plaça environ trente bataillons dans ces lignes, avec quelques petits corps de cavalerie.]

[Elles reprenoient de l'autre côté de Wasseige, qui donna son nom à toutes ces lignes, qui se prolongeoient depuis ce village, à travers un espace de cinq à six lieues, et alloient se terminer à la rivière de Geete, près la petite ville de Leeuw[1], que nous tenions. La plus grande partie de ce terrain fut occupée par

---

1. Leeuw, en français Léau, est sur la petite Geete, entre Saint-Trond et Tirlemont.

l'armée, qui fut campée par brigades, laissant de grands espaces vides entre elles. Encore ne put-elle aller jusques à la partie des lignes où les ennemis pénétrèrent, et, qui pis est, elles ne se trouvèrent aucunement gardées de ce côté-là. Il n'y avoit qu'un corps de garde d'un sergent avec quinze hommes à la barrière, et, soit par négligence ou autrement, on avoit omis de mettre un poste d'infanterie dans le château de Wangen, au delà et contre les lignes, qui étoit assez bon et entouré de fossés pleins d'eau, et qui tenoit le grand chemin qui conduisoit aux lignes, lequel chemin étoit traversé par un ruisseau bordé de marais, sur lequel il y avoit un pont de pierre, l'unique avenue en cette partie pour aborder les lignes.]

Marche des ennemis pour venir attaquer les lignes. — Les ennemis, qui étoient bien informés du fait, prirent leurs mesures justes pour tirer de ce côté-là, et à cet effet commencèrent à faire passer la Méhaigne au général Owerkerque avec les troupes hollandoises, qui vinrent camper [à la hauteur de Messelem[1]], devant la partie de nos lignes situées depuis la Meuse jusqu'à la Méhaigne, contre Wasseige, pour nous engager à y porter plus de troupes qu'il n'y en avoit d'abord. Effectivement, on en fit passer quelques-unes d'augmentation. [Ceci arriva le 17; le soir du même jour,] le duc de Marlborough envoya ordre au général Owerkerque de repasser la Méhaigne avec ses troupes et de venir se joindre à la grande armée. Il détacha en même temps vingt bataillons sous le comte de Noyelles, onze autres bataillons sous le baron de Velderen, la

---

1. Localité qui n'a pu être identifiée.

petite artillerie, les chariots chargés de poudre et de plomb et de toutes sortes d'outils, et six cents travailleurs. Schultz, lieutenant général, qui avoit fait le siège de Huy, eut aussi ordre de joindre les deux détachements derrière le campement de la droite des deux lignes de l'armée. Après la retraite battue, toutes ces troupes se mirent en marche sur trois colonnes; l'armée les suivit de près à l'entrée de la nuit.

L'Électeur et le maréchal de Villeroy, étant avertis des grands mouvements des ennemis, ne doutèrent plus que leur dessein ne fût de venir attaquer les lignes; mais ils étoient incertains de la partie qu'ils avoient choisie, et commencèrent par envoyer trois régiments de dragons se poster derrière la grande Geete, [qui servoit là de lignes jusques à Leeuw.] L'événement fit voir qu'on auroit mieux fait de les faire rester derrière les lignes, vis-à-vis du château de Wangen, qui n'étoit point gardé, et de jeter un détachement dans ce château. Toute notre infanterie eut ordre de prendre les armes dès que la retraite fut battue, et de se tenir en bataille à la tête du camp, et la cavalerie de se tenir prête à marcher au premier ordre.

On mit plusieurs partis en campagne hors des lignes, pendant la nuit, qui étoit fort obscure, pour savoir de quel côté les ennemis attaqueroient. L'opinion commune étoit qu'ils tiroient sur Saint-Trond. Soit que nos partis n'allassent pas assez avant, ou qu'ils n'osassent trop s'éloigner des lignes, ils rapportèrent qu'ils n'avoient rien aperçu. Cependant le maréchal de Villeroy envoya ordre au duc de Roquelaure[1], qui

---

1. Gaston-Jean-Baptiste-Antoine, duc de Roquelaure, né

commandoit l'aile gauche de l'armée, de marcher sur Leeuw avec sa cavalerie, dès qu'il verroit que les ennemis tireroient de ce côté-là, et à tous les autres quartiers le long de la ligne, jusqu'à la Meuse, de se replier de gauche les uns sur les autres, et de se suivre sur la même marche. L'artillerie, qui étoit disposée dans tous ces divers campements, eut ordre de faire les mêmes mouvements.

L'Électeur passa la nuit dans son quartier derrière les deux lignes et avoit près de lui comme en troisième ligne trente escadrons de ses troupes et des Espagnoles. Le maréchal étoit durant cette même nuit dans une cense qui joignoit les lignes près de la barrière de Merdorp[1]. La petite pointe du jour étant venue, accompagnée d'un grand brouillard, il se rendit à cette barrière et s'avança un peu hors des lignes. J'avois l'honneur d'être de sa troupe. On ne découvrit rien; car les ennemis, pour n'être pas aperçus, avoient pris un détour considérable. Une heure après, étant grand jour, le maréchal revint dans son quartier, qui n'étoit pas éloigné, et qui faisoit à peu près le centre de l'armée. Il mit pied à terre, et nous entrâmes avec lui dans son logis. Peu après, il arriva un aide de camp de M. de Roquelaure, qui dit qu'il n'y avoit rien de nouveau de son côté. [Il le renvoya avec ordre qu'on ne cessât point de lui donner des nouvelles.] Il

---

en 1656, avait été fait lieutenant général en 1696. Quoique de peu de talent et d'une valeur discutée, il fut fait maréchal de France par Louis XV en 1724 et ne mourut qu'en 1738 à quatre-vingt-deux ans.

1. Merdorp est un petit village à deux kilomètres au nord de Wasseige.

y avoit trois bonnes lieues depuis le quartier où étoit le maréchal jusques à la gauche du duc de Roquelaure. Il est à propos de remarquer cette distance, pour faire connoître, par l'événement, combien des campements par quartiers éloignés, et une grande étendue de lignes à garder, sont des circonstances périlleuses.

Surprise des lignes par les ennemis. — Il étoit environ cinq heures du matin[1] quand le duc de Roquelaure apprit que les ennemis entroient dans les lignes par la barrière de Wangen, où ils n'avoient trouvé aucune résistance. Aussitôt il marcha à eux et dépêcha à toutes jambes à l'Électeur et au maréchal pour leur porter cette nouvelle.

Combat de notre gauche de cavalerie contre les ennemis, quand ils furent entrés; malheureux succès du combat. — Quand le duc de Roquelaure arriva sur les ennemis, il les trouva sur deux lignes de cavalerie d'environ trente escadrons; derrière eux, une autre ligne de douze bataillons, et plus bas, dans un fond près d'un village, onze ou douze bataillons qui gardoient l'entrée des lignes, où de nouveaux ennemis venoient incessamment et se formoient à mesure.

Le duc de Roquelaure, qui avoit avec lui dix pièces de canon, les fit canonner avec quelque dommage pendant un peu de temps; mais la cavalerie ennemie, qui

---

1. Cette action se passa le 18 juillet : *Gazette*, p. 360, 371 et 372; *Gazette d'Amsterdam*, n°⁵ LVII-LXIII; *Mémoires de Villars*, t. II, p. 189-190; *Mémoires de Sourches*, t. IX, p. 299-310; *Mémoires militaires*, t. V, p. 51-58 et 576-586; les relations et correspondances sont dans les volumes 1836 et 1837 du Dépôt de la guerre.

s'en ennuyoit, marcha droit à l'artillerie. Le duc de Roquelaure s'avança de son côté, et il y eut là un combat de cavalerie qui tourna à notre désavantage. Le canon fut culbuté, et le marquis d'Alègre et le comte de Hornes[1], lieutenants généraux, furent faits prisonniers. On perdit plusieurs officiers, environ six cents chevaux, et les dix pièces de canon. Pendant ce temps-là, l'aide de camp [que le duc de Roquelaure avoit dépêché à toute bride pour porter la nouvelle de l'entrée des ennemis dans les lignes et dire qu'il marchoit à eux,] arriva au quartier de l'Électeur, qui étoit plus près de ce qui se passoit. Aussitôt, il fit monter sa cavalerie à cheval, et la mena au champ de bataille avec célérité, et la fit charger; mais celle des ennemis, qui s'étoit beaucoup augmentée [dans l'entre-temps d'une charge à l'autre,] eut tout l'avantage. Après deux charges, la nôtre fut mise en fuite sans se rallier, tellement que vingt bataillons, que Caraman[2] avoit amenés, se trouvèrent en plaine devant quatre-vingts escadrons des ennemis, sans aucune cavalerie pour les soutenir. Ils furent fort harcelés, en se retirant en bataillon carré vers notre armée qui s'avançoit, conformément au premier ordre, en se repliant de gauche quartier par quartier, avec une distance

1. Philippe-Maximilien, comte de Hornes, d'une ancienne famille de Brabant, avait gagné tous ses grades au service de France et était lieutenant général depuis 1704; il mourut à Cambray en 1709 encore prisonnier de guerre.
2. Pierre-Paul Riquet, comte de Caraman, était fils de l'ingénieur qui avait creusé le canal du Languedoc; né en 1646, il avait fait toute sa carrière dans les Gardes françaises, dont il était lieutenant-colonel, avec le grade de lieutenant général depuis 1702; il mourut en 1730.

proportionnée à celle de leur campement précédent. Quand le bataillon carré eut passé un défilé, il joignit le reste de l'infanterie de la gauche de l'armée, qui se trouva avancée jusques-là. Don Benite et Peralte[1], brigadiers et commandant les gardes espagnoles, furent tués en cette occasion, avec plusieurs colonels et officiers subalternes [des troupes espagnoles, bavaroises et de Cologne]. D'autres furent blessés ou pris, et on perdit sept à huit cents chevaux. Il en coûta bien autant aux ennemis; car notre canon, pendant qu'il put tirer, fit de grands ravages parmi eux.

Cependant, ils continuoient à entrer dans les lignes et s'étendoient déjà en bataille dans le dedans, depuis le passage de Wangen jusques par delà Tirlemont, lorsque l'Électeur et le maréchal de Villeroy, qui venoient de se joindre sur la hauteur qui avoit servi de champ de bataille, jugèrent plus à propos d'arrêter au delà du défilé les troupes qui venoient à la file toutes hors d'haleine, et de se retirer par Judoigne, dans le meilleur ordre qu'il seroit possible, derrière la Dyle et Louvain, que de leur faire passer le défilé, où elles seroient chargées et battues en détail, avant que de se pouvoir mettre en bataille dans un ordre régulier.

L'armée françoise se retire derrière Louvain sans être suivie. — On prit donc ce parti : on marcha tout le reste du jour et toute la nuit suivante, et on arriva heureusement à Louvain le lendemain au matin, sans avoir été suivis par les ennemis. Une partie de l'armée passa au travers de la ville, et l'autre au-dessus et

---

1. Don Benito ne fut que blessé, mais M. de Peralta fut tué.

au-dessous sur des ponts qu'on fit sur la Dyle; elle fut campée, la droite un peu au delà de l'abbaye de Terbank, tout contre Louvain[1], et la gauche le long d'une grande prairie et de la Dyle, que toute l'armée avoit devant elle. Dans cette situation, nous couvrions Louvain, Anvers, Malines, et nous nous trouvions à portée de soutenir Bruxelles.

Les ennemis, après être entrés dans les lignes, se campèrent dans la plaine, leur droite vers Hougaerde[2], ayant la rivière de Tirlemont et cette petite ville nullement fortifiée derrière eux. Nous y avions pourtant le bataillon de Montluc[3], nouvellement levé, qui se rendit prisonnier de guerre.

Ils partirent le lendemain seulement sur les six heures du matin; et en cela il nous parut qu'ils firent une très grande faute; car, s'ils avoient, dès la veille, poussé une tête d'armée sur Louvain et qu'elle eût été suivie, après quelques heures de repos, par le reste de l'armée, qui avoit moins de chemin à faire que nous pour arriver à cette ville, ils nous auroient fort embarrassés, et peut-être forcés de combattre avec beaucoup de désavantage[4], [tant par rapport à la situation du terrain où nous nous serions trouvés qu'à l'émotion de l'armée de l'aventure de la journée précédente, que la longue marche qu'on avoit faite

---

1. Prieuré de femmes de l'ordre de Citeaux, fondé dans un faubourg de Louvain en 1216 par Henri IV, duc de Brabant

2. Hougaerde est sur la Grande-Geete, au sud-ouest de Tirlemont.

3. Régiment levé en décembre 1702 par François de Lasseran-Massencôme, marquis de Montluc; il fut supprimé en 1713.

4. C'est aussi l'opinion d'une des relations insérées dans les *Mémoires de Sourches*, t. IX, p. 309.

pendant une nuit fort ténébreuse avoit augmentée, ou tout au moins ils auroient battu notre arrière-garde au passage de la Dyle. Mais tout se passa tranquillement, dont bien nous prit.] Ils se contentèrent de marcher à leur aise et de venir camper l'après-midi à la vue de Louvain. On jeta dans cette villasse, entourée seulement de murailles, sans aucun flanc, et d'un méchant fossé sec et profond, vingt bons bataillons, sous M. d'Artagnan, lieutenant général, et les armées demeurèrent plusieurs jours dans l'inaction, [sans qu'il se passât rien qui mérite la peine d'être raconté.]

Tentative des ennemis pour passer la Dyle. — Enfin, le 29 juillet, le duc de Marlborough, après avoir fait reconnoître les passages de la Dyle pendant son séjour, fit un soir deux forts gros détachements d'infanterie, avec beaucoup d'artillerie, de munitions, d'outils, des pontons et quelques escadrons, qui furent suivis, sur les neuf heures, par toute l'armée, qui eut ordre de décamper dans un grand silence.

L'Électeur et le maréchal, ayant eu quelques avis de ces mouvements, firent détendre tout le camp et prendre les armes sans bouger, incertains qu'ils étoient encore si les ennemis descendroient ou remonteroient le long de la Dyle, où il y avoit de petits postes d'infanterie dans les villages de notre côté. Ils eurent la précaution d'envoyer quelques régiments de dragons de la droite, dont on avoit déjà un peu allongé le campement à l'appui du village de Corbeek[1]. Enfin, sur les avis certains que les ennemis tournoient de ce

---

1. C'est Corbeek-Dyle, à cinq kilomètres sud de Louvain.

côté-là, toute l'armée se mit en marche vers sa droite, et, comme on arriva contre ce village sur les trois heures du matin, on trouva qu'ils y avoient déjà fait des ponts et qu'il y avoit eu un petit combat entre eux et nos dragons. Ceux-ci leur résistèrent si vaillamment qu'ils leur faisoient déjà repasser la rivière, quoiqu'ils fussent soutenus par des bataillons qui arrivoient successivement, et par une batterie de quatre pièces de canon sur une grande hauteur, qui étoit servie avec une diligence extrême.

Cependant, notre armée filoit toujours par sa droite, suivant les mouvements qu'on voyoit faire aux ennemis, et se trouva à la hauteur d'un autre passage qu'ils vouloient tenter et qu'ils n'osèrent entreprendre devant elle. On parvint au village de Neerysche[1], où nous trouvâmes un nombre de bataillons ennemis passés en deçà de la rivière et que nous rompîmes à coups de canon. Une ou deux de nos brigades d'infanterie s'avança pour les charger; mais ils ne les attendirent pas et repassèrent la rivière. Ils furent encore reconduits à coups de canon, tant qu'on put les apercevoir.

Canonnade entre les deux armées; celle des ennemis se retire. — Le duc de Marlborough, ayant vu le mauvais succès de sa tentative, commença à se retirer et alla camper [à Meldert et] à Bost[2], tirant sur Tirlemont.

Nous perdîmes peu de monde en cette action parce

1. A trois kilomètres au sud de Corbeek, derrière la Dyle.
2. Meldert-sur-Mène est à huit kilomètres à l'ouest de Tirlemont, tandis que Bost est un petit hameau au delà de la Geete, très près de la ville.

que, le canon des ennemis étant posté sur une grande hauteur, les coups échappoient et faisoient peu de dommage.

Pendant le séjour du duc de Marlborough dans son camp de Meldert, il fit la revue de son armée, alla visiter les lignes de Wasseige jusqu'à la Meuse, et envoya un gros détachement de son armée pour les raser.

Quelques jours après, il quitta Meldert et vint camper sa droite à Gistour et sa gauche à Corbais, près du Mont-Saint-Wibert[1], et envoya ses gros bagages à Saint-Trond. Sur cette nouvelle, notre armée, qui étoit campée, sa droite à Neerysche, et sa gauche à Louvain, la Dyle devant elle, se tint prête à marcher; et, sur ce qu'il décampa le lendemain, ayant pris du pain pour six jours, on inféra qu'il avoit dessein de faire encore des tentatives pour déposter notre armée.

Tentative inutile des ennemis sur Bruxelles à travers la forêt de Soignies. — De Corbais, les ennemis campèrent à Genape, où ils mirent leur droite, et leur gauche à Promelles[2]. On jugea de cette marche qu'ils avoient des desseins sur Bruxelles et qu'ils cherchoient à y arriver par la forêt de Soignies. Pour y obvier, l'Électeur, qui connoissoit parfaitement cette forêt et tous les environs, où il alloit souvent à la chasse, commanda à Pasteur, fameux partisan[3] et

---

1. Gistour est un hameau entre Chaumont et Dion-le-Mont, Corbais est plus au sud, et le Mont-Saint-Wibert ou Saint-Guibert est au sud-ouest de Corbais, sur la rivière de Lasne.

2. Genape est sur la Dyle, mais sur la rive gauche, et Promelles est un hameau à quelque distance plus à l'ouest, au delà de la rivière.

3. Jacob dit Pasteur, commandait un régiment de dragons avec lequel il faisait la guerre de partisan.

très instruit de tout le pays, de prendre son régiment de dragons et celui de Bretagne, et d'aller le poster à Waterloo[1]. Il envoya aussi au Vivier-d'Oye[2], dans la forêt de Soignies, Grimaldi[3], officier général dans les troupes d'Espagne, avec dix bataillons et douze escadrons. L'armée décampa en même temps et vint à Owerische[4]; la droite fut appuyée à la forêt de Soignies et la gauche jusqu'à la Dyle, [près de Necrysche,] ayant le ruisseau devant elle. Elle occupoit dans tout son front de bandière un terrain fort élevé, avec quelques bois d'espace en espace. De ce camp, on envoya un détachement au fort de Monterey et deux brigades d'infanterie près de Bruxelles. Le maréchal de Marcin vint joindre l'armée en ce camp et y demeura peu de temps.

De Genape et Promelles, les ennemis vinrent à Franchimont[5], la droite s'étendant jusqu'à Hulphen[6], sur la Lasne[7], au bord de la forêt de Soignies, et la gauche à Braine-l'Alleu[8], leur armée embrassant toute

1. C'est le village où, cent dix ans plus tard, les armées alliées devaient vaincre définitivement Napoléon Iᵉʳ.
2. Ce hameau est très près de Bruxelles sur la route de Genappe.
3. Antoine Grimaldi, marquis de Ceva, d'origine génoise, était maréchal de camp espagnol depuis 1703; il fut par la suite gouverneur de Cadix.
4. Sur la route de Bruxelles à Wavre, au sud-ouest de Louvain.
5. Localité qu'on n'a pu identifier; peut-être faut-il lire Froidmont, hameau de la commune de Genval.
6. Ou plutôt la Hulpe.
7. Petit affluent de gauche de la Dyle.
8. Braine-l'Alleu est au sud de Bruxelles, dans la direction de Nivelles et Charleroi.

la forêt de ce côté-là. Dans cette situation, le duc de Marlborough fit un détachement considérable et l'envoya contre le poste de Waterloo, dans la forêt de Soignies. L'attaque dura une bonne heure et fut soutenue valeureusement; mais Pasteur, ayant vu une colonne d'infanterie qui couloit à travers un taillis sur son flanc, pour le couper par ses derrières, leva son poste et le retira le long de la chaussée, toujours en escarmouchant tant qu'il fut poursuivi.

Les ennemis y perdirent du monde, et l'on fit même quelques prisonniers sur eux. Après cette attaque, ils reconnurent que leur armée ne pouvoit marcher et défiler sur la chaussée pour arriver à Bruxelles, pour peu qu'elle trouvât d'obstacle en son chemin, et que la nôtre y arriveroit plus tôt qu'eux. Ils quittèrent Waterloo et revinrent à leur armée.

Le duc de Marlborough envoya Churchill, son frère[1], avec un détachement plus considérable pour entrer dans la forêt de Soignies et venir prendre le poste de Groenendal[2]. Grimaldi, qui étoit au Vivier-d'Oye, en étant averti, fit partir Verboom, maréchal de camp[3], avec quelque infanterie, et le suivit en même temps avec cinq brigades d'infanterie, sa cavalerie et une brigade d'artillerie, ayant laissé une autre brigade d'infanterie au Vivier-d'Oye, qui étoit toujours un

1. Charles Churchill (1656-1715), frère cadet de Marlborough, était lieutenant général dans l'armée anglaise.
2. Hameau situé au milieu d'une clairière de la forêt de Soignies.
3. Prosper-Joseph de Verboom n'était pas maréchal de camp, mais ingénieur général de l'armée d'Espagne aux Pays-Bas. En 1706, il fut accusé de trahison et emprisonné à Valenciennes; mais il se justifia et rentra dans ses charges.

poste à garder. Verboom marcha sur Boisfort[1] et rencontra les ennemis qui commençoient à déboucher, et il y eut alors une assez grosse escarmouche entre lui et eux. Elle donna le temps à Grimaldi d'arriver avec ses troupes; ce qui obligea les ennemis de s'arrêter et d'envoyer demander de nouveaux ordres au duc de Marlborough. Il manda à son frère de se retirer et de ramener ses troupes au camp, voyant qu'il n'avoit pu déposter notre armée. On s'aperçut bientôt qu'il vouloit faire une nouvelle tentative. On vit paroître la tête de son armée qui marchoit sur les hauteurs, de l'autre côté du ruisseau d'Ische[2], pour venir se mettre en front parallèle à la nôtre, dont la situation étoit très avantageuse. On crut alors qu'il avoit quelque envie de nous combattre et on lui en vit faire les dispositions. On fit revenir aussitôt la plus grande partie de nos troupes qu'on avoit envoyées dans le bois de Soignies, et on se mit en état de le bien recevoir.

En effet, on vit paroître, sur les quatre heures du soir, le long du chemin creux, vis-à-vis le centre de notre armée, à la hauteur des Gardes françoises, cinq ou six cents grenadiers, qui étoient suivis, à ce qu'on a dit, par quatorze des meilleurs bataillons des ennemis, qui se coulèrent, à la faveur d'un bois, jusque sur le ruisseau. Ceux des Gardes s'y portèrent aussi, soutenus par un détachement d'infanterie, qui étoit dans un village [et dans le cimetière de l'église, tout auprès du ruisseau. Cinq de nos pièces de canon se trou-

---

1. Boisfort est au nord de Groenendal, dans la direction de Bruxelles.
2. Petit affluent de la Dyle, passant à Neerysche.

vèrent postées sur une hauteur près du village], et enfiloient le chemin creux qui y aboutissoit du côté des ennemis. Elles tirèrent sur eux de manière qu'il n'y avoit pas un coup de perdu. Cette exécution, jointe à la présence des grenadiers des Gardes, les contint et les empêcha de s'avancer davantage. Un officier général des ennemis reconnut le passage du ruisseau et les chemins qui y aboutissoient, et, en ayant fait son rapport au duc, qui regardoit du coin d'un bois près de là, il jugea que le passage étoit trop dangereux, et en envoya reconnoître un autre sur-le-champ, qui se trouva aussi difficile. De là ils vinrent à un troisième, qu'on ne trouva pas moins périlleux. Les ennemis passèrent toute la nuit suivante sous les armes; et, comme on s'attendoit qu'ils nous attaqueroient au point du jour, nous fûmes toute la nuit en bataille, et l'on travailla à faire des retranchements aux endroits les plus foibles et à y placer force canon.

Mais, au lieu d'être attaqués comme on s'y attendoit, nous fûmes fort étonnés de voir, au point du jour, toute leur armée campée et leurs tentes tendues, sans apercevoir aucune disposition d'attaque. Sur le midi [du même jour, qui étoit le 19, on vit lever les tentes de leur armée], qui commença de marcher par sa gauche, et elle alla camper entre la Dyle et la Lasne, [la droite à Caurensart et la gauche au-dessus de Limal[1].] Ils y séjournèrent le lendemain et firent jeter quantité de ponts sur la Haute-Dyle, qu'ils passèrent pour aller camper aux environs d'un autre Corbais[2],

1. On n'a pu identifier Caurensart; Limal est un village sur la rive gauche de la Dyle.
2. C'est le Corbais où nous avons vu déjà les ennemis camper, ci-dessus, p. 156.

sur le chemin entre Louvain et Namur. Notre armée reprit son vieux camp le long de la Dyle; ensuite les ennemis vinrent à Perwez et à Marbaix[1], d'où ils firent un détachement de quinze bataillons et d'autant d'escadrons, commandés par le lieutenant général Dedem, pour aller assiéger la petite ville de Leeuw[2], sur la Geete, qui n'est forte que par sa situation sur des marécages. Il n'y avoit dans cette place qu'un bataillon, dont la moitié étoit malade, ce lieu ayant été malsain de tout temps. La tranchée y fut ouverte dès le lendemain de l'arrivée des troupes; on y fit aussitôt des batteries, et, le surlendemain, le commandant, qui étoit hors de tout secours, fit battre la chamade, espérant par là empêcher la garnison d'être prisonnière de guerre; mais cette promptitude ne l'en garantit pas. Il fallut en passer par là et rendre la place[3]. Le duc de Marlborough envoya un second détachement pour achever de raser les lignes de Wasseiges, ce qui avoit été interrompu par la marche précédente de son armée, et l'on connut alors que le premier détachement qu'il y avoit envoyé avoit été plutôt une feinte qu'un dessein sérieux, afin de nous engager dans quelque fausse démarche. Il est certain que ce général fut très mortifié de n'avoir pu nous attaquer, et qu'il se plaignit hautement d'en avoir été empêché par les députés des États-Généraux, qui jugèrent l'entreprise trop hasardeuse.

Leeuw prise et les lignes rasées, on resta dans

1. Perwez-le-Marché, dans la direction de la Méhaigne, et Marbaix, plus au sud, sur la route de Charleroy.
2. Ou Léau, ci-dessus, p. 146.
3. La ville se rendit le 5 septembre (*Gazette*, p. 463; *Jour-*

l'inaction de part et d'autre jusques au 18 septembre, que les ennemis allèrent camper à Montaigu et à Webbecom[1], puis à Arschoot[2], où nous avions un poste de deux cents hommes, qui se retirèrent, [après avoir ruiné le pont sur le Demer, qui y passe].

[Toute notre armée le passa aussi à couvert des lignes, qui tenoient depuis cette rivière jusques à Boisschot[3]. Ces lignes étoient excellentes; l'armée campa tout le long, et nous eûmes les ennemis fort près de nous. De là, ils furent camper à Herenthals[4], et nous suivîmes en dedans d'autres lignes, au dehors desquelles il coule une petite rivière, appelée la Nèthe, jusques à la petite ville de Lierre[5], qui étoit fortifiée de terre et se trouvoit presque au centre des lignes de l'armée, qui se prolongèrent bientôt jusque contre Anvers. Nous avions laissé dans Louvain neuf bataillons et un régiment de cavalerie; on jeta sept ou huit cents hommes d'augmentation dans Santvliet, petit fort sur l'Escaut[6], où il n'y avoit qu'un bataillon.]

Les armées demeurèrent dans la même situation jusques au 20 d'octobre, qu'on sut que les ennemis devoient décamper de Herenthals, qui n'étoit qu'à une lieue et demie de nous. On eut dessein d'aller charger leur arrière-garde au décampement et au passage

nal de Dangeau, t. X, p. 414-415; *Mémoires de Sourches*, t. IX, p. 358).

1. Près de Diest; Marlborough remontait vers le nord.
2. Arschoot ou Aerschoot, sur la Demer, à quatre lieues au nord de Louvain.
3. Sur la Grande-Nèthe.
4. Sur la Petite-Nèthe, dans la direction de Turnhout.
5. A la jonction des deux Nèthes, en tirant sur Anvers.
6. Au nord d'Anvers, très près de la frontière hollandaise.

de la Nèthe, [au delà de laquelle ils avoient fait passer, la veille, leur artillerie et la plus grande partie de leurs gros équipages]. Pour cet effet, on commanda le soir deux mille grenadiers et quarante-huit escadrons, qui sortirent des lignes et arrivèrent avant le jour sur la bruyère de Herenthals. On posta les grenadiers dans des villages [de Herenthout, Bouwel et Norderwyck[1],] à la hauteur du camp des ennemis, et on envoya des partis en avant pour savoir au juste s'ils décampoient. On apprit qu'ils s'étoient mis en marche avant quatre heures du matin et que le duc de Marlborough passoit la Nèthe sur beaucoup de ponts avec la plus grande partie de l'armée, et l'autre sous le maréchal d'Owerkerque un peu au-dessous de la ville, avec assez de précipitation, sur six ponts. Alors l'Électeur, accompagné du maréchal de Villeroy, se mit à la tête d'un détachement de cavalerie et marcha à leur camp, où il ne trouva plus personne. De là, il s'avança vers les ponts de la ville et fit charger trois gardes de cavalerie qui restoient en deçà et qui faisoient l'arrière-garde des colonnes. Ils perdirent quelques hommes jusques aux ponts, qui étoient bordés au delà par beaucoup d'infanterie et derrière de quantité de troupes en bataille. La ville de Herenthals étoit fort proche. Il y avoit encore dans la place quelques bagages des plus paresseux, qui n'avoient pas achevé de défiler et avoient avec eux quelques pelotons d'infanterie pour leur garde. Nos hussards, s'étant approchés de ce côté-là, aperçurent une petite garde à la porte, qui se retira

1. Ces trois villages forment le demi-cercle au sud de Herenthals, sur la rive gauche de la Grande-Nèthe.

dedans, ce qui fit juger qu'il y avoit encore du monde. L'Électeur y envoya Verboom avec des dragons, qui y entrèrent sans opposition; car les pelotons abandonnèrent les équipages et se retirèrent facilement vers l'autre porte, [en coulant le long desdits équipages, qui embarrassoient la rue.] Les dragons les suivirent et s'emparèrent de la porte, qu'ils gardèrent. Ces bagages furent pillés, aussi bien que les chevaux. Ceci fini, les ennemis continuèrent leur marche et vinrent camper à Brecht [et Ryckevorsel[1]]. L'Électeur s'en retourna à son camp avec toutes les troupes qu'il avoit amenées.

Les ennemis assiègent et prennent le fort de Santvliet. — Le lendemain, les ennemis décampèrent et allèrent [à Wuestwezel et Calmpthout[2]], proche Santvliet, qu'ils vouloient prendre. Le jour suivant, ils y firent ouvrir la tranchée et battre le fort avec beaucoup de canon. Il tint six jours; mais la garnison fut faite prisonnière de guerre[3]. Le duc de Marlborough quitta l'armée et s'en alla à Bréda. Comme les ennemis avoient laissé à Diest quelques bataillons, avec un régiment de dragons, qu'ils comptoient d'y faire passer l'hiver, quoique la ville ne fût fortifiée que de quelques petits mauvais ouvrages devant les portes, M. d'Artagnan fut commandé pour aller brusquer et mena avec lui dix-huit bataillons, quelques pièces de canon et quarante escadrons. Dès le même jour qu'on y

1. Villages au nord-est d'Anvers, vers Turnhout.
2. Au nord d'Anvers, très près de la frontière hollandaise.
3. Sandvliet se rendit le 29 octobre (*Dangeau*, t. X, p. 464); la garnison française était commandée par le comte de Maillé et le chevalier d'Entragues.

arriva, on ouvrit une espèce de tranchée et on travailla à une batterie; mais, comme l'armée des ennemis pouvoit venir au secours en deux ou trois marches, on attaqua soudainement l'ouvrage qui couvroit la porte; on s'y logea malgré la résistance des ennemis, qui nous tuèrent du monde, et on se prépara à donner l'assaut. Comme on étoit sur le point de le faire, ils battirent la chamade et se rendirent prisonniers de guerre[1]. De là, on envoya un détachement à Haelen[2], où il y avoit deux cents hommes des ennemis, que l'on fit prisonniers. Ainsi finit la campagne; car les deux armées, de part et d'autre, se séparèrent peu de jours après, pour aller prendre des quartiers d'hiver.

[Pour la régularité de la narration, il faut que je dise un mot de ce qui se passa dans le mois d'août du côté de Gand. Le baron de Spaar[3], qui commandoit un petit corps de Hollandois vers le Sas, ayant appris que le comte de la Motte[4], qu'on lui avoit opposé, étoit allé joindre l'Électeur avec ses troupes, vint faire une irruption sur nos lignes, contre Gand, et les força facilement, y étant resté peu de monde. Ensuite, il passa le canal de Bruges, et faisoit contribuer dans notre pays, lorsque le comte de la Motte revint avec ses troupes.

1. Diest se rendit le 26 octobre (*Dangeau*, p. 458; *Sourches*, t. IX, p. 398).
2. Haelen ou Haelen-sur-Hesbaye, sur la Grande-Velp, à deux lieues au sud-est de Diest.
3. Tome III, p. 167.
4. Charles, comte de la Motte-Houdancourt, dont il a déjà été parlé précédemment, était fils du maréchal du même nom; lieutenant général depuis 1702, il fut fréquemment chargé de commander des corps séparés; il mourut fort âgé en 1728.

Spaar, ayant été informé de sa marche, repassa le canal et s'en retourna d'où il étoit venu. Ainsi finit cette échauffourée et la campagne de Flandre.]

Campagne de Lombardie, 1705. — J'ai dit ci-devant, à la fin de la campagne d'Italie en 1704, que notre armée de Lombardie, commandée par le grand prieur de Vendôme, et celle de l'Empereur par le comte de Linange[1], avoient pris leurs quartiers d'hiver dans les États des Vénitiens, et qu'elles s'occupèrent à se disputer des quartiers de fourrage et à s'observer réciproquement. Sur la fin de janvier suivant, l'attention fut plus grande de part et d'autre; car, sur les avis que le Grand Prieur reçut que les ennemis établissoient des magasins de vivres près de Brescia et sur le bord du lac d'Iseo, il y envoya deux détachements, qui les enlevèrent, sans y avoir trouvé qu'une foible résistance.

Peu de temps après, on lui vint dire que Linange avoit fait un détachement de quatorze cents chevaux et deux mille hommes de pied, sous le colonel Patté[2], fameux partisan, pour aller occuper un certain poste sur l'Adige, dont le nom ne me revient pas, au moyen duquel il se seroit rendu maître de toute la navigation de cette rivière, et auroit pu faire passer à la Mirandole des secours d'hommes et de vivres. Comme il étoit essentiel de l'empêcher, le Grand Prieur marcha lui-même à la tête d'un gros détachement, et mena quatre pièces de canon de campagne. Voulant d'ailleurs donner de l'inquiétude aux quartiers des ennemis et les empêcher, sur la nouvelle de sa marche, de venir joindre le colonel Patté, il détacha six cents chevaux

1. Ci-dessus, p. 42.
2. Il était d'origine lorraine et devint baron de l'Empire.

sous Lautrec, colonel de dragons[1], et le fit avancer vers eux ; mais celui-ci s'engagea trop avant, en jeune homme courageux ; car, ayant trouvé en son chemin un premier corps des ennemis, il les chargea ; et, en les poursuivant avec trop de chaleur, ils le conduisirent, en se retirant, dans une embuscade, où il fut reçu à merveille et où on lui tua bien du monde ; lui-même fut blessé si dangereusement à l'épaule qu'il en mourut peu de temps après[2].

Le Grand Prieur attaque le colonel Patté, le défait, lui tue cinq cents hommes, lui en prend quatre cents, deux étendards et sept drapeaux. — Le Grand Prieur fut plus heureux ; car, ayant rencontré les ennemis plus foibles que lui, il les fit attaquer avec beaucoup de vigueur et les battit de manière qu'il leur tua environ cinq cents hommes et leur en prit quatre cents, parmi lesquels il se trouva quatorze ou quinze officiers. On enleva aussi aux ennemis deux étendards et sept drapeaux, qui furent envoyés à la cour. De notre côté, nous perdîmes peu de monde ; et, parmi les gens de distinction, il n'y eut que Vaudrey, maréchal de camp[3], qui fut blessé.

Après cette action, les ennemis firent plusieurs mouvements dans leurs quartiers, à quoi le Grand Prieur se tenoit fort attentif ; et, le siège de Verrue étant fini, M. de Vendôme alla à Milan, et envoya Lapara[4]

1. François de Gelas de Voisins, comte de Lautrec, avait eu un régiment de dragons en 1696 et le grade de brigadier en 1703.
2. Il mourut à Brescia le 2 mars 1705, âgé de trente-trois ans.
3. Jean-Charles, comte de Vaudrey, était lieutenant général, et non maréchal de camp, depuis l'année précédente ; nous le verrons mourir à Cassano le 16 août 1705.
4. Ci-dessus, p. 31.

faire le siège de la Mirandole, bloquée depuis peu de temps. Il lui ordonna de prendre la grosse artillerie convenable, avec une petite augmentation de troupes; car il n'y eut en tout que neuf bataillons, deux régiments de cavalerie et environ mille pionniers. Le corps de la place étoit fort bon et bien revêtu, mais mal accompagné de dehors. Le comte de Königsegg[1] y commandoit et n'avoit plus que neuf cents hommes de reste de huit bataillons qui y étoient entrés avec lui. De plus, il se trouvoit fort court de vivres. Plusieurs personnes furent surprises que M. de Vendôme n'eut donné que si peu de troupes à Lapara pour faire un tel siège; car, quoiqu'il y eût peu de monde dans cette place, elle étoit une des meilleures d'Italie, et celui qui y commandoit étoit un officier général de l'Empereur et d'un grand mérite. [Cela a donné l'occasion à bien des gens d'épiloguer là-dessus, et ceux qui ont peut-être été plus près du but ont pensé que] M. de Vendôme n'auroit pas été fâché de faire tomber Lapara en défaut, parce qu'on lui avoit donné à la cour tout le succès de la fin du siège de Verrue, et que c'étoit elle qui l'avoit nommé pour avoir le commandement de celui-ci. Quoi qu'il en soit, la tranchée y fut ouverte la nuit du 19 au 20 avril. Si elle fut bien attaquée, elle fut aussi bien défendue, par rapport au petit nombre de part et d'autre. [Le fossé, qui étoit rempli d'eau, qu'on ne pouvoit saigner, et très large, se trouvant presque à

---

1. Lothaire-Joseph-Dominique, comte de Königsegg-Rotenfels (1673-1751), était général-major dans les troupes impériales; il fut par la suite ambassadeur en France en 1717, feldmaréchal en 1724 et succéda au prince Eugène en 1736 comme président du conseil de guerre.

moitié comblé, les brèches grandes et suffisantes,] Königsegg, qui n'espéroit plus aucun secours et qui se trouvoit fort pressé, fit battre la chamade et se rendit prisonnier de guerre avec sa garnison[1], qui ne consistoit plus qu'en cinq cents soldats portant les armes. Le colonel Patté s'étoit bien avancé jusques dans le Ferrarois, pour y jeter quelque secours [qu'il avoit trouvé moyen de faire passer le Pô dans des barques ramassées]; mais, comme on en fut averti de bonne heure, on lui donna la chasse, et il fut contraint d'aller rejoindre l'armée impériale. Le prince Eugène, qui étoit arrivé le 1er mai pour en prendre le commandement, voulut bien aussi faire une tentative pour sauver cette place et, à cet effet, fit faire plusieurs mouvements à ses troupes.

Ce prince, en attendant celles qui lui venoient d'Allemagne, auroit bien voulu introduire quelque secours dans la Mirandole. Il s'y prépara, malgré les grandes difficultés qu'il avoit à surmonter; car ses forces étoient inférieures aux nôtres. Les quartiers de notre armée étoient disposés de manière qu'ils lui barroient les chemins et se pouvoient tous rassembler en peu de temps. Il y avoit de plus une quantité de grosses rivières à passer, dont les avenues principales et les passages étoient gardés par une quantité de troupes, commandées par des officiers généraux, qui se concertoient et se joignoient en peu de temps, selon les

1. La place capitula le 11 mai (*Gazette*, p. 212, 224-226, 235, 237, 248, 249, 251 et 252; *Mercure* de mai, p. 398-417; *Mémoires militaires*, t. V, p. 276 et 691-695). Cette conquête fit le plus grand honneur à Lapara, qui avait commandé au siège comme lieutenant général.

besoins. Mais tout ceci ne servit qu'à l'animer davantage pour l'exécution des projets qu'il avoit formés. Le premier étoit, comme je l'ai dit, de secourir la Mirandole, qui n'étoit pas encore prise quand il joignit l'armée impériale. Son autre projet étoit de pénétrer en Piémont et de secourir le duc de Savoie. Il détacha le général Bibrac[1] avec six mille hommes; et, dans le dessein de causer une diversion au Grand Prieur, il l'envoya se camper à la vue de Calcinato, qui étoit un de ses quartiers, tandis qu'il marcha en personne, à la tête d'environ douze mille hommes, droit à San-Leonce sur le Mincio, [sur lequel il fit commencer un pont.] Mursay, lieutenant général, et Saint-Pater[2], maréchal de camp, qui étoient en quartier à Monzambano[3] et autres lieux voisins, en furent bientôt avertis et marchèrent droit avec leurs troupes, qui furent jointes par celles des quartiers les plus proches. Ils arrivèrent sur le bord de la rivière, dans le temps que les Impériaux commençoient de lancer leurs bateaux à l'eau pour faire leur pont. Il y eut là une assez grosse escarmouche, la rivière entre deux, qui dura deux grosses heures. Pendant ce temps, il nous arrivoit toujours de nouvelles troupes, et notre feu redoubloit à proportion et tuoit beaucoup de monde aux ennemis, qui ne pouvoient travailler à leur pont. Alors le prince Eugène retira ses troupes et les bateaux sur une montagne voisine et y reçut avis de la prise de la Mirandole.

1. Ce général est appelé Pibrak dans les *Mémoires de Villars*, Bibra dans ceux *du chevalier de Quincy* ; il mourut en février 1706.
2. Tome II, p. 219.
3. Sur la rive droite du Mincio.

Cette nouvelle, jointe à la grande opposition qu'il avoit trouvée à faire son pont sur le Mincio, lui fit changer toutes ses mesures, et il retourna sur ses pas, après avoir eu quatre ou cinq cents hommes tués ou blessés en cette action. Notre perte ne fut guère moindre.

M. de Vendôme, qui étoit accouru de Milan aux premières nouvelles de cette marche, fit faire de bons retranchements tout le long du Mincio, depuis Peschiera jusqu'à Goïto, afin d'ôter l'envie aux ennemis de tenter le passage une seconde fois; mais ce travail devint inutile; car le prince Eugène, ayant manqué son passage du Mincio et perdu la Mirandole, [et voulant pénétrer dans le Bressan,] assembla toute son infanterie à Castelnuovo sur le lac de Garde, où il la fit embarquer pour le traverser. Il arriva à Salo, qui est une petite place qu'il tenoit de l'autre côté de ce lac et située dans les montagnes. Pendant ce temps-là, l'avant-garde de la cavalerie impériale, suivie de toute cette cavalerie, prit sa marche par Riva, à la tête du lac, et par des chemins âpres et difficiles, qu'on avoit eu soin d'élargir et de bien accommoder, tellement que cette avant-garde arriva à Salo, avec une partie de l'infanterie. Je dis une partie, parce qu'il n'y avoit pas eu assez de barques pour la faire passer en un seul voyage. Le premier se fit sans que nous en fussions avertis, et on s'opposa inutilement aux autres, parce que nous ne pûmes recouvrer que très peu de barques qui ne pouvoient pénétrer avant dans le lac, les ennemis ayant posté toute leur artillerie sur les bords. Ainsi cette armée arriva à Salo, dans un poste très avantageux par sa situation, et qui devint encore plus redoutable par les travaux qu'on y ajouta. Ils se campèrent entre Salo, Villanova et Gavardo, tout le long d'une hauteur d'un accès difficile, sur laquelle il se trouva, dans le terrain qu'elle occupoit, plusieurs villages bien retranchés, dont ils crénelèrent les maisons qu'ils firent communiquer les unes aux autres par des ouvrages faits exprès.

M. de Vendôme, qui avoit joint le Grand Prieur son frère, marcha au prince Eugène, dans le dessein de l'attaquer dans ce poste, et vint camper, sa droite au lac de Garde, à Beddizole[1], sur la Chiesa, d'où il alla reconnoître l'armée ennemie. Il la trouva si bien postée et si fort retranchée qu'il ne crut pas à propos de l'attaquer et se réduisit à lui ôter tous les fourrages qu'il pouvoit et à se les donner. Il fit gâter et rompre tous les chemins qui se trouvoient au bas du lac de Garde et qui conduisoient au Mincio, pour se reposer entre cette rivière et l'Adige; mais l'événement fit voir que le prince Eugène avoit bien un autre dessein. Il semble même que M. de Vendôme auroit pu le pénétrer; mais ce général se contenta de s'être posté si près de l'ennemi, qu'il croyoit impossible qu'ils pussent dérober une marche, ni aucun mouvement, qu'on n'en eût aussitôt connoissance. Il fit retrancher son camp de façon qu'il pût en retirer quelques troupes pour les porter ailleurs, s'il en étoit besoin; puis il partit de l'armée, qu'il laissa sous le commandement du Grand Prieur, son frère, et retourna en Piémont pour aller faire le siège de Chivas, [méchante place, qu'il commença et que le duc de la Feuillade continua; j'en parlerai plus bas].

1. Gros bourg du Bressan sur le flanc d'une colline entre la Chiesa et le lac de Garde.

Après le départ de M. de Vendôme, l'armée du Grand Prieur demeura un peu de temps dans la même situation, ainsi que celle du prince Eugène, qui faisoit son arrangement pour pousser plus loin, et attendoit le reste des troupes qui lui venoient d'Allemagne. Il se passa, entre leurs détachements de part et d'autre, une action où il y eut assez de monde de tué et de blessé.

Le duc de Würtemberg attaque la cassine de Moscolino et la manque. — Le Grand Prieur ayant fait faire un pont sur la Chiesa, à la hauteur de son camp, pour se donner quelques commodités et en ôter aux ennemis, il se trouva qu'il y avoit un naviglio au delà, à une distance un peu trop grande, mais joignant une cassine assez bonne; il y envoya Narbonne, lieutenant-colonel d'infanterie [1], avec quatre compagnies de grenadiers; mais elle étoit trop éloignée de son camp pour en être soutenue bien à propos. Comme ce poste nuisoit à la communication des ennemis avec Brescia, d'où ils tiroient quelques rafraîchissements, le prince Eugène voulut le faire enlever par le duc de Würtemberg [2], qui mena avec lui deux mille grenadiers ou fusiliers choisis, quatre pièces de canon, des charpentiers et autres ouvriers. Ils arrivèrent à cette cassine [3] sur les dix heures du soir et l'attaquèrent incontinent. Au troisième assaut qu'ils livrèrent, ils emportèrent la basse-

---

1. Louis-Benoît de Narbonne, lieutenant-colonel du régiment de Mirabeau, fut fait chevalier de Saint-Louis en 1706, pour sa défense de Reggio d'Émilie.
2. Charles-Alexandre, prince de Würtemberg (1684-1737).
3. Cette cassine s'appelait en réalité la Bouline, mais on la désigna plutôt sous le nom de cassine de Moscolino, à cause du voisinage de ce village.

cour; mais les grenadiers s'étant retirés dans le donjon firent si grand feu sur eux qu'ils leur tuèrent et blessèrent bien du monde. Les deux bataillons de la Marine arrivèrent, suivis des compagnies de grenadiers qui gardoient le pont de la Chiesa, et de trois ou quatre cents dragons, qui passèrent le naviglio sur un pont que les ennemis avoient oubliés de garder. Ils firent un grand feu d'accompagnement sur les Impériaux. Le Grand Prieur arriva aussi et, après lui, deux brigades d'infanterie, au point du jour; alors les ennemis abandonnèrent leur attaque et se retirèrent[1].

Nous eûmes en cette affaire, qui dura quatre heures, cinq ou six capitaines et huit ou dix lieutenants de blessés, avec une centaine de soldats; plusieurs autres furent tués. Le Grand Prieur fit fortifier cette cassine, de manière qu'elle ne pouvoit plus être prise que dans les formes; et il acheva de rompre et de gâter tous les chemins, le long du lac, qui alloient au Mincio. Il établit des postes d'infanterie dans quelques châteaux qui se rencontroient dans cette coulée, ce qui fut inutile; car le prince Eugène ne songeoit point à retourner sur ses pas; son intention au contraire, [en exécutant des ordres réitérés de l'Empereur,] étoit de faire les plus puissants efforts pour pénétrer en Piémont et secourir le duc de Savoie, qui en faisoit tous les jours de nouvelles instances.

Le prince Eugène, en suivant ce projet, et voyant que les tentatives qu'il avoit faites jusque-là étoient inutiles, se rassembla encore plus en lui-même et, dès

1. Voyez le récit de cette affaire dans les *Mémoires du chevalier de Quincy*, t. II, p. 95-97, et dans l'*Histoire militaire*, t. IV, p. 586-589.

qu'il eut reçu les troupes palatines et les autres secours qui lui vinrent d'Allemagne, il déroba une marche de nuit au Grand Prieur, fit couler son armée par la vallée d'Osseto[1], la rassembla à Navi[2] et, par une marche forcée, arriva sur le soir à Brescia. Il campa sa gauche à cette ville, sa droite à Torbole[3] et le centre à Roncadello[4]. Le Grand Prieur, ayant appris ce mouvement, vint camper à Montechiaro, puis à Manerbio[5], sur la Mella, ne doutant plus que le dessein de l'ennemi ne fût de venir passer l'Oglio vers Urago[6], où étoit le marquis de Torralba[7], officier général espagnol, avec sept bataillons et autant d'escadrons, comptant que cet officier ne manqueroit pas de défendre ce passage et lui donneroit le temps de le secourir et d'arriver avec l'armée ; mais le prince Eugène, attentif à tout et voulant empêcher que le Grand Prieur ne fît quelque gros détachement pour envoyer en avant sur l'Oglio et défendre le passage, fit paroître vers Manerbio, où le Grand Prieur étoit campé, une tête d'armée et répandit le bruit qu'il marchoit à lui pour le combattre. Il le fit donner dedans si bien qu'il ne songea plus qu'à

1. Le mont Sant-Osetto ou Osseto est entre la vallée de la Chiesa et celle de la Garza, au sud de Sabbio.

2. Navi ou Nave, sur la Garza, à quelques lieues au nord de Brescia.

3. Torbole-Casaglia, au sud-ouest de Brescia.

4. Roncadello est sur la Mella ; le prince Eugène se trouvait donc ainsi à l'abri sur la rive droite de cette rivière.

5. A mi-chemin entre Brescia et Crémone, presque au confluent de la Mella et de la Garza.

6. Village sur l'Oglio et par lequel passe la route qui va de Brescia vers Lodi, par Chiari et Creme.

7. Antoine de Torralba ou Toralva, de la maison de Cordoue, était général de bataille dans l'armée espagnole.

bien prendre ses précautions pour le recevoir; mais, au lieu de cela, le prince Eugène marcha droit à l'Oglio, qu'il passa en grande diligence [contre Urago sur des ponts qu'il fit faire et sur des gués où le général Serini[1] et plusieurs cavaliers se noyèrent; il ne trouva aucune opposition à son passage, apparemment parce que Torralba ne se crut pas assez fort pour le disputer, ou bien par quelque autre raison qui n'est pas venue distinctement à ma connoissance].

Après la marche du prince Eugène, le Grand Prieur voulut s'approcher de l'armée impériale et vint vers Ustiano, où il apprit que ce général avoit déjà passé la rivière et que Torralba s'étoit retiré à Palazzolo[2], que le comte de Médavy avoit fait mettre hors d'insulte pendant l'hiver.

Torralba n'y fit pas un long séjour; car, sur l'avis qu'il eut que le général Visconti marchoit à lui avec un gros détachement, il fit jeter dans la rivière cinq ou six mille sacs de farine et les autres provisions qui y étoient pour notre armée, et ne laissa dans cette ville que deux cents Espagnols, qui furent bientôt faits prisonniers de guerre.

Défaite du comte de Torralba, officier général espagnol. — Pour ce qui est de Torralba, il sortit de Pallazzolo avec ses troupes et prit le chemin de Bergame par différentes routes; mais il n'alla pas loin; car il fut atteint par le général Visconti, contre lequel il combattit avec valeur, tant qu'il n'eut affaire qu'à de la cavalerie; mais, beaucoup de grenadiers et d'infan-

---

1. C'était un membre de la grande famille hongroise des Serini ou Zriniy, qui furent les chefs des Mécontents avec les Tœkœli.
2. En amont d'Urago et au nord de Chiari.

terie étant arrivés, il fut environné de toute part, fit battre la chamade pour capituler et se rendit prisonnier de guerre avec ce qui lui restoit de monde[1], car il en perdit beaucoup, [et quelques-uns se sauvèrent par d'autres chemins. Je laisse à juger s'il n'auroit pas mieux fait de défendre le passage de la rivière, dont il étoit chargé, autant qu'il lui auroit été possible, que de tomber dans un pareil événement.]

Dès que le Grand Prieur eut appris le passage des ennemis au delà de l'Oglio, il vint passer à Pontevico[2] et alla camper à Castel-Visconti. Le prince Eugène, qui étoit campé à Calzo, envoya un détachement se saisir de Palazzolo, [où il étoit resté, comme je l'ai déjà dit, deux cents Espagnols.] Ce même détachement alla ensuite à Pontevico, où il prit cent cinquante hommes qui le gardoient.

Ceci fait, le prince Eugène envoya à l'avance quelques détachements reconnoître les passages vers l'Adda. Plusieurs petits partis bleus le passèrent et allèrent faire quelques pillages[3] dans le Milanois. Il envoya aussi un détachement attaquer Soncino sur l'Oglio, où nous avions cinq cents hommes qui furent faits prisonniers de guerre.

Le Grand Prieur alla camper à Ombriano[4], où M. de Vendôme, qui avoit quitté le Piémont, le vint joindre avec plusieurs officiers généraux, les hussards, sept escadrons et neuf bataillons.

1. La *Gazette d'Amsterdam*, Extraordinaires LVII et LIX, donna un récit de ce petit fait d'armes; voyez aussi les *Mémoires du chevalier de Quincy*, t. II, p. 103.
2. Gros bourg sur la route de Crémone.
3. Il y a *pilotages* dans le manuscrit.
4. Village près de Creme.

Le lendemain[1], M. de Vendôme fit faire une marche en avant à l'armée et la mena camper à Fiesco[2]. L'armée impériale étoit [à Romanengo et Ticengo[3]], près et en deçà de l'Oglio, et y resta plusieurs jours. M. de Vendôme quitta son camp de Fiesco et vint à Casal-Morano et à Soresina[4], dans le soupçon qu'il avoit que les desseins du prince Eugène tendoient à pénétrer dans le Crémonois et de faire passer des secours au duc de Savoie; ou que, s'il vouloit se poster du côté de l'Adda, il seroit à portée d'y être aussi tôt que lui et de le combattre au passage. Ainsi on étoit toujours dans l'incertitude du parti qu'il prendroit, quoiqu'il parût incliner à couler le long de l'Oglio, ayant fait encore occuper Ustiano, Canneto et quelques autres postes.

Pour traverser ce projet, M. de Vendôme détacha le Grand Prieur, avec onze escadrons, un régiment de dragons et onze bataillons, et lui donna ordre de marcher du côté du Bas-Oglio et de chasser les ennemis des postes qu'ils y avoient occupés. Ils les quittèrent quand ils le virent venir sur eux. M. de Vendôme envoya ensuite le marquis de Broglio[5] de l'autre côté du Haut-Adda, avec six bataillons et neuf escadrons, pour appuyer et soutenir les postes qui étoient sur les passages de cette rivière, les secourir s'il en étoit besoin et lui donner le temps d'y envoyer plus de

1. M. de Vendôme étant arrivé le 14 juillet, c'est le 15 que l'armée marcha.
2. A l'est de Creme, sur le bord d'un petit naviglio.
3. Ces deux villages sont sur la route de Soncino à Creme.
4. Localités situées sur la route de Crémone à Bergame.
5. Charles-Guillaume, marquis de Broglie, colonel du régiment de l'Ile-de-France.

troupes et de s'y porter lui-même. Pour remplir en quelque façon ce vide, il rappela à l'armée tous les détachements qu'il avoit dans différents postes de peu de résistance. Il fit aussi abandonner Desenzano au bas du lac de Garde, et les cinq cents hommes qui y étoient eurent ordre de venir augmenter la garnison de Castiglione. Ensuite, pour se délivrer de l'inquiétude que le prince Eugène lui donnoit du côté du Bas-Oglio, il étendit la droite de son armée vers cette rivière, y fit faire un pont et raccommoder les autres passages. Le Grand Prieur le rejoignit avec son détachement, et il envoya Chemerault[1] marquer un camp de l'autre côté de la rivière, qu'il faisoit mine de vouloir passer. Chemerault, en s'acquittant de sa commission, aperçut quelques hussards des ennemis, suivis d'un gros détachement de cavalerie, et en donna aussitôt avis à M. de Vendôme, qui étoit au delà de la rivière, et, les ayant fait reconnoître jusque dans leurs derrières, on lui rapporta qu'ils n'étoient point suivis d'autres troupes. Il fit marcher à eux et les charger ; quelques-uns furent tués et d'autres furent pris ; le reste se sauva le mieux qu'il put.

On sut que c'étoit le colonel Saint-Amour[2], qui revenoit avec quatre cents chevaux de faire une course dans le Mantouan et qui ne savoit pas que nous eussions fait un pont sur l'Oglio. Cette ignorance fut cause qu'il fut battu.

1. Jean-Noël de Barbezières, comte de Chemerault, lieutenant général depuis 1702 : tome III, p. 208.
2. C'était un chef de partisans, qui avait rang de colonel dans l'armée impériale et qui parvint en 1734 au grade de lieutenant-feld-maréchal.

[Si le projet du prince Eugène du côté du Bas-Oglio étoit bien sérieux, il ne le trouva plus praticable au moyen de notre pont et de la situation de notre armée, et il ne gagna rien en cela que de nous avoir un peu plus éloigné de l'Adda, où il tourna toutes ses vues,] et, dans cette pensée, il envoya, le 9 août, ses malades et ses blessés à Palazzolo. Il se mit en marche le lendemain à deux heures de nuit et vint passer le Serio contre Creme et camper par une marche forcée entre Caravaggio[1] et Treviglio[2], [qui est près de l'Adda, ayant devant lui le canal de la Communa.]

Le prince Eugène dérobe une marche au duc de Vendôme. — Quoique cette marche parût bien déterminée, et que le prince Eugène l'eût dérobée, ce qui lui donnoit beaucoup d'avance, M. de Vendôme, qui doutoit qu'elle fût sérieuse et ne se rabattît tout d'un coup du côté de l'Oglio, ne voulut faire marcher l'armée que le lendemain, sur les six heures du soir. Je ne comprends pas comment le prince Eugène ne profita pas de ce retardement pour faire jeter ses ponts sur l'Adda et forcer le passage, qui ne pouvoit être alors que foiblement défendu. [Il faut apparemment qu'il eût de grands empêchements pour le ne point faire, ou que ses bateaux ne fussent pas arrivés, ou quelque autre raison aussi forte.]

Enfin M. de Vendôme, [s'étant mis en marche aux jour et heure que j'ai dit,] marcha toute la nuit, vint passer le Serio contre Creme, [où il arriva à une heure de soleil,] et apprit que le prince Eugène avoit fait rompre tous les ponts, afin de retarder la marche de

---

1. Petite ville entourée de canaux, dans la Ghiera d'Adda.
2. Bourg du pays de Bergame, à l'est de Cassano.

nos troupes. Alors son incrédulité cessa; il donna ordre au Grand Prieur de mener camper l'armée ce jour-là à Bagnevolo, à une lieue de Creme, et le lendemain à Agnadel[1]; puis, ayant pris avec lui cinq régiments de dragons, il accourut à Lodi, pour s'assurer de ce poste sur l'Adda. Il n'y resta qu'autant de temps qu'il en falloit pour y donner ses ordres et faire repaître ses dragons, qu'il mena le même jour à Cassano, où M. de Broglio avoit fait faire un pont sur l'Adda et un bon retranchement à la tête pour le couvrir. Il fit aussi garnir de troupes tous les passages sur cette rivière, depuis Lodi jusques à Trezzo[2]. Le lendemain, [en visitant les bords de cette rivière,] il vint à Trezzo, d'où il considéra le camp impérial et la situation de cette armée. Le même jour, le prince Eugène fit sonder les gués de la rivière, et, le lendemain matin, M. de Vendôme eut avis que ce prince avoit fait ses dispositions pour tenter le passage par trois différents endroits, savoir : le premier vis-à-vis de Trezzo, le second à la hauteur de la cassine du Paradiso[3] et le troisième un peu au-dessus. Aussitôt M. de Vendôme se mit en marche avec toutes les troupes qu'il avoit depuis Lodi et ne laissa à Cassano qu'une garnison de suisses et autant de cavalerie qu'il en falloit seulement pour la communication avec l'armée du Grand Prieur.

Étant arrivé à Trezzo, il ne vit sur la rivière aucun

1. C'est près de ce village que Louis XII avait battu les Vénitiens le 14 mai 1509.
2. Dans le Milanais, sur la rive droite de l'Adda.
3. D'après le chevalier de Quincy (*Mémoires*, t. II, p. 113), cette cassine était une maison de plaisance des jésuites de Bergame.

mouvement de la part des ennemis; mais, ayant poursuivi son chemin vers la cassine du Paradiso, il aperçut de l'autre côté des gardes des ennemis et que l'on y déchargeoit des bateaux, des poutrelles et des madriers, avec d'autres matériaux à l'usage des ponts. Il établit son camp vis-à-vis, sur des hauteurs où il y avoit des retranchements, au bas desquels on trouvoit un bois qui se prolongeoit presque jusques à la rivière. De l'autre côté, il y avoit aussi des hauteurs, qui dominoient celles que M. de Vendôme avoit fait occuper, et donnoient de grandes facilités pour la construction du pont; on y établit de part et d'autre plusieurs batteries de canon, et on se canonna vivement. Alors M. de Vendôme fut persuadé que le prince Eugène étoit déterminé à tenter le passage de la rivière, et, ne se sentant pas assez fort pour l'en empêcher, il manda au Grand Prieur de lui envoyer en diligence quinze bataillons [et apparemment, quoique quelques-uns n'en conviennent pas, de venir camper vers Cassano, pour être à portée de passer l'Adda et de se joindre en cas de besoin.]

Le prince Eugène, content de l'affoiblissement qu'il avoit causé au Grand Prieur, et de la mauvaise disposition de ses troupes dans le nouveau camp qu'il avoit pris, continua de faire achever son pont sur l'Adda et d'en assurer la tête par un bon retranchement et par mille grenadiers qu'il jeta dans le bois qui en étoit proche [et le couvroit.] Quand il eut appris que les quinze bataillons du Grand Prieur avoient joint M. de Vendôme, il ne songea plus qu'à rompre son pont et à retirer l'artillerie et les troupes qu'il y avoit, pour tomber brusquement sur le Grand Prieur et le battre avant que M. de Vendôme et ses troupes eussent pu repasser l'Adda à Cassano pour le rejoindre. Si son pont avoit été défait et ses troupes arrivées à l'heure qu'il croyoit, il y a grande apparence que son entreprise auroit mieux réussi; qu'il seroit devenu le maître de la campagne, auroit secouru le duc de Savoie et peut-être subjugué le Milanois après avoir battu notre armée. Mais le temps n'en étoit pas encore venu; car M. de Vendôme, [ayant reçu les quinze bataillons du Grand Prieur, ne compta plus d'être attaqué, et,] ayant appris dans la matinée que les ennemis avoient rompu leur pont pendant la nuit, et qu'ils se retiroient, [donna ordre aux quinze bataillons de venir le rejoindre par Cassano, et, étant monté à cheval,] il prit les devants et y arriva lorsque la première apparition des ennemis, [qui venoient à nous sur le midi,] causoit déjà un grand désordre dans notre armée, [et que les bagages, qui vouloient en foule passer le pont de Cassano, en occupoient et embarrassoient confusément toutes les avenues. M. de Vendôme, qui le remarqua en passant, y apporta tout le meilleur ordre qu'il fut possible et ordonna des gens pour les faire ranger ou les faire jeter dans la rivière, afin de rendre le passage libre. Après cela, il vint aux troupes, et, voyant qu'elles étoient serrées dans un terrain de très peu de profondeur, entre le naviglio de la Torne et l'Adda, et que l'infanterie étoit dans une espèce de bassin qu'un bras de cette rivière formoit, il ordonna qu'elle en sortît, quelque embarras et quelque danger qu'on y trouvât.

Combat de Cassano. — Ainsi[1] toute l'armée, marchant sur deux colonnes, s'étendit vers Rivalta, la colonne d'infanterie longeant le long du naviglio de la Torne, qui la couvroit du côté de l'ennemi, et la cavalerie le long de l'Adda. Ce mouvement étoit bien périlleux; car les Impériaux, après avoir passé le canal de la Communa, [partie à gué, partie sur des ponts faits à la hâte,] se trouvèrent fort près de nous et commencèrent par attaquer huit compagnies de grenadiers qu'on avoit postées au delà d'un pont de pierres sur le naviglio, qu'on n'eut pas le temps de rompre. Ayant chassé nos grenadiers au delà, ils se rendirent maîtres de ce passage, et, au moyen de quelques autres qu'ils pratiquèrent, passèrent le naviglio et attaquèrent vigoureusement une cassine fortifiée que nous tenions. Ils l'emportèrent, tuèrent une partie de ceux qui la défendoient, prirent l'autre[2] avec quatre petites pièces de canon, et, s'étant formés au delà du naviglio, vinrent charger valeureusement l'arrière-garde des grenadiers de notre colonne d'infanterie, qui débouchoit du bassin dont j'ai parlé et marchoit pour s'étendre. Ils y causèrent beaucoup de confusion, et ce désordre seroit devenu bien plus grand si M. de Vendôme ne s'étoit pas trouvé dans

1. Sur le combat de Cassano, on peut voir les *Mémoires du chevalier de Quincy*, témoin oculaire, t. II, p. 123 et suivantes, le *Mercure* d'août, p. 329-384, les *Gazettes* de France, d'Amsterdam et de Bruxelles (ces deux dernières sont intéressantes en ce sens que les ennemis s'attribuèrent aussi la victoire), les *Mémoires militaires*, t. V, p. 330-334 et 726-736, ceux *de Saint-Simon*, t. XIII, p. 93-99, etc.
2. L'autre partie.

cet endroit; [car une autre colonne des ennemis passoit le naviglio avec beaucoup d'incommodités, partie sur des ponts faits à la hâte et partie par des gués où leurs armes se mouilloient, ce qui leur faisoit faire faux-feu.] Mais M. de Vendôme rallia ses bataillons, et, se mettant à leur tête, les remena à la charge avec une force et un courage invincibles. Malgré tous ces efforts, le prince Eugène ne se seroit pas flatté vainement de la victoire si les quinze bataillons venant du Paradiso n'étoient arrivés fort à propos. M. de Vendôme se mit à leur tête, l'épée à la main, les fit charger avec tant de valeur, qu'ils défirent les ennemis en cette partie, reprirent la cassine et les rechassèrent au delà du pont, avec un si grand carnage, qu'ils ne tentèrent plus de le repasser. Il y avoit encore une autre cassine dont les ennemis s'étoient emparés vers le retranchement de la tête du pont de Cassano, qu'Albergotti reprit avec la brigade de Vendôme, qu'il avoit amenée de la droite; ainsi, notre gauche, par laquelle le combat avoit commencé avec péril, se trouva tout à fait en sûreté.

Le prince Eugène, [qui n'y avoit pu réussir,] nous fit attaquer [aussitôt par trois différents endroits] vers le centre de la ligne, avec tant de vigueur, que nous fûmes percés en deux endroits. [La ligne se resserra aussitôt, et] les régiments de Dillon-Infanterie, du Héron et Vérac-Dragons, avec une autre brigade d'infanterie [qui se trouva sur cette hauteur], chargèrent si vivement les ennemis [qu'il s'en fit une grande tuerie et] qu'il n'en réchappa presque point. M. de Vendôme eut son cheval tué sous lui; on le releva. Un soldat ennemi, l'ayant reconnu, le coucha en joue pour le tuer. Cotron[1], son capitaine des gardes, s'en étant aperçu, se mit vite devant lui, et, en parant le coup, le reçut au travers du corps, dont il ne mourut pourtant pas. Cette belle action est un exemple trop rare de courage, d'affection et de fidélité pour n'en pas faire mention.

Cependant le combat continuoit au centre avec beaucoup de chaleur, et l'issue en étoit incertaine, lorsque M. de Vendôme se mit encore à la tête de son infanterie, l'épée à la main, et la ramena à la charge avec tant de succès que les ennemis perdirent terrain et furent culbutés les uns sur les autres dans le naviglio. On en tua là un grand nombre; les fuyards même n'échappèrent pas à la colère du vainqueur. C'est ainsi que ce combat d'infanterie finit; car la cavalerie et l'artillerie y eurent très peu de part, parce que l'on ne pouvoit qu'à grande peine se mouvoir dans ce terrain, [à cause de son peu de profondeur et] parce qu'il se trouvoit traversé en quelques endroits par de petits canaux, sur lesquels on n'avoit eu ni le temps ni la précaution d'établir des communications. [Ces raisons empêchèrent que toute notre infanterie pût combattre en se prêtant la main, et le naviglio qui couvroit le front de bandière empêcha la cavalerie d'en pouvoir venir aux mains en corps.] Suivant une relation que l'on fit courir, [à ce qu'on disoit, de la part des commissaires impériaux,] il se trouva qu'ils eurent six mille hommes de tués et quatre mille de blessés. Ils perdirent aussi sept pièces de canon et sept drapeaux.

1. Gaspard Cotron, Provençal, était depuis 1696 lieutenant, puis capitaine des gardes du duc de Vendôme; il mourut en 1716.

Nous n'eûmes que trois mille hommes tués et blessés, et cette différence vint, à ce qu'on en peut juger, de ce que la plupart de l'infanterie ennemie, ayant passé le naviglio à gué, avoit mouillé ses armes, dont une grande partie fit faux-feu, et nous sauva bien du monde. Ils en perdirent aussi beaucoup dans la confusion où ils se trouvèrent en repassant le naviglio. J'ajouterai que, quand nos soldats sont une fois prêts à se mêler, ils ne se servent guère d'autres armes que de leurs épées et de leurs baïonnettes et l'emportent en cela sur les autres nations, qui n'en font pas grand usage.

Pendant cette action, le prince Eugène fut blessé de deux coups; le comte de Linange tué; un prince de Lorraine[1], le général Bibrac[2] et un duc de Würtemberg[3] moururent de leurs blessures. Ils eurent quantité d'autres officiers de tués ou blessés. Parmi nous, il n'y eut de titrés de tués que Moyria[4], maréchal de camp, Forbin[5], maréchal des logis de la cavalerie, Chaumont[6] et Gérinière[7], brigadiers. Les blessés

---

1. Joseph-Innocent-Emmanuel-Félicien Constant, frère du duc Léopold de Lorraine; il était colonel de deux régiments impériaux; il fut blessé grièvement et mourut le 25 août.

2. Ci-dessus, p. 170.

3. C'est celui dont il a été question ci-dessus, p. 173; il fut seulement très gravement blessé.

4. Chrysante de Moyria-Mérignat avait été promu brigadier tout récemment, et non pas maréchal de camp.

5. Louis-Victor, chevalier de Forbin; il se noya dans l'Adda.

6. Charles d'Ambly, marquis de Chaumont, était colonel du régiment de Soissonnais.

7. Le chevalier de Quincy (*Mémoires*, t. II, p. 131) l'appelle la Génetière, les *Mémoires de Sourches* la Gélinière; notre auteur Grenetière; le vrai nom est la Gérinière; il était ancien lieutenant-colonel et brigadier d'infanterie depuis 1702.

furent : le marquis de Praslin[1], lieutenant général, Le Guerchoys[2], qui fut aussi fait prisonnier, aussi bien que Mirabeau[3], tous deux brigadiers, [Pourrières[4], major général des dragons,] et d'Alba[5], Brassac[6] et le Plessis-Bellière[7], colonels, avec plusieurs autres officiers de moindre considération, quoique très braves gens.

Après ce combat, le prince Eugène se retira à son camp de Treviglio. C'étoit un si bon poste que M. de Vendôme, qui le connoissoit, ne crut pas le pouvoir forcer. Il changea son camp [et le mit à Rivalta], pour être plus à l'abri de l'infection que les corps morts avoient répandue sur le champ de bataille. Les deux armées restèrent dans l'inaction jusqu'au 17 septembre, que le prince Eugène, ayant reçu un renfort de quatre mille hommes de pied, de deux mille chevaux et quelque artillerie, détacha le comte de Königsegg, avec du canon et trois mille hommes, pour aller

1. Gaston-Jean-Baptiste de Choiseul-d'Hostel, marquis de Praslin, maréchal de camp en 1702, mourut peu de jours après de ses blessures.
2. Pierre Le Guerchoys, colonel du régiment de la Vieille-Marine et brigadier.
3. Jean-Antoine Riquetti, marquis de Mirabeau, grand-père des deux Mirabeau de la Révolution, avait eu un régiment d'infanterie en 1697.
4. Le chevalier des Pourrières, originaire du Dauphiné, était lieutenant-colonel du régiment de dragons de M. du Héron ; il fut nommé brigadier en 1706.
5. David d'Alba, colonel du régiment d'Auvergne.
6. M. de Brassac commandait depuis 1699 le régiment d'Albigeois.
7. Jean-Gilles de Rougé, marquis du Plessis-Bellière, colonel du régiment d'Angoumois.

attaquer un poste que nous occupions sur le chemin du Crémonois. M. de Vendôme, qui l'avoit prévu, y avoit envoyé un renfort. Königsegg ne laissa pas de l'attaquer; mais, voyant qu'il étoit bien défendu, qu'on lui tuoit beaucoup de monde, [et que la décision pourroit bien tirer en longueur,] il jugea à propos de se retirer à l'armée impériale, pendant qu'il en étoit encore temps, appréhendant que M. de Vendôme n'envoyât sur lui quelque fort détachement, qui l'auroit fort embarrassé.

Cette entreprise ayant manqué, le prince Eugène mit tout en usage pour continuer à nous donner de la jalousie du côté du Haut-Adda. Son dessein, en apparence, étoit de nous faire prendre le change, afin de pénétrer plus facilement dans le Crémonois, comptant que, s'il pouvoit y réussir, il se rendroit maître de la capitale, où il avoit encore des intelligences; qu'il établiroit de bons quartiers d'hiver pour ses troupes en ce pays et seroit à portée de faire passer des secours au duc de Savoie.

Pour cet effet, il fit faire derrière lui de grands chemins à travers des bois, pour communiquer à cette rivière avec plus de sûreté; il prétendit même y faire des gués commodes, en détournant les eaux par un canal qu'il fit commencer; mais M. de Vendôme gardoit si bien tous les passages du côté du Milanois, qu'il comptoit pouvoir s'y porter à temps, en cas de besoin, avec toute l'armée, [si ce dessein du prince Eugène venoit à paroître plus déterminé.] On reconnut bientôt que ceci n'avoit été que pure feinte; car ce prince, après avoir séjourné deux mois dans son camp de Treviglio, où il ne pouvoit plus subsister, en décampa la nuit du 9 au 10 octobre et vint à Caravaggio, d'où il marcha le lendemain et le jour suivant, qu'il arriva à Massaria[1], sur les confins du Crémonois.

M. de Vendôme ne fut averti du décampement du prince Eugène que le lendemain sur le midi; car il étoit allé s'aboucher avec le prince de Vaudémont, qui étoit venu de Milan à Melzo[2], entre l'Adda et cette ville. Il envoya ordre à son armée de marcher du côté de Palazzolo; mais elle ne put le faire que le lendemain; ainsi le prince Eugène avoit déjà gagné deux journées sur elle. Notre général, après avoir donné ce premier ordre, en envoya un second à toutes les troupes qui bordoient le Haut-Adda, de descendre tout le long et de venir se poster depuis Lodi jusqu'à Pizzighitone, pour garder tous les passages sur la même rivière d'Adda, qu'il appréhendoit que le prince Eugène ne voulût encore tenter de passer. Il alla ensuite rejoindre son armée qui vint, par Palazzolo, camper à Torino[3], où elle séjourna un jour. Il apprit en cet endroit que l'armée impériale avoit occupé le terrain entre la Vinzasca et le pont de Montodino[4] sur le Serio; d'où il inféra qu'il lui seroit impossible, par le chemin qu'il avoit pris, d'empêcher cette armée de pénétrer dans le Crémonois et qu'il n'avoit point d'autre parti à prendre pour l'empêcher que de dérober une marche et de la forcer[5], pour aller passer l'Adda à Lodi, et de la venir repasser avec diligence et tout d'une tire à

---

1. Localité qu'on n'a pu identifier.
2. Sur la rive gauche de la Melgora, entre Milan et Cassano.
3. Hameau sur la route de Lodi à Creme.
4. La Vinzasca et Montodino sont deux localités de la rive gauche du Serio, près de son confluent avec l'Adda.
5. De forcer cette marche.

Pizzighitone, pour tenir les défilés qui couvrent l'entrée du Crémonois. Quoique cette difficulté fût grande, à cause de la longueur de la marche et des défilés, il y en avoit encore une autre capitale à surmonter, qui étoit d'ôter aux ennemis la connoissance de son décampement, de peur qu'ils ne s'en prévalussent. Il décampa donc de Torino, la nuit du 13 au 14, et laissa dans son camp un vieil officier de cavalerie, nommé Courtade[1], avec quatre cents chevaux, quelques gardes ordinaires et une quantité de tambours de l'armée, avec ordre de faire battre la retraite et la diane à l'ordinaire et de faire tenir de grands feux allumés toute la nuit à la tête du camp, pour faire croire aux ennemis que l'armée y étoit toujours. Courtade s'acquitta bien de sa commission; ce stratagème réussit[2]. Cependant l'armée fit son chemin, vint camper à Fornigara[3] et s'y rassembla. Quand M. de Vendôme fut arrivé, il apprit que le prince Eugène se disposoit à passer le Serio sur les ponts de Montodino et qu'il avoit même fait occuper deux cassines au delà pour favoriser son passage. M. de Vendôme marcha aussitôt et fit attaquer par Chemerault quelques retranchements que les ennemis tenoient, et où il n'y avoit encore que douze ou quinze cents hommes. Ils furent bientôt emportés, et il ne nous en coûta qu'une cinquantaine de soldats. Les ennemis en perdirent davantage; le reste fut pris. M. de Vendôme étoit alors campé à Gombito[4].

1. Jean de Courtade, lieutenant-colonel du régiment de Melun; brigadier en 1706, maréchal de camp en 1718, il mourut en 1721.
2. *Mémoires du chevalier de Quincy*, tome II, p. 140.
3. Près de l'Adda, à une lieue de Pizzighettone.
4. Village sur le Serio, vis-à-vis de Montodino.

Je ne prétends pas ôter la gloire de cet événement à qui elle appartient; mais je ne puis m'empêcher de dire qu'il a fallu au prince Eugène des empêchements bien essentiels, comme de vivres, etc., pour ne pas profiter des journées d'avance qu'il avoit sur M. de Vendôme, dans une conjoncture si intéressante. Jugeant qu'il ne pouvoit pénétrer dans le Crémonois, il fit rompre les ponts de Montodino, la nuit du 17 au 18 octobre, et, rebroussant chemin, il prit la route de Creme. M. de Vendôme le suivit le long du Serio, et, trouvant un corps d'infanterie qui avoit déjà passé cette rivière près de cette ville, il le contraignit de la repasser sous la protection d'un grand feu de canon et de mousqueterie qui partoit de l'autre côté, [qui ne nous tua ni ne nous blessa que peu de monde, la situation du terrain nous étant favorable[1];] le chevalier de Luxembourg, aujourd'hui prince de Tingry[2], et Colmenero[3], officier général espagnol, furent un peu blessés.

Le lendemain, le prince Eugène décampa, et, remontant le Serio, le passa à trois lieues au-dessus, [l'infanterie comme tout le reste de l'armée à travers des gués,] sans se donner le loisir d'y jeter des ponts, de crainte que le temps qu'on y auroit employé ne retardât le passage et qu'il ne fût chargé par les troupes de M. de Vendôme avant qu'ils fussent achevés.

Ce général, ayant appris qu'ils avoient passé le

1. Voyez le récit des *Mémoires de Quincy*, t. II, p. 142-143.
2. Christian-Louis de Montmorency, chevalier de Luxembourg, prit le titre de prince de Tingry en se mariant en 1711; il était brigadier d'infanterie.
3. François de Colmenero, général de l'artillerie espagnole en Milanais depuis 1700.

Serio, alla camper au-dessus de Soncino, [ayant sa droite à l'Oglio, sa gauche s'étendant vers Ticengo; et, ayant fait venir quelques pièces de gros canon,] il fit attaquer Soncino, qui ne tint que six heures; la garnison, composée de quatre cent cinquante hommes, fut faite prisonnière de guerre[1].

La fin du mois d'octobre étant arrivée, le prince Eugène retira sa grosse artillerie et ses blessés de Palazzolo, et les fit revenir à son armée au camp de Fontanella[2]; puis, marchant sur trois colonnes, il alla repasser l'Oglio et se campa depuis Urago[3] jusques à Chiari. M. de Vendôme auroit bien voulu le suivre; mais les pluies qui survinrent en grande abondance rompirent ses ponts et entraînèrent les bateaux, de sorte que, pour les rétablir, il fut obligé d'en faire revenir d'autres par terre de Pizzighitone. Il se passa quelques jours dans cette opération, pendant lesquels il ne put sortir, jusques au 8 novembre qu'il se mit en mouvement avec quarante bataillons, huit pièces de canon et dix-huit escadrons, laissant pour quelques jours le reste de sa cavalerie la plus fatiguée et de son infanterie à Soncino. Il vint camper à Ticengo pour étendre ses troupes depuis Pumenengo jusques à Palazzolo, d'où le prince Eugène avoit fait retirer la garnison; le quartier général fut à Cividate[4].

Enfin le prince Eugène, se voyant hors de toute entreprise, acheva de faire lever les postes qu'il pou-

1. C'est le 23 octobre que cette petite ville fut prise (*Mémoires de Quincy*, p. 144-145).
2. Bourg sur la route de Brescia par Chiari.
3. Ci-dessus, p. 175.
4. Cividate et Pumenengo sont sur la rive droite de l'Oglio.

voit encore avoir sur l'Oglio et aux environs de son camp d'Urago, qu'il quitta; puis, prenant son chemin par le Bressan, il vint camper du côté de Castiglione. M. de Vendôme fit venir derrière l'Oglio les troupes qui gardoient l'Adda, et, suivant les ennemis de près, il vint camper sur les hauteurs entre Lonato et Esenta[1], [le prince Eugène se trouvant alors dans la Fossa Seriola.] Dans cette disposition des deux armées, elles ne se trouvoient séparées que par un canal, ce qui donna occasion à quelque menue canonnade de part et d'autre; mais, la rigueur de la saison ne pouvant plus permettre de les tenir plus longtemps campées, on les cantonna. M. de Vendôme envoya le comte de Médavy[2] vers la Chiesa avec quatre mille hommes de pied et deux mille chevaux, et lui donna ordre de faire consommer tous les fourrages du Bressan, qu'il vouloit ôter aux ennemis, [et fit occuper Desenzano de nouveau.] Le mois de janvier étant arrivé, le prince Eugène renvoya sa grosse artillerie et ses gros bagages dans le Trentin. Les généraux Roccavione et Patté furent dans le Véronois avec un petit corps de cavalerie, et les ennemis entrèrent dans leurs quartiers d'hiver, qu'ils prirent depuis Gavardo, Montechiaro, Calcinato et autres lieux jusques à Gargnano[3], [dont mal leur en prit, comme on le verra au commencement de la campagne suivante. M. de Vendôme prit

---

1. Lonato est une petite ville sur la route de Brescia à Vérone, et Esenta est un village voisin.

2. Jacques-Léonor Rouxel de Grancey, comte de Médavy, dont il a déjà été question plusieurs fois, était lieutenant général depuis 1702; il mourut en 1723 sans avoir pu obtenir le bâton de maréchal de France.

3. Gargnano est un gros village sur le bord du lac de Garde.

ses quartiers, qui furent au nombre de trente-sept, depuis Desenzano jusques à Carpenedole, le centre d'iceux se trouvant à Castiglione, et le quartier général à Mantoue; celles de nos troupes qui occupoient ces quartiers montoient à soixante-sept bataillons et soixante-huit escadrons.]

Le prince Eugène, durant toute cette campagne, aussi bien que pendant toutes les autres, lui fut toujours inférieur. D'ailleurs, ses troupes ne lui venoient que les unes après les autres avec beaucoup de lenteur, ce qui donne à croire que, s'il les avoit eues toutes au commencement de la campagne, sachant s'en servir comme il faisoit, il nous auroit taillé bien d'autres besognes.

Campagne de Piémont, 1705. — Il faut dire à présent ce qui se passa dans les États du duc de Savoie pendant cette même campagne de 1705. M. de Vendôme [étoit encore occupé au siège de Verrue, à la vérité aux abois, lorsqu'il] détacha vingt bataillons et quelques escadrons sous le duc de la Feuillade, pour s'en aller en Provence attaquer Villefranche et la ville de Nice, [appartenant au duc de Savoie, où il n'avoit mis que de très foibles garnisons, en ce que ces places ne valoient rien foncièrement, qu'il ne les pouvoit soutenir par aucune armée, et que, par cette raison, quand même il auroit pu y mettre du monde suffisamment pour les faire durer du temps, ces troupes auroient été évidemment perdues, M. de Vendôme ayant mis à la mode de ne donner point d'autre capitulation aux places qu'il prenoit que celle d'avoir les garnisons à discrétion ou de les faire prisonnières de guerre. Pour ce qui est du château de Nice, qui est très bon par sa situation, ses anciennes fortifications et les nouvelles que ce prince y avoit fait ajouter, il n'en avoit pas usé de même, et y avoit mis tout ce qu'il jugea nécessaire pour une longue défense et donner le temps aux armées navales de ses alliés de le venir secourir quand la saison le permettroit. Comme on en faisoit à peu près le même jugement à notre cour, le duc de la Feuillade eut ordre de prendre la ville seulement, afin d'ôter aux ennemis la faculté d'y faire aborder leurs vaisseaux, en gros ou en détail, remettant l'attaque du château à une conjoncture plus favorable, ainsi qu'il ne manqua pas d'arriver. J'en parlerai en temps et lieu.]

Le duc de la Feuillade, étant arrivé devant Villefranche le 1er mars, où il n'y avoit que soixante-dix hommes pour toute garnison, fut averti qu'on voyoit arriver deux frégates angloises, qu'il jugea être chargées de quelques secours pour la place. Il fit sommer celui qui y commandoit de se rendre dans l'instant, et, comme il voulut différer jusques au soir d'entrer en capitulation, on jugea qu'il changeroit d'avis quand le secours seroit arrivé. C'est pourquoi le duc de la Feuillade fit attaquer brusquement la ville par l'enclos des Capucins, [dont on abattit les murs], et par un autre côté, et l'on se rendit maître de cette villotte l'épée à la main, ainsi que des deux frégates qui étoient entrées dans le port, sans avoir perdu un seul homme[1].

---

1. M. de la Feuillade s'empara de Villefranche le 7 mars (*Gazette*, p. 144; *Dangeau*, t. X, p. 277-278; *Sourches*, t. IX, p. 195-196).

Siège de la citadelle de Villefranche, de Saint-Ospice, Montalban et ville de Nice. — Le duc de la Feuillade fit ensuite ouvrir la tranchée devant la citadelle de Villefranche et devant les forts de Saint-Ospice et de Montalban, et à la ville de Nice en même temps, [en attendant l'artillerie, qu'on avoit chargée à Marseille sur quelques-unes de nos galères[1]. Comme elles tardoient d'arriver, les travaux allèrent lentement. Cependant on fit les batteries, et on y logea le canon, dès qu'il fut venu.] Les travaux se poussèrent en avant; les défenses furent abattues et les brèches faites. Alors la garnison de Nice se retira dans le château, et la ville fut prise. La citadelle de Villefranche et les forts se rendirent en même temps[2]. Les garnisons qui en sortirent ne montoient qu'à environ trois cents hommes, qui furent conduits à Saorgia, dans le col de Tende. Ces expéditions ne nous coûtèrent que deux cents hommes tués ou blessés.

[*Suite de la campagne de Piémont.* — Je viens à ce qui se passa en Piémont. M. de Vendôme, ayant reçu toutes les recrues qui lui devoient venir de France, et ses troupes s'étant remises des fatigues du siège de Verrue, par les bons quartiers qu'il leur donna, se disposa pour entrer en action les premiers jours de juin. Il avoit sous ses ordres en Italie, y compris les troupes

---

1. Elles étaient commandées par le marquis de Roye.
2. Le château de Villefranche se rendit le 2 avril, la ville de Nice le 10, et l'on conclut, le 19, avec le château une trêve de six mois; voyez les *Mémoires militaires*, t. V, p. 113-127, le *Mercure* de mars, p. 360-369 et 385-389, et d'avril, p. 399-418; la *Gazette d'Amsterdam* et la *Gazette de France* pour les deux mêmes mois.

qu'il avoit données au Grand Prieur, cent dix-neuf bataillons françois, onze d'Espagnols, cent trois escadrons françois et quinze d'Espagne, une nombreuse artillerie, quantité de vivres et de voitures pour iceux, des bateaux et des équipages de ponts à suffisance, et ses armées étoient lestes et opulentes].

[Nous avons déjà parlé des opérations de celle du Grand Prieur, et dit que M. de Vendôme, son frère, fut obligé pendant le cours de la campagne d'en aller prendre le commandement. Je vais rapporter à présent à quoi il occupa celle du Piémont pendant qu'il la commanda en personne, et ce qu'elle fit depuis qu'il l'eut quittée jusques à la fin de la campagne].

[On a vu ci-devant que M. de Savoie[1], ayant désespéré de sauver Verrue, avoit quitté son camp de Crescentin et étoit venu à Chivas, petite ville dont le peu d'anciennes fortifications avoit été abandonné depuis longtemps ; mais, Verrue étant prise, Chivas, quoique très mauvais foncièrement, étoit devenu le boulevard de Turin. Ce prince occupa donc ses troupes et une quantité de paysans, qu'il fit venir de la campagne, à réparer les anciennes fortifications et y en ajouter de nouvelles et plusieurs autres extérieures, en faisant faire des forts sur des montagnes voisines et fortifier des cassines de l'autre côté du Pô, pour chicaner le terrain et retarder les approches].

[*Siège de Chivas*. — Avant que le siège commençât et que M. de Vendôme se mît en campagne, un parti de quatre cents chevaux et deux cents hussards, sous un lieutenant-colonel des troupes ennemies, fit une course hardie à travers le pays que nous occupions,

---

1. Ci-dessus, p. 38-39.

dont je ne puis me dispenser de parler, parce que nous perdîmes un homme de grande considération. Ce partisan partit du camp de M. de Savoie, après avoir fait un grand tour et trouvé le moyen de passer différents canaux et rivières dans notre pays. Il parvint jusques au voisinage de Lodi sur l'Adda, où il y avoit quelques équipages de M. de Vendôme et d'officiers généraux en quartiers de rafraîchissement, et des chevaux de l'artillerie; il en enleva tout le meilleur et prit encore sur le canal de Milan trois barques chargées d'habits pour les troupes et de quelques équipages, et, jugeant bien qu'il ne manqueroit pas d'être poursuivi en revenant joindre son armée, il ne se chargea que du plus portatif de ce butin et laissa ou fit gaspiller le reste. Le marquis de Vaubecourt[1], lieutenant général, qui commandoit à Verceil, en sortit incontinent avec trois cents chevaux, ayant donné ordre à quelque autre cavalerie de les suivre, et joignit le partisan entre la Sera et le Tessin. Celui-ci fit d'abord bonne contenance; puis, faisant mine de se retirer en confusion, engagea Vaubecourt de le suivre à la chaude, et, l'ayant conduit jusques à une certaine distance d'un lieu où il savoit qu'il y auroit une embuscade de deux mille chevaux du duc qui avoit été concertée avec lui au jour, lieu et heure convenus, il conduisit insensiblement Vaubecourt dedans, où il fut tué, deux à trois cents cavaliers et plusieurs officiers pareillement tués ou pris en cette occasion; le reste se sauva à Verceil le mieux qu'il put[2]].

1. Ci-dessus, p. 33. Saint-Simon le qualifie d' « homme fort court, mais brave, fort appliqué et très honnête homme ».
2. Cette échauffourée eut lieu le 17 mai à Abbiate-Grasso :

[M. de Vendôme, s'étant mis en campagne, arriva devant Chivas le 16 juin avec une nombreuse artillerie et campa son armée la gauche au Pô et la droite se prolongeant vers quelques cassines. Il ne put faire investir la place de l'autre côté de cette rivière, parce que M. de Savoie y avoit posté toute son infanterie et qu'elle occupoit les forts et les cassines, dont j'ai dit un mot, et qui se soutenoient les unes les autres jusques à une bonne communication bien assurée depuis Chivas jusques au pont du Pô, qu'elles couvroient, et que de là il avoit fait faire des retranchements derrière lesquels son infanterie étoit campée, et qu'il avoit fait tirer une bonne ligne de son camp au Pô contre Turin, tellement que, dans la situation où il s'étoit mis, il se mettoit en état de rafraîchir Chivas comme il le jugeroit à propos et de se retirer sous Turin le long de sa ligne, qu'il faisoit garder par quelques troupes réglées et des milices].

[M. de Vendôme, ayant observé toutes ces choses, jugea que son entreprise étoit plus difficile qu'il n'avoit cru, et, comme il se roidissoit naturellement contre les obstacles, il ne songea plus qu'à surmonter tous ceux qui se présenteroient devant lui. Il fit faire d'abord un pont au-dessous de Chivas vis-à-vis de San-Sebastiano, qu'il fit occuper par deux brigades d'infanterie et presque tous ses grenadiers, qui assurèrent ce poste et le pont par de bons retranchements[1].

Gazette, p. 263 et 296; *Dangeau*, p. 331, 332 et 334; *Sourches*, p. 253 et 256-258; *Mémoires militaires*, t. V, p. 131-133. M. de Vaubecourt, pris sans blessure, fut massacré par les Allemands; on l'enterra dans une église de Verceil.

1. *Mémoires militaires*, t. V, p. 153-157; *Gazette*, p. 320-

Quelques jours après, il y fit encore passer deux autres brigades d'infanterie].

[Pendant tout ceci, il nous arriva une petite mésaventure, dont un peu trop de vivacité, d'envie de bien faire et de se signaler furent cause. M. le prince d'Elbeuf[1], fils unique du duc de ce nom, se trouvant hors du camp avec cinq cents chevaux, aperçut au delà d'un petit canal ou naviglio trois escadrons des ennemis à l'extrémité d'un défilé qui y aboutissoit. Il passa le canal à gué et enfila le défilé pour les aller charger, ne voyant pas qu'il y avoit plusieurs autres escadrons derrière ceux-ci. Toute cette cavalerie lui tomba dessus ; ce jeune prince fut tué, sa cavalerie bien battue, tous ses officiers tués, blessés ou pris, et notamment Marcillac, colonel[2], blessé de dix ou douze coups, et qui fut accusé d'avoir porté ce prince de tenter cette imprudente affaire[3]. Il y eut trois cents cavaliers de ce détachement tués ou pris, et le reste eut bien de la peine à s'échapper[4].]

Je reviens au siège. La tranchée ayant été ouverte la nuit du 23 au 24 juin, M. de Vendôme fit attaquer

384, correspondances d'Italie. Les militaires blâmèrent Vendôme de recommencer l'expérience de Verrue, en attaquant une ville qu'on ne pouvait investir et à laquelle l'ennemi pouvait fournir vivres, troupes et munitions tant qu'il voudrait.

1. Philippe de Lorraine, prince d'Elbeuf, né en 1685, était brigadier depuis le mois d'octobre 1704.

2. Henri-Madeleine de Crugy, comte de Marcillac, avait obtenu récemment un régiment de cavalerie ; il parvint en 1721 au grade de lieutenant général.

3. Il se disculpa de cette accusation (vol. Guerre 1875, n° 196).

4. L'affaire se passa le 23 juin, quoique les *Mémoires militaires*, t. V, p. 156-157, disent le 25.

deux maisons retranchées que les ennemis occupoient sur une hauteur, au-dessous de la montagne et du fort de Castagneto[1]. On se rendit maître de ces maisons et on en chassa les ennemis, malgré le feu qui partoit du fort. On s'y fortifia de façon qu'on y établit avec sûreté une batterie de canon, qui voyoit un peu de revers la communication de Chivas avec le pont du Pô.

M. de Vendôme fit élever des batteries contre le fort de Castagneto, qu'il témoignoit vouloir faire attaquer de vive force; mais, le canon n'y ayant pas fait le prompt effet qu'il s'en étoit promis, il jugea qu'il y auroit trop de témérité à l'entreprendre. Il fit attaquer une cassine bien retranchée, près du pont de Chivas, et protégée par une autre sous le fort de Castagneto, et dont l'accès étoit fort difficile, parce qu'il falloit déboucher un à un et se former à une petite portée de fusil des retranchements des ennemis.

Cependant l'attaque se fit par Sanzay, brigadier[2], à la tête de dix-sept compagnies de grenadiers, soutenues par quatre bataillons. Elle fut très vive et défendue, en présence du duc de Savoie et de M. de Stahrenberg, par un feu si terrible et si bien mesuré, pendant trois attaques consécutives qu'on y donna, qu'il fallut se retirer sans succès, et qu'on y perdit beaucoup de monde. Ce dessein n'ayant pas réussi, M. de Vendôme voulut prendre la place par tranchées et batteries de canon, se souvenant d'avoir été blâmé au siège de Verrue, [dont celui-ci étoit une espèce de

---

1. C'était à Castagneto qu'était établie l'armée du duc de Savoie, qui communiquait avec Chivas par un pont sur le Pô.
2. Lancelot Turpin de Crissé, comte de Sanzay, était brigadier d'infanterie depuis 1704.

copie,] de n'avoir pas fait attaquer la communication dès le commencement du siège. Il y avoit pourtant cette différence, que Verrue étoit une très bonne place, et que l'autre ne pouvoit être disputée que par l'appui d'un corps d'armée, qu'il n'étoit pas impossible d'en éloigner.

En même temps que tout ceci se passoit, on continuoit les approches devant Chivas; mais on ne put, à ce qu'on dit, les diriger qu'à un bastion, ni embrasser le polygone, ainsi qu'il est d'usage, à cause des inondations formées devant les autres parties de la fortification et des prairies marécageuses qui étoient devant. On fit pourtant jouer un fourneau à un angle du chemin couvert, dont le succès fut avantageux. Les ennemis se mirent aussitôt à faire une traverse derrière l'ouverture et firent une sortie pour en favoriser le travail. A cette occasion, il y eut un grand feu de part et d'autre, et beaucoup de monde tué ou mis hors de combat. On chassa les assiégés de la traverse, et on se logea sur le chemin couvert, où l'on fit des batteries.

Le siège étoit en cet état, quand M. de la Feuillade arriva de retour de son expédition de Provence et y amena quelques troupes d'augmentation. M. de Vendôme lui remit le soin de la continuation du siège et alla se mettre à la tête de l'armée de Lombardie, qui sembloit avoir grand besoin de sa présence[1].

Depuis le 5 juillet, jour de son départ, jusques au 26, on s'occupa à divers travaux pour accélérer la prise de la place; on fit quantité de batteries de canon

---

1. Ci-dessus, p. 177.

et de mortiers, dont le feu fut grand, et on se rendit maître d'une demi-lune. On battit en brèche, et on étoit dans l'espérance de réduire la place dans peu; mais ce qui y contribua le plus fut un mouvement de M. de la Feuillade qui prit vingt-six escadrons et onze bataillons et plusieurs compagnies de grenadiers, qu'il tira de nos places, et passa l'Orco avec cette petite armée, pour aller tomber sur la cavalerie de M. de Savoie, qui campoit entre cette rivière et la Sture, où elle consommoit les fourrages des environs et nous empêchoit de les prendre. Cette cavalerie se retira sur les premières nouvelles de cette marche, [et son arrière-garde fut tâtée par un détachement de trois cents chevaux, qui la suivit sans autre succès que de quelques traîneurs qui furent pris[1].]

Le duc de Savoie, étant informé de ce mouvement, et sachant qu'il nous devoit arriver incessamment de nouvelles troupes de France pour faire le siège de Turin, dont le bruit s'étoit répandu avec fondement, ne songea plus qu'à abandonner Chivas; il en retira ses troupes et toute l'artillerie, [avec tout ce qu'il avoit mis dans les forts, les cassines extérieures et ses retranchements, et se retira par sa communication, la nuit du 29 au 30 juillet, et vint camper sur le glacis de Turin[2]. Le duc de la Feuillade le suivit jusques au Pô avec un gros détachement, en intention de faire

---

1. Ce petit succès se produisit le 28 juillet; la lettre que la Feuillade écrivit à son beau-père le ministre Chamillart à cette occasion a été publiée dans les *Mémoires militaires*, t. V, p. 171-175.

2. *Dangeau*, p. 385; *Mémoires de Saint-Simon*, t. XIII, p. 115-116.

charger son arrière-garde. On tomba sur quelque parcelle d'icelle; il y eut des gens tués de part et d'autre et quelques équipages paresseux de pris. Je ne sais rien de plus.]

Le duc de la Feuillade, ayant pourvu à la garde de Chivas et fait raser les travaux du siège, leva son camp quelques jours après et vint camper à la Vénerie[1], proche Turin, avec une armée de quarante-quatre bataillons et cinquante-trois escadrons, pour y attendre les troupes de renfort qui lui devoient venir de France, [et quelques-unes des garnisons d'Ivrée, de Verceil et autres endroits de ce côté-là,] avec lesquelles il devoit faire le siège de Turin. En conséquence de ce projet, il décampa de la Vénerie, pour s'approcher plus près de Turin, et posta son armée hors de la portée du canon, la gauche à Lucento[2] et la droite s'étendant vers le grand chemin de Selto, la Sture derrière.

Ce général fit aussi jeter un pont sur la Doire, vis-à-vis de la Chartreuse, qui le couvroit et le mettoit hors d'insulte. Trois de nos bataillons allèrent occuper le château du Vieux-Parc et une cassine qui en étoit voisine. De son côté, M. de Savoie fit passer quelques pièces de canon à son camp de cavalerie, qui étoit près de là, afin d'incommoder les troupes qui gardoient ces postes. Il ne négligea rien pour rendre ses troupes complètes par de bonnes recrues de gens de son pays et pour mettre en bon état les fortifications extérieures de la ville et de la citadelle, [et y en ajouter de nouvelles. Il n'oublia pas non plus de faire faire

1. Maison de chasse du duc de Savoie, qui était devenue sa résidence préférée pendant l'été.
2. Sur la rive gauche de la Doire, très près de Turin.

de grands amas de fourrages, qui lui venoient du bord du Pô.]

M. de la Feuillade fit travailler à des lignes de circonvallation [de la Doire au Pô], pour assurer les convois qui lui venoient de Milan. Une partie de sa grosse artillerie et de ses munitions de guerre s'avança jusques à Bossolino; l'autre vint de Chivas en son camp, et il disposa tous les préparatifs qu'il jugea nécessaires pour l'ouverture de la tranchée, qu'on avoit fixée au 15 d'octobre. Mais, plusieurs choses s'opposant à son dessein, quoiqu'il eût fait tout ce qui étoit en lui pour le mettre en exécution, il envoya à la cour le marquis de Dreux, gendre du ministre[1], pour y représenter que l'armée qu'il commandoit étoit très fatiguée des sièges de Verrue et de Chivas, faits presque tout de suite, et surtout du premier, [qui avoit duré pendant tout l'hiver jusques avant dans le mois d'avril, qu'elle se trouvoit aussi très affoiblie par les pertes d'hommes et par les maladies qui y étoient actuellement,] et qu'ainsi il étoit à craindre qu'elle ne se perdît entièrement si on lui faisoit encore supporter les fatigues de celui-ci, qui seroit sans doute long et pénible, et dont le bon événement seroit fort douteux, surtout pendant un hiver qui pouvoit être très rude; mais que, si ses représentations n'étoient pas goûtées, il demandoit au moins une augmentation considérable de troupes, les ennemis étant actuellement plus forts en cavalerie que lui et ayant la moitié plus d'infanterie. Dreux réussit, et le siège fut remis à l'ouverture de la campagne suivante. Quand il fut de retour à l'ar-

---

1. Et par conséquent beau-frère de M. de la Feuillade.

mée, M. de la Feuillade renvoya à Suse et à Chivas la grosse artillerie et les munitions de guerre [qu'il avoit fait avancer à Bossolino ou venir à son camp,] et s'avança vers Rivoli avec quelque cavalerie ; les bataillons qui alloient hiverner en Savoie servirent d'escorte à la grosse artillerie qu'on y renvoyoit, et, [après que son camp fut vidé de celle qui devoit retourner à Chivas,] tout le reste des troupes alla prendre des quartiers dans les places de Piémont qui leur avoient été destinées ; mais il fallut bientôt que quelques-unes se remissent en campagne, à l'occasion que je vais dire.

On avoit abandonné Asti, je ne sais par quel contretemps ou par quelle inconsidération, sans en avoir détruit les fortifications, qui, à la vérité, n'étoient pas bien bonnes. A peine notre armée étoit-elle entrée dans ses quartiers que M. de Stahrenberg partit de Turin avec de la cavalerie et de l'infanterie pour en aller prendre possession, et, comme il se douta qu'on ne l'y laisseroit pas tranquille, il se fit suivre par toute la cavalerie, tant impériale que celle de M. de Savoie[1].

Tentative de M. de la Feuillade pour recouvrer Asti ; elle ne lui réussit pas, et il se retire à Casal avec quelque peu de désordre. — M. de la Feuillade, ayant été averti que les ennemis étoient dans Asti, fit faire quelques préparatifs d'artillerie à Casal, pour les en aller chasser, et se mit en marche avec ce qu'il put ramasser de cavalerie et d'infanterie. Quand l'artillerie fut à la vue d'Asti, une partie de la cavalerie enne-

1. Saint-Simon (*Mémoires*, t. XIII, p. 167-168) a raconté par suite de quelle méprise de M. de la Feuillade Asti fut évacué par sa garnison et le champ laissé libre ainsi à Stahrenberg.

mie fit une sortie sur elle et tomba si inopinément sur deux bataillons qui l'escortoient, [et qui ne laissèrent pas de faire ferme,] qu'il y eut là une assez vive escarmouche et bien du monde de tué de part et d'autre. M. de la Feuillade fit charger par la sienne cette cavalerie, [qui avoit poussé au canon,] et la fit repousser jusques aux ouvrages à la tête du faubourg, où les ennemis avoient mis de l'infanterie.

Toute la cavalerie impériale parut alors avec M. de Stahrenberg. La nôtre fut poussée vivement à son tour. M. de la Feuillade, jugeant par ce désordre qu'il pourroit arriver pis, renonça à l'entreprise et se retira à Casal avec assez de confusion. Asti resta aux ennemis pour quelque temps.

Réduction de Montmélian. — Montmélian, forte place dans la Savoie et qui étoit bloquée depuis longtemps[1], fut obligé de se rendre, faute de vivres[2]. On y trouva beaucoup de canons, de poudre et de munitions de guerre.

Le duc de Berwick assiège la citadelle et le château de Nice. — Le duc de Berwick, ayant mis fin aux troubles de Languedoc[3], vint assiéger la citadelle et le château de Nice le 31 octobre.

Cette forteresse, qu'on dit avoir été la meilleure de l'Europe, consistoit en trois enveloppes de fortifications élevées les unes sur les autres en amphithéâtre : la première s'appeloit la citadelle, l'autre le château

---

1. Depuis le mois de janvier 1704.
2. Elle se rendit le 11 décembre 1705, et on en fit sauter les fortifications (*Dangeau*, t. X, p. 485-491 et 495; *Sourches*, t. IX, p. 432, 436, 437 et 442-443).
3. Tome III, p. 236-237.

et la dernière le donjon. Chacune de ces pièces avoit un bon fossé et un bon chemin couvert et quelques pièces extérieures pratiquées à l'avenant du terrain. Toute cette masse de fortifications, très bien revêtue et en fort bon état, étoit située sur un rocher si bien escarpé par la nature et par l'art, dans les trois quarts de sa circonférence, qu'il étoit impossible d'y monter, si ce n'est du côté de la ville, que ce rocher s'applanissoit en rampe si roide, qu'on n'y pouvoit porter du canon qu'à force de bras, secondée de beaucoup d'industrie. C'étoit le seul endroit par où cette forteresse se pouvoit attaquer. Ainsi, ceux de dedans n'avoient qu'une tête à défendre, farcie de pièces de fortifications les unes sur les autres et de quantité de mines. Le marquis de Carail[1] commandoit dans cette place, où il avoit une garnison de quatorze à quinze cents hommes, une quantité de canonniers, des mineurs, des vivres, des munitions et plus de cent pièces de canon. Enfin, depuis que cette place avoit été prise par le maréchal de Catinat, le duc de Savoie avoit dépensé des sommes prodigieuses pour la bien rétablir et y ajouter quantité de pièces de fortifications et de souterrains qui l'avoient rendue beaucoup meilleure.

La[2] tranchée fut ouverte la nuit du 17 au 18 novembre; cent pièces de canon et vingt mortiers qu'on mit en batterie ne purent tirer que le 8 décembre et

1. Charles-Maurice-Amédée Isnardi del Castello, marquis de Caraglia, était capitaine des gardes du corps du duc de Savoie, grand veneur, gouverneur de Nice, et avoit eu le collier de l'Annonciade en 1682.

2. Sur le siège du château de Nice, on peut voir la *Gazette* et la *Gazette d'Amsterdam* pour les mois de novembre, décembre

firent un feu si prodigieux que cette masse de fortification fut presque toute réduite en poudre. On trouva qu'on avoit tiré depuis ce jour jusqu'au 28 soixante mille coups de canon et huit mille bombes, [dont plusieurs de cinq cents pesant.]

Le 1er janvier étant arrivé, le marquis de Carail, craignant d'être emporté d'assaut dans la citadelle, par les grandes brèches que le canon y avoit faites, se retira dans le château avec sa garnison. Il n'avoit laissé dans l'enceinte de la citadelle qu'un détachement, qui eut aussi ordre de sortir quand il se verroit sur le point d'être attaqué. C'est ce qui ne manqua pas d'arriver incontinent; car le duc de Berwick, s'étant aperçu de cet abandon, fit avancer des troupes aux brèches. Le détachement des ennemis tirailla quelques coups et se retira, ainsi qu'il en avoit eu l'ordre. On établit de bons logements dans cette citadelle, et tout cela ne nous coûta qu'une trentaine d'hommes tués ou blessés.

Le lendemain, on se mit à battre furieusement le château pour le raser et agrandir les brèches; ce qui continua le 3 et le 4 jusque sur les trois heures après midi, que la garnison se mutina, sur ce que le marquis de Carail la voulut faire entrer dans le donjon pour le défendre, et menaça de déserter. Je crois que Carail auroit mieux fait, pour son honneur, de s'y retirer seul, si personne ne l'y vouloit suivre, que de se laisser intimider. Quoi qu'il en soit, car je n'en puis

et janvier, les correspondances du Dépôt de la guerre, vol. 1876 et 1877, les *Mémoires de Berwick*, t. I, p. 291-303, les *Mémoires militaires*, t. V, p. 218-238, le *Journal de Dangeau*, les *Mémoires de Sourches*, etc.

juger que sur la relation d'autrui, il fit battre la chamade et se rendit après cinquante-cinq jours de tranchée, à condition qu'il sortiroit avec sa garnison, qui n'étoit plus que de sept cent vingt hommes. On lui accorda tous les honneurs de la guerre, [et il fut conduit à Saorgio, ainsi qu'il l'avoit demandé.]

Nous ne perdîmes à ce siège d'autres personnes de marque que Filley[1], chef des ingénieurs, et Charmont[2], un de ses substituts; nous eûmes sept ou huit cents hommes de tués ou de blessés.

Par cette courte relation, on pourra juger que cette place fut réduite par la seule artillerie; car je ne vois point qu'il s'y soit donné aucun coup de main, qu'à une seule sortie de cent hommes que les assiégés firent sur nous à un retranchement qu'on faisoit.

A tout prendre, il paroîtra que cette place n'a pas été trop bien défendue et que, si elle a tenu cinquante-cinq jours de tranchée, elle en a la première obligation à l'âpreté du terrain de roc sur lequel elle étoit située, ce qui retardoit fort nos travaux, et à la difficulté, [insurmontable à tous autres qu'à des marins, qui eurent la direction de l'artillerie du siège,] de la faire grimper, comme ils firent avec leurs palans, cabestans, poulies de retour et autres machines dont ils se servent aux fardeaux pesants sur leurs vaisseaux, et qu'il n'y a qu'eux qui, sans contredit, puissent

---

1. Pierre de Filley, entré jeune dans le corps des ingénieurs, avait eu le grade de maréchal de camp en 1703, après la prise de Landau, à laquelle il avait beaucoup coopéré; il fut tué le 8 décembre 1705.

2. Ce Charmont, qui appartenait sans doute à la famille Hennequin, comme le conseiller au Grand Conseil du même nom, fut tué en même temps que son chef Filley.

s'en bien acquitter[1]. M. de Berwick se conduisit avec toute la patience, la sagesse, la valeur et la vigilance qui lui sont ordinaires et qu'on lui verra toujours.

Grimaldi occupe Oneille. — Cette expédition finie, on donna six bataillons à Grimaldi, maréchal de camp, pour aller occuper Oneille et quelques autres postes, avec l'assistance de l'escadre des vaisseaux du Roi qui étoit aux ordres du commandeur de Bellefontaine[2] et qui avoit servi au siège de Nice. Le reste des troupes alla prendre les quartiers qui leur avoient été assignés.

Rasement de Nice, Montmélian, Verceil, Verrue et Ivrée. — Le château de Nice et Montmélian furent rasés et démolis, de manière qu'il n'y resta pas pierre sur pierre. On fit le même traitement à Verceil, à Verrue, où on ne laissa que le donjon, et à Ivrée, où il ne resta sur pied que la citadelle.

Campagne d'Espagne, 1705. Prise de Salvaterra par les Alliés. — Les troupes d'Espagne étoient encore occupées au siège de Gibraltar[3], quand le marquis das Minas se présenta devant Salvaterra avec une petite armée de huit mille Portugais. Il n'y avoit que quatre cents fantassins pour toute garnison dans cette

1. On trouvera dans le registre B⁴ 29 des archives de la Marine, fol. 163-167, une relation de la part que la marine prit à ce siège.
2. Jacques-Auguste Maynard de Bellefontaine, entré de bonne heure dans l'ordre de Malte, avait été fait capitaine de vaisseau en 1690 et chef d'escadre en 1702; il devint lieutenant général en 1712 et mourut en janvier 1720, possédant depuis 1709 l'importante commanderie de Haute-Avesne.
3. Tome III, p. 279.

ville et trois cents chevaux. Le commandant étoit un Espagnol, qu'on a prétendu avoir été gagné par les intrigues des Portugais et de l'Amirante de Castille, et avoir proposé d'abord à sa garnison de se rendre et de prendre parti dans les troupes ennemies, et que, n'ayant pu y réussir, il livra sa garnison aux Portugais, qui la firent prisonnière de guerre et l'envoyèrent à Lisbonne.

Prise de Valencia par les Alliés. — Mylord Galloway, avec une autre armée de douze mille Anglois et Hollandois, vint assiéger Valencia[1], sur la rivière de San-Salvador, que les Espagnols, suivant leur coutume, avoient négligé de mettre en état de défense et de pourvoir d'une garnison suffisante; car il n'y avoit que trois cent cinquante Castillans, à la vérité très braves et très fidèles, aussi bien que le gouverneur. Ils se défendirent six jours, avec toute la valeur possible, et soutinrent quatre assauts; mais au cinquième ils furent forcés, leur nombre étant réduit à deux cents hommes, qui se retranchèrent de rue en rue. Le gouverneur, ayant été blessé de trois coups de fusil, et voyant que le reste de sa garnison ne pouvoit plus résister, fit battre la chamade et se rendit prisonnier de guerre. Ce gouverneur étoit un trop brave homme, qui s'acquitta trop bien de son devoir, pour passer son nom sous silence : il s'appeloit Don Alonzo de Mariaga.

Les Anglois et Hollandois, ayant pris la ville, y commirent des abominations et des sacrilèges horribles; ce qui nuisit beaucoup, dans la suite, à leur parti.

1. Valencia-de-Alcantara (tome III, p. 256), très près de la frontière portugaise.

Prise d'Alburquerque par les Alliés. — Après cette expédition, le Mylord Galloway alla à Alburquerque[1], dans l'Estrémadure. Cette petite ville fut battue pendant trois jours à coups de canon et sommée de se rendre, dès que les brèches furent jugées suffisantes pour donner l'assaut. Le gouverneur, qui ne ressembloit en rien à celui de Valencia, fit ses propositions et fut menacé d'être passé au fil de l'épée, lui et sa garnison, s'il ne rendoit le château en même temps ; il se laissa intimider si facilement qu'il obéit à tout, [au lieu d'abandonner à temps la ville, s'il n'y pouvoit plus tenir, et de se retirer dans le château avec sa garnison pour le défendre, ce qu'il devoit faire s'il avoit été un galant homme.]

Campagne sur les frontières d'Espagne et de Portugal. — Le maréchal de Tessé, qui commandoit l'armée du roi d'Espagne, craignant que les ennemis ne vinssent assiéger Badajoz, marcha vers eux d'abord, avec vingt-deux escadrons françois, et fut joint quelques jours après par dix-huit autres espagnols et quelques bataillons. Les deux armées se trouvèrent en vue l'une de l'autre le 4 juin. Le lendemain, le maréchal vint sur Elvas, derrière Badajoz, et campa à une lieue au-dessus de cette ville. Les ennemis se campèrent, leur droite à Casa et leur gauche à Campo-Mayor[2]. Ils demeurèrent huit ou neuf jours dans cette situation, pour donner chaleur à quelques intelligences que l'Amirante de Castille prétendoit avoir dans cette ville ; mais,

---

1. Tome III, p. 253.
2. Campo-Mayor est une petite ville portugaise au nord de la Guadiana ; Casa est un des nombreux villages qui portent ce nom dans la région.

n'ayant pas eu le succès qu'ils en avoient attendu, cette armée décampa, repassa la Guadiana[1] et alla prendre des quartiers de rafraîchissements. Le maréchal de Tessé sépara aussi son armée, l'envoya dans ses quartiers et mit presque toute son infanterie dans Badajoz.

On prétendit avoir découvert à Madrid, à peu près dans ce temps-là, une conspiration horrible contre le roi d'Espagne[2], dont on soupçonna, je crois à faux, le marquis de Leganès; car il ne paroît pas même probable qu'un des plus grands seigneurs d'Espagne ait pu entrer dans des sentiments si bas et si affreux. Sur ce soupçon, il fut arrêté et conduit en France[3]. On le mit d'abord au château de Vincennes, puis à Paris, où on le laissa en pleine liberté sur sa parole; il y mourut de maladie, quelques années après, dans un âge avancé[4].

1. Saint-Hilaire ne se rend pas compte de la disposition des lieux : les deux armées se trouvant sur la rive portugaise de la Guadiana, ce n'est pas l'armée alliée qui repassa cette rivière, mais l'armée franco-espagnole.

2. La conspiration devait éclater le jour de la Fête-Dieu à Madrid et dans les autres villes; on devait massacrer les Français et s'emparer du roi et de la reine (voyez les correspondances du volume *Espagne* 147 au Dépôt des Affaires étrangères, fol. 129 et suivants).

3. M. de Leganès, « fort attaché à la maison d'Autriche et lié avec ceux qui passoient pour en être les partisans », était soupçonné depuis longtemps par le gouvernement de Philippe V, et on le surveillait de très près. Il fut arrêté le 10 juin au Buen-Retiro, où était la cour, et envoyé à Pampelune d'abord, puis à Bordeaux sous bonne escorte.

4. De Bordeaux, il fut transféré au château de Vincennes; mais, ayant prêté serment à Philippe V entre les mains du duc d'Albe, ambassadeur d'Espagne à Paris, on le relâcha, mais sans cependant lui permettre de quitter la France; il mourut à Paris en février 1711.

On découvrit aussi une autre conspiration à Grenade, tramée, à ce qu'on disoit, par l'Amirante de Castille, ou tout au moins on l'en soupçonna; car je ne vois pas qu'elle ait eu d'autres suites que de prendre des précautions pour se tenir bien sur ses gardes. On verra pourtant bientôt qu'on négligea d'y pourvoir dans une partie bien essentielle de cette monarchie; mais, avant d'en venir là, il est nécessaire que je reprenne les choses de plus loin.

[Il parut un peu trop tard que les vues principales des Alliés pendant cette campagne n'étoient pas de faire leurs principaux efforts contre l'Espagne par leurs armées qui devoient agir sur la frontière du côté du Portugal, et que leur dessein avoit plus d'étendue, puisqu'ils frappèrent leurs grands coups du côté de la Catalogne, et que le fruit principal qu'ils prétendoient tirer de leur armée qui devoit agir en cette partie étoit d'attirer tout le plus qu'ils pourroient des troupes d'Espagne sur cette frontière, afin d'en dénuer la Catalogne, l'Aragon et Valence, ainsi qu'il arriva effectivement. Je vais donner plus d'intelligence de tout ceci.]

L'Angleterre et la Hollande avoient fait de prodigieux armements de mer, sur lesquels ils embarquèrent des troupes et tous les attirails dont on a coutume de se munir pour les plus grandes entreprises. Sur les avis que le Roi en eut, et sur ceux qui vinrent d'Espagne, que le dessein principal des Alliés étoit sur Cadix, [où les galions chargés d'or et d'argent qui viennent des Indes ont coutume d'arriver, ce qui leur fut un objet illusoire que la cupidité de l'argent a coutume de produire,] le Roi eut peine à se le persuader, et ne voulut pourtant rien négliger pour secourir son petit-fils. Jugeant aussi que ce grand armement pouvoit bien regarder les côtes de Provence, il voulut songer à l'un et à l'autre et envoya ordre à Toulon qu'on y armât promptement quarante-quatre vaisseaux de guerre qui étoient dans le port, et dix-huit autres à Brest, qui devoient se joindre à ceux de Toulon, [ce qui n'auroit pas encore composé une armée égale à celle des ennemis, mais pas si disproportionnée qu'on n'eût pu hasarder un combat contre eux, s'il étoit devenu nécessaire, l'inégalité en nombre des vaisseaux se réparant par leur volume et la quantité de canons et d'équipages; car notre marine étoit très bonne en ce temps-là.]

Le Roi fit donc avancer, du côté de Provence, des troupes réglées qui se joignirent aux milices voisines, et le comte de Toulouse, grand amiral, partit avec le maréchal d'Estrées pour donner les ordres nécessaires contre les descentes. Le marquis de Coëtlogon, vice-amiral[1], alla à Brest presser l'armement des dix-huit vaisseaux qui y étoient et qu'il devoit commander; mais l'argent pour l'armement arriva fort lentement, et par conséquent il ne se put faire avec assez de diligence. Les Alliés mirent en mer beaucoup plus tôt que nous et bloquèrent nos dix-huit vaisseaux dans le port de Brest, de manière qu'ils n'en purent sortir. Ils n'assiégèrent point Cadix, où les Espagnols avoient jeté tout ce qu'ils avoient pu de troupes; ils vinrent sur les côtes de Catalogne, où ils ne trouvèrent dans les places que de très foibles garnisons et beaucoup

1. Tome III, p. 163.

de traîtres, aussi bien que dans tout le plat pays, où il n'y avoit aucunes troupes pour les contenir. Nos vaisseaux de Toulon ne purent seuls se mettre en mer contre une aussi grosse armée. Le comte de Toulouse, voyant les ennemis attachés à la Catalogne, revint à la cour; nous en fûmes pour notre peur et pour notre argent dépensé pour un armement qui fut absolument inutile, et les Espagnols perdirent la Catalogne, à quoi ils ne s'attendoient pas.

Les flottes angloise et hollandoise arrivèrent au Tage, près de Lisbonne, les 13 et 21 juin, et montoient à soixante-douze vaisseaux de guerre, non compris plusieurs frégates, quelques vaisseaux portugais, des brûlots et bâtiments de débarquement.

L'Archiduc s'embarqua sur cette nombreuse flotte avec dix-sept bataillons, deux régiments de dragons, des armes pour dix mille hommes et toutes les autres choses nécessaires à son expédition, ayant sous lui pour principaux officiers le prince de Darmstadt et le Mylord Peterborough[1]. Il mit à la voile le 18 juillet et vint mouiller devant Gibraltar, d'où il tira encore deux bataillons; de là, il poursuivit sa route, détacha quinze vaisseaux qui s'approchèrent d'Alicante, et envoya une chaloupe avec des gens qui portèrent à terre des déclarations de ce prince, adressées aux peuples d'Espagne, qu'il exhortoit de le reconnoître pour leur roi sous toutes les plus magnifiques promesses; mais personne ne voulut les recevoir. De là, il passa le long

1. Charles Mordaunt, comte de Peterborough (1658-1735), avait longtemps commandé les forces navales anglaises en Amérique; il devint par la suite amiral en chef des flottes britanniques.

des côtes de Valence, où il voulut faire semer les mêmes déclarations, qui eurent un pareil succès. Enfin, ayant envoyé faire aiguade du côté d'Altea[1], quelques-uns de ses gens qui se disoient déserteurs s'avancèrent dans le pays et y semèrent une quantité de ces déclarations.

Enfin, toute la flotte s'arrêta sur la côte de Catalogne; les troupes débarquèrent le 19 août, entre Palamos et Barcelone, avec le prince de Darmstadt, au nombre de onze mille hommes et douze escadrons de dragons, qui furent joints incontinent par mille ou douze cents paysans de la plaine de Vich.

Le débarquement ainsi fait, les ennemis tirèrent quantité de coups de canon et de mousqueterie, pour en donner avis dans le pays, où l'Archiduc fit répandre de nouvelles déclarations. Le général anglois[2] les fit accompagner d'une autre de la part de la reine d'Angleterre, par laquelle il disoit être revenu avec ses troupes pour prendre les Espagnols sous sa protection et les délivrer du joug et du gouvernement étranger. Cette déclaration fut accompagnée de menaces contre ceux qui ne se soumettroient pas à l'Archiduc.

Elles ne tardèrent pas à produire leur effet; car quantité de Catalans vinrent joindre ce prince qui leur fit donner des armes. Le pays promit des voitures, des pionniers et autres menus secours, avec lesquels on se prépara à faire le siège de Barcelone et à le commencer par celui de Mont-Juich, qui lui sert en quelque façon de citadelle par sa proximité. Le prince

1. Petit port de la province d'Alicante, au nord de cette dernière ville.
2. Lord Peterborough.

de Darmstadt avoit des intelligences avec le major qui y commandoit, qui lui avoit promis de lui remettre la place. Le vice-roi, qui étoit dans Barcelone[1], eut avis de cette trahison, fit pendre secrètement le major et changea la garnison. Le prince de Darmstadt, qui n'en avoit rien su, se présenta le 14 septembre devant les retranchements qui étoient au bas du fort et qui lui servoient de communication avec la ville; il avoit avec lui mille grenadiers ou soldats choisis et fit faire le signal dont on étoit convenu. Il fut bien étonné de voir qu'on n'y répondoit que par de grands coups de mousquet et de canon; mais, comme il étoit bien informé que la garnison étoit très foible, aussi bien que celle de la ville, il n'en voulut pas avoir le démenti et fit donner l'attaque avec beaucoup de vigueur. Il n'auroit pas réussi, à en juger selon les apparences, si le hasard ne s'en fût mêlé, [et s'il n'avoit pas eu la précaution de faire mener avec lui quelques petits mortiers à bombettes,] dont une roula fortuitement dans un magasin à poudre, dont la porte se trouva ouverte, et le fit sauter. Le commandant en fut tué et une cinquantaine d'hommes; ce qui intimida si fort le reste de la garnison, parmi laquelle il pouvoit bien y avoir encore quelques traîtres, qu'ils battirent la chamade et se rendirent prisonniers de guerre, au nombre de deux ou trois cents hommes[2]. Les ennemis en perdirent beaucoup en cette attaque et, entre autres, le prince de Darmstadt y fut tué. Ce fut une

1. C'était M. de Velasco.
2. C'est le 14 septembre qu'eut lieu l'attaque et la prise de la forteresse de Mont-Juich (*Gazette*, p. 504 et 516-517; *Mercure* d'octobre, p. 165-172; *Mémoires de Saint-Simon*, t. XIII, p. 162-163).

grande perte pour les ennemis; car il avoit beaucoup de courage et d'esprit.

Ouverture de la tranchée devant Barcelone. — Dès que Mont-Juich fut pris, on se prépara pour l'ouverture de la tranchée, qui se fit la nuit du 19 au 20 septembre, du côté des moulins qui sont au delà du couvent de Saint-François. On travailla à des batteries pour cinquante pièces de canon et vingt mortiers; huit vaisseaux de guerre et des galiotes à bombes s'avancèrent près de la ville, qui fut battue et bombardée vigoureusement jusques au 4 octobre, que le Mylord Peterborough, trouvant ses tranchées assez avancées et les brèches suffisamment ouvertes, fit sommer le vice-roi de rendre la place. Celui-ci fit quelques difficultés; le feu recommença et dura le jour suivant jusqu'au soir, qu'on battit la chamade, [ne se trouvant pas en état de soutenir un assaut et de se garer en même temps du dedans, dont il avoit de justes raisons de se défier, surtout avec une aussi foible garnison, dont la fidélité et l'affection étoient chancelantes.]

Barcelone capitule et se rend aux Alliés. — On entra en pourparlers, et, sur des difficultés qui survinrent aux articles de la capitulation, la négociation dura jusqu'au 9, qu'elle fut conclue et signée. La garnison, qui n'étoit que de quinze cents hommes, sortit de Barcelone quatre jours après, avec tous les honneurs de la guerre et seize pièces de canon de tout calibre, et fut conduite à Malaga[1].

1. Il y a des relations du siège et le texte de la capitulation dans la *Gazette d'Amsterdam*, n⁰ˢ xciii-cii; voyez aussi la *Gazette*, p. 566-567 et 577-578; le *Journal de Dangeau*, t. X,

Soulèvement de toute la Catalogne en faveur des Alliés. — Pendant ce temps-là, quelques vaisseaux des ennemis furent envoyés vers Tarragone et s'en rendirent les maîtres avec l'assistance des milices des environs. Girone fut aussi réduite à l'obéissance de l'Archiduc, par une espèce de stratagème et le secours des milices circonvoisines. Lérida, Tortose, Urgel, Roses, Saint-Féliù, toutes les villes, les ecclésiastiques et les séculiers de la principauté, se déclarèrent pour l'Archiduc, [tant la révolte et l'inconstance de ce peuple naturellement léger fut grande.]

Le royaume de Valence se souleva pareillement, et l'Aragon étoit prêt à en faire autant; mais les suites n'en furent pas si dangereuses, parce que la saison se trouva avancée et qu'il restoit peu de troupes à l'Archiduc pour donner chaleur à la révolte; car il fallut qu'il en répandit la meilleure partie dans Barcelone et les autres places de sa conquête pour les assurer, et d'ailleurs la vigilance des vice-rois et le zèle de la noblesse et des ecclésiastiques arrêtèrent ses progrès, [à quoi les cruautés et les sacrilèges des troupes des Alliés commis à l'entrée de l'Espagne du côté du Portugal eurent grande part, aussi bien que quelques troupes réglées que le roi d'Espagne tira de Cadix, pour lequel il ne craignoit plus rien, et qu'il envoya sur les frontières d'Aragon et de Valence. Elles y défirent même et chassèrent le comte de Cifuentès[1], grand d'Espagne, qui s'étoit mis en faveur de l'Archiduc à

---

p. 449-468 *passim*, et les *Mémoires de Sourches*, t. IX, p. 383-414 *passim*.

1. Ferdinand de Silva y Menczès, comte de Cifuentès, avait été vice-roi de Valence, puis membre du conseil des Indes; il s'était rallié à l'Archiduc en 1704.

la tête d'une troupe de révoltés. On verra la suite et les progrès de cette révolte et de cette invasion dans mon récit de 1706[1]. Je reviens à présent à ce qui se passa en Estrémadure pendant la campagne d'automne 1705.]

Campagne d'automne en Estrémadure. — Dès que le temps en fut arrivé, le maréchal de Tessé, qui avoit été obligé, faute de vivres, de faire prendre à ses troupes des quartiers de rafraîchissement éloignés de Badajoz et d'en envoyer une partie pour couvrir la Castille, dans l'incertitude où il étoit du parti que les ennemis prendroient et à quoi ils se détermineroient, étant bien plus forts que lui, ne laissa pas de se mettre en campagne avec ce qu'il put ramasser de cavalerie. Il s'avança du côté de Badajoz, où il se douta qu'ils reviendroient, et les attendit patiemment jusques au 1er octobre, qu'ils se rassemblèrent et marchèrent du côté de cette ville, pour en faire le siège, avec une armée de trente-neuf bataillons, de cinquante escadrons, la grosse artillerie et les munitions nécessaires; mais, comme cette ville est grande et la circonvallation difficile à cause de la Guadiana et quelques autres petites rivières, il se trouva qu'ils n'avoient pas assez de troupes pour la circonvaller totalement et empêcher qu'elle ne fût secourue par quelque endroit. Cependant, ils ne laissèrent pas d'y faire ouvrir la tranchée [et de la battre avec beaucoup de canons et de mortiers, et de tâcher de réduire cette ville, soit de vive force ou au moyen des intelligences qu'ils pouvoient y avoir, avant que le maréchal pût avoir rassemblé ses troupes éloignées à suffisance pour leur faire lever le siège.]

1. Ci-après, p. 227.

Les Alliés assiègent Badajoz. — Le maréchal fit d'abord entrer dans la ville le comte de la Puella, pour y commander, et trois ou quatre ingénieurs françois. Il rassembla ses troupes, qui ne purent monter qu'à dix-sept bataillons et cinquante escadrons, et s'approcha si près des ennemis que les deux armées se canonnèrent la rivière entre deux. Ils désespèrent alors de prendre la ville et se déterminèrent à en lever le siège[1]. Ils retirèrent leur grosse artillerie et la renvoyèrent à Olivença, laissant toutefois dans leur parc d'artillerie une quantité d'affûts, de boulets et autres munitions de guerre, qu'ils ne purent enlever, apparemment faute de voitures, [et même quelques pièces de canon, qu'ils jetèrent dans la Guadiana. S'il faut en croire les relateurs ou ceux qui en ont fait courir le bruit, la blessure de Mylord Galloway, qui commandoit à ce siège et eut un bras emporté d'un coup de canon[2], contribua peut-être un peu à l'abandon de ce siège et à la précipitation avec laquelle il fut levé.] Les ennemis vinrent camper à Saint-Gabriel le soir du jour qu'il se retirèrent de devant Badajoz. Le maréchal fit passer la Guadiana à quelque cavalerie pour les suivre et tâcher d'écorner quelque parcelle de leur arrière-garde : ce qui ne se put faire ; car leur armée marcha toujours en bataille jusqu'à leur camp, à travers une campagne fort découverte.

Incontinent après la retraite des ennemis, le maréchal de Tessé envoya le marquis de Joffreville[3] avec

---

1. Voyez les *Mémoires de Tessé*, t. II, p. 193-196 et 200-205, et le *Mercure* d'octobre, p. 406-411.

2. C'est le 14 octobre qu'il reçut cette blessure ; Tessé l'autorisa à se faire transporter à Elvas et lui fournit des médecins.

3. Tome III, p. 254.

huit escadrons vers la Castille pour aider à la garantir de leurs incursions ; il envoya aussi des troupes d'augmentation dans les villes et les postes de cette frontière ; puis il s'en alla à Madrid avec dix-neuf escadrons françois qui servoient dans cette armée. Ainsi finit la campagne d'Estrémadure en 1705.

[Voyons à présent ce qui se passa de plus considérable sur mer pendant ledit temps dont je n'ai pas encore parlé.]

[*Expéditions maritimes*. — Ayant été obligé, par la connexité que notre armement de mer eut avec l'expédition des Alliés du côté de Catalogne, de dire plus haut brièvement ce qui se passa à cet égard et à quoi s'occupa le comte de Toulouse, grand amiral, pendant cette expédition, je ne tomberai point en répétition hors de propos et dirai seulement, pour achever le récit de ce qui se passa de plus considérable sur mer, que le chevalier de Saint-Pol[1], qui commandoit quelques vaisseaux du Roi à Dunkerque et y avoit succédé au fameux Jean Bart, fit deux expéditions sur les ennemis à peu de temps l'une de l'autre. A la première, s'étant mis en mer avec trois vaisseaux de guerre d'environ cinquante canons, il rencontra seize navires marchands hollandois escortés par deux vaisseaux de guerre à peu près de même force que les siens. Quand il les eut joints, il s'attacha de combat avec les deux vaisseaux de guerre ennemis et envoya son troisième vaisseau faire des prises sur les navires marchands. Ce combat dura trois bonnes heures à la portée du pistolet, sans pouvoir venir à l'abordage. Un des vaisseaux hollandois fut pris,

---

1. Le chevalier de Saint-Pol-Hécourt : tome III, p. 243.

ne pouvant plus voguer, ses mâts de beaupré et de misaine étant tombés et d'ailleurs se trouvant fort maltraité. L'autre eut le moyen de se sauver. Saint-Pol ramena six vaisseaux marchands à Dunkerque, après avoir fait mettre le feu au vaisseau de guerre qu'il avoit pris et qu'il ne pouvoit emmener tant il étoit maltraité.]

[A quelques jours de là, Saint-Pol se remit en mer avec quatre vaisseaux de guerre et tomba sur douze navires marchands anglois destinés pour la mer Baltique et escortés par quatre vaisseaux de guerre. Il les attaqua avec trois des siens, le quatrième qui étoit mauvais voilier étant demeuré derrière et n'ayant pu joindre qu'à la fin du combat, qui fut très vif. Le pauvre Saint-Pol, qui étoit fort bon marin et un très galant homme, fut tué d'un coup de mousquet. Le comte d'Illiers[1] prit le commandement et le combat s'acheva avec perte pour les ennemis de trois de leurs quatre vaisseaux de guerre et d'onze marchands richements chargés. Je n'ai point appris qu'il se soit rien passé de plus sur mer, pendant cette campagne, qui mérite que j'en parle ici.]

Pour achever le récit de cette année, je dirai que l'empereur Léopold mourut de maladie pendant icelle, après un long et pénible règne[2]. Joseph, son fils, roi des Romains, lui succéda à l'Empire et à tous ses États et prétentions.

1. Sans doute Henri, comte ou marquis d'Illiers, de la branche d'Entragues.
2. L'empereur Léopold mourut à Vienne le 5 mai, après une assez longue maladie. « Une laideur ignoble, dit Saint-Simon, une mine basse, une simplicité fort éloignée de la pompe impériale, ne l'empêcha pas d'en pousser l'autorité beaucoup plus loin qu'aucun de ses prédécesseurs. »

[*Année 1706. Campagne d'Espagne et de Portugal.*] — Je vais commencer mon récit de 1706 par la campagne d'Espagne et en faire une espèce de liaison avec la fin de ma narration de celle qui la précède en 1705, et, par ce moyen, éviter au lecteur, peut-être impatient, la peine de tourner bien des feuillets pour trouver la fin de cette guerre pendant 1706; c'est un ordre que je me propose d'observer autant qu'il me sera possible dans la continuation de ces Mémoires.]

J'ai dit ci-devant que le roi d'Espagne, pour s'opposer à l'armée des Alliés qui agissoit du côté du Portugal et tâcher de retirer Gibraltar des mains des Anglois, avoit dégarni de troupes la Catalogne et toutes les frontières qui y confinent. Il ne s'attendoit aucunement à la révolution qui survint et à l'infidélité d'une partie de ses sujets, tellement que l'Archiduc eut beau jeu après sa conquête de Barcelone et de la Catalogne. Les miquelets, les somettants et les milices de cette principauté, ayant pris le parti de l'Archiduc, formèrent un corps considérable, sous un nommé Nabot, qui étoit du pays et qui se trouva homme d'esprit et de courage.

Le royaume de Valence et une partie de celui d'Aragon se soumettent à l'Archiduc. — L'Archiduc s'en servit si utilement pendant l'hiver, qu'ils lui soumirent le royaume de Valence et que l'Aragon fut fort ébranlé. La contagion de la révolte suscitée par quelques seigneurs espagnols du parti de la maison d'Autriche auroit gagné bien brusquement jusques au cœur de la monarchie, si on n'y avoit pourvu promptement. Le roi d'Espagne envoya donc vers cette frontière le marquis de las Torrès[1], avec ce qu'il put ramasser de

---

1. Christophe de Moscoso y Montemayor, comte de las Tor-

troupes les plus prochaines. Elles firent la guerre pendant tout l'hiver, jusques au commencement de la campagne, avec des succès alternatifs, qui ne laissèrent pas d'arrêter un peu les progrès des ennemis. Les évêques de Murcie et d'Orihuela[1], indignés des sacrilèges commis par les Alliés, dont ils voulurent garantir leurs diocèses, se mirent aussi de la partie, levèrent quelques troupes à leurs dépens, y joignirent des milices et du canon et formèrent un petit corps avec lequel ils continrent non seulement les rebelles, mais encore réveillèrent par leur exemple la fidélité des véritables Espagnols et leur donnèrent envie de les imiter.

Malgré les mauvais événements de la campagne précédente et du commencement de celle-ci, on ne perdit point courage à la cour de France et à celle de Madrid; au contraire, on y conçut le grand dessein de reprendre Barcelone et la Catalogne. Dans cette vue, le Roi fit partir de très bonne heure pour l'Espagne une quantité de recrues, pour rendre complète les troupes auxiliaires qu'il avoit fait passer les années précédentes; elles furent encore suivies d'une assez grande quantité de bataillons et d'escadrons. On y envoya aussi de grosses sommes d'argent, des armes, des habits et autres équipages de guerre. On arma à Toulon les trente gros vaisseaux de ligne qui y étoient, huit frégates et des galiotes à bombes; à Marseille, dix

---

rès, était commissaire général de l'infanterie et de la cavalerie espagnoles; il mourut en 1749 : ci-dessus, p. 8.

1. Villes épiscopales situées toutes deux sur la Segura. L'évêque de Murcie s'appelait Louis Belluga y Moncade et devint cardinal en 1719; celui d'Orihuela était Joseph della Torre y Orumbella.

galères, et on prépara une grande quantité de barques ou tartanes qui furent chargées de la grosse artillerie et autres attirails pour faire des sièges. On y joignit une ample provision de vivres et d'autres rafraîchissements nécessaires pour la subsistance des armées.

Le duc de Noailles entre en Catalogne avec une petite armée. — Le duc de Noailles, gouverneur de Roussillon, se mit d'abord en campagne avec douze bataillons, un régiment de dragons, sa compagnie de gardes et quelques petites pièces de canon, avec des mortiers, qu'il ramassa dans son gouvernement. Il s'achemina du côté de Catalogne (en attendant vingt-un bataillons, cinq escadrons, et plusieurs officiers généraux qui devoient venir de France), pour chasser quelques troupes de l'Archiduc et des révoltés, qui occupoient différents postes, au moyen desquels ils fermoient l'entrée du Roussillon en Catalogne.

Le maréchal de Tessé va commander l'armée d'Espagne. — Le maréchal de Tessé, qui devoit commander l'armée d'Espagne, avoit la même besogne devant lui du côté de l'Aragon; c'est pourquoi on entra de très bonne heure en action avec une partie des troupes, afin de nettoyer les postes qui pourroient arrêter sur le chemin.

Le maréchal de Berwick va commander l'armée du roi d'Espagne sur la frontière du Portugal. — Le roi d'Espagne demanda au Roi le duc de Berwick, qui fut fait maréchal de France[1], pour venir commander l'armée que l'on devoit opposer au roi de Portugal et à ses alliés.

Les ennemis ne s'endormoient pas non plus et fai-

1. C'est le 16 février que Louis XIV écrivit à Berwick pour

soient de furieux préparatifs de troupes et de vaisseaux, pour rompre avec diligence tous nos desseins et pousser les avantages qu'ils avoient commencés d'avoir sur l'Espagne.

Pendant que le maréchal de Tessé étoit occupé à déboucher les chemins pour entrer en Catalogne, le duc de Noailles assembla le 8⁰ février, à Bellegarde, douze bataillons, un régiment de dragons et quelques miquelets et milices du Roussillon. Il arriva le lendemain à Figuères, ayant trouvé sur son chemin quelques troupes des révoltés du Lampourdan, qui se retirèrent à sa vue, et furent un peu poussés par les dragons. Un détachement d'Anglois et de Hollandois, qui occupoit Figuères, se retira pareillement, aux premières nouvelles qu'il eut de la marche du duc, qui vint à la Fluvia[1]. Quelques miquelets et milices s'assemblèrent, faisant mine de vouloir défendre le passage de cette rivière. On fit un mouvement pour marcher à eux; ils se retirèrent et abandonnèrent la défense du passage de la rivière. On lâcha sur eux des dragons, et la compagnie des gardes du duc, qui en tuèrent quelques-uns des plus paresseux; ils abandonnèrent ainsi Bascara, qui est une petite ville fermée de simples murailles.

Le duc de Noailles dégage Roses, qui étoit bloquée par les troupes de l'Archiduc. — Roses, qui étoit demeurée fidèle au roi d'Espagne, malgré la révolution de la Catalogne, avoit été bloquée depuis deux mois par les

---

lui annoncer son élévation au maréchalat, quoiqu'il n'eût pas encore trente-six ans.

1. Petite rivière qui passe à Bascara (ci-après) et se jette dans la Méditerranée dans le golfe de Roses.

ordres de l'Archiduc. La marche du duc de Noailles la dégagea entièrement, et il s'y rendit en personne, pour y donner les ordres qu'il crut convenir. Pendant que ceci se passoit du côté du duc de Noailles, le Roi fit passer de France en Roussillon vingt et un bataillons et cinq escadrons qui allèrent joindre le duc et achevèrent de former l'armée qu'il devoit commander.

Le comte de Toulouse arrive à Toulon pour y commander l'armée navale ; le roi d'Espagne se met à la tête de son armée, qui arrive devant Barcelone ; le duc de Noailles la joint. — Le comte de Toulouse arriva à Toulon, et le roi d'Espagne déclara qu'il alloit se mettre à la tête de son armée, pour tâcher de chasser de ses États l'Archiduc et ses alliés, sauver ses peuples et la religion, et, comme il étoit de la dernière conséquence d'user d'une diligence extrême, et de prévenir par ce moyen l'arrivée de l'armée navale des Alliés devant Barcelone, [laquelle porteroit sans doute tous les secours dont cette ville avoit besoin, si elle n'étoit réduite avant son arrivée,] le roi d'Espagne ne tarda pas à se mettre en campagne. Il joignit le maréchal de Tessé à Alcaniz[1], le 8 mars ; de là, il marcha à Fraga[2], passa la Sègre, puis arriva le 4 avril devant Barcelone, où le duc de Noailles se trouva avec toutes ses troupes, et se joignit à l'armée du roi d'Espagne[3]. Le comte de Toulouse arriva en même temps avec l'armée navale, et commença le débarquement. Celle de

---

1. Ville d'Aragon, sur la Guadalupe.
2. Fraga est au nord de l'Èbre, sur la Cinca, à la frontière de l'Aragon et de la Catalogne.
3. Le duc de Noailles n'était que maréchal de camp et ne devait jouer au siège qu'un rôle subalterne.

terre se campa sur une ligne depuis Orta jusques à l'embouchure du Llobregat dans la mer. On attaqua en arrivant le couvent des Capucins, où les ennemis avoient un poste, dont on les chassa, aussi bien que de quelques maisons situées sur les hauteurs contre le Mont-Juich, et on les conduisit si avant qu'on auroit pu établir un bon logement sur le bord du fossé, si on avoit eu la précaution de porter avec soi les matériaux nécessaires pour le construire.

L'Archiduc se trouva enfermé dans la place avec une nombreuse garnison et une multitude d'habitants armés, qui le servirent avec d'autant plus d'affection et de courage qu'ils s'attendoient aux plus sévères châtiments, si leur ville venoit à être prise.

Siège de Barcelone. — La tranchée fut ouverte la nuit du 6 au 7 avril[1] et se continua jusques à la nuit du 11 au 12 mai suivant, que l'armée navale des ennemis, de beaucoup supérieure à celle de France, parut sur les côtes de Catalogne. Sur ces nouvelles et le tout bien considéré, on jugea à propos de lever le siège de Barcelone qu'on comptoit d'emporter huit jours après, si l'armée navale des Alliés n'étoit arrivée qu'au bout de ce temps; car le fort du Mont-Juich étoit déjà emporté, le mineur attaché et les brèches presque praticables. Il n'y avoit guère plus que l'assaut à donner contre les restes d'une garnison angloise et hollandoise, à la vérité fort valeureuse, qui se trouva réduite presque à rien, à cause de l'étendue de la place et de la quan-

---

1. Pour le siège de Barcelone et l'échec par lequel se termina l'entreprise, on peut voir les *Mémoires de Saint-Simon*, t. XIII, p. 356-360 et 396-400, avec le commentaire qui y est joint.

tité de sorties valeureuses qu'elle avoit faites pendant le siège, ce qui avoit aussi fort affoibli notre armée, où la maladie même s'étoit mise, de manière que les ennemis ayant débarqué dans la place un secours très considérable de troupes, de munitions de guerre et de toute sorte de rafraîchissements[1], il fallut renoncer à l'entreprise, et si hâtivement, de peur qu'il n'en mésarrivât, qu'on ne put rien rembarquer de la grosse artillerie, et qu'on fut encore contraint d'abandonner les malades et les blessés à la discrétion et à la générosité des ennemis. Ils seroient indubitablement tombés sur notre armée navale, très inférieure à la leur, et l'auroient entièrement défaite, si on avoit différé d'un moment à lui faire reprendre le chemin de Toulon.

Quelques réflexions sur la conduite de ce siège. — A force de vouloir aller vite à ce siège et le dépêcher, on fit tout le contraire ; car on dirigea mal à propos les attaques dans l'espace qui est entre la ville et le Mont-Juich, tellement que les travaux se trouvoient entre deux feux très violents, qui les retardèrent considérablement, et firent perdre bien du monde, et entre autres Lapara, ingénieur principal, qui les conduisoit. Après cela, il fallut attaquer et prendre le Mont-Juich, qui tint du temps, et en donna à l'armée navale ennemie pour arriver.

[Il peut y avoir encore quelques autres circontances furtives et qui sont inutiles à rapporter ; mais le plus apparent est que le temps de prendre Barcelone n'avoit pas encore été déterminé par Celui qui est le souve-

---

1. C'est M. de Cifuentès qui était chargé du ravitaillement de la ville par mer et qui y parvenait, malgré la flotte du comte de Toulouse.

rain maître des opérations des hommes et qui pourtant n'a pas laissé de dire : Aide-toi, le ciel t'aidera.]

Le roi d'Espagne retourne vers Madrid. — Le siège de Barcelone ainsi levé, le roi d'Espagne ramena sans perte l'armée, qui étoit encore d'environ vingt mille hommes, jusques à Prats-de-Mollo, sur la frontière de Roussillon. Elle fut très peu inquiétée par les ennemis pendant sa retraite[1]. Il la quitta là, pour prendre les devants et regagner l'Espagne par Perpignan, Pau et Pampelune, et fut bientôt suivi par l'armée et le maréchal de Tessé, qui ne laissa au duc de Noailles que neuf bataillons et trois régiments de dragons, pour couvrir la frontière de Roussillon.

[Pendant que le roi d'Espagne s'en retourne en ses royaumes avec l'armée pour s'opposer aux ennemis qui pénétrèrent dans la Castille après la levée du siège de Barcelone, je ne puis me dispenser de rapporter ici ce qui s'est passé depuis le commencement de la campagne du côté de l'Estrémadure, où le duc de Berwick, nouveau maréchal de France, commanda l'armée, et de parler aussi des mouvements qui se firent dans le royaume de Valence, à cause de la connexité que ces affaires ont eue avec celles de Catalogne.]

Le maréchal de Berwick assemble son armée et s'avance à Badajoz. — Ce général partit de Madrid le 18 mars pour s'opposer aux Portugais, aux Anglois et aux Hollandois commandés par le marquis das Minas et par le Mylord Galloway. Il assembla son armée sur cette fron-

---

1. Grâce au duc de Noailles qui parlementa avec les miquelets et obtint d'eux, en souvenir de son père, qu'ils estimaient beaucoup, de ne pas harceler l'armée (*Saint-Simon*, t. XIII, p. 399-400).

tière, qui se trouva composée de vingt-sept bataillons et de quarante-cinq escadrons dont une partie n'étoit que de milices. Sur ce qu'il vit que les ennemis faisoient mine de vouloir assiéger Badajoz, il en renforça la garnison, y fit passer quelques provisions d'augmentation et suivit avec toute l'armée, qui campa contre cette place en une situation fort avantageuse. Il y a apparence que cette marche fit changer de dessein aux généraux des Alliés, puisqu'ils laissèrent Badajoz et marchèrent à Alcantara. Chemin faisant, ils s'emparèrent de quelques petites places espagnoles qui étoient sans défense, et le maréchal de Berwick, côtoyant leur armée, arriva à Brozas[1], d'où il envoya six bataillons d'augmentation à Alcantara, grande villasse sans aucune fortifications. Il jugea qu'elle tiendroit fort peu, d'autant plus qu'on avoit des défiances bien fondées de la fidélité d'un Espagnol qui y commandoit, et qu'on ne doutoit pas que les Alliés ne poussassent en avant après cette conquête. Il dispersa donc son infanterie dans les grandes villes, afin de les conserver ou de les contenir dans l'obéissance, et se mit à harceler les ennemis le mieux qu'il put avec sa cavalerie, qui montoit à environ cinq mille chevaux. Comme il ne pouvoit pas tenir la campagne aussi près des ennemis avec un aussi petit corps, il se retira au delà de Brozas, qu'il abandonna ensuite. Le marquis das Minas le suivit avec un gros corps, et même atteignit son arrière garde à l'extrémité de la plaine au delà de Brozas, comme elle alloit traverser un petit bois. Il y eut là un léger combat, où le marquis das Minas auroit été fait prisonnier sans un de ses gens qui le délivra. Le comte

1. Petite ville de la province de Cacerès, au sud d'Alcantara.

de Saint-Vincent[1], officier général portugais, y fut tué avec quelques autres; d'aucuns furent pris; la perte des cavaliers fut à peu près égale de part et d'autre. La nuit étant venue, le marquis das Minas se retira à Brozas, d'où il rejoignit Mylord Galloway devant Alcantara. Le maréchal de Berwick continua son chemin vers Cacerès, sans aucun autre empêchement[2]. La ville d'Alcantara ne tint que deux ou trois jours, et la garnison fut faite prisonnière de guerre par la trahison du gouverneur, qui fit livrer une porte aux ennemis pendant la nuit[3].

Prise de Plasencia par les Alliés; le maréchal de Berwick se retire vers Madrid. — Dès que le maréchal eut appris qu'ils étoient maîtres d'Alcantara, il décampa de Cacerès d'où il se rendit, en trois journées de marche, à Malpartida-de-Plasencia[4] et fit prendre les devants à M. de Joffreville, avec douze escadrons, du côté de Plasencia[5], pour observer les ennemis. Il ne demeura pas longtemps dans cette figuration; car le marquis das Minas, avec ses Portugais, marcha droit à Plasencia, qui se soumit d'abord. Le marquis das Minas y entra et y fit proclamer l'Archiduc roi d'Es-

---

1. En portugais, San-Vicente.
2. La lettre par laquelle M. de Berwick fit part de ce petit combat a été insérée par Dangeau dans son *Journal*, t. XI, p. 77-78.
3. Alcantara fut pris le 14 avril : *Dangeau*, t. XI, p. 85; *Sourches*, t. X, p. 64; *Mémoires de Berwick*, p. 309-315; *Histoire militaire*, par Quincy, t. V, p. 227-228.
4. Malpartida-de-Plasencia est un bourg au sud-ouest de Plasencia.
5. Ville épiscopale d'Estrémadure, dans la province de Cacerès, au nord du Tage.

pagne. Gaslisteo, Pozuelo[1] et d'autres villes suivirent l'exemple de Plasencia. M. de Joffreville se retira à las Menas-de-Mazanguna[2]; le maréchal le vint joindre avec le reste de sa cavalerie et dix bataillons qu'il avoit tirés de Badajoz; mais, comme il se trouva trop foible pour disputer le passage de la rivière[3] aux ennemis, il s'éloigna d'eux, en se retirant du côté de Madrid, où on croyoit que les ennemis vouloient aller. Dans cette supposition, qui se trouva véritable peu de jours après, la reine d'Espagne, qui y étoit alors, fit assembler les grands qui s'y trouvèrent et, leur ayant représenté le danger de cette ville, les exhorta à prendre les armes. Les magistrats et la bourgeoisie y furent pareillement invités par elle, et cette courageuse et excellente princesse n'omit aucun terme pathétique et touchant pour les persuader. Elle y auroit pu réussir; car on ne pouvoit pas encore être informé à Madrid des mauvais succès des armes du roi en Catalogne et on avoit tant d'amour, de respect et de vénération pour cette admirable reine, que son moindre coup d'œil étoit un commandement auquel on obéissoit d'abord.

Les Alliés vont assiéger Ciudad-Rodrigo. — Les affaires étoient en cet état, lorsque l'on apprit que les ennemis, au lieu de pousser leur chemin vers Madrid, se déterminoient, sur les représentations du marquis das Minas, à rebrousser chemin et à venir faire le siège de Ciudad-Rodrigo[4], où il y avoit un bataillon de

---

1. Galisteo et Pozuelo sont deux bourgs à l'est de Plasencia.
2. Localité qu'on n'a pu identifier.
3. La rivière de Tiétar, affluent de droite du Tage.
4. Ville de la province de Salamanque, sur l'Agueda, avec de mauvaises fortifications.

troupes réglées en garnison et deux de milices. Mylord Galloway, qui n'avoit pas été d'avis de ce siège, dépêcha un courrier au roi de Portugal pour l'en dissuader. Ces représentations eurent bien leur effet; mais, comme le siège étoit commencé et fort avancé quand le courrier fut de retour, on en voulut voir la fin. Cette expédition donna le temps à la reine de respirer; elle fit venir de Valence à Madrid les quatre bataillons des gardes espagnoles et wallonnes; le marquis de Bay[1] lui amena la noblesse et les milices d'Estrémadure, et le marquis de Villa-Real celles de la Vieille-Castille.

Ciudad-Rodrigo se rend aux Alliés. — Pendant ceci, le maréchal de Berwick, avec son peu de troupes, côtoyoit, du mieux qu'il lui étoit possible, sans pourtant s'exposer inconsidérément, l'armée des ennemis, qui prit Ciudad-Rodrigo en cinq jours d'attaque. Le bataillon espagnol qui étoit dans la place eut permission d'en sortir, à condition de ne servir d'un an contre les Alliés. Les milices furent désarmées et renvoyées chez elles, en s'engageant de ne jamais servir contre la maison d'Autriche. Le marquis das Minas avoit demandé au roi de Portugal la permission de faire prendre des quartiers d'été aux troupes incontinent après la prise de Ciudad-Rodrigo; mais le Mylord Galloway, qui s'y étoit déjà opposé et avoit reçu avis de la levée du siège de Barcelone, fit changer ce dessein. Le roi de Portugal envoya ordre de con-

---

1. Alexandre Maître, marquis de Bay, d'une famille franc-comtoise, avait commencé par servir dans l'armée hollandaise, puis passa en 1702 au service d'Espagne; il y conquit tous les grades jusqu'à celui de capitaine général; il mourut en 1715, à Badajoz.

tinuer les progrès autant qu'il seroit possible, avant que le roi d'Espagne eût pu rassembler assez de forces pour s'y opposer.

Les Alliés marchent à Salamanque, qui se rend. — Après ce consentement, l'armée des Alliés décampa de Ciudad-Rodrigo et marcha à Salamanque. Le maréchal, qui y étoit avec son reste de troupes, en sortit, après en avoir fait partir les munitions de guerre et les vivres qu'on y avoit mises en provision pour l'armée. Il fit jeter dans la rivière tout ce qu'il ne put faire emporter. Salamanque se rendit dès que les Alliés parurent; car il n'y avoit ni garnison ni fortifications, cette grande ville n'étant enceinte que de murailles sèches.

Le roi d'Espagne, qui avoit quitté l'armée à Saint-Feliù[1], apprit, pendant sa route, ce qui se passoit dans son royaume. Il manda au maréchal de Tessé de marcher sur ses pas avec toute la diligence possible, avec les troupes qu'il conduisoit à travers la Navarre. Il arriva en poste à Pampelune, accompagné du connétable de Castille[2], du comte de Benavente, des ducs de Medina-Sidonia, d'Ossone, et de M. Amelot[3], ambassadeur de France.

Discours de M. Amelot, ambassadeur de France, aux grands d'Espagne. — Il y convoqua une assemblée

1. Saint-Feliù-de-Llobregat, près Barcelone : tome II, p. 418.
2. Joseph de Velasco, duc de Frias, connétable de Castille, était majordome major du roi d'Espagne; il mourut en 1713.
3. Michel-Jean Amelot, marquis de Gournay, d'abord conseiller au Parlement, avait été ambassadeur en Suisse de 1688 à 1697; Louis XIV l'avait désigné pour l'ambassade de Madrid en mars 1705; il y resta jusqu'en 1709 et mourut en 1724.

des grands d'Espagne qui l'avoient suivi et des autres qui pouvoient se trouver à portée. L'ambassadeur y fit un discours de la part du Roi son maître et exposa l'ordre qu'il avoit de lui de leur demander leurs véritables sentiments sur les révoltes qui se manifestoient journellement dans les États de la monarchie d'Espagne, et sur le mauvais succès des armes de la présente campagne et des précédentes. Il ajouta que Sa Majesté Très Chrétienne, croyant avoir sujet de se plaindre du peu de secours qu'elle avoit reçu de leur part, lui avoit ordonné de savoir leurs véritables sentiments dans la conjoncture présente et de leur déclarer que, quoique le roi son petit-fils eût été appelé par le droit du sang à la couronne d'Espagne, il ne prétendoit pas l'y maintenir contre les sentiments de plusieurs d'entre eux en faveur de l'Archiduc, quoiqu'il vînt sans droit, à main armée, accompagné d'une multitude de troupes hérétiques et sacrilèges qui vouloient envahir une nation chrétienne et catholique, aux dépens de ses autels et de sa religion. M. Amelot n'en demeura pas là; car il demanda à l'Assemblée une ouverture sincère de leurs cœurs et leur donna à entendre que le Roi son maître consentiroit plutôt au retour de son petit-fils que de continuer à occasionner tant de sacrilèges et de désordres.

Réponse du duc de Medina-Celi au discours de M. Amelot. — Ce discours fini, le duc de Medina-Celi[1]

---

1. Louis-François de la Cerda, duc de Medina-Celi, avait été ambassadeur à Rome de 1686 à 1696 et vice-roi de Naples de 1696 à 1701, puis président du conseil des Indes; mais, en avril 1710, il fut soupçonné d'infidélité et condamné à une prison perpétuelle; il mourut à Pampelune le 26 janvier 1711.

représenta quelques griefs des grands et de la nation. M. Amelot répondit qu'il avoit le pouvoir du Roi son maître de les assurer que Sa Majesté leur donneroit toute la satisfaction possible; qu'elle s'en rapporteroit entièrement à eux et remédieroit à tous les désordres. Sur ces espérances, le duc de Medina-Celi reprit la parole au nom de l'assemblée et assura que le roi d'Espagne pouvoit compter sur leurs vies et sur leurs biens pour le maintenir sur le trône; qu'ainsi il pouvoit retourner à Madrid en toute sûreté et qu'il connoîtroit leur fidélité. Puis, s'adressant à toute l'assemblée, il ajouta que, s'il y avoit quelques mécontents engagés avec l'Archiduc, ils n'avoient qu'à se déclarer et pouvoient se retirer avec assurance qu'on leur feroit tenir leurs revenus où ils iroient résider hors d'Espagne; mais qu'après cette déclaration, s'il y en avoit quelqu'un qui trahit le roi et la nation, sa tête seroit portée irrémissiblement sur un échafaud et ses biens confisqués. Il déclara que, si on venoit à découvrir quelque chose dans sa conduite contre les intérêts de son prince, il consentoit qu'on le fît servir d'exemple. Après cela, il finit en criant : « Vive le roi Philippe V, notre légitime souverain », à quoi toute l'assemblée applaudit. Le roi d'Espagne partit en poste de Pampelune avec peu de suite et se rendit à Madrid, où il fut reçu avec une joie universelle de tous les ordres[1], malgré tout ce qui venoit de se passer en Catalogne, et chacun témoigna à l'envie la bonne disposition où il étoit pour le souverain.

Le lendemain de son arrivée, il fit assembler tous

1. Philippe V arriva à Madrid le 6 juin (*Gazette*, p. 305; *Journal de Dangeau*, t. XI, p. 124 et 129).

les grands, les ministres et les chefs des tribunaux et eut une longue conférence avec eux. Les esprits parurent entièrement remis ; mais, quand on eut appris que l'armée ennemie quittoit Salamanque et marchoit droit à Madrid, sans pouvoir en être empêchée par celle d'Espagne, fort affoiblie par les fréquents détachements que le maréchal de Berwick avoit été obligé de faire pour garantir les provinces de l'invasion de l'ennemi[1] ; quand on eut considéré que la cour ne pouvoit rester davantage en sûreté dans une ville dénuée de fortifications, on assembla un second conseil. Tous les grands, les chefs des conseils et les principaux seigneurs y furent appelés. On décida que la cour et les tribunaux sortiroient au plus vite de Madrid, avec les principaux documents, les pierreries et joyaux de la couronne et ce qu'il y avoit de plus précieux. La reine, avec toute sa cour, alla à vingt lieues de Madrid, sous une escorte, dans un château du connétable de Castille, et se rendit à Burgos peu de temps après[2].

Le roi d'Espagne sort de Madrid ; le maréchal de Berwick le vient joindre à Torrejon[3]. — Le lendemain[3], le roi, avec les grands, les tribunaux et toutes les personnes publiques sortirent de la capitale, et on n'y laissa aucun homme capable de dresser et recevoir aucun instrument public. Sa Majesté Catholique alla à Torrejon[4], où le maréchal de Berwick s'étoit rendu avec

1. « Tout l'art et les chicanes du maréchal de Berwick, dit Saint-Simon (*Mémoires*, t. XIII, p. 405), ne purent empêcher les Portugais de tourner sur Madrid. »
2. La reine quitta Madrid le 18 juin.
3. Non pas le lendemain, mais trois jours après, le 21.
4. Torrejon-de-Ardoz, sur la route d'Alcala.

quatre mille chevaux et environ cinq mille hommes de pied, qui étoit ce qui lui restoit des troupes avec lesquelles il avoit côtoyé l'armée ennemie. De Torrejon, le roi d'Espagne alla camper à Xadraca[1], puis à Sapostran[2], pour s'approcher des nouveaux secours qui lui venoient de France et de Catalogne. Le marquis de las Torrès vint le joindre avec le petit corps qu'il commandoit en Valence, et quantité de noblesse avec leurs vassaux vinrent grossir son armée, dès qu'il eut fait publier une déclaration, qui détruisit les faux bruits que les ennemis avoient fait courir, que ce prince se retiroit en Navarre.

Pendant ce temps-là, le marquis das Minas et Mylord Galloway quittèrent Salamanque et vinrent droit à Madrid. Leur armée marcha cinq jours, sans autres vivres qu'un peu de biscuit qu'elle menoit avec elle. Un gros détachement prit les devants, et, quand il fut proche de la ville, le corrégidor en sortit avec les clefs qu'il présenta à celui qui commandoit, le suppliant de faire observer une bonne discipline; le reste de l'armée arriva et alla camper au Prado, au delà du Mançanarès[3].

Les généraux des Alliés entrent dans Madrid et veulent y faire proclamer l'Archiduc; fidélité remarquable des Espagnols envers leur roi. — Le Mylord et das Minas entrèrent dans Madrid et le traversèrent sans trouver personne dans les rues. Ils firent assembler le conseil

1. Ou Jadraque, entre Guadalajara et Siguenza.
2. Localité dont la *Gazette* orthographie le nom *Saputran*, et que nous n'avons pu identifier, les cartes et dictionnaires topographiques d'Espagne étant encore très imparfaits.
3. C'est le 24 juin que les troupes alliées arrivèrent à Madrid (*Mercure* de juillet, p. 292-331, et d'août, p. 348-360).

de la ville et les chefs des corps de métiers et leur ordonnèrent de faire crier : « Vive le roi Charles III ! » mais, au lieu de cela, le peuple se mit à crier : « Vive notre roi Philippe V ! » Ces généraux furent si indignés qu'ils firent tirer quelques coups sur ce peuple, dont un petit nombre fut tué ou blessé. Quelques jours après, le Mylord fit proclamer Charles III ; la noblesse et les principaux, en étant indignés, proclamèrent de nouveau leur roi Philippe V ; personne n'osa ou ne voulut les insulter, ce qui fut un exemple de modération fort à louer. Quelques Espagnols, partisans de la maison d'Autriche, firent aussi proclamer l'Archiduc à Tolède ; la noblesse et les principaux, au contraire, crièrent aussitôt : « Vive notre roi Philippe V ! »

Après cette proclamation dans Madrid, le Mylord Galloway dépêcha un courrier à l'Archiduc, pour l'inviter d'y venir ; mais, soit par jalousie de la part du Mylord Peterborough, qui commandoit les troupes angloises, ou pour d'autres raisons, son conseil ne jugea pas à propos qu'il y allât et lui fit prendre le parti de marcher en Aragon avec son armée, dont une partie s'étoit emparé de Lérida, puis de Barbastro[1].

Les grandes villes et les peuples d'Espagne, ayant vu que le roi, loin de les abandonner, comme le bruit en avoit couru, recevoit de nouveaux secours de France, et que l'armée qui s'étoit présentée pour assiéger Barcelone rentroit en Espagne, et qu'il se mettroit à la tête pour les protéger et les délivrer des ennemis, reprirent courage, lui envoyèrent des députés pour l'assurer de leur fidélité et lui déclarer qu'ils étoient

---

1. Place forte sur la Cinca, au nord-ouest de Lérida, dans la direction de Huesca.

tous résolus de périr plutôt que de reconnoître d'autre maître que lui[1].

L'armée des Alliés quitte Madrid et vient à Guadalajara. — Les généraux des Alliés, ayant appris que l'armée du roi d'Espagne grossissoit de jour à autre par les secours qui lui arrivoient, tant de ses sujets que des troupes de France et de celles qui lui revenoient de Catalogne, s'approchèrent de Guadalajara[2], pour tomber sur son armée, avant que toutes ses troupes l'eussent joint. Ils vinrent se poster à quatre lieues du camp du roi d'Espagne ; ce qui l'obligea de le quitter, et de venir à Atienza[3], pour s'approcher des troupes qui lui arrivoient de Navarre. Mylord Galloway détacha un corps, qui vint jusques sur le bord de la rivière de Hénarès, sur laquelle l'armée des Deux Couronnes étoit campée.

Les troupes de France commencèrent à y arriver le 10 juillet, et le reste les jours suivants ; alors le roi d'Espagne se prépara pour marcher aux ennemis à dessein de les combattre, avant qu'un secours considérable que Mylord Peterborough leur menoit les eût joints.

Dès le 9, le marquis das Minas avoit envoyé un détachement de trois mille hommes pour s'assurer d'Alcala[4] et en faire venir des vivres. Il se campa contre cette ville, qui n'est d'aucune défense, et il

1. Saint-Simon a raconté (*Mémoires*, t. XIII, p. 408-409) quel fut le zèle des évêques et des peuples d'Espagne en cette occasion.
2. Chef-lieu de la province du même nom, sur le Hénarès.
3. Atienza est plus au nord, presque à la limite de la Nouvelle et de la Vieille-Castille.
4. Alcala-de-Hénarès, à l'est de Madrid.

arriva qu'un gros parti de notre armée tomba à l'improviste sur ce petit camp mal gardé et le surprit de manière qu'après quelques coups tirés, dont quelques gens furent tués ou pris, le reste se sauva dans la ville et abandonna tout le camp au pillage des nôtres, et des paysans des environs, qui y accoururent en grand nombre. Deux jours après, un détachement de carabiniers d'Espagne tomba sur trois escadrons ennemis près de cette ville, les défit, en tua plusieurs et fit quelques prisonniers; dans la suite, la cavalerie espagnole prit tant de supériorité sur celle des Alliés qu'elle ne tenoit pas devant elle, à nombre même très inégal.

Il arriva encore que les habitants de Valladolid égorgèrent trois à quatre cents hommes, que les généraux des Alliés avoient laissés dans la ville pour se la conserver. Ces mêmes habitants leur firent dire qu'ils feroient un semblable traitement à tous ceux qu'ils leur enverroient, et qu'ils périroient tous plutôt que de changer de maître.

Les ennemis ayant encore envoyé à Tolède un détachement qui y arbora l'étendard de l'Archiduc, le peuple s'en saisit, le déchira et envoya de l'argent et des vivres au roi d'Espagne, ainsi que plusieurs autres villes qui se cotisèrent. Elles n'en donnèrent plus aux ennemis, dont les troupes tombèrent dans les maladies, la disette et la désertion. Il survint de plus que le Mylord Galloway, ayant appris qu'il y avoit une grande quantité de grains dans le pays de la Manche, en fit demander vingt-cinq mille mesures. Les habitants répondirent qu'ils les livreroient moyennant de l'argent. Il leur en fit tenir pour les payer, avec des voitures, dont ils se saisirent, et refusèrent le grain; puis, ayant pris les armes, ils firent retirer l'escorte, et dirent à celui qui la commandoit qu'ils alloient faire remettre cet argent au roi d'Espagne, avec le blé et les voitures qu'ils avoient amenées pour le charger. Le Mylord fut si irrité du tour et de la plaisanterie qu'il détacha des troupes pour s'en venger; mais elles furent si maltraitées qu'elles s'en retournèrent au plus vite.

Divers mouvements des deux armées. — Ainsi le roi d'Espagne reprenoit le dessus, et ses peuples revenoient à lui. Il décampa le 8 juillet d'Atienza, et vint à Serivetta[1], où il apprit que l'armée des ennemis tiroit sur Xadraca, ce qui lui fit prendre ce chemin avec toute l'armée; car le duc de Berwick s'étoit déjà posté sur les hauteurs qui en sont proches, ayant été averti que les Alliés prenoient cette route. Les deux armées se campèrent dans des endroits également avantageux, se trouvant sur des hauteurs escarpées et séparées l'une de l'autre par la rivière de Hénarès. Il y eut d'abord quelques escarmouches légères entre elles, et on se tira quelques coups de canon de part et d'autre, avec fort peu de succès. Les ennemis, qui ne s'étoient avancés jusque-là que dans l'espérance de ne trouver que M. de Joffreville avec une quinzaine d'escadrons, et y voyant toute l'armée avec le roi d'Espagne, songèrent à prendre un autre parti que celui de combattre dans un pays ennemi à forces inégales. Ils décampèrent donc le lendemain sur le midi, leur artillerie ayant tiré tout le matin pour nous en dérober la connoissance;

---

1. Ce nom est ainsi orthographié dans le manuscrit; on n'a pu l'identifier.

ils marchèrent le reste du jour et une partie de la nuit, prenant le chemin de Guadalajara par Sapostran.

Le roi d'Espagne, qui n'apprit certainement la retraite des ennemis que sur le soir, se mit en marche avec son armée vers les onze heures et s'en vint à Espinosa[1], qui est dans la plaine, afin d'obliger par là les ennemis de faire quelques mouvements dont il pût profiter, ou du moins d'arriver à Guadalajara avant eux, pour se rendre maître du magasin de vivres qu'il y avoit et se poster entre leur armée et Madrid; mais cela ne réussit pas.

Ce prince, en partant d'Espinosa, vint camper à Humanès[2], qui est dans une grande plaine qui s'étend jusques à Madrid. Le même jour, les ennemis vinrent à Junquera[3], qui n'est qu'à deux lieues d'Humanès; ce qui lui fit continuer sa marche vers Junquera. Il apprit là que l'arrière-garde des ennemis qui marchoient n'en étoit qu'à trois quarts de lieue. En même temps, on vint avertir le maréchal que leur armée étoit en bataille, ayant un grand ravin devant elle. La nôtre s'y mit aussitôt, dans le dessein de les aller attaquer. Nos partis, pendant cette marche, firent plusieurs prisonniers sur eux, et il vint quantité de déserteurs.

L'infanterie se trouvant fort fatiguée d'une marche de vingt heures, on jugea à propos de la laisser reposer à Fontanar, qui est à une bonne lieue de Guadalajara. Elle en partit à deux heures du matin sans battre, et on découvrit les ennemis, qui avoient gagné les hau-

1. Espinosa-de-Hénarès, sur la rivière de ce nom.
2. Humanès est aussi sur le Hénarès, mais en aval d'Espinosa.
3. Ou Yunquera, toujours dans la même vallée.

teurs voisines, étant couverts de la rivière de Hénarès. L'armée des Deux Couronnes campa sur une ligne, qui débordoit de beaucoup celle des ennemis et s'étendoit vers Madrid. Un de nos partis prit un convoi considérable de vivres qui venoit aux Alliés; et un autre amena un courrier chargé de plusieurs lettres pour les généraux ennemis, par lesquelles on leur rendoit compte de l'impossibilité qu'il y avoit de leur recouvrer des vivres; alors on augura qu'ils abandonneroient bientôt la Castille.

Le château de Ségovie, où le marquis das Minas avoit mis trois ou quatre cents Portugais, fut assiégé et forcé par les habitants de la ville.

Petit combat dans Madrid dont les Alliés sont chassés. — Le roi, à la tête de son armée, se trouvant à portée de Madrid, écrivit une lettre au corps de ville, et la fit porter par le marquis de Mejorada[1], qui fut escorté par quatre cents chevaux, commandés par Don Antonio del Valle[2]. A leur arrivée en cette ville, ils trouvèrent quelques miquelets et milices de Valence commandés par le marquis de las Aminelas[3], qui se retranchèrent sous l'arcade du palais, puis à la Trésorerie, et se mirent en défense. Le marquis y fut si fort blessé qu'il en mourut; plusieurs furent tués ou pris, entre autres quatre officiers espagnols révoltés. On leur accorda une capitulation à tous; on les fit sortir;

---

1. Pierre-Cajétan Fernandez de Angulo, marquis de Mejorada, était secrétaire des Dépêches universelles.
2. Cet officier avait le grade de maréchal de camp dans l'armée espagnole.
3. La *Gazette* appelle ce seigneur le marquis de las Amajuelas; c'était un Portugais.

et ensuite la ville fut paisible. On changea un corrégidor qui avoit reconnu l'Archiduc; on exila quelques gens suspects; on brûla l'étendard et le portrait de l'Archiduc, et le roi d'Espagne fut proclamé de nouveau. Madrid revint ainsi sous l'obéissance de son roi[1].

Dans ce même temps, le marquis de Bay, qui avoit recouvré Salamanque, vint joindre l'armée du roi avec environ quinze cents chevaux et quelques bataillons, de manière que son armée se trouva alors composée d'environ cinquante-deux bataillons, de huit à dix mille chevaux et d'une bonne artillerie de campagne. Elle étoit alors campée à Marchamalo[2]; et l'Archiduc vint joindre le Mylord à son camp de Guadalajara, avec six cents chevaux et six bataillons. Peterborough en amena environ autant; tellement que les deux armées se trouvèrent à peu près égales en forces; mais celle de l'Archiduc étoit si bien postée que le roi ne pouvoit l'attaquer sans un péril trop évident. Ainsi il étoit contraint de se contenter de les harceler et de les affamer le plus qu'il étoit possible. Il détacha Legall avec un petit corps et du canon, pour aller prendre Alcala, où les ennemis avoient leur hôpital et quelques magasins de vivres, gardés par une garnison de six cents hommes. Il les prit et trouva le comte de Lemos[3], le patriarche des Indes[4], l'évêque de Barcelone[5] et plusieurs autres qui

1. *Gazette*, p. 395-396, 401-404, 413-414, 438 et 476.
2. Gros bourg vis-à-vis de Guadalajara, de l'autre côté de la rivière de Hénarès.
3. Ginez Fernandez, comte de Lemos; il avait épousé une sœur du duc del Infantado.
4. Pierre Portocarrero, frère du cardinal du même nom, s'était rallié à l'Archiduc; il mourut en 1708.
5. Benoît Sala, moine bénédictin, évêque de Barcelone en

avoient pris le parti de l'Archiduc. On les conduisit à Pampelune. Legall, en s'en revenant, tomba sur un convoi de six cents chariots chargés de vivres pour les ennemis, et les prit. L'escorte se jeta dans un château qui se trouva assez bon; mais elle s'y rendit à discrétion, sans tirer un seul coup.

L'armée des Alliés décampe de Guadalajara et prend le chemin de Tolède. — Vers le milieu du mois d'août, les ennemis, manquant de subsistance, décampèrent de Guadalajara. Le roi les suivit de si près par la plaine qu'il leur fit beaucoup de prisonniers, et qu'on leur prit deux pièces de canon et plusieurs équipages, parmi lesquels il se trouva cent mille écus de la caisse militaire et la vaisselle d'argent du Mylord Peterborough. Cette armée, ayant pris le chemin de Tolède, laissa Madrid à trois lieues de sa droite, et sembloit avoir dessein de repasser le Tage pour se retirer en Portugal. Le roi, en ayant été informé, les prévint, et envoya un gros détachement garder le passage[1], ce qui embarrassa les ennemis, qui n'avoient plus de pontons avec eux; ils les avoient laissés à Madrid, et ils se trouvoient si pressés de vivres que leurs soldats se détachoient à droite et à gauche pour tâcher d'en recouvrer. Ils mettoient le feu aux lieux où ils n'en trouvoient pas; ce qui irrita si fort les paysans, qu'ils pendoient et massacroient impitoyablement tous ceux qui s'écartoient et qu'ils pouvoient attraper. Cela, joint aux grandes désertions (car le roi leur faisoit donner

---

1699, fut un des plus chauds partisans de l'Archiduc, qui le fit nommer cardinal en 1713; il mourut à Rome en 1715.

1. *Mémoires de Berwick*, t. I, p. 339-350.

des passeports et un écu par tête), diminuoit considérablement cette armée.

Le roi vint camper à Aranjuez[1], où il mit la gauche de son armée, et la droite au pont. Il faisoit face à la rivière de Xarama et couvroit dans cette situation Madrid et Tolède. Pour ce qui est de la position des ennemis, elle étoit si avantageuse qu'ils ne pouvoient être attaqués dans leur camp avec vraisemblance de succès, et ils y auroient pu rester longtemps s'ils n'avoient pas manqué de subsistance. On se contenta de continuer à les harceler dans leurs fourrages et de détruire les moulins sur le Tage où ils faisoient moudre les grains qu'ils pouvoient recouvrer. On comptoit jusque-là que les Espagnols avoient détruit plus de six mille hommes aux Alliés, non compris les déserteurs, qui furent en grand nombre.

Les Alliés décampent pour se retirer en Portugal. — Ils restèrent dans leur même camp jusques à ce que la disette les en chassât absolument. Ce fut le 8 septembre qu'ils le quittèrent, à l'entrée de la nuit. Ils vinrent passer le Tage sur des radeaux qu'ils avoient fait faire du débris de plusieurs maisons qui avoient été démolies exprès. Sa Majesté Catholique, ayant été avertie de cette marche, passa la même rivière sur les ponts d'Aranjuez, et le maréchal de Berwick prit les devants avec un corps de cavalerie, pour couper le passage aux Portugais, qui songeoient à se retirer en leur pays par l'Estrémadure. Il tomba, chemin faisant, sur une partie de l'arrière-garde de l'Archiduc, lui tua environ cinq cents hommes et fit autant de prisonniers. Après cela,

1. Aranjuez est sur le Tage, en amont de Tolède, et près du confluent de la Xarama.

les ennemis marchèrent trois jours, côtoyant et longeant le long de la rivière de Xucar[1]; ce qui donna lieu de croire que leur dessein étoit d'aller à Cuenca[2], pour y subsister plus commodément. Ils furent fort inquiétés par les peuples de la Manche, qui leur enlevèrent deux pièces de canon, un mortier, beaucoup de bagages, et leur firent plusieurs prisonniers, parce qu'ils marchoient en mauvais ordre et avec confusion, et que ces peuples savoient tous les détours des chemins et des passages. Cette armée traversa la rivière de Xucar et enfourna les gorges d'Alpuente et de Titaguas[3].

Le roi d'Espagne, qui les avoit toujours suivis, crut que les Portugais avoient dessein de regagner leur pays à travers le royaume de Murcie. Le maréchal de Berwick vint camper entre Arcolon et Chinchilla[4] et détacha un corps de troupe sous Legall, pour harceler les Portugais en cas qu'ils se retirassent.

Le roi d'Espagne quitte son armée, s'en retourne à Madrid et laisse le commandement au maréchal de Berwick. — Dans ce temps-là, le roi d'Espagne, qui n'avoit pu engager ses ennemis au combat, quitta l'armée à Velas pour s'en retourner à Madrid et la laissa sous le commandement du maréchal de Berwick. Ce général

---

1. Le Xucar est une rivière du versant de l'Atlantique; les Alliés se retiraient vers la Catalogne.
2. Cuenca est une ville épiscopale de la Nouvelle-Castille, vers l'Aragon.
3. Ces deux localités sont au delà du Guadalaviar, dans les montagnes de la province de Valence.
4. Localités qu'on n'a pu identifier; il en sera de même de la plupart de celles qui vont suivre, pour la raison indiquée ci-dessus, p. 243, note 2.

côtoya les ennemis jusques à San-Clemente et Poso-Laurente, dont il partit sur le soir sans aucun équipage. Son armée étoit alors composée de quarante-neuf bataillons et de soixante-sept escadrons, avec une artillerie de campagne proportionnée. Elle marcha toute la nuit et une partie du jour suivant : une colonne de cavalerie à la droite étoit conduite par le marquis de Joffreville; celle de la gauche, par Legall, qui étoit venu rejoindre l'armée. L'infanterie étoit dans le centre sur deux colonnes que Hessy[1] conduisoit avec l'artillerie. Mais il survint un contretemps fâcheux, en ce que les deux colonnes de cavalerie arrivèrent en présence des ennemis deux heures avant l'infanterie, ce qui empêcha qu'on ne s'emparât du village d'Ouniesta, dont ils se saisirent. Ils y appuyèrent leur droite, se prolongeant de gauche le long d'un petit ravin formé par un ruisseau, ce qui rendoit leur poste très avantageux.

Le maréchal arriva avec l'infanterie sur les trois heures après midi; il alla reconnoître l'armée ennemie de si près qu'il pensa être tué à coups de carabine, et qu'il y eut quelques officiers qui le furent proche de lui.

Après avoir bien reconnu la situation des ennemis qui étoient en bataille et avoient cinquante bataillons et autant d'escadrons fort délabrés, il jugea, avec les officiers généraux, qu'il y auroit trop de péril à les attaquer de front, et qu'il étoit plus expédient d'aller les prendre par leur flanc gauche qui paroissoit plus accessible et découvert.

On fit donc faire un mouvement à l'armée de ce côté-là; mais, comme il y avoit de longs détours pour

---

1. Gabriel Hessy, qui était lieutenant général depuis 1704.

arriver sur eux, à cause de la bizarrerie du chemin ou autres empêchements, il étoit soleil couchant quand on en fut à portée. Il falloit encore que l'armée, fort fatiguée de la longue marche, se mît régulièrement en bataille pour le combat, et qu'on reconnût bien ses attaques, suivant les mouvements que les ennemis pouvoient faire ; ce qui auroit encore consommé du temps. Ainsi la partie fut remise au lendemain matin. Il faudroit s'être trouvé sur les lieux pour dire précisément si on fit bien ou mal ; ce qu'il y a de certain, c'est que les ennemis se retirèrent toute la nuit, gagnèrent le pont de Valdecañas, passèrent la rivière de Cabriel et se jetèrent dans les montagnes. Le maréchal envoya après eux Menidilla, officier général espagnol, avec un petit corps, qui leur tua quelques gens, fit quelques prisonniers des plus paresseux et leur enleva deux ou trois cents chariots chargés de munitions et d'équipages.

Cette attaque ainsi manquée, le maréchal divisa son armée, et en donna dix bataillons et dix-huit escadrons au marquis de Joffreville, qui les mena sur les frontières de la Castille-Neuve, de Murcie et de Valence, et Hessy fut détaché avec des compagnies de grenadiers, quelques bataillons, deux régiments de dragons, deux cents chevaux et quelques pièces de canon pour aller chasser les ennemis de Cuenca, où ils avoient laissé cinq bataillons des plus délabrés sous un maréchal de camp espagnol, nommé Amanda, qui avoit quitté le service de son maître.

Il y eut d'abord quelques escarmouches dans un faubourg, qui fut ensuite abandonné pour se retirer dans la ville. Hessy s'étant emparé d'une hauteur qui commandoit la place, fermée seulement par une muraille sèche, Amanda demanda à capituler et se rendit prisonnier de guerre avec sa garnison, après quelques contestations sur les conditions[1].

Le maréchal marcha avec son armée à l'appui de ses détachements. Le marquis de Joffreville et Menidilla, qui l'avoient joint avec les troupes de l'évêque de Murcie, pénétrèrent dans le royaume de Valence. Le dernier emporta d'assaut Orihuela, dont l'Archiduc s'étoit emparé, de même que d'Alicante et de Carthagène. Joffreville alla investir la première, et le maréchal se rendit à la seconde avec un gros corps de troupes et de la grosse artillerie. Il n'y avoit dans cette ville que neuf cents hommes de pied et quatre cents chevaux. Le commandant fut sommé aussitôt de se rendre, avec menaces qu'il n'y auroit aucun quartier pour sa garnison si elle tiroit un seul coup; ce crédule bonhomme se rendit à discrétion. Quelque coin de cette ville, qui étoit grande, fut un peu pillé par nos maraudeurs, qui s'y introduisirent avec adresse. On y trouva une grande quantité de vins et de grains, deux mille cinq cents mulets de voitures et, à ce qu'on a dit, plus de cent mille sacs d'orge, qu'on mit en magasin pour l'armée.

Le gros de celle des ennemis, qui étoit campé en ce temps-là à Xativa, se retira vers Denia, et le reste des troupes de l'Archiduc se répandit dans les villages depuis Xativa jusques à Denia; sa personne étoit à Valencia.

Après cette expédition, le maréchal vint à Murcie, y fit travailler aux préparatifs du siège de Carthagène,

1. Voyez l'*Histoire militaire*, par le marquis de Quincy, t. V, p. 248.

qu'il méditoit, [et que l'événement fit connoître qu'il n'étoit pas besoin de faire grands.] La place étant assez bonne d'elle-même, les Alliés n'y avoient pas mis grand monde, ne s'attendant pas à une pareille révolution.

Le chevalier d'Asfeld alla investir la place; et, l'ayant reconnue avant l'arrivée du maréchal, il lui en rendit compte. La tranchée fut ouverte seulement pendant trois où quatre jours; le gouverneur se rendit à discrétion avec son peu de monde, dans la défiance où il étoit des habitants; on trouva dans cette ville une nombreuse artillerie de fonte, quantité de munitions de guerre et de bouche.

Après la prise de Carthagène, l'Archiduc, qui se tenoit encore à Valence, se retira à Barcelone. Le maréchal de Berwick envoya ses troupes dans des quartiers aux royaumes de Murcie et de Valence, et revint à Madrid, où il arriva le 5 décembre.

Pendant tout ceci, le marquis de Bay, qui étoit en Estrémadure avec un corps de troupes, [avec lesquelles il avoit reconduit les Portugais,] pénétra assez avant dans le Portugal, où il enleva quantité de bestiaux et de butin, mit le pays à contribution, s'empara de Moraleja[1], reprit Alcantara en une nuit par escalade et fit passer au fil de l'épée la garnison portugaise. On y trouva assez de canon, des munitions de guerre et des vivres en quantité, et deux cents chariots qui, la veille, en avoient déchargé de nouvelles. Cette action finit la campagne en Portugal, de même que la prise de Carthagène avoit mis fin à celle d'Espagne. Il ne se passa plus rien non plus en Roussillon, où il étoit

1. Petite ville au nord d'Alcantara, sur un petit affluent du rio Alagon.

venu au duc de Noailles jusques à huit mille hommes pour garder cette frontière.

Campagne d'Italie, 1706. — Après la fin de la campagne d'Italie de l'année 1705, le prince Eugène s'en retourna à Vienne, et M. de Vendôme à la cour, [l'un et l'autre ayant laissé les armées qu'il avoit commandées dispersées dans leurs quartiers, en la manière que je l'ai montré dans mon récit de cette année.] Le comte de Médavy, le plus ancien lieutenant général, prit le commandement des troupes et eut ordre de faire avancer insensiblement, pendant son absence, les régiments les plus forts qui étoient en quartiers dans les derrières, d'où il devoit retirer quelques bataillons foibles pour ne donner aucun soupçon aux ennemis, et leur faire croire que ce mouvement de troupes n'étoit qu'un simple changement de quartier, [et d'agir en ceci avec beaucoup de précaution pour ne leur donner aucune inquiétude.]

M. de Vendôme, étant arrivé à la cour, proposa au Roi le dessein qu'il avoit formé d'aller attaquer, avant l'ouverture de la campagne, les quartiers que les ennemis avoient pris, [au nombre d'environ quinze mille hommes,] depuis Montechiaro jusques à Calcinato, quoiqu'ils fussent assez près les uns des autres, et situés sur des hauteurs dont l'accès étoit difficile, et que tout le front du terrain qu'ils occupoient fût retranché avec le dernier soin et couvert de plusieurs canaux et autres eaux qu'il falloit traverser. Il assura si bien le Roi qu'il les surprendroit et les battroit infailliblement, sans que son armée courût aucun risque d'être battue, que Sa Majesté approuva le projet. Ainsi, après avoir séjourné très peu de temps à la cour, il en repartit vers la fin du mois de mars, et se rendit, par Gênes, à Mantoue vers la mi-avril[1]. Lorsqu'il fut arrivé et qu'on lui eut rendu compte de toutes choses, il déclama publiquement contre le comte de Médavy, qui, par ses nouvelles dispositions de troupes, avoit dérangé ses projets, et contre l'épuisement des magasins, [qui le mettoient à recommencer.] Il ne laissa pas de se promettre, malgré cela, de venir à bout de suivre son dessein. Il ordonna aux munitionnaires de faire de nouveaux amas aux lieux qu'il leur indiqua; et, comme sa santé étoit de coutume assez valétudinaire, il se fit préparer des remèdes, dont il devoit user en attendant le temps propre pour l'ouverture de la campagne, et commanda qu'on lui fît une médecine pour le surlendemain. Cela ralentit la curiosité de tout le monde sur les mouvements des troupes qu'on savoit qui s'étoient faits et se faisoient; mais on fut bien étonné lorsqu'on le vit monter à cheval la nuit suivante, et qu'il arriva le lendemain au soir à Castiglione, à deux lieues de la frontière du Brescian, et à trois de Calcinato, où il trouva cinquante-trois bataillons et soixante-sept escadrons assemblés par ses ordres. Il marcha, dès le même soir, aux ennemis, qui étoient commandés par le comte de Reventlaw[2], général danois, posté avec environ quinze mille hommes dans un poste très avantageux et très bien retranché. On arriva au bord d'un naviglio, à la tête du camp ennemi,

1. Vendôme arriva en cour le 12 février, eut une dernière audience du Roi le 11 mars et quitta Paris le 15; il s'embarqua à Antibes sur une galère royale, qui le débarqua à Gênes (*Dangeau*, t. XI, p. 32, 53 et 56).
2. Tome III, p. 188.

et on y trouva une garde de cavalerie, qui le repassa aussitôt qu'elle nous eut découverts.

Le jour étant survenu, M. de Vendôme considéra attentivement la situation avantageuse du poste que les ennemis occupoient et jugea qu'au lieu de les attaquer de front, il falloit éviter de passer devant eux des naviglios et des ruisseaux qui le couvroient, et que le plus expédient étoit de le prendre par leur gauche, qui étoit moins garnie de troupes et plus accessible. Il y avoit d'ailleurs moins de ruisseaux à passer, et il espéroit par là les couper au Pont-de-Saint-Marc et au chemin de Gavardo, s'ils vouloient combattre, ou tout au moins de les obliger à se déposter. Il fit faire des ponts sur le naviglio et les ruisseaux à la hauteur du centre de l'ennemi, et, pour l'empêcher de le dégarnir, il y laissa pendant quelque temps un nombre de troupes, avec ordre d'engager avec lui par des détachements de fortes escarmouches.

Combat de Calcinato, 19 avril 1706[1]. — Il fit donc jeter en diligence plusieurs ponts sur un naviglio et sur un fossé qui se trouvoit au delà, et qu'il falloit traverser avant de pénétrer dans la plaine. Les troupes passèrent et marchèrent vers le pont de Calcinato. Au lever du soleil, les ennemis aperçurent ce mouvement et firent marcher leurs troupes sur les hauteurs proche de ce bourg, où elles se mirent en bataille, avec ordre

---

1. Sur le combat de Calcinato, l'on peut voir les *Mémoires de Sourches*, t. X, p. 63-64, le *Journal de Dangeau*, t. XI, p. 84-85, la *Gazette*, p. 213-216, 224-225 et 235-236, la *Gazette d'Amsterdam*, n°s XXXVI et XXXVII, le *Mercure* d'avril, les *Mémoires militaires*, t. V, p. 145-152, les *Mémoires du chevalier de Quincy*, t. II, p. 163-168, etc.

à celles qui étoient restées vers Montechiaro de les joindre au plus tôt. M. de Vendôme, qui en jugea de même, fit avancer celles de ses troupes qui avoient passé les défilés, ordonnant aux autres de suivre. Il s'avança à une portée de fusil de l'ennemi et les fit mettre en bataille derrière un petit coulant qui se rencontroit en cet endroit. Dès le moment que ses lignes furent formées, il les fit marcher droit à l'ennemi, dont elles essuyèrent les décharges de fort près, sans tirer un seul coup, puis entrèrent dedans et les mirent en fuite. Le combat fut vif à notre gauche; la cavalerie allemande la mit un peu en désordre, quoique de beaucoup inférieure en nombre; mais cela se raccommoda, à l'aide de quelques bataillons qu'on jeta de ce côté-là pour favoriser le ralliement et contenir les ennemis, et de plusieurs escadrons frais qui arrivèrent à propos.

Pendant ce temps-là, deux de nos brigades d'infanterie attaquèrent les faubourgs et quelques cassines de Calcinato et les prirent. Les ennemis ainsi battus se retirèrent le mieux qu'il leur fut possible du côté du Pont-de-Saint-Marc[1] et le passèrent avec assez de confusion; car on en tua et prit un grand nombre. Ceux de Calcinato passèrent la Chiesa sur le pont, pour rejoindre ceux de leurs gens qui avoient pris par celui de Saint-Marc. Ils se trouvèrent à la hauteur de ce pont lorsqu'une de nos brigades d'infanterie l'avoit déjà passé pour suivre les ennemis. Ceux qui s'étoient retirés par le pont de Calcinato les ayant mis dans le mauvais ordre qu'un peu d'imprudence et de chaleur cause

1. Ponte-San-Marco est à quelque distance au nord de Calcinato, sur la route de Brescia à Vérone.

ordinairement, les ennemis leur firent regagner le Pont-de-Saint-Marc avec vitesse; mais la tête de notre armée, y arrivant d'un autre côté, rétablit ce petit désavantage; car, ayant passé la rivière, les ennemis continuèrent leur chemin. On les suivit un peu de temps, et on leur fit encore quelques prisonniers.

Les relations ont dit qu'ils perdirent en ce combat trois mille hommes tués ou blessés et autant de prisonniers; notre perte fut bien au-dessous. On leur prit aussi quantité de bagages, qui furent abandonnés au pillage du soldat.

Le prince Eugène, revenant d'Allemagne, rejoint son armée, rassemble ses quartiers du Brescian et se retire vers le Trentin. — Après cette défaite, les ennemis se retirèrent du côté de Moscolino [1], et M. de Vendôme alla camper sur le champ où l'on avoit combattu. Il y apprit que, le même soir, le prince Eugène, revenant d'Allemagne, avoit rejoint son armée, qu'il rassura fort par sa présence. Sur cela, le premier mouvement de M. de Vendôme fut de marcher à lui; mais, soit qu'il voulût un peu se reposer, à quoi il étoit sujet quand il avoit fatigué, ou qu'il lui manquât quelque chose, il ne s'ébranla que le quatrième jour après le combat. Ce retardement donna le temps aux ennemis de se reconnoître et de se rassembler, et le prince Eugène s'en servit pour se faire joindre par les troupes des différents quartiers répandus dans le Brescian, et par les autres qui n'avoient pu se trouver au combat, à cause de l'éloignement du lieu où il se donna.

M. de Vendôme se met en marche pour tâcher de joindre le prince Eugène. — M. de Vendôme, s'étant

---

1. Ci-dessus, p. 173-174.

mis en marche dès le matin du 23, arriva le même jour à une demi-lieue de Moscolino, et campa sa droite vers Manerbio, village ou bourg sur le bord du lac de Garde, et sa gauche à Paponello. Le reste de la journée se passa à reconnoître la situation du camp des ennemis, qui commençoient à se retrancher et à se préparer pour l'attaque du lendemain. Mais le prince Eugène, qui n'avoit garde de hasarder un second combat avec une armée inégale en force et qui venoit d'être battue, craignant d'ailleurs que M. de Vendôme ne lui coupât sa communication avec le Trentin, dont il faisoit son capital, à cause de ce que toutes ses provisions de guerre et de bouche et les secours de troupes qui venoient d'Allemagne, lui arrivoient par là, décampa sur les sept heures du même jour, faisant marcher sa cavalerie le long de la Chiesa, par la vallée de Sabio[1], et son infanterie par Salo. Elle fut un peu canonnée pendant sa marche le long du lac de Garde, par les galiotes que nous avions sur ce lac[2], et se trouva contrainte, pour s'en garantir, d'enfourner la vallée de Nora[3] et de regagner celle de Sabio, après avoir jeté dans le lac quelques pièces de gros canon qui ne pouvoient suivre. Il leur en coûta encore une quantité de gros équipages, qu'ils furent contraints d'abandonner.

M. de Vendôme suit le prince Eugène. — Dès que M. de Vendôme fut averti de la marche des ennemis, il se mit à les suivre par Salo, qui lui sembla le che-

1. Dans le Brescian, à l'ouest du lac de Garde.
2. Ces galiotes étaient commandées par le chevalier de l'Aubépin.
3. Une des petites vallées qui aboutissent à la rive occidentale du lac.

min le plus court pour les atteindre, et détacha devant lui Albergotti avec tous les grenadiers de l'armée et quelque cavalerie. Quand il arriva à Salo, il les aperçut au delà qui poursuivoient leur chemin, et se mit à les suivre. Ayant fait environ deux lieues, il joignit leur arrière-garde, qui faisoit ferme sur un terrain montueux et escarpé à vive arête. Elle avoit devant elle un défilé, un assez bon château dans la montagne, et tout son front couvert d'un terrain impraticable[1]. Cependant il ne laissa pas de s'engager entre eux et nous une assez grosse escarmouche, qui dura quatre ou cinq heures, avec des degrés de chaleur différents. [Nous y perdîmes nombre de grenadiers.]

Albergotti, jugeant alors toutes ses tentatives inutiles pour déposter les ennemis, reprit son chemin pour joindre la tête de l'armée, qui s'étoit avancée de Salo afin de le soutenir, et rencontra M. de Vendôme vers Salo, qui cessa en cet endroit de poursuivre les ennemis. On trouva dans cette petite ville une grande quantité d'armes et de bagages, dont on s'empara, et plus de cent officiers impériaux blessés au combat de Calcinato, qui moururent presque tous, faute d'avoir été secourus à temps.

Cette cessation de poursuite donna le temps au prince Eugène de continuer tranquillement sa marche, faisant presque le tour du lac de Garde, et arriva dans le Trentin, vers Castelbaldo et le village ou bourg d'Ala, où il attendit ses recrues, ses remontes et plusieurs régiments impériaux qui devoient grossir son armée. Pendant ce temps-là, le colonel Batté, ou Patté

1. Voyez le récit de cette escarmouche dans les *Mémoires du chevalier de Quincy*, t. II, p. 173.

selon quelques-uns[1], occupoit différents postes dans le Véronois, avec quelques troupes impériales que l'armée soutenoit, quoique de quelque distance.

M. de Vendôme fait ses dispositions pour empêcher le prince Eugène de passer l'Adige. — M. de Vendôme, de son côté, qui n'ignoroit pas que tous les desseins du prince Eugène tendoient à trouver les moyens de faire pénétrer en Piémont l'armée qu'il commandoit, pour aller au secours du duc de Savoie, fit ses dispositions pour l'en empêcher ; et, comme la route qu'il avoit tenue l'année précédente, dans la même intention, lui paroissoit la plus facile et la plus vraisemblable parce qu'il y avoit moins de rivières à traverser, il donna principale intention à la lui interdire. Dans cette vue, il envoya premièrement le comte de Médavy, avec douze bataillons, garder les passages de Gavardo et de Salo et autres postes à portée, afin d'être bien averti de ce qui pourroit arriver de ce côté-là ; il détacha Albergotti avec deux mille dragons, quelque cavalerie et vingt-quatre bataillons, pour aller établir un camp retranché, qui fut bien garni de canons, vers la Ferrara et Castelbaldo, et occuper les postes les plus convenables des environs par des retranchements. Mais, comme les Impériaux avoient un poste à quelque distance de ce camp retranché, et en deçà du Haut-Adige, Albergotti envoya faire une tentative par un bon détachement de grenadiers et du canon. Ce poste se trouva excellent et bien défendu, et il fallut s'en revenir sans l'avoir pris, après avoir perdu quantité de grenadiers[2].

1. Ci-dessus, p. 166.
2. *Mémoires du chevalier de Quincy*, t. II, p. 174-177.

Dispositions de M. de Vendôme pour garder l'Adige.
— M. de Vendôme détacha aussi Saint-Frémond, avec la plus grande partie de sa cavalerie, entre le Mincio et le Bas-Adige, c'est-à-dire à la hauteur de Vérone, tirant sur Legnano; M. Le Guerchois fut envoyé, avec deux bataillons et deux régiments de dragons, occuper l'île de Rovigo, et M. de Vendôme, avec le reste de ses troupes, se tint aux environs de Castiglione, afin d'être à portée de soutenir les différents quartiers, selon les occurrences. Quelques jours après, il fit tirer une ligne depuis le lac de Garde jusques à l'Adige, afin de boucher cette trouée aux ennemis. Albergotti la vint garder avec ses troupes; mais ce ne fut que le 27 mai[1]. Les deux armées demeurèrent un espace de temps en cette disposition, et je vais en profiter pour parler sommairement de ce qui se passa devant Turin.

J'ai dit ci-devant[2] qu'on avoit été sur le point d'en faire le siège vers la fin de la campagne dernière, et que la partie fut remise, pour les raisons ci-dessus détaillées. Quelques-uns en rapportent d'autres fort secrètes, et par conséquent très inconnues à la plupart des hommes, qui ont semblé à d'aucuns avoir eu de grandes et de malignes influences sur cette campagne[3]. Quoi qu'il en soit, il faut en venir à un récit dont le succès malheureux, qui a fait perdre à l'Espagne ses États d'Italie en une seule année, et à la France, pour

1. Le chevalier de Quincy (t. II, p. 179) attribue à Albergotti l'idée de ce retranchement et dit que M. de Vendôme le blâma.
2. Ci-dessus, p. 204-205.
3. C'est une allusion au bruit qui courut que l'influence de la duchesse de Bourgogne, fille du duc de Savoie, avait fait retarder le siège.

un temps, la plus grande partie de la réputation de ses armes, ne se doit rapporter qu'à regret par un bon François.

Préparatifs pour faire le siège de Turin. — M. de la Feuillade, gendre du ministre et nouveau général, commanda l'armée qui eut ordre de faire ce siège, pour lequel on renouvela et redoubla, pendant l'hiver, tous les préparatifs nécessaires à une si grande et si importante entreprise. L'armée fut dès le commencement de soixante-huit bons bataillons et de quatre-vingts escadrons, avec une nombreuse et formidable artillerie, cent ingénieurs et une provision prodigieuse de munitions de guerre et de bouche, des chariots et des bêtes de somme en abondance et beaucoup d'argent.

État auquel étoit Turin quand il fut investi par les François. — Le duc de Savoie se trouva en personne dans Turin quand cette place fut investie, et y resta même dans le commencement du siège, et tant qu'il crut que sa personne ne seroit pas nécessaire ailleurs. Il avoit sous lui, pour commandant général, le comte de Thaun[1], le marquis de Carail et la Roche d'Allery, qui avoient défendu Nice et Verrue, avec un corps de quatre à cinq mille chevaux, qui campoit aux environs de la place, [tantôt d'un côté, tantôt d'un autre, selon qu'il y trouvoit sa sûreté, qui consommoit les fourrages à sa portée et qui inquiétoit les nôtres autant qu'il le pouvoit.] La garnison, qui étoit nombreuse et valeureuse, se trouvoit composée de six cents chevaux, de

1. Ulrich-Philippe-Laurent de Thaun, né en 1669, était général major dans l'armée impériale; il fut vice-roi de Naples pour l'Archiduc en 1707.

mille cavaliers démontés, de six régiments impériaux de vieilles troupes, de dix-sept bataillons piémontois, quantité d'officiers d'artillerie, d'ingénieurs, de canonniers, de bombardiers, d'ouvriers et de mineurs. Il y avoit aussi dans la place un grand nombre de pièces de canon, des mortiers et des pierriers en abondance, des munitions de guerre et de bouche en quantité, et beaucoup de noblesse, avec une multitude de bourgeois bien armés et fort affectionnés. Sur les hauteurs et les collines au delà du Pô, vis-à-vis de la place, il y avoit plusieurs redoutes et cassines garnies d'artillerie et bien fortifiées et retranchées, gardées par quelques bataillons et quantité de milices.

Je ne m'amuserai point à faire une description détaillée des fortifications de la place; je dirai seulement que la citadelle étoit excellente, la ville fort au-dessous, et que le duc de Savoie n'avoit rien omis de tout ce que son expérience, jointe à l'esprit de la guerre, qu'il possède au suprême degré, peut fournir et suggérer pour faire corriger par tout l'art imaginable les défauts des anciennes fortifications et la défectuosité de la diversité des terrains.

Investiture de Turin par les François. — L'armée du Roi qui devoit faire le siège, s'étant assemblée aux environs de Chivas, le 12 mai, prit incontinent sa marche sur Turin. La cavalerie du duc de Savoie, qui étoit alors vers la rivière de Sture, décampa et vint passer la Doria à Colorno, dont elle rompit le pont.

Le duc de la Feuillade, ayant passé la Sture, vint le même jour camper à la Vénerie, maison de plaisance de M. de Savoie. Le lendemain, l'armée se mit en bataille dans la plaine de Notre-Dame-de-Campagne;

puis elle marcha et vint camper hors de la portée du canon de Turin, sa droite appuyée à Lucento sur la Doria et sa gauche au Vieux-Palais sur le Pô, la Sture derrière elle.

Le lendemain 14, le duc de la Feuillade fit travailler les pionniers, [qu'il avoit fait venir en grand nombre,] aux lignes de circonvallation sur toute l'étendue du front de l'armée[1], et y ajouta quelques redoutes, avec des communications, pour mettre son armée en toute sûreté et se faciliter l'arrivée des convois d'artillerie et de munitions de guerre et de bouche, qu'il devoit tirer du Crescentin et de Chivas; puis il traça une grande parallèle, qui servit de contrevallation.

Dans cette situation, M. de Savoie, attentif à tout, remarqua que la gauche de l'armée, étant campée trop près du Pô, donnoit prise sur elle, la place n'étant pas investie de l'autre côté de ce fleuve; il le fit passer, [la nuit, sur son pont, qui étoit bien gardé et défendu de la place,] à un détachement d'infanterie avec du canon, qui fut posté vers Saint-Maur, et fit feu dès le point du jour avec tant de succès sur le flanc de cette gauche, qu'on fut obligé de la retirer et de l'éloigner du Pô, [ce qui nuisit beaucoup dans la suite.] Après cela, étant averti que le duc de la Feuillade faisoit passer de l'infanterie, du canon et des bateaux pour construire des ponts sur la Doria, à Pianesse et à Lucento, il envoya une partie de la cavalerie qu'il avoit gardée

---

[1]. Le gouvernement piémontais a fait imprimer en 1838 un journal du siège par le comte Solar de la Margeride, qui commandait l'artillerie dans la ville. L'indication des principaux récits du siège se trouve dans le commentaire des *Mémoires de Saint-Simon*, t. XIV, p. 51, note 1.

à Turin fortifier le corps qu'il avoit à Colorno, et y ajouta des régiments de dragons et d'infanterie, avec du canon vis-à-vis de Lucento, qui battit le pont qu'on alloit commencer, rompit quelques bateaux et fit tomber en cannelle[1] le château. Cette aventure retarda un peu la construction du pont. M. de Savoie envoya encore un détachement avec de petites pièces de canon vers Alpignan, un peu au-dessus de Pianesse, qui donna l'alarme à un petit camp que nous y avions, de manière qu'on y fit marcher une partie de la gauche de l'armée.

Comme tout ceci n'étoit pas suffisant pour empêcher l'armée de faire ses ponts et de passer la Doria, et que d'ailleurs M. de Savoie jugea qu'il étoit temps de rappeler son corps de cavalerie, son infanterie et son canon sous Turin, de peur qu'ils ne fussent coupés pendant leur retraite, il leur envoya ordre de revenir; ce qu'ils exécutèrent sans mésaventure.

Les ponts sur la Doria, à Pianesse et à Lucento, étant achevés, M. de la Feuillade y fit passer la plus grande partie de son armée, pour circonvaller la place du côté de la citadelle, depuis la Doria jusques au Pô, [ayant laissé l'autre au delà de cette rivière, depuis Lucento jusques au Vieux-Palais contre le Pô.] Pendant ce mouvement qui se fit avec diligence, M. de Savoie parut en bataille à la tête de sa cavalerie et s'avança dans la plaine, jusque vers la Porporata. Il y eut là d'abord quelques escarmouches; mais nos troupes, s'étant développées et étendues avec vitesse, l'obligèrent à se retirer bien-

---

1. Briser, réduire en morceaux comme ceux de la cannelle qu'on vend dans le commerce.

tôt sous le feu de sa place, où il demeura encore quelque temps en bataille, puis fit rentrer une partie de sa cavalerie dans Turin et établit l'autre près du Valentin, qui est proche de la ville. Comme il craignit avec vraisemblance qu'elle ne fût attaquée de ce côté-là, c'est-à-dire, entre la citadelle et le Pô, à la faveur des ravins et des vallons qui s'y rencontrent, il fit faire à l'autre côté de la rive du Pô une batterie de canon sur une colline, près de la cassine de Madame, pour en défendre les approches et l'entrée du Valentin aux troupes du Roi. Il fit abattre les avenues d'arbres qui conduisoient de la ville à cette maison royale, et en embellissoient les environs, afin de donner de la vue au feu de la place, en cas qu'elle fût attaquée de ce côté-là, parce qu'elle étoit la partie la plus favorable et la plus accessible. On retira dans la ville les arbres abattus, les uns après les autres, afin de s'en servir à la défense.

Le duc de la Feuillade n'avoit pas assez de troupes pour investir Turin de l'autre côté du Pô et en chasser celles de M. de Savoie et les milices qu'il y avoit fait retrancher et fortifier par de bons réduits, selon la diversité des terrains, dont on ne pouvoit se rendre maître que par une continuité de petits sièges qui auroient tenu du temps et occupé une grande quantité de troupes. En attendant qu'il lui en fût arrivé d'autres qu'il avoit demandées pour achever sa circonvallation, il fit avancer un régiment de dragons sur la rive du Pô, vis-à-vis de la chapelle du Piloneti[1], pour y faire un retranchement bien établi, interdire aux

1. Le pont et la colline du Pilon, avec une chapelle dédiée à la Vierge, se trouvent sur la rive droite du Pô, en face de Turin.

troupes de M. de Savoie la communication avec le plat pays et les empêcher d'y pénétrer pour en tirer une continuité de subsistance.

Ce prince clairvoyant ne manqua pas de connoître l'importance de se la conserver et fit établir des batteries de vingt-quatre pièces de gros canon et des calibres plus petits, sur la colline vis-à-vis et dans la prairie au-dessous, pour interdire les avenues du Pô, qui foudroyèrent le retranchement qui se commençoit, de manière que le régiment de dragons ne s'y put tenir, et qu'il eut ordre de se retirer derrière la cassine de Rivi, où il en étoit à couvert; mais il ne faisoit plus l'effet qu'on s'en étoit proposé.

Pendant ceci, on travailloit aux lignes de circonvallation, qui avoient une grande étendue; car elles étoient fort éloignées de la place. On travailla fortement à celles de contrevallation, qu'on palissada en plusieurs endroits, afin de mieux s'assurer contre les sorties, et on occupa toutes les cassines en avant, qui en étoient proches. Elles furent bien retranchées et palissadées avec de bonnes communications des unes aux autres.

M. de Savoie, jugeant alors le grand nombre de sa cavalerie inutile contre Turin, y laissa seulement cinq à six cents chevaux, y prit quelques bataillons, se mit à la tête du tout et les mena camper à Moncalieri. Il y construisit un pont sur le Pô, dans le dessein d'incommoder nos fourrages. Il fit bien retrancher la tête de ce pont et mit un bataillon dans le château, avec ordre de s'y fortifier, puis revint à Turin.

Les lignes étant achevées, et même dans le temps qu'on y travailloit, M. de la Feuillade prépara de grandes provisions de fascines et de gabions, et ayant reçu de Crescentin et de Chivas quantité de pièces de gros canon, des mortiers et des munitions de guerre, se disposa à diriger ses attaques contre la citadelle, sans en faire aucune à la ville, ainsi qu'il en avoit paru avoir eu le dessein dès l'année précédente. [Quoiqu'on fût universellement informé que le duc de Savoie, pendant l'hiver qui suivit, n'eût rien omis de tout ce que la vigilance la plus exacte et l'art le plus parfait pouvoient fournir pour la rendre plus redoutable, il est à présumer, pour la justification de M. de la Feuillade, que la cour en étoit bien informée, qu'il ne l'entreprenoit pas sans ses ordres et qu'on s'y étoit même flatté, au moyen de quelques intrigues de cour où on vit assez d'apparence, que, quand on auroit une fois pris la citadelle de Turin, on la garderoit jusques à la paix, et qu'on s'assureroit de M. de Savoie par un traité qui lui seroit avantageux et qui d'ailleurs lui laisseroit sa ville libre avec les petites villes du plat pays sans défense, qui ne pouvoient se garder, à l'exception de Coni, contre celui qui étoit maître de la campagne. Mais il ne faut pas pousser des conjectures incertaines plus avant, pour se renfermer dans des bornes plus exactes et qui me conviennent davantage, et me contenter de donner seulement ici une narration la plus succincte qu'il me sera possible de ce fameux siège et suffisante pour en donner l'intelligence.]

Ouverture de la tranchée devant Turin et détail de ce siège. — La tranchée devant la citadelle de Turin fut ouverte la nuit du 2 au 3 de juin, et on fit en même temps en cette partie une seconde parallèle, si on veut dire que la circonvallation servoit de première en cet endroit. Cette seconde se trouvant faire face seulement à la citadelle, à environ mille toises de distance des dehors, s'éloignoit encore bien plus de gauche, et prenoit depuis la cense des Jésuites, contre laquelle elle étoit appuyée, jusques vis-à-vis de la cassine du Major, que le canon de la place avoit jeté bas le jour précédent.

Ce travail, à cause de son éloignement et de la protection qu'il tiroit de la première parallèle, ne put être interrompu par les assiégés, [qui en furent d'abord avertis par leurs patrouilles,] que par quelques coups de canon fort incertains à cause du grand éloignement dont ils partoient et des ténèbres de la nuit. On établit des batteries de mortiers dans une seconde parallèle ; on perfectionna les travaux commencés jusqu'à la nuit du 6 au 7, qu'on poussa en avant deux boyaux jusques à la portée du mousquet ; et on commença une troisième parallèle avec un crochet à la gauche, [pour se couvrir d'un certain endroit qu'on appelle la Valdoc,] ce qui fit croire aux assiégés qu'on vouloit aussi faire une attaque à la porte Susine[1] de la ville. Dans cette idée, ils augmentèrent le nombre de leurs travailleurs à leurs flèches commencées vers cette porte et à leur ouvrage à corne, afin d'en éloigner les assiégeants le plus qu'ils pourroient.

Dans ce temps-là, on découvrit quelques intrigues que M. de Savoie avoit à Casal et à Alexandrie, et au moyen desquelles il espéroit de s'en rendre maître et de faire échouer le siège de Turin, si elles lui avoient réussi.

Depuis la nuit du 7 au 8 jusqu'au 12 et au 13, on continua les travaux, et l'on commença une quatrième

---

1. La porte par où on allait à Suse.

parallèle, qui joignit les boyaux qu'on avoit avancés. On la perfectionna, et on fit d'autres boyaux de communication pour aller aux redoutes qu'on avoit faites, afin d'assurer la droite des tranchées; on les ferma par des crochets. On travailla dans la parallèle à des batteries pour soixante pièces de gros canon, et on jeta force bombes dans la citadelle et dans la ville, qui y firent beaucoup de dommage.

Les assiégés, de leur côté, logèrent jusqu'à soixante-quinze pièces de canon et bien des mortiers sur le polygone attaqué, tant sur les bastions et courtines que dans les contregardes, demi-lunes, chemins couverts, flèches, et autres ouvrages, d'où ils firent un feu terrible, aussi bien que de leur mousqueterie, et nous tuèrent et blessèrent quantité de monde.

M. de Savoie ordonna une sortie par la porte Neuve de la ville, avec de la cavalerie, de l'infanterie et du canon, qui fut avancé et posté si bien et si avant, qu'il voyoit de revers les batteries qui se faisoient, et incommoda si fort les travailleurs qu'ils abandonnèrent ce travail un espace de temps; mais, M. de la Feuillade ayant fait avancer un corps de troupes, les ennemis se retirèrent. Cette sortie fut cause que, pour empêcher la récidive, on poussa le travail en avant de la cassine de Machioles, quoiqu'assez éloignée des attaques, et deux boyaux avec des redoutes, et on y établit une batterie de canon.

Ensuite M. de Savoie commanda une autre sortie de quelques grenadiers, soutenus d'une petite troupe de cavalerie et du canon, qui vinrent se poster à cent cinquante pas en deçà de l'avant-glacis de la flèche qu'on appelloit Amédée. Ce canon, parfaitement servi, tiroit la nuit à cartouches sur le travail de la tranchée, et l'incommodoit fort; puis tout cela se retiroit au point du jour dans le chemin couvert.

Il arriva aussi à l'armée vingt escadrons de renfort et quelques bataillons des troupes de Milan et des Montferrins, que M. de Vendôme envoya à M. de la Feuillade. Cette infanterie étoit nouvellement levée et ne rendit pas grand service. Avec ce secours, M. de la Feuillade songea à couper les vivres qui venoient à Turin par l'autre côté du Pô, et fit à cet effet un détachement de mille grenadiers et de deux régiments de dragons, sous le comte d'Estaing[1], pour aller passer la rivière à l'abbaye [de Saint-Maur et se poster sur la montagne] de Felimo; ce qu'il ne put exécuter, parce que M. de Savoie, en ayant eu avis à temps, envoya aussi un détachement qui arriva plus tôt que le sien sur le bord de la rivière, et l'empêcha de la passer. Il fut obligé de descendre plus bas et d'aller la traverser sur le pont de Chivas, d'où il vint à Cassino. Sur les avis que M. de Savoie reçut que le duc de la Feuillade s'ébranloit avec dix-huit bataillons, du canon et cinquante escadrons, pour venir passer le Pô à Carignan, il vit qu'il étoit temps de retirer de Turin les duchesses royales[2], les princes et princesses de sa famille, avec les principaux de sa cour. Pour favoriser leur sortie, il tira de la ville plusieurs corps entiers d'infanterie, auxquels il fit passer le Pô, pour se poster derrière la colline des Capucins, où il avoit ses

1. François III, comte d'Estaing (ci-dessus, p. 27), était un ami intime de M. de la Feuillade.

2. C'est-à-dire la duchesse sa mère et la duchesse sa femme (*Mémoires de Saint-Simon*, t. XIV, p. 3-4).

premiers retranchements, et en fit recommencer d'autres dans les derrières pour favoriser cette retraite et la communication de son camp de Moncalieri avec Turin, en cas qu'elle se trouvât nécessaire [et qu'il eût été contraint de s'y acculer par la diligence de M. de la Feuillade, ce qui auroit renversé les projets de ce prince].

M. le duc de Savoie avoit d'autres desseins plus avantageux à ses intérêts que celui de s'enfermer dans sa capitale, où il avoit donné de bons ordres, et où étoient des chefs très courageux et très expérimentés pour les faire exécuter. Il partit de Turin, vint joindre son camp de Moncalieri et ne donna pas le temps au duc de la Feuillade de tomber dessus; car il le leva aussitôt et le mena à Villestelon; il le fit servir en même temps à couvrir la marche des princesses de sa cour, qui vinrent à Quiérasque, puis à Coni. Le prince de Carignan, avec sa famille, se retira à Mondovi.

Le duc de Savoie prit la résolution de fatiguer notre armée dans ses derrières et dans ses fourrages, en attendant que celle du prince Eugène se fût assez avancée vers lui pour s'y pouvoir joindre.

M. de la Feuillade, après avoir passé le Pô à Carignan, vint à Moncalieri, où il ne trouva plus M. de Savoie. Il fit faire des ponts sur cette rivière et y laissa cinq bataillons pour les garder. Ensuite il se mit en tête de suivre ce prince et, en l'environnant, de le faire prisonnier ou, s'il ne le pouvoit, de le chasser hors de ses États; mais il comptoit sans son hôte, ayant affaire à un prince trop vigilant et trop habile[2]. Tout

---

1. Le but de M. de Savoie avait été d'écarter la Feuillade du

ce qu'il put faire fut de se rendre maître de toutes les petites villes du plat pays, qui étoient sans défense, ou qui avoient de si petites garnisons, qu'elles ne se purent défendre, et d'en tirer autant de contributions qu'il lui fut possible.

Il alla même jusqu'à Mondovi, où il trouva le vieux prince de Carignan[1], avec le prince son fils et les princesses de sa famille, sous une simple garde de cinquante dragons. Il lui donna permission de venir à sa maison de Racconis[2] avec sa famille, et tout ce pays se soumit.

Après cela, M. de la Feuillade se remit à poursuivre M. de Savoie et partagea ses troupes en plusieurs corps. Il en donna un au comte d'Aubeterre[3], qui pensa être plus heureux que lui : car il joignit en marche l'arrière-garde des ennemis, et la chargea vigoureusement. M. de Savoie vint en personne à son secours, et se tira d'affaire à force de courage et d'adresse; puis il alla vers Lucerne, et se retrancha si avantageusement au penchant de la montagne, avec des Barbets qu'il avoit fait venir des Vallées, que le duc de la Feuillade ne jugea pas à propos de l'y attaquer. D'une autre part, le comte d'Estaing assiégea Villeneuve-d'Asti, où il y avoit six ou sept cents

siège et de fatiguer ses troupes en l'entraînant à sa poursuite.

1. Emmanuel-Philibert de Savoie, « ce fameux muet », comme dit Saint-Simon.

2. Aujourd'hui Racconigi.

3. Pierre Bouchard d'Esparbès de Lussan, comte d'Aubeterre, né en 1657 et mort en 1748, était lieutenant général et avait presque toujours servi dans la cavalerie; c'était un familier du duc de Vendôme.

hommes; mais, comme il avoit peu d'infanterie et de canon, il fut quinze jours ou trois semaines à les réduire.

M. de la Feuillade, après avoir laissé son redoutable adversaire à son camp de Lucerne, quelque infanterie à Mondovi, à Saluces et à Savillan, avec un corps de cavalerie sous cette dernière ville commandé par le comte d'Aubeterre, s'en revint à son siège de Turin avec le reste de ses troupes. Il avoit consommé un temps précieux à faire peu de chose en fatiguant beaucoup ses soldats pendant environ six semaines. Je laisse à juger s'il n'auroit pas mieux fait de demeurer au siège et de le pousser avec vigueur, au lieu qu'il dégénéra en lenteur pendant son absence, et que l'infanterie qui y étoit restée se trouva surchargée de travail et de fatigue à cause des bataillons qu'il en avoit tirés; ce qui engendra des maladies parmi l'infanterie, qui fut encore considérablement diminuée par ceux qui avoient été tués ou blessés.

En continuant les travaux[1], on tira une parallèle du boyau de la droite jusques vis-à-vis de la porte Susine, à la gauche de l'attaque et de l'ouvrage à corne, et on avança celui qui alloit vers la face du bastion Amédée. On étendit la parallèle vers la face de la courtine du même bastion; on continua le boyau vis-à-vis de l'ouvrage à corne vers le bastion Royal, et on fit une batterie de trente mortiers, qui jeta con-

1. L'ingénieur en chef du siège fut Rémy Tardif, élève de Vauban. Il tint un journal des travaux d'attaque qui est conservé au dépôt de la Guerre, vol. 1979, n°s 234-237, et qui fut continué par son collègue Villars-Lugein; notre auteur a dû s'en inspirer.

tinuellement des bombes et des pierres dans les ouvrages. Les assiégés firent quelques petites sorties sur les travailleurs. Le lendemain[1], on prolongea les travaux et on les joignit de la droite à la gauche. Les assiégés firent une sortie de nuit et nous contraignirent d'abandonner le boyau de la droite, qu'ils ruinèrent; on marcha à eux et on les obligea de rentrer dans leurs ouvrages; mais, dès qu'ils y furent, leur canon et leurs mortiers firent un si grand feu, qu'on ne put réparer de tout le jour le dommage de la nuit précédente.

Dans ce même temps, on construisit des ponts sur le Pô au-dessus et au-dessous de la ville; on y fit passer des troupes pour achever l'investissement de la place; ce qui n'avoit pas encore été fait.

Après cela les assiégés firent deux sorties de jour, plus nombreuses que les précédentes : la première, sur le boyau de la droite, leur réussit; car ils tombèrent sur la tête de la tranchée de la droite, en poussèrent la garde, chassèrent les travailleurs et comblèrent une partie du travail, avant qu'on eût pu rassembler assez de troupes pour leur faire lâcher prise et les obliger à rentrer. Leur autre sortie fut sur le boyau de la gauche, où ils ne causèrent pas tant de dommage, parce qu'on s'y trouva mieux précautionné.

Dès qu'ils furent rentrés dans leurs ouvrages, leur artillerie fit un feu prodigieux, et cette journée nous coûta beaucoup de monde. Ensuite on répara le dommage des deux sorties précédentes, et on tira deux nouveaux boyaux, l'un aboutissant au glacis du che-

1. Ceci indique bien que Saint-Hilaire utilise un Journal du siège, puisque précédemment il n'a parlé d'aucun jour.

min couvert de la flèche du bastion de Saint-Maurice, l'autre embrassant la face droite de cette flèche, et partant d'une autre qui alloit vers la porte Susine.

La nuit suivante, on avança de quatre-vingts pas; le boyau tira sur l'ouvrage à corne, et on le termina par un crochet, qui lioit le commencement de la ligne parallèle à la contrescarpe, et depuis le boyau opposé à la face de la flèche du bastion Amédée. On tira aussi une autre ligne sur l'église de la Croisette, afin d'empêcher que la droite des travaux ne fût plus insultée par les sorties des assiégés, qui les interrompoient toujours par un feu très vif de leur mousqueterie, ainsi que de leur canon, mortiers, pierriers, etc. A la pointe du jour qui suivit, on commença une furieuse canonnade de part et d'autre; car nous avions quatre-vingts pièces de gros canon en trois batteries, sans compter quelques autres sur les revers, et un nombre de mortiers à bombes et à pierres. Les ennemis nous en opposèrent autant de leurs ouvrages, avec cette différence qu'ils voyoient nos travaux en plein et que nous ne pouvions encore voir que le parapet de leurs ouvrages, ni les raser, parce qu'ils étoient tous fort enterrés; mais comme quantité de coups échappoient les parapets, le dedans de la citadelle fut fort endommagé, et la partie de la ville qu'on appelle la Ville-Vieille fut si ruinée, et il y eut tant de bourgeois et de soldats de tués, qu'ils furent contraints, pour se mettre à couvert d'un feu si terrible, d'abandonner tout ce quartier et de s'aller réfugier dans la nouvelle ville et dans les fossés du côté du Pô.

Pendant la nuit du lendemain, les assiégeants prolongèrent un peu leur parallèle, malgré le grand feu des assiégés, et la dirigèrent vers l'ouvrage à corne et la flèche du bastion Amédée. On fit aussi plusieurs crochets pour dériver à une autre parallèle au pied du glacis de l'avant-chemin couvert; et on répara les ruines des travaux des jours précédents. Une bombe des ennemis mit le feu aux magasins à poudre d'une de nos batteries et y fit du désordre.

Les nuits suivantes, jusques au 30 juin, les assiégeants travaillèrent à pousser des boyaux à la sape pour envelopper les faces des deux flèches, devant l'ouvrage à corne et le bastion Amédée. Le canon, de part et d'autre, fut fort bien servi; on fit de nouvelles batteries qui tirèrent à boulets rouges pour tâcher de mettre le feu à la chemise des ouvrages extérieurs; elle n'étoit presque partout que de fascinages, mais parfaitement construite; le grand feu de canon et de mortiers se faisoit entendre avec continuité. Les ennemis firent deux sorties sur la tête des travaux et renversèrent quelques gabions; mais on vint à eux, et on les empêcha de faire un plus grand désordre.

Comme on se trouva assez avancé pour redouter les travaux souterrains des assiégés que l'on savoit être très considérables et fort bien entendus et dirigés, nos mineurs firent plusieurs puits et rameaux par dessous terre pour éventer leurs fourneaux et tâcher de les détruire; car, à proprement parler, le siège n'alloit plus qu'en tâtonnements, et se passoit plus essentiellement sous terre que par dessus, ce qui le faisoit dégénérer en de grandes longueurs.

Les assiégés, qui faisoient toujours un grand feu, le redoublèrent avec impétuosité la nuit du 29 au 30, jusque sur le midi, qu'ils firent une sortie avec environ deux cents grenadiers et des travailleurs, soutenus de soixante chevaux et de deux bataillons, qui ne se montrèrent que pour favoriser la retraite. Ces troupes sortirent par la flèche de l'ouvrage à corne, donnèrent tête baissée dans les premiers boyaux et en firent retirer les nôtres : ils en détruisirent une partie jusques à ce que la garde de la tranchée fût venue à eux; alors ils se retirèrent, et on leur tua quelque monde; d'autres désertèrent, afin de n'être plus exposés au péril de la défense, ce qui est assez coutumier.

Les premiers jours de juillet, les assiégés continuèrent un feu très vif de toutes leurs armes défensives, et principalement de leurs pierriers, et commencèrent à éclairer leurs dehors pendant la nuit. On releva et exhaussa nos batteries, qui s'étoient trouvées trop enterrées pour battre autre chose que les parapets des assiégés. On fit de nouvelles embrasures; une de nos bombes mit le feu à un magasin à poudre de la citadelle, aux dépens de plusieurs maisons qui en furent fort endommagées. On commença une nouvelle parallèle au pied de l'avant-glacis, qui communiqua aux boyaux de l'attaque des flèches, et les parapets des tranchées furent garnis de sacs à terre; pour répondre au feu continuel de la place et le contenir, on tira du canon à ricochet de nos batteries. Les ennemis en firent aussi, qui incommodèrent fort nos tranchées, et principalement de celle qu'ils avoient dans leur retranchement de la Valdoc, qu'ils armoient de canon pendant la nuit, et le retiroient le jour vers la ville. Ils jugèrent aussi à propos de faire passer dans ce retranchement de la Valdoc deux régiments d'infanterie d'augmentation, afin de les tenir à portée de l'attaque de la porte Susine, et d'y prêter la main, quoiqu'ils pensassent bien que cette attaque n'étoit pas sérieuse, et qu'elle n'avoit été entreprise que pour leur faire faire une diversion de forces.

Les assiégeants s'occupèrent à joindre la parallèle commencée au pied du glacis de la citadelle. Nos mineurs, qui travailloient sous terre depuis quelques jours, firent jouer une fougade à une pointe du glacis de la flèche de l'ouvrage à corne, qui ne fit pas l'effet qu'on en avoit attendu. Pendant ces derniers jours, notre canon ralentit son feu, parce que les ouvrages qu'on avoit faits de ce côté lui empêchoient la liberté de la vue. On poussa en avant quelques gabions pour approcher la flèche du bastion Amédée, et nos mineurs qui s'étoient avancés sous la capitale de ce bastion, à l'angle saillant de la palissade de la flèche, y firent jouer un grand fourneau, qui n'enfonça pas la galerie que les assiégés y avoient, de manière qu'il fallut recommencer d'autres puits et une nouvelle galerie.

Nos mineurs, allant à la rencontre de ceux des assiégés, s'avancèrent sous la pointe de la capitale de leur galerie, du côté de la porte du Secours. Ils les entendirent, et y firent des entailles pour les barricader avec de bonnes poutres. On construisit des batteries de douze et de sept pièces, auxquelles on joignit des mortiers, qui battirent la demi-lune de la porte du Secours ; on ne put alors en établir davantage en avant, parce que, cette place étant extrêmement rasante, il falloit attendre qu'on se fût rendu les maîtres de la contrescarpe pour découvrir le revêtissement.

On attacha le mineur sous une redoute ou lunette, devant l'ouvrage à corne, dans l'intention de la faire sauter. On le fit jouer; mais, au lieu de faire totalement son effet, le fourneau ne fit sauter que l'angle de cet ouvrage, avec une partie d'une compagnie de grenadiers qui s'y trouva, et quelques palissades. Les nôtres y montèrent et eurent un combat pour en chasser les assiégés, leur tuèrent quelques soldats et en firent une trentaine prisonniers. Ensuite on fit hâtivement des coupures dans l'ouvrage, afin de se garantir du feu de l'ouvrage à corne, et se maintenir contre les tentatives inutiles que feroient les assiégés pour le reprendre. Après cela, on établit des logements à droite et à gauche de la flèche, et les mineurs firent jouer une fougade à l'angle saillant de la flèche de la porte du Secours. Le lendemain, on mit le feu à une mine à l'angle saillant de la flèche Amédée, qui fit seulement un creux à trois toises de la palissade. On y fit un logement incontinent, qui ne put être achevé que le lendemain, à cause du grand feu de la place; et, le comte de Thaun ayant été averti par un capitaine de ses mineurs que ceux des assiégeants étoient prêts à percer leur capitale, ordonna qu'ils donnassent feu à un fourneau qui étoit tout prêt. Il sauta; nos galeries du dessous en furent toutes crevées et les boyaux du dessus renversés. Le comte de Thaun prit ce temps-là pour ordonner une sortie qui fit abandonner les boyaux aux assiégeants; ils furent détruits pour la plus grande partie. On travailla à réparer les ruines causées par cette sortie, et on ouvrit deux boyaux le long de la palissade du chemin couvert de la flèche de l'ouvrage à corne. On lâcha des eaux dans le bas de la Valdoc pour inonder les mines des assiégés; ce qui ne réussit pas à toutes. On fit jouer une autre fougade à l'angle saillant de la flèche du bastion Amédée, à dessein d'enfoncer la galerie capitale des assiégeants; mais, soit que cette fougade ne fût pas assez profonde, ou qu'on n'y eût pas logé assez de poudre, elle ne fit que l'émouvoir. Les nuits suivantes, on avança les boyaux, et ils se trouvèrent fort prolongés vers les trois autres de la citadelle et de celle du bastion Royal. Les assiégeants et les assiégés firent plusieurs nouvelles batteries et se démontoient du canon réciproquement. Les mineurs travailloient de même et souffroient si fort sous terre, faute d'air, quoiqu'ils usassent de toute sorte d'industrie pour chasser le mauvais et en introduire de nouveau dans leurs galeries, qu'il y en eut une quantité qui moururent, et plusieurs travailleurs furent étouffés dans les galeries où l'infection se mettoient par la puanteur des cadavres que personne ne vouloit mettre dehors.

Tout ce que j'ai dit ci-dessus s'exécuta jusques à la nuit du 21 au 22, qu'on se trouva assez avancé pour attaquer l'avant-chemin couvert et les redoutes ou flèches, à la faveur de différents fourneaux et fougades qu'on avoit préparés et auxquels on mit le feu sur les onze heures du soir. Aussitôt qu'ils eurent fait leur effet et que le signal en fut donné, les troupes et les travailleurs commandés sortirent des travaux et attaquèrent l'avant-chemin couvert avec beaucoup d'impétuosité. Il ne fut pas fort disputé par les assiégés. Les nôtres, se coulant le long des flèches, les prirent par la gorge, et, s'étant fait de bons logements, s'y établirent solidement, après avoir coupé fort à propos les fougades des assiégés en cette partie et empêché leurs mineurs d'y mettre le feu. Cette action ne fut pas fort meurtrière; mais, le lendemain, sur les trois heures après midi, le comte de Thaun, quoiqu'un peu tard, résolut de faire faire une sortie de cinq cents hommes choisis, commandés par un officier général, soutenus par huit bataillons, qu'il plaça dans le second chemin couvert, et de cent chevaux, qui sortirent par la porte Neuve de la ville et s'avancèrent à la vue de la cassine de Machioles, à portée des tranchées, pour y contenir nos troupes et empêcher qu'elles ne se portassent en avant, et, ayant fait jouer un fourneau à la flèche Amédée, dont la communication lui étoit restée et qui servit de signal, toutes ces troupes commandées sortirent et vinrent attaquer nos logements et emportèrent ceux de la flèche Amédée. Ils n'y restèrent pas longtemps; car nos gens tombèrent dessus et les en chassèrent, après un combat assez opiniâtre. Les ennemis y eurent deux à trois cents hommes tués ou blessés; notre perte ne fut guère au-dessous; mais on les rechassa, et on se maintint dans ces ouvrages, où l'on perfectionna les logements, de façon qu'ils ne purent plus être insultés. Il arriva encore que, s'étant entièrement rendus maîtres des communications souterraines des assiégés vers ces lunettes, on se les assura, et on s'en servit pour aller en avant en sûreté. On fit encore de grands débouchements d'une de ces flèches aux autres, qui fermèrent la dernière parallèle.

Les jours et les nuits suivants, jusques à celle du 1er août, les assiégés réparèrent les ruines de leur ouvrage à corne. On fit un grand feu de part et d'autre, et surtout de bombes et de pierriers. On acheva d'établir solidement les logements dans les flèches ou lunettes, et l'on coupa par un boyau la communication des assiégés, qui firent encore jouer un fourneau à la pointe du glacis de la flèche Amédée. Deux de nos mineurs en furent étouffés, et quelques toises du logement renversées. Ensuite les assiégeants commencèrent une parallèle en avant des flèches pour les mettre à couvert, achever d'y établir solidement leur logement et se communiquer les uns aux autres. On battit avec quelques pièces d'augmentation la contre-garde du bastion de Saint-Maurice. Les assiégés firent sauter une fougade en avant du chemin couvert de la contre-garde du bastion Amédée, qui rompit notre galerie et la leur en même temps. La parallèle fut continuée, et l'on en fit partir des boyaux pour communiquer aux flèches. Nos mineurs avancèrent leur travail sur celui des ennemis. On découvrit trois de leurs puits, et on travailla à rendre leurs mines inutiles. Ils retirèrent leurs canons et leurs mortiers de quelques ouvrages extérieurs où ils en avoient encore, et les logèrent dans les contre-gardes et la demi-lune, d'où ils faisoient le même effet. Ils travaillèrent à palissader les fossés des contre-gardes et des bastions, et à en mieux fermer les passages par des traverses, aussi bien que celui de la demi-lune, et percèrent des meurtrières dans les angles saillants, pour en mieux défendre les approches. Ils commencèrent une rampe au niveau du fossé de la demi-lune, dans la capitale de leur galerie, pour aller au-devant de nos mineurs qui s'approchoient. Les assiégeants prolongèrent leur parallèle et établirent une batterie contre la face gauche de la demi-lune, le bastion Amédée et celui de Saint-Lazare, où l'on en construisit encore deux autres dans l'avant-chemin couvert; et les mineurs des assiégés commencèrent deux nouveaux rameaux vers l'angle saillant du chemin couvert de la contre-garde du bastion Amédée, pour aller faire sauter les nouvelles batteries contre la face de la demi-lune.

M. le duc d'Orléans arrive au camp devant Turin; M. de Vendôme quitte l'Italie pour aller prendre le commandement de l'armée de Flandre. — Dans ce temps-là, Son Altesse Royale M. le duc d'Orléans, qui venoit prendre le commandement général de nos armées en Italie, à la place de M. de Vendôme, qui eut ordre d'aller commander l'armée de Flandres[1], arriva au camp devant Turin[2], et visita exactement les travaux de ce siège. Il ne le trouva pas aussi avancé qu'il se l'étoit figuré, et, jugeant qu'il étoit beaucoup plus expédient de bien fermer tous les passages aux ennemis vers la hauteur des Capucins, au moyen desquels ils communiquoient encore au plat pays, il envoya ordre à la garnison que M. de la Feuillade avoit laissée à Mondovi et dans les petites villes du Piémont de venir rejoindre l'armée. Pareil ordre fut signifié aux troupes qui étoient occupées avec du canon, assez inutilement, depuis près de trois semaines, après un fort nommé Carda, dans les montagnes vers Mondovi, que M. de la Feuillade vouloit faire prendre. Son Altesse Royale fit abandonner cette entreprise. Elle ne resta que peu de jours au camp, et poursuivit sa route vers Milan.

Les derniers jours de juillet furent employés, de

1. Vendôme était appelé pour succéder à Villeroy à la tête de l'armée de Flandre; Saint-Simon a raconté (*Mémoires*, t. XIII, p. 392-393 et 454) comment le commandement de l'armée d'Italie fut donné au duc d'Orléans.

2. Le 8 juillet.

part et d'autre, les uns à perfectionner les travaux, à les pousser en avant, à construire une nouvelle batterie pour ruiner la face droite de la demi-lune, à éventer les mines des ennemis et à les inonder au moyen d'un petit ruisseau qu'on fit entrer par certains puits et souterrains que l'on creusa. De leur côté, les assiégés firent jouer une fougade sous le glacis du chemin couvert de la contre-garde du bastion Amédée, pour couper chemin à nos mineurs, et ils firent une quantité de coffres et de coupures aux endroits qu'ils crurent leur être les plus avantageux, c'est-à-dire aux angles saillants et aux places d'armes du chemin couvert. Ils retranchèrent en même temps la face gauche de l'ouvrage à corne. Ils firent jouer un fourneau à la tête de la galerie basse et capitale de Saint-Maurice, dont deux de nos galeries, qui aboutissoient à une croisière vers la campagne, furent enfoncées et causèrent quelque dommage, qu'on répara. Il arriva de plus que leur cavalerie, qu'ils tenoient campée à Vanqueuille, tout auprès de Turin, sous prétexte d'un fourrage qu'elle fit entre Saint-Maur et Castillon[1], trouva le moyen d'introduire dans la ville une quantité de mulets chargés de poudre, dont il s'y étoit fait une grande consommation. On travailloit fort, à la citadelle, à perfectionner les travaux et les réparations et aux fourneaux que les assiégés conduisirent sous nos batteries.

Dans les premiers jours du mois d'août, on fit des détachements de la parallèle la plus avancée, qui

1. L'abbaye de Saint-Maur est proche du Pô en aval de Turin et Castiglione un peu plus bas vers le nord. Quant à Vanqueuille, c'est Vanchiglia Grossa, dans la presqu'île formée au confluent du Pô et de la Doire ripaire.

allèrent à la sape jusque fort près des palissades du chemin couvert et de l'ouvrage à corne, par le bas de l'angle saillant du chemin couvert; mais nous ne tirâmes plus que quelques bombes et peu de canon, afin de mieux observer et entendre les travaux souterrains des assiégés. On prépara plusieurs endroits de la parallèle pour pouvoir facilement passer pardessus au moyen de plusieurs banquettes et transporter les matériaux nécessaires. On essuya un feu violent des assiégés, et, comme leurs mineurs entendirent que les nôtres s'approchoient fort près d'eux, ils firent jouer prématurément une fougade à la galerie haute de la capitale de la demi-lune, vers la pointe de la place d'armes; le feu s'échappa de leur côté et creva leur galerie. On tira ce jour-là quantité de coups de canon à ricochet dans le chemin couvert, qui incommodèrent fort les assiégés. On tenta ensuite de se loger sur l'angle saillant du chemin couvert de l'ouvrage à corne; et, pour faciliter cette tentative, qui réussit malgré le grand feu des assiégés, on fit une fausse attaque du côté du chemin couvert de la citadelle. Sur ce que le comte de Thaun apprit que M. de la Feuillade se disposoit à barrer mieux les passages de la montagne de l'autre côté du Pô et à fermer l'avenue par où les mulets chargés de poudre étoient arrivés dans la ville, il envoya ordre à celui qui commandoit pour lui dans les forts de la colline des Capucins de se bien précautionner et de faire abattre les arbres et les vignes qui pourroient lui empêcher la vue.

Effectivement, M. de la Feuillade, quoiqu'un peu tard, ordonna à quelques bataillons qu'il faisoit camper sur les montagnes au-dessus des forts, de descendre depuis une vigne qu'on appeloit du Président-Bergera jusques à Notre-Dame du Pilon, et d'y tenir une ligne flanquée de quelques redoutes, que l'on garnit de pièces de canon de campagne. Mais il arriva que, la veille que cet ordre fut exécuté et par ce même chemin, il entra encore dans Turin plus de cent mulets chargés de poudre à la faveur de deux cents grenadiers et de deux cents chevaux qui s'avancèrent pour les favoriser [jusques à Notre-Dame du Pilon, ce qui n'arriva plus par ce chemin, qui se trouva depuis absolument bouché.] Cependant, on prolongeoit toujours les travaux, tant sur la terre que dessous; le feu des bombes et des pierriers étoit des plus violents; car on les avoit tous rassemblés à cette attaque, où l'on voyoit en l'air, à la fois, vingt-cinq à trente bombes, qu'on faisoit pourtant cesser pendant quelques moments et par intervalle pour ne pas trop étourdir nos mineurs, qui travailloient de toutes parts et avoient besoin de silence pour n'être pas surpris par ceux des assiégés, qui n'étoient pas oisifs et s'occupoient sans cesse à construire des fougades dans leurs galeries et dans leurs rameaux, où ils avoient beaucoup de peine à respirer faute d'air; ils mirent quelques portes volantes à leurs galeries basses pour le faire circuler. Enfin, dans la journée du 5, Tardif[1], ayant rendu compte à M. de la Feuillade de l'état de tous les travaux et l'ayant assuré qu'on pouvoit, la nuit suivante, attaquer le chemin couvert, proposa d'en faire l'at-

1. Rémy Tardif avait travaillé à divers sièges en Espagne et en Bavière et avait servi à celui de Verrue, où il obtint le grade de brigadier; il ne devint maréchal de camp qu'en 1719 et mourut en 1736 à quatre-vingt-quatre ans.

taque à une heure de nuit. On donna les ordres nécessaires pour faire les logements qu'on avoit projetés. Les assiégés, s'étant aperçus, par quelques mouvements extraordinaires de nos troupes, qu'ils seroient attaqués cette nuit, se préparèrent à une vigoureuse résistance et firent pour cela, dès que la nuit fut venue, de grandes illuminations en jetant sur les esplanades une quantité prodigieuse de feux d'artifices et de goudron. Les ingénieurs reçurent leurs ordres pour les logements qui se devoient faire : savoir, un sur chacun des trois angles saillants du front qu'on devoit attaquer et un quatrième à la partie de la contrescarpe qui circuloit devant la pointe de la demi-lune, afin de se donner les découvertes nécessaires dans son fossé. Dès que le signal eut été donné, quarante-deux compagnies de grenadiers, soutenues de la garde de la tranchée, qui étoit forte, sortirent par les débouchés qu'on avoit pratiqués et allèrent se poster contre les palissades aux trois angles saillants et aux deux places d'armes du polygone attaqué et obligèrent les assiégés de se retirer après deux décharges. On travailla aux logements; les assiégeants étoient secondés de vingt pièces de canon qui tirèrent à ricochet dans les ouvrages intérieurs et par un feu de bombes et de pierres continuel. Celui des ennemis ne fut guère inférieur; mais on ne laissa pas de faire les trois logements projetés sur les angles. Quant à celui de la pointe de la demi-lune, il devint impraticable à cause du grand feu de mousqueterie et de la quantité de coups de canon des assiégés qui partoient de l'épaule du bastion de la droite. Nous eûmes en cette action plusieurs officiers de tués et blessés et trois cents grenadiers; les assiégés en perdirent un peu moins. On fit aussi un amas de fascines dans la montagne pour construire une batterie dans une vigne, qui auroit vue sur les troupes que les ennemis avoient dans leurs petits forts de la colline des Capucins, afin de les contenir dans la même situation et empêcher qu'on ne les retirât dans la ville pour fortifier la garnison. Ceux de la citadelle s'occupèrent à perfectionner leurs fougades et à les déblayer. Ils se retranchèrent dans les trois galeries basses et capitales du bastion Amédée, de celui de Saint-Maurice et à la demi-lune de la porte du Secours.

Les assiégeants communiquèrent leurs logements sur le chemin couvert avec la parallèle qui étoit derrière, à la faveur d'un grand nombre de bombes et de pierres qu'ils jetèrent. On fit une nouvelle batterie de dix pièces contre la face de la demi-lune de Saint-Maurice, qui fut placée entre la flèche ou bonnette et celle de la porte Susine.

Les assiégés dressèrent une nouvelle batterie sur la demi-lune de Saint-Maurice pour opposer à une des nôtres qui les incommodoit. Nos mineurs enfoncèrent le retranchement de la basse capitale du bastion Amédée et tuèrent quelques mineurs et ouvriers des ennemis. Ils se glissèrent ensuite dans des rameaux plus bas; ceux des ennemis y firent ébouler des terres par un soupirail qui étoit au haut de la galerie supérieure et leur coupèrent le chemin. Ils plongèrent ensuite dans le même soupirail plusieurs feux d'artifices pour enfumer les nôtres et jetèrent des bombes dans la galerie de nos mineurs, qui la firent crever. Les assiégeants travaillèrent à de nouvelles batteries sur le chemin couvert, afin de battre en brèche les contregardes et les demi-lunes; ils mirent le feu par des goudrons aux fascines dont la contre-garde Amédée étoit revêtue.

Les mineurs des assiégés et ceux des assiégeants allèrent toujours leur train; et, s'étant rencontrés, ils se donnèrent de petits combats souterrains à coup de pistolet et de grenades, avec des avantages alternatifs. Les assiégés, à la faveur de leurs illuminations, tiroient force coups de canon à cartouches sur nos logements et nos communications, ce qui retardoit considérablement les travaux, qui se reprenoient sous la protection d'une grande quantité de bombes et de pierres qu'on jetoit sans cesse dans les ouvrages des assiégés. Leurs mineurs, au moyen d'un pétard qu'ils attachèrent au retranchement de la galerie, le percèrent et nous tuèrent un mineur, quelques grenadiers et ouvriers. Nous creusâmes un boyau le long de la palissade, devant la face de l'ouvrage à corne.

La nuit du 10 au 11 et les suivantes, jusques à l'attaque de la demi-lune et des contre-gardes, les logements se trouvèrent toucher aux palissades, depuis l'angle saillant du bastion Amédée jusques à celui de la porte du Secours. On se logea dans le chemin couvert avec des gabions qu'on rouloit devant soi, dont quelques-uns furent emportés par le canon de l'ennemi. On jetoit toujours une grêle de pierres et de bombes. Les assiégés commencèrent quatre nouvelles batteries, deux sur chaque pointe des bastions Amédée et de Saint-Maurice, les deux autres dans les casemates des flancs bas pour défendre le fossé. Les assiégeants retirèrent leur canon de devant la porte

Susine pour venir remplacer celui qui étoit devenu défectueux à l'attaque de la citadelle; et, sur ce qu'on apprit que, ce jour-là, le duc de Savoie avec sa cavalerie avoit paru auprès de Moncalieri, on appréhenda qu'il ne voulût jeter quelques secours dans Turin du côté de la colline des Capucins. C'est pourquoi M. de la Feuillade tira encore quatre bataillons de son camp qu'il envoya occuper des montagnes sur l'avenue; il plaça aussi de ce côté-là un assez gros corps de cavalerie. On prit six cents bœufs qui étoient sur le point d'entrer dans la ville et deux cents milliers de poudre qu'une frégate que nous avions sur le Pô arrêta. M. de Savoie en voulut aussi faire entrer par surprise une assez grande provision le long du bas du Pô; elle étoit escortée par trois cents chevaux qui avoient déjà passé un de nos postes où ils avoient répondu : *Vive France!* Et par cette réponse ils furent pris pour être des nôtres; mais, comme on les reconnut bientôt, presque toute cette poudre fut saisie avec trente ou quarante cavaliers; les autres se sauvèrent dans Turin par leur pont et ne purent rejoindre M. de Savoie. Ceux des assiégés qui gardoient la flèche devant le bastion Royal ayant été deux jours sans tirer, on en inféra mal à propos qu'il n'y avoit plus personne et que les assiégés l'avoient abandonné; mais cette conclusion ne se trouva pas juste et la tentative qu'on fit pour s'en emparer ne réussit pas : [on y fut reçu avec un si grand feu qu'on fut obligé de se retirer et de rentrer dans les logements avec perte.]

Pendant la nuit suivante, nos mineurs étant proches de la galerie qui étoit au niveau du fossé, vers l'angle saillant de la demi-lune de la porte du Secours, se préparèrent à l'enfoncer. Un mineur des assiégés, ayant entendu du bruit, attacha un pétard en cet endroit et le fit jouer; le nôtre en fut écrasé. Ce pétard ouvrit un grand trou; on y fit descendre aussitôt un grenadier avec une corde, qui y fut tué d'abord d'un coup de pistolet. Un autre qu'on fit encore descendre eut le même sort; on y en envoya un troisième armé, qu'on fit suivre successivement par d'autres. Dans cet entre-temps, les ennemis firent hâtivement un retranchement avec des ballots de laine, qu'ils disputèrent avec quelques-uns de leurs grenadiers. Il y eut là un petit combat sous terre et quelques gens de tués. A la fin, les ennemis furent chassés; mais, en se retirant, ils mirent le feu à deux fourneaux, dont l'un enterra une pièce de canon de nos batteries et l'autre cinq ou six soldats et fit sauter quelques ouvrages des sapes. Ils commencèrent aussi une caponnière dans le fossé devant la porte du Secours pour communiquer à la demi-lune et faire un feu rasant dans le fossé.

Nous prolongeâmes nos logements sur la contrescarpe, et, à la faveur d'un grand feu de mousqueterie qu'on fit pendant toute la nuit, on retira le canon des vieilles batteries pour le placer dans les nouvelles. Les mineurs des ennemis ayant entendu que les nôtres n'étoient pas loin d'un de leurs fourneaux, placé sous une de nos nouvelles batteries, y mirent le feu, qui fit sauter une partie du logement, et la terre s'étant entr'ouverte engloutit deux de nos pièces de canon avec quelques canonniers et des grenadiers. Les assiégés, profitant de ce désordre, brûlèrent des fascines et des gabions du logement fait sur l'angle saillant du bastion Amédée. De notre côté, on lança des flèches allumées sur les fascines qui revêtissoient la contregarde du bastion de Saint-Maurice, et elles y mirent le feu. On travailla à rétablir le dommage que le fourneau des ennemis avoit fait au logement. On continuoit toujours pendant la nuit un grand feu de bombes, de pierres et de grenades dans la demi-lune et dans les autres ouvrages. Le canon tiroit beaucoup pendant le jour et celui à ricochet dans le fossé, pour empêcher les charpentiers des assiégés de perfectionner leurs caponnières, qu'ils ne laissèrent pas d'achever, et de les faire même à l'épreuve de la bombe.

Nous ajoutâmes quatre pièces de canon à la batterie sur l'angle saillant de la demi-lune; les assiégés travaillèrent à des fourneaux dans l'âme de leur degré qui descendoit des hautes galeries. Ceux des assiégeants continuèrent leurs travaux à l'ouvrage à corne, qu'ils avoient cessé pendant quelques jours, dans le dessein de pousser une galerie sous cet ouvrage pour le faire sauter. Les ennemis creusèrent un fourneau au-dessous de notre galerie, qui l'enfonça et étouffa les mineurs qui y étoient. On ajouta quatre pièces de canon à la batterie sur l'angle saillant de la porte du Secours, dont on battit vigoureusement la face gauche de cette demi-lune. Les assiégés se mirent à travailler fortement au déblai des fossés de la demi-lune et à celui des bastions Amédée et de Saint-Maurice. Notre canon chargé à cartouches, nos bombes et nos pierres leur tuèrent ou blessèrent un grand nombre de travailleurs.

Les assiégeants, à la faveur des gabions qu'ils avoient passés devant eux pied à pied, se logèrent dans les places d'armes du chemin couvert, à droite et à gauche de la demi-lune, et placèrent deux batteries de canon, chacune de quatre pièces, sur le retour de la place d'armes de la demi-lune et commencèrent à battre en brèche les épaules des deux bastions, dont on voyoit une quinzaine de toises. On fit une autre batterie pour battre l'autre face de la demi-lune. Les assiégés travaillèrent à deux traverses dans le fossé du retranchement ou lunette qu'ils avoient dans cette demi-lune; et nos mineurs avançoient leur travail pour se poster sous les contre-gardes. Ceux des assiégés, à la seconde croisière de la droite, sous la contre-garde du bastion Amédée, firent jouer une fougade qui enfonça la galerie et leur coupa le chemin. Ces mineurs s'employèrent jour et nuit à pratiquer quatre rameaux pour se glisser sous les deux batteries des assiégeants, sur la droite et sur la gauche de l'angle saillant de la palissade, devant la place d'armes, à la pointe de la demi-lune de la porte du Secours.

Nos mineurs se présentèrent aussi à la haute galerie capitale du Secours; mais le feu des grenades des ennemis et la fumée qui se répandoit ne leur permirent pas d'y entrer. Les assiégeants, ayant déblayé leur fossé, jetèrent des crochets attachés à des cordes, avec lesquels ils tirèrent quelques gabions de nos logements dans leur fossé. On battit la contre-garde du bastion de Saint-Maurice avec vingt pièces de canon en deux batteries et le flanc gauche du bastion de Madame, qui s'en trouva si miné qu'il y avoit une grande brèche. Les assiégés firent un bon retranchement derrière; ils rompirent aussi les rampes des contre-gardes des bastions Amédée et de Saint-Maurice et celles de la demi-lune et fermèrent d'une double palissade les fossés des bastions de Madame et de Saint-Lazare, tous deux endommagés. Sur les nouvelles que M. de la Feuillade eut que le prince Eugène s'avançoit au secours de la place, il fit avancer jusques à portée du mousquet des retranchements des ennemis sur la colline des Capucins un gros détachement qui mit le feu à toutes les cassines qui se trouvoient dans les vignes, depuis ce retranchement jusques à celui que nous occupions avec dix-sept bataillons dans les montagnes du derrière, vers lesquelles le duc de Savoie s'étoit avancé avec sa cavalerie.

Les assiégeants, par des gens armés, firent porter dans les contrescarpes des gabions et des sacs à laine; mais les assiégés firent monter des grenadiers sur des échelles, lesquels, à coups de grenades, leur firent quitter ce travail. Ils déblayoient aussi les brèches de la demi-lune, réparoient les parapets, travailloient à retrancher les bastions Amédée et de Saint-Maurice et firent jouer un fourneau sous l'angle saillant du chemin couvert de Saint-Maurice, qui creva notre galerie. Les assiégeants, de leur côté, jetoient beaucoup de terre dans le fossé vis-à-vis de la place d'armes de la demi-lune; ils y portèrent des fascines et des gabions et contraignirent les assiégés de détruire leurs traverses dans le fossé, à cause des créneaux que nos gens avoient percés dans la contrescarpe, pour empêcher les déblayages des brèches à grands coups de fusil.

Vers les dix heures du matin du 24 août, les assiégés firent mettre le feu si à propos à quatre fourneaux qu'ils avoient faits sous une de nos batteries de douze pièces qu'elles sautèrent et furent toutes enterrées, à la réserve d'une qui demeura penchée vers le chemin couvert. Les assiégés tentèrent de la faire tomber entièrement de leur côté; mais le grand feu qu'on fit sur eux les obligea de lâcher prise. Nous eûmes aussi plusieurs canonniers et soldats enterrés par l'effet de ces fourneaux. Les assiégeants s'occupèrent [à se couvrir du côté où les fourneaux avoient fait leur effet et] à remettre d'autres pièces de canon en batterie, à la place de celles qui avoient été enterrées et qu'on ne put déterrer. Nos mineurs firent deux puits pour communiquer à un trou qui aboutissoit dans le fossé, à la pointe de la contre-garde; et tout le désordre survenu à la batterie dont je viens de parler n'empêcha pas qu'on ne tirât violemment d'une autre qui étoit restée en état sur l'angle saillant de la demi-lune. Les assiégés ne perdirent point de temps; ils chargèrent promptement un fourneau au bout d'une galerie qui leur étoit restée et le firent jouer. Il enleva et enterra encore deux pièces de canon de la batterie sur l'angle saillant de la demi-lune et y causa quelque désordre, qu'on se mit aussitôt à réparer. On fit les descentes du fossé; mais il en fallut abandonner une, qui ne se trouva point protégée du canon, à cause de la confusion que les fourneaux qui avoient sauté avoient mis dans nos batteries. On en fit d'autres dès que le logement dans le fossé le put permettre, et on en pratiqua par-dessus et par-dessous aux fossés des contregardes, à mesure que les logements s'étendoient le long des palissades.

M. de la Feuillade fait attaquer la demi-lune et les contre-gardes. — On en étoit là lorsque le duc de la Feuillade jugea qu'ayant une brèche assez praticable à

la pointe de la demi-lune et les contre-gardes étant
fort éboulées, il étoit temps de faire attaquer ces trois
ouvrages en même temps. Ainsi le dispositif en fut
fait et, au commencement de la nuit du 27 au 28 août,
le signal étant donné, les troupes commandées, prêtes
et distribuées, les attaquèrent, les emportèrent assez
brusquement et passèrent au fil de l'épée tous ceux
qui y tinrent ferme. On se logea avec assez de facilité;
mais il n'en fut pas de même dans la demi-lune : car
on n'avoit point attaqué le retranchement qui y étoit
ni poussé assez avant le logement dans cette demi-lune.
Il ne pouvoit donc contenir assez de monde pour la
bien assurer; ce qui ayant été remarqué par les assiégés, ils revinrent dans la demi-lune, sous la protection
du retranchement ou réduit qui étoit dans son entier,
et en chassèrent les assiégeants, [qui eurent encore à
essuyer le feu des batteries qui subsistoient encore.]
Pour empêcher qu'on ne revînt s'y loger une autre
fois, ils firent sur la brèche un grand amas de goudron,
de balles lumineuses, de bombes, grenades et sacs à
poudre; mais il arriva que le feu y prit par accident
et que ceux des assiégés qui gardoient cette demi-lune y périrent; quant à ceux du réduit, ils n'en souffrirent point et le gardèrent toujours. Les assiégeants
firent, en dehors de cette demi-lune, qui se trouvoit
toute détruite, de grands logements et continuèrent
ceux qu'ils faisoient dans les contre-gardes. Mais il
arriva, par une négligence qu'on ne peut excuser,
que, pendant la nuit du 26 au 27, la plupart des officiers qui gardoient les logements dans les deux contre-gardes laissèrent esquiver une partie de leurs soldats.
Quand le jour fut assez grand pour distinguer les

objets, les assiégés s'aperçurent qu'il y avoit peu de monde dans ces ouvrages, sur lesquels ils firent une furieuse sortie sur les dix heures du matin, en chassèrent les nôtres et se rendirent maîtres non seulement de ces ouvrages, mais encore des galeries de communication qu'on avoit faites dans le fossé. Ils les démolirent avec diligence, aussi bien que les logements qui étoient restés dans ces ouvrages. Ces deux attaques coûtèrent une quarantaine d'officiers et cinq ou six cents hommes aux ennemis et à nous beaucoup davantage.

Ce fut là le *non plus ultra* du siège, quoiqu'on gardât toujours les tranchées et les autres travaux, dont le feu continua, malgré l'armée du secours qui étoit arrivée très proche. La nôtre, commandée par M. le duc d'Orléans, arriva pareillement. J'ai cru devoir décrire ce siège en détail parce qu'il est mémorable et que ceux de ma famille qui sont dans le service en pourront peut-être faire leur profit en le lisant.

Reprise des actions des deux armées vers l'Adige. — Je reviens à présent aux actions des deux armées que j'ai laissées sur les rives de l'Adige, l'une commandée par M. de Vendôme, l'autre par le prince Eugène[1]. Lorsque le dernier eut reçu presque toutes les troupes et les autres secours qu'il attendoit d'Allemagne, il en laissa un petit corps sur les limites du Trentin, afin de garder la communication avec le Tyrol et favoriser la jonction du prince de Hesse[2] et de ses troupes, qui devoient arriver dans peu. Il y a grande apparence que ce général, par la situation de ce petit corps, eut

1. Ci-dessus, p. 266.
2. Charles, landgrave de Hesse-Cassel : tome II, p. 186.

encore pour objet de donner le change à M. de Vendôme et de lui faire croire, ainsi qu'il ne se l'étoit déjà que trop persuadé, que sa raison en descendant le long de l'Adige étoit de l'y attirer pour défendre le passage et qu'il retourneroit sur ses pas par une marche dérobée pour passer ce fleuve plus haut, [sur des ponts que son général lui avoit préparés,] et arriver plus tranquillement sur le Haut-Mincio [et, après l'avoir passé aussi bien que l'Adda], sur Turin à travers le Milanois. Ce fut là du moins l'opinion de M. de Vendôme et peut-être les premières vues du prince Eugène, qui connut ensuite, par la disposition de M. de Vendôme et de ses troupes, qu'il ne pourroit les exécuter. Quoi qu'il en soit, il prit un autre parti, [malgré le long détour qu'il falloit qu'il prît pour venir à bout de son dessein et les autres difficultés qui se présentoient, insurmontables à tout autre qu'à lui; on va voir comme il en vint à bout et trompa la vigilance de M. de Vendôme, toujours ferme dans ses présuppositions, et à tenir son armée fort disposée, quelque étendue que pût avoir la rivière, dont il vouloit garder les passages, sans vouloir considérer qu'en suivant cette méthode il s'en trouve toujours quelques-uns de libres, ou gardés avec une grande inégalité, et que, quand une armée ennemie y arrive en force, elle trouve si peu de résistance qu'elle vient à bout de son dessein avant que celle qui lui est opposée se soit pu rassembler à temps pour lui faire tête avec succès; c'est ce qui arriva à M. de Vendôme en cette occasion, pourtant avec quelque différence; je vais m'expliquer davantage.]

[Le prince Eugène, ayant reçu tous les secours et

troupes qu'il attendoit d'Allemagne, à l'exception des troupes de Hesse, qu'il destinoit pour joindre les sept à huit mille hommes restés dans le Trentin sous les ordres du général Wetzel, ce dernier prince les commanda toutes et en composa une petite armée, qui agit séparément, et dont je raconterai les faits et gestes ci-après.]

Enfin, la nuit du 4 au 5 juillet, le prince Eugène, [qui s'étoit avancé dès le mois de mai à San-Martino contre Vérone avec un corps de troupes, pour donner ordre de plus près aux préparatifs nécessaires pour l'exécution de son projet et être plus à portée d'être informé de ce qui se passoit dans notre armée,] mit ses troupes en mouvement et détacha les saxonnes et les palatines, au nombre d'environ dix mille hommes, avec du canon, pour s'aller placer contre le Masy[1], qui étoit un poste fortifié et favorable au delà de l'Adige que nous tenions, et faire feinte de l'assiéger. Il envoya en même temps le colonel Batté, ou Patté selon quelques-uns, avec un autre corps de troupes inférieur pour se couler le long de l'Adige et y prendre poste vers Rottanuova. En même temps, il donna ordre au prince d'Anhalt[2] de venir avec l'autre partie de cette armée camper à Saint-Michel près de Vérone. Le général Wetzel resta toujours sur les confins du Trentin avec son petit corps de troupes, en attendant celles de Hesse.

M. de Vendôme se met en mouvements, qui lui

1. Dans le pays de Padoue, en aval de Legnago et de Carpi.
2. Léopold, prince d'Anhalt-Dessau (1676-1747), possédait après son père la charge de statthalter de la marche de Brandebourg.

deviennent inutiles. — Sur ces nouvelles, M. de Vendôme fit faire les signaux convenus pour rassembler ses troupes, et, comme le comte de Médavy, qui avoit aussi à ses ordres quelques troupes espagnoles qu'il avoit poussées devant lui à la tête du lac de Garde, étoit trop éloigné pour avoir recours au signal, il lui envoya ordre de le venir joindre avec tout son monde. Mais ces précautions furent un peu trop tardives; car le colonel Patté avoit déjà pris poste en deçà de l'Adige, avec cinq cents hommes qui avoient passé cette rivière dans des barques. Il fit incontinent construire un pont sur cette rivière; mais les François qui étoient dans le Masy, croyant être assiégés, avoient réclamé du secours à la Badia[1], poste appartenant aux Vénitiens, en deçà de l'Adige, et que nous avions fortifié de manière qu'il pouvoit soutenir un siège; nous y avions une assez bonne garnison. L'on fit passer au Masy une partie de celle de la Badia, avec laquelle ceux du Masy firent une sortie de douze cents hommes sur les troupes palatines et saxonnes. Elle aboutit à peu de chose, et, pour persuader à ceux du Masy qu'on leur en vouloit effectivement, le prince Eugène fit venir encore quelques pièces de gros canon. Pendant tout ceci, il faisoit plusieurs manœuvres de guerre, afin de contenir et faire rester M. de Vendôme dans les postes qu'il occupoit. Tantôt il envoyoit du camp du prince d'Anhalt à Saint-Michel des troupes sur le Haut-Adige fortifier le corps que le général Wetzel y commandoit; tantôt il venoit au camp des Saxons et des Palatins devant Masy et s'en retournoit à son quartier général de Saint-Martin, près de Vérone.

1. Sur la rive droite de l'Adige, dans la province de Rovigo.

M. de Vendôme, toujours persuadé que tous les mouvements de ce prince ne tendoient qu'à le déposter pour passer l'Adige au-dessus de Vérone, vers le camp du général Wetzel, n'en prenoit pas beaucoup d'inquiétude, se confiant d'ailleurs aux postes qu'il avoit fait occuper au-dessous de cette ville et surtout à ceux du Masy et de la Badia, qu'il avoit bien fait fortifier et pourvus de troupes, comptant qu'ils lui donneroient le temps d'arriver avec son armée pour les soutenir, en cas que le dessein du prince Eugène fût d'y passer la rivière. Il se trompa; car ce prince, étant revenu au Masy, fit faire ses ponts; le reste du corps que Patté commandoit passa le premier sans aucun empêchement; il fut suivi par les troupes impériales du camp de Saint-Martin qui s'étoient mises en marche, et par les Saxons et les Palatins qui ne s'amusèrent point à prendre le Masy. Le prince d'Anhalt partit de Saint-Michel avec ses troupes et vint passer la rivière au Brua sur d'autres ponts. Par ce moyen, celui qui commandoit nos troupes au Masy abandonna ce poste et se retira à Castagnaro; la garnison que nous avions à la Badia en fit autant, et il n'y resta qu'une petite garnison de Vénitiens avec leur commandant, qui fit d'abord quelque façon d'y laisser entrer les Impériaux à cause de la neutralité, dont ils vouloient observer le *decorum*. Sur cela, le prince Eugène y vint lui même, et, après quelque discours qu'il eut avec ce gouverneur, il fit enfoncer les portes et y mit garnison. Toute l'armée impériale ayant ainsi passé l'Adige, tous les postes que nous avions au delà, et qui auroient pu amuser et embarrasser quelque temps les ennemis, furent abandonnés; ceux deçà se replièrent sur Mantoue, avec perte de quelques-uns des plus paresseux, et passèrent le Mincio.

L'armée impériale marche droit au Pô. — Toute l'armée impériale étant ainsi au delà de l'Adige, l'artillerie et les gros bagages la joignirent; elle se mit en marche tirant vers le Pô. Patté marchoit devant avec un petit corps pour nettoyer les chemins et faire faire les ponts nécessaires. En passant, il se saisit de vingt bateaux chargés de malades et de leur escorte, qui descendoient le Tartaro pour se réfugier dans les postes que nous occupions sur le Mincio.

M. de Vendôme quitte l'Italie et s'abouche à Milan avec M. le duc d'Orléans, qui vient prendre le commandement des armées, ayant le maréchal de Marcin sous lui. — Dans ce temps-là, M. de Vendôme quitta le commandement de l'armée, non pas que Sa Majesté fût mécontente de ses services, mais pour venir prendre celui de l'armée de Flandre[1], après notre triste aventure de Ramillies, dont je parlerai en son lieu. Le duc d'Orléans lui fut substitué et le rencontra à Milan, lorsqu'il prenoit la route de France, le 12 juillet; ils y séjournèrent le 13 et se séparèrent le 14.

M. le duc d'Orléans fut assez surpris, en arrivant à l'armée, de trouver les affaires dans l'état où elles étoient, et peut-être fâché d'y être arrivé. Sa première démarche fut de dépêcher au duc de la Feuillade et de lui ordonner de lui envoyer incessamment vingt bataillons et de la cavalerie à proportion, faute de quoi il ne répondoit de rien et se déchargeoit du mauvais succès de la campagne.

---

1. Ci-dessus, p. 289.

M. de la Feuillade lui envoya tout ce qu'il put, en se plaignant toutefois de ce qu'on arrêtoit le cours de ses progrès. Effectivement, il s'étoit rendu maître de Quiers, de Moncalieri, de Mondovi et presque toutes les petites villes ou bicoques du Piémont, [qui ne résisteront jamais à celui qui est maître de la campagne, et, de plus, il avoit donné la chasse à M. le duc de Savoie, qui s'en sauva avec courage et habileté[1]; mais je ne sais si en cela notre général ne vola pas un peu le papillon], puisqu'il devoit faire tout son capital de réduire promptement Turin et pour cela ne point diminuer les forces du siège, comme il le fit avec préjudice, au lieu qu'il devoit le presser avec vivacité et se tenir en état de secourir puissamment M. le duc d'Orléans, en lui envoyant des troupes qui l'auroient mis en état de combattre le prince Eugène à forces à peu près égales ou de retarder sa marche pendant assez de temps pour lui donner le moyen d'achever son siège avec honneur et gloire.

M. le duc d'Orléans fait revenir les troupes dispersées le long du lac de Garde. — Après cette petite digression, je dirai que, Son Altesse Royale ayant pris le commandement de l'armée de M. de Vendôme, ses premières démarches furent de faire venir le comte de Médavy et d'ordonner que les troupes qui étoient autour du lac de Garde se rassemblassent et se rapprochassent; puis il lui laissa dix-sept bataillons, douze ou quinze escadrons et quelques pièces de canon de campagne, pour s'opposer au général Wetzel et au prince de Hesse, quand celui-ci l'auroit joint.

1. Tout cela a été raconté ci-dessus, p. 277-279.

M. le duc d'Orléans va passer le Mincio; l'armée impériale passe le Pô. — On peut bien s'imaginer que Son Altesse Royale eut bien du déplaisir de trouver à son arrivée les affaires en si mauvais état et que le prince Eugène avoit passé l'Adige et marchoit avec des journées d'avance vers le Pô, nous faisant abandonner les postes qui étoient sur sa route[1]. Tout ce qu'il put faire fut d'aller passer le Mincio pour le côtoyer et de s'allonger vers le Pô, pour tâcher de lui couper le chemin au delà, en quelque endroit qui lui pût être avantageux. Cependant, le prince Eugène tiroit droit au Pô, où Patté fit faire des ponts sans presque d'opposition. L'armée impériale, y étant arrivée, passa ce fleuve à Polliala, Polesella et Crespino[2] et pénétra les jours suivants dans les Polésines du Ferrarois, s'y reposa quelques jours, pendant lesquels le prince Eugène faisoit les préparatifs de sa marche. Elle n'étoit pas facile à cause de la grande étendue de chemin, de la quantité des eaux, des défilés et de la provision de vivres et d'attirails nécessaires pour une si longue marche.

Les Impériaux quittèrent le Ferrarois et s'assurèrent de Final, de Bondeno[3] et de quelques autres postes qu'on leur abandonna. [Après cela, ils passèrent le

---

1. Saint-Hilaire se contente de remarquer que le duc d'Orléans trouva les affaires en mauvais état; mais il n'en impute pas la cause au duc de Vendôme, comme le fait Saint-Simon, qui est en contradiction d'ailleurs avec les lettres officielles du duc d'Orléans (*Mémoires*, t. XIV, p. 11-12).

2. Les deux dernières de ces localités sont sur la rive gauche du Pô auprès du confluent du canal Blanc; la première n'a pu être identifiée.

3. Bondeno, sur le Panaro, en aval de Final-du-Modénois.

Panaro et vinrent à la Secchia, près de Santo-Martino.] Là, l'infanterie la traversa sur des ponts et la cavalerie par des gués. De là, cette armée s'avança sur le canal de Ledo, près de Carpi-du-Modénois, et le passa le 1er août; ensuite, s'étant formée dans la plaine, elle marcha droit à notre armée qui avoit passé le Pô et étoit venue derrière la Parmegiana.

Le prince Eugène, étant arrivé à notre camp, alla le reconnoître, peut-être avec quelque dessein de l'attaquer; mais, ayant vu lui même que les bords de la rivière étoient trop élevés et le fond trop bourbeux, et qu'il ne pouvoit la traverser sans trop de péril, n'ayant d'ailleurs point de temps à perdre pour secourir Turin à temps, il changea de pensée et songea à gagner pays et à aller passer cette rivière plus haut.

M. le duc d'Orléans, ayant compris qu'il ne pouvoit l'empêcher, prit le parti, dans un conseil qu'il assembla, de repasser le Pô et de longer au delà, du côté de Turin, en le remontant, afin de se joindre à l'armée du siège et d'être assez fort pour aller au-devant de l'ennemi [et l'empêcher de passer le Pô vers Moncalieri ou Carignan]. Le prince Eugène ne trouva plus d'autres obstacles en son chemin que la longue marche, la disette des vivres et le manque d'eau. Le pays étoit coupé par quantité de rivières et de torrents, dont les fonds étoient bourbeux, et les eaux se trouvoient presque toutes corrompues par les grandes chaleurs. [Car, quoiqu'il eût beaucoup de défilés à passer, et notamment celui de la Stradella[1],

1. Petite ville forte sur un contrefort des Apennins, au sud du Pô, entre Plaisance et Pavie.

où on ne put envoyer des troupes à temps, M. le duc d'Orléans ayant pris le parti que je viens de dire, ils ne lui furent point disputés.] Mais, chemin faisant, le prince Eugène, qui vouloit avoir ses derrières libres, fit attaquer Carpi, Careggio et Reggio, où nous avions des garnisons, et les prit après quelques jours de tranchée.

De là, les Impériaux passèrent la Lenza et s'avancèrent près de Parme, où le prince Eugène reçut des nouvelles du duc de Savoie par le baron de Charrey, qu'il envoya exprès de Piémont pour le conjurer de hâter sa marche. Les ennemis vinrent camper ensuite à un autre la Badia où ils trouvèrent de bonnes eaux et en abondance, ce qui leur fut un grand soulagement; car ils avoient souffert continuellement de la soif, causée par un soleil brûlant et un nuage épais de poussière dont ils étoient couverts et enveloppés, de sorte qu'ils ne pouvoient respirer sans tirer à eux autant de terre que d'air; ce qui étoit cause que l'infanterie étoit souvent obligée de camper, non où elle vouloit, mais où elle pouvoit[1]. Les chevaux et les bêtes de somme ne pâtissoient pas moins; ce qui retardoit considérablement leur marche. Enfin, cette armée arriva sur le Tanaro le 28 août et le passa au-dessus d'Asti[2]. Deux corps détachés s'avancèrent jusqu'à Baldichieri; le prince Eugène alla trouver à Carma-

1. La *Gazette d'Amsterdam* de 1706, Extraordinaire LXXV, donna un journal de la marche du prince Eugène.

2. Saint-Simon a raconté (*Mémoires*, t. XIV, p. 38-40) que le duc d'Orléans aurait voulu s'opposer au passage du Tanaro par le prince Eugène, mais que le maréchal de Marcin, qui lui avait été donné comme mentor, n'y voulut pas consentir.

gnole le duc de Savoie, qui le mena à son quartier général de la Motte, et là, il fut résolu que les Impériaux viendroient camper le 30 à Villestelon ; que, le 1ᵉʳ septembre, M. de Savoie les joindroit avec sa cavalerie et avec huit régiments de milices, lesquels, étant joints à trois bataillons de ses vieilles troupes, feroient environ neuf mille hommes, qui seroient destinés à introduire un convoi de poudre et de munitions de guerre dans Turin [par les montagnes, en cas que nous en retirassions, pour donner la bataille, les quarante bataillons que nous y avions alors sous Albergotti].

De notre côté, M. le duc d'Orléans, après avoir pris le parti de joindre l'armée du siège, avoit hâté sa marche avec le secours d'une grande quantité de chariots du Milanois, sur lesquels il avoit fait monter son infanterie.

Il assembla aussitôt un conseil de guerre, sur l'avis qu'il eut de l'approche du prince Eugène, pour déterminer ce qu'on auroit à faire. Cette question, y ayant été agitée, donna lieu à la source des malheurs du siège de Turin et à la honte de nos armes.

Contention entre le prince et le maréchal de Marcin. — M. le duc d'Orléans vouloit[1], et c'étoit le bon parti, rassembler toutes ses forces, qui se seroient trouvées supérieures de beaucoup à celles des ennemis et marcher à eux pour leur donner bataille, allé-

1. Sur ce conseil de guerre et la divergence d'avis entre le duc d'Orléans et le maréchal de Marcin, on peut voir les *Mémoires militaires*, t. VI, p. 274-275 et 651-652, et ceux de Saint-Simon (t. XIV, p. 45-46), qui semble pour cette fois n'avoir pas exagéré.

guant que, si on remportoit la victoire, comme on n'en devoit pas douter, la conquête de la place suivroit immédiatement, et que, si on ne la remportoit pas, on seroit mieux en état de faire retraite.

Le maréchal de Marcin, qui lui avoit été donné pour conseil et qui avoit le secret de la cour, ne fut point de cet avis et dit au contraire que les affaires n'étoient pas dans un état à prendre une résolution si désespérée; qu'il falloit continuer le siège; qu'il ne seroit pas impossible de se rendre maître de Turin à la vue du duc de Savoie et du prince Eugène; que ce ne seroit pas la première place qu'on auroit pris de cette manière; que les ennemis ne pourroient l'empêcher qu'en donnant bataille; qu'il étoit clair qu'on pouvoit la soutenir avec bien plus d'avantage derrière de bonnes lignes bien fortifiées qu'en pleine campagne; qu'à l'égard des vivres, on en avoit encore beaucoup, aussi bien que des munitions de guerre, et qu'il n'y auroit pas plus de difficultés à en recevoir dans les lignes que hors des lignes.

M. le duc d'Orléans répondit que les trois assauts donnés sans succès à la demi-lune et aux contregardes avoient assez fait connoître le peu d'apparence qu'il y avoit de prendre si tôt la place; qu'il faudroit nécessairement y aller par la sape, qui est une voie longue, et que, cependant, le duc de Savoie ne trouveroit que trop de moyens pour y jeter du secours; que, les lignes étant d'une trop grande étendue pour être exactement gardées, pendant qu'on veilleroit dans un endroit, les ennemis passeroient de l'autre; qu'un seul endroit forcé, tout seroit forcé, et qu'alors il seroit inutile de courir au remède.

La plupart des officiers généraux furent de l'avis de M. le duc d'Orléans, et l'affaire passoit déjà en résolution, lorsque le maréchal de Marcin, voyant qu'on ne l'écoutoit plus, tira de sa poche un ordre secret du Roi, portant qu'en cas d'action le duc d'Orléans seroit obligé de se conformer à son avis.

Ce prince fut si surpris et si touché qu'il ne put s'empêcher de s'écrier dans son premier mouvement : « Puisque je ne suis ici qu'un zéro en chiffre, je n'ai « qu'à m'en retourner, et le plus tôt sera le mieux ; « qu'on me prépare une chaise de poste[1]. » Il se remit néanmoins et se contenta d'envoyer un exprès au Roi, pour lui rendre compte de ce qui s'étoit passé et ne songea plus qu'à rester dans les lignes, [qui étoient d'une grandeur excessive, ayant cinq ou six lieues d'étendue], et à les mettre dans le meilleur état de défense qu'il seroit possible, sans pourtant discontinuer les attaques de la ville.

L'armée impériale passe le Pô. — L'armée impériale passa donc le Pô sans nulle opposition, entre Carignan et Moncalieri, et entra dans la plaine, vis-à-vis de la partie de nos lignes qui étoit entre le Haut-Pô et la Doria. Elle marcha impunément à une de ces lignes pendant trois jours, en nous prêtant le flanc, avant que d'arriver sur la Doria. Sur les nouvelles que le duc de Savoie eut qu'on voyoit venir de Suse un convoi de sept ou huit cents mulets chargés de poudre et de munitions de guerre pour l'armée de France, et qu'il étoit escorté par cinq ou six cents chevaux, il fit deux détachements, l'un commandé par

1. Les *Mémoires de Saint-Simon* (t. XIV, p. 46) disent la même chose.

Visconti et l'autre par Langalerie[1], déserteur françois qui s'étoit jeté parmi les Impériaux. Visconti alla passer la Doria au gué d'Alpignan, et Langalerie au-dessous de Pianesse, pour attaquer le convoi en tête et en queue. Ils tombèrent dessus et le mirent en si grand désordre qu'il n'y eut que deux cents mulets de la tête qui joignirent l'armée à grande hâte; le reste fut pris et l'escorte mise en fuite[2]. Une partie se sauva dans le château de Pianesse, où nous avions un poste et un magasin de quantité de vivres et d'attirails; il fut aussitôt investi par les Impériaux, qui s'en rendirent maîtres presque sans coup férir et prirent tout ce qu'il y avoit dedans.

Les ennemis étant dans cette situation et toute leur armée ne montant qu'à vingt-sept ou vingt-huit mille hommes, au lieu que la nôtre montoit une fois autant, toutes nos forces étant réunies ensemble, on crut mal à propos qu'ils ne feroient que des feintes de nous attaquer pour nous obliger de retirer de nos lignes les troupes les plus voisines du Haut-Pô, afin de tâcher d'introduire dans Turin, à la faveur d'une escorte de sept à huit mille hommes de troupes réglées et de milices, le convoi qu'ils tenoient prêt. En conséquence, on donna à Albergotti jusqu'à cinquante bataillons pour s'y opposer en cette partie[3], ce qui affoiblit con-

1. Philippe de Gentils, marquis de Langalerie, était passé au service des Impériaux au commencement de 1706, quoique étant déjà parvenu en France au grade de lieutenant général. M. A. de Boislisle a raconté les aventures extraordinaires de ce transfuge dans la *Revue historique*, novembre 1897 et janvier 1898; il mourut en 1717 dans une prison de Vienne.

2. *Mémoires du chevalier de Quincy*, t. II, p. 191-193.

3. Il était campé sur la colline des Capucins.

sidérablement notre armée et la mit hors d'état, par la grande étendue des lignes qu'on avoit à garder, d'empêcher que celle de l'ennemi ne les pénétrât en quelque endroit. C'est ce que M. le duc d'Orléans avoit prédit, quand le maréchal de Marcin lui montra l'ordre du Roi et l'empêcha de sortir des lignes avec l'armée, pour aller au-devant des ennemis au passage du Pô, ou les combattre dans la plaine.

Son raisonnement ne se trouva que trop juste ; mais il eut la condescendance de suivre entièrement celui du maréchal. Ainsi les attaques de la place furent poussées avec vigueur, et on prit le parti de les soutenir avec les plus grandes forces de l'armée, [et même on se confirma dans ce sentiment, lorsqu'on les vit sur la Doire et passer cette rivière; car on se persuada encore mal à propos que ce n'étoit qu'une ruse de guerre pour se jeter ensuite d'un autre côté; ce qui fut cause qu'on négligea de faire passer un renfort de troupes sur nos ponts de Lucento, entre la Doire et la Sture, pour fortifier les quatorze bataillons et les quinze escadrons qui eurent seuls cette partie à défendre. Toutes les précautions qu'on prit sur cet article fut de leur donner un terrain de moindre étendue que le premier qu'on leur avoit fait prendre; à la vérité, il n'y avoit plus depuis Lucento, poste bien fortifié et bien gardé sur la Doire, où étoient nos ponts, jusqu'à la digue le long de la Sture, qu'un terrain d'environ un quart de lieue d'étendue ; mais on avoit omis d'y faire une bonne ligne; il en fallut commencer une nouvelle dans ce front de bandière, qui, par la brièveté du temps que l'on y put employer, ne se trouva encore qu'à hauteur de genouillères quand on fut attaqué[1]. Je viens présentement au récit de l'action qui se passa le 7 septembre.]

Les jours précédents, l'armée des ennemis, ayant passé la Doria, vint camper à la Vénerie, entre les deux rivières dont je viens de parler, et, s'étant mise en mouvement le lendemain, s'avança sur notre ligne et se mit en bataille à portée du canon. Notre droite étoit appuyée proche la digue de la Sture et notre gauche vers les ponts proche de Lucento. Tout ceci se fit si précipitamment, qu'on n'avoit pas bien reconnu qu'entre cette digue et le bord de la rivière de Sture il y avoit un espace vide, où l'on pouvoit faire marcher des colonnes; ainsi on omit encore de se précautionner à l'encontre, et les ennemis en surent bien profiter.

Dès qu'ils furent à portée de notre feu[2], on leur tira force coups de canon, qu'ils soutinrent avec fermeté, quoiqu'il leur tuât bien du monde. Leur droite vint attaquer notre retranchement en colonne; notre feu fut si grand, qu'il les empêcha de franchir ce retranchement. S'étant fortifiés de troupes fraîches, ils firent une seconde attaque; elle fut soutenue avec un peu de foiblesse.

1. Ceci est confirmé par le chevalier de Quincy (*Mémoires*, t. II, p. 195-196).
2. Sur la bataille de Turin, on peut voir la *Gazette*, p. 455-456, la *Gazette d'Amsterdam*, Extraordinaire LXXVI, n°s LXXVII-LXXX, et Extraordinaire LXXXIII, les *Mémoires de Lamberty*, t. IV, p. 165-173, le *Mercure* de septembre 1706, p. 296-338 et 360-368, les *Mémoires de Saint-Simon*, t. XIV, p. 51 et suiv. et 501-504, ceux *de Sourches*, p. 170-171, ceux *du chevalier de Quincy*, t. II, p. 196 et suiv., les *Mémoires militaires*, t. VI, p. 280-288 et 652-685, etc.

Pendant ce temps-là, ils percèrent la digue le long de la Sture et y firent passer leur seconde ligne qui marcha entre cette digue, la rivière et le Pô, et couvrit un convoi de munitions de guerre pour jeter dans Turin. Cette seconde ligne, ayant coulé sans résistance entre la digue et la Sture, la perça derrière nous et y parut bientôt.

Pendant ce temps-là, les ennemis firent une troisième charge à notre retranchement, [qui se trouva par ce moyen presque entre deux feux]. Le désordre s'y mit, et la seconde ligne des ennemis, toute en colonne et couvrant son convoi, longea vers Turin, où le comte de Thaun l'attendoit à la porte avec douze bataillons de sa garnison pour favoriser son entrée.

Le maréchal de Marcin est tué; M. le duc d'Orléans blessé. — Pendant cette marche, le maréchal de Marcin, désespéré du mauvais succès, alla charger cette colonne d'infanterie avec les quinze escadrons dont j'ai parlé[1], qui ne purent l'enfoncer et furent au contraire rompus par le feu de l'infanterie, qui fit à droite, leur tua bien du monde et les mit en fuite. Le maréchal y fut blessé mortellement[2]. M. le duc d'Orléans accourut à ce désordre, rallia la cavalerie le mieux qu'il put et se présenta lui-même à la tête sur cette colonne, qui l'éloigna bientôt par son feu. Le prince

---

1. Ci-dessus, p. 317.
2. « Il reçut un coup qui lui perça le bas-ventre et lui cassa les reins », dit Saint-Simon. On l'emmena dans une cassine, où les ennemis le firent bientôt prisonnier ; il mourut le lendemain et fut enterré dans un couvent de Capucins voisin du lieu de la bataille.

fut même blessé en cette charge¹. Alors les ennemis, ayant le prince Eugène à leur tête, qui courut risque d'être tué et blessé, son cheval s'étant abattu sous lui, percèrent notre retranchement. Nos troupes se retirèrent tout le long d'icelui pour aller repasser la Doria [à la faveur de Lucento]. Elles furent légèrement suivies et se mirent en bataille au delà à mesure qu'elles arrivoient, [avec du canon à leur tête pour contenir les ennemis.] Ils ne nous firent que quelques prisonniers des plus paresseux ou des plus épouvantés.

Le secours entra dans Turin. Le duc de Savoie et le prince Eugène se comportèrent en cette occasion avec toute la valeur, l'expérience et la sagesse possibles et entrèrent ce même jour-là dans la ville, où ils couchèrent, et ne trouvèrent plus qu'une très petite quantité de poudre de reste.

Le secours étant ainsi entré, et nos troupes ayant repassé la Doria, il fut question de songer au parti qu'on avoit à prendre, autant que l'état auquel on se trouvoit pourroit le permettre.

Les officiers généraux françois tiennent une espèce de conseil de guerre, dont les avis sont différents, et suivent le pire. — Quand nos généraux et le reste des quatorze bataillons et des quinze escadrons qui avoient combattu entre la Doria et la Sture eurent repassé la première rivière sur les ponts de Lucento, on tint une espèce de conseil de guerre tout botté et fort tumultueux². Les uns vouloient qu'on rassemblât toute l'ar-

1. Il avait reçu d'abord à la hanche un coup de mousquet qui ne lui fit qu'une contusion et qu'il dissimula ; mais une autre balle étant venue le frapper au-dessus du poignet gauche, il dut se retirer.
2. Saint-Simon a raconté ce conseil de guerre, dont il devait

mée pour couper la retraite de celle des ennemis par le Milanois, alléguant qu'elle seroit dans la nécessité de prendre ce parti parce qu'elle ne pouvoit subsister que très peu de jours près de Turin, faute de vivres, et que, quand même elle se trouveroit forcée de prendre le chemin par où elle étoit venue, on pouvoit la suivre et la combattre en quelque endroit avec avantage, puisque l'on étoit beaucoup plus fort qu'eux [et que nous tirerions sans peine notre subsistance soit du Milanois, soit de Casal]. Pour autoriser cet avis, on ajoutoit que le Pô, que nous tenions déjà par la droite de notre circonvallation, nous seroit libre à repasser, soit à Chivas, ou plus certainement contre Casal, où l'on feroit filer, comme une espèce d'avantgarde, les quarante bataillons commandés par Albergotti, qui n'avoient point combattu et qui seroient suivis par le reste de l'armée; que, par ce moyen, on se joindroit aux troupes du comte de Médavy, qui venoit de gagner un combat contre le prince de Hesse, près de Castiglione, dont il lui avoit fait lever le siège[1]; que l'on conserveroit le Milanois et les autres places d'Italie qu'on tenoit encore, et que l'on se trouveroit au même état où l'on étoit avant que le prince Eugène eût passé l'Adige; que notre armée y seroit incompa-

---

connaître le détail par le duc d'Orléans lui-même (t. XIV, p. 56-60); on peut voir aussi les *Mémoires du chevalier de Quincy*, t. II, p. 208-211.

1. Cette victoire de Médavy fut gagnée le 9 septembre, c'est-à-dire trois jours après le désastre de Turin, par conséquent ce succès ne put influer sur la décision prise de se retirer (*Mémoires militaires*, t. VI, p. 299 et 701-707; *Mémoires de Lamberty*, t. IV, p. 173-175; *Gazette*, p. 456 et 467-468; *Mercure* de septembre, p. 339-351, etc.).

rablement plus forte que la sienne et que la réputation de nos armes ne seroit qu'un peu diminuée par la levée du siège de Turin, au lieu qu'elle seroit entièrement perdue avec tout le Milanois, le Mantouan et les autres places, et même le corps de troupes victorieuses du comte de Médavy, si on prenoit un autre parti. Mais le malheur voulut que M. le duc d'Orléans avoit été blessé au combat[1], et aucun des généraux qui étoient là ne voulut ou ne put se charger de l'événement et le prendre sur lui, la cour n'ayant point envoyé d'ordre en cas de mésaventure, [ne pouvant s'imaginer qu'il en pût arriver. Ainsi les autres généraux prirent un parti qui a paru très déshonorant et très mauvais.] Ils dirent donc qu'il falloit se retirer avec toute l'armée sous Pignerol, quoique démoli, où il n'y avoit point de vivres, et cette résolution fut suivie; mais ce ne fut qu'après avoir fait sauter les magasins à poudre du reste du siège et gaspillé toutes les munitions, autant que la brièveté du temps put le permettre. [La grosse artillerie ne laissa pas d'être abandonnée et une partie de celle de campagne, dont une partie s'étoit sauvée.]

La marche commença avec une confusion et un désordre qui ne fit qu'augmenter jusques à Pignerol, et, si les ennemis ne se fussent pas contentés d'avoir secouru Turin et qu'ils ne nous eussent pas fait un pont d'or, il y a grande apparence qu'il auroit été plus grand, aussi bien que la perte. A la vérité, Albergotti, qui eut ordre de M. le duc d'Orléans de repasser le Pô avec les quarante bataillons qu'il com-

---

1. Il soutint cependant vivement ce parti.

mandoit au delà, [auquel il n'obéit qu'à regret, ayant été du premier avis,] se retira avec beaucoup d'ordre à la queue de l'arrière-garde de l'armée, [si tant est qu'il y en eût une de commandée,] et contint par sa bonne contenance les légers détachements que les ennemis envoyèrent après l'armée, qui en fut quitte pour la perte de quelques bagages et d'une quantité de traîneurs faits prisonniers.

L'armée de France se retire sous Pignerol, puis en Dauphiné, et pâtit fort de la faim pendant sa marche. — L'armée, étant arrivée sous Pignerol, n'y demeura que quelques heures; car on n'y trouva aucune subsistance. Elle prit incontinent sa marche vers le Dauphiné par la vallée de Pragelas. Ce ne fut pas sans peine; car elle rencontra le long de son chemin une quantité de Barbets qui l'incommodoient fort à grands coups de fusil, de dessus les montagnes où ils s'étoient postés à droite et à gauche, et dont ils connoissoient tous les détours et les postes les plus utiles.

On peut bien croire que le duc de Savoie et le prince Eugène cherchèrent à profiter de la prospérité de leurs armes; leur premier exploit fut de se rendre maîtres de Chivas [sans coup férir, et n'eurent pas de peine à s'emparer de cette bicoque], où nous n'avions qu'un méchant bataillon pour assurer la communication du Pô jusques à Casal et garder un reste de munitions qu'on y avoit amassé pour le siège de Turin. Après cela, ces deux princes, avec une partie de leur armée, s'avancèrent à Novare, qu'ils avoient déjà fait investir. Il n'y avoit dans cette place que sept à huit cents hommes qui ne demandèrent qu'à en sortir vie et bagues sauves, ce qui leur fut accordé. Ensuite, ils se présentèrent devant la ville de Milan, qui n'a aucune défense et qui se rendit au duc de Savoie[1]. Le marquis de la Floride, qui la tenoit pour le roi d'Espagne, se retira au château, qui fut seulement circonvallé par les Alliés et ne leur fut cédé que l'année suivante par le traité dont je parlerai plus bas[2].

Le comte de Thaun prend Pavie et Casal. — Le comte de Thaun, avec un détachement, se rendit maître de Pavie et de Casal[3], qui ne se défendirent point. La garnison françoise, qui en sortit par la capitulation, fut conduite à Suse et les Espagnols à Valence.

Le prince Eugène, marchant plus avant, s'empara de Lodi, Pizzighitone et Vigevano, [et fit prendre poste à Gierra-d'Adda, dont la garnison tira seulement quelques coups de fusil et se rendit.] De là, il alla assiéger Tortone. La place se défendit pendant trois semaines et capitula[4]. Les troupes françoises qui y étoient furent conduites à Crémone. Le château fut aussi attaqué et se défendit passablement; à la fin, il fut pris.

Le duc de Savoie va assiéger Alexandrie et s'en rend maître. — Le duc de Savoie marcha à Alexandrie, qu'il assiégea et prit assez brusquement au moyen d'une bombe qui tomba sur un magasin à poudre, y mit le feu et causa un si grand désordre qu'environ

---

1. Le duc de Savoie y fit son entrée le 25 septembre.
2. Ci-après, p. 325.
3. Pavie fut rendue par M. de Colmenero le 8 octobre et Casal le 7 novembre.
4. Le 29 novembre (*Mémoires militaires*, t. VI, p. 359-361 et 730-746).

mille personnes y furent tuées ou ensevelies sous les ruines. Enfin, pendant le reste de l'année, les ennemis se rendirent maîtres de toutes les petites places et postes du Milanois, de sorte qu'il n'y eut que le château de Milan qui fut assiégé pendant environ deux mois. C'étoit une très bonne place, bien munie et qui, vraisemblablement, devoit durer davantage, si le marquis de la Floride, Espagnol, ne l'eût rendue assez brusquement[1] vers le commencement de l'année suivante, non sans soupçon de son peu de fidélité envers son maître. J'en parlerai encore plus loin.

Le prince de Vaudémont se retire à Mantoue. — Pendant toute cette rapidité de conquête, le prince de Vaudémont, gouverneur du Milanois pour le roi d'Espagne, s'étoit retiré à Mantoue, où nous avions encore une garnison assez bonne et assez nombreuse. Le comte de Médavy étoit aux environs de Crémone avec sa petite armée et nous tenions la Mirandole, Crémone, Ostiglia, tout le Mantouan, Modène, Valence et différents postes le long du Pô depuis le Bas-Oglio, et Suse dans le Piémont. MM. de Vaudémont et de Médavy prenoient les mesures nécessaires pour tâcher de se passer des secours de France, n'en pouvant plus attendre de notre armée.

[Je raconterai ce qu'ils devinrent dans l'année qui va suivre; mais étant obligé, avant d'en venir là, de parler de ce qui arriva en Flandres, en Allemagne et ailleurs, je viendrai présentement au récit de ce qui se passa vers le Rhin pendant cette même année 1706.]

1. Le marquis de la Florida se défendit au contraire très bien, et il ne capitula que le 20 mars 1707 sur l'ordre formel du roi d'Espagne; voyez ci-dessus, p. 324.

[*Campagne d'Allemagne, année 1706*. — Quoique je crois avoir suffisamment démontré à la fin de la campagne d'Allemagne de l'an passé[1] la situation de l'armée impériale et de la nôtre, je ne laisserai pas de répéter que les Impériaux ne se contentèrent pas de fortifier le mieux qu'il leur fut possible tous les postes qu'ils avoient occupés sur nous tout le long de la Mutter, où ils mirent le plus de troupes qui s'y purent tenir à couvert et subsister, mais qu'ils étendirent le reste de celles qu'ils tinrent en deçà du Rhin jusque vers Landau pour la commodité du couvert et de la subsistance. J'ajouterai de plus qu'ayant fait le dessein d'assiéger le Fort-Louis-du-Rhin au renouveau, ils l'avoient si fort resserré, et avec tant de précaution, qu'il n'y pouvoit plus entrer personne, et qu'au moyen du pont qu'ils avoient sur le Rhin jusques à l'île de Dalonde, qu'ils fortifièrent extrêmement, et de celui qu'ils avoient sur l'autre bras du Rhin depuis ladite île jusques aux lignes de Stolhoffen, au moyen desquels ils se communiquoient très facilement, il nous étoit impossible d'y introduire aucun secours ni vivres par la rivière, non plus que du côté de la terre.] Au deçà du Rhin, ils établirent des quartiers dans tous les lieux circonvoisins, où ils faisoient bonne garde, et les retranchements étoient fortifiés de manière qu'on n'en pouvoit forcer aucun qu'avec une armée dans toutes les formes.

Dès que le maréchal de Villars fut de retour à la cour, il y rendit compte de l'état de toutes ces choses, sur quoi il fut projeté de faire les derniers efforts

1. Ci-dessus, p. 138.

pour déposter les Impériaux de dessus la Mutter et de prendre les mesures les plus convenables pour rendre la campagne suivante plus avantageuse.

Pour cet effet, on fit pendant l'hiver un amas d'une prodigieuse quantité de fourrages secs afin de pouvoir se mettre de bonne heure en campagne et de profiter de la lenteur ordinaire des Allemands, qui ne s'y mettent jamais que fort tard. Pour leur causer une espèce de diversion, le maréchal de Marcin avoit eu ordre de rassembler une armée sur la Moselle et se rendit de très bonne heure à Metz, où il fit embarquer du canon et des munitions de guerre pour faire croire qu'il alloit assiéger Traërbach; mais les ennemis ne donnèrent pas dans ce panneau.

Le maréchal de Villars partit aussi de bonne heure de la cour, et M. de Marcin reçut ordre de faire marcher son armée en Alsace pour l'exécution des projets qu'on avoit formés. Celle de M. de Villars se rassembloit en même temps, et toutes les troupes qui la composoient se trouvèrent ensemble aux environs de Strasbourg quand il y arriva. Il n'y manquoit que des chevaux pour l'artillerie; mais on y pourvut d'ailleurs.

Commencement de la campagne. — Le 30 avril, M. de Villars se mit en mouvement et vint de Weyersheim[1] sur la Zorn et M. de Marcin à Schweighausen[2]. Ce village se trouve entre Haguenau et l'abbaye de Neubourg. Son avant-garde, commandée par le comte du Bourg, trouva huit cents chevaux des ennemis qui

---

1. Village sur la route de Strasbourg à Bischweiler.
2. A quelques kilomètres à l'ouest d'Haguenau.

lui voulurent disputer le passage de la Mutter; il les chargea et leur tua ou prit deux cents hommes.

De Weyersheim, où le maréchal de Villars ne s'arrêta pas, il tira le même jour droit à Bischwiller, que les ennemis tenoient et avoient fortifié par des bastions de terre fraisés et palissadés, et se prépara à le faire battre avec vingt-cinq ou trente pièces de gros canon qu'il avoit amené avec lui. Mais le prince Louis de Bade, qui commandoit l'armée impériale, ayant appris que le maréchal de Marcin avoit passé la Mutter et que, par conséquent il alloit prendre ses troupes en flanc, pendant que le maréchal de Villars attaqueroit le front, envoya ordre à tous ses quartiers de se retirer sur le bord du Rhin, auprès de Drusenheim, derrière les inondations et les abattis d'arbres qu'il y avoit fait faire pendant l'hiver, et fit abandonner Bischwiller. Ainsi le maréchal de Villars se trouva délivré de la peine d'en faire le siège. Dès qu'il fut averti que la garnison avoit quitté cette place, il y entra avec un corps de troupes et poursuivit les ennemis qui se retiroient jusques sur le bord de l'inondation, où il fut joint par le maréchal de Marcin. Il fit tirer sur eux quelques coups de canon et apprit en cet endroit que le prince de Bade repassoit le Rhin avec ses troupes au nombre de vingt mille hommes sur un pont qu'il avoit fait faire à Stattmatt[1], et qu'il fit rompre ensuite. Sur le faux avis qu'eut M. de Villars que les ennemis n'avoient laissé que cinq cents hommes dans Haguenau, au lieu de cinq bataillons réels et effectifs que le prince Louis y avoit

1. Village de la rive gauche, presque vis-à-vis le Fort-Louis.

mis, [à la garde d'une nombreuse artillerie et de beaucoup de munitions de guerre et de bouche, dans le dessein qu'il avoit formé de tâcher d'assiéger Phalsbourg et d'entrer en Lorraine, où il prétendoit pénétrer pendant sa campagne,] le maréchal détacha Peri, qui avoit ci-devant défendu cette place[1], seulement avec six bataillons, un régiment de dragons et un de cavalerie, avec cinq ou six pièces de canon pour l'aller assiéger.

Dès le même soir de son arrivée, il fit ouvrir la tranchée et mettre son canon en batterie; mais il fut si bien reçu qu'il perdit beaucoup de monde et qu'on fut obligé de lui envoyer du renfort à plusieurs fois. Le maréchal se trouva contraint d'y venir lui-même pour en presser la reddition, qui ne tarda pas; car, la place se trouvant toute ouverte, et hors d'espérance de secours, le commandant se rendit, avec sa garnison, prisonnier de guerre[2].

Le marquis de Vieuxpont et le comte du Bourg reprennent Drusenheim et Stattmatt. — M. de Villars ayant poussé quelques corps détachés en avant de l'armée, ils trouvèrent Selz, Benheim et Lauterbourg[3] abandonnés, et s'en saisirent. Le marquis de Vieuxpont, maréchal de camp, alla attaquer Drusenheim, le comte du Bourg, la redoute de Stattmatt, où les ennemis avoient laissé quelque monde, et ces

---

1. Ci-dessus, p. 135-136.
2. *Histoire militaire*, t. V, p. 53-58; *Gazette*, p. 249; *Dangeau*, t. XI, p. 100 et 102-103; *Sourches*, t. X, p. 79-80.
3. Ces trois localités sont dans l'ancien arrondissement de Wissembourg, non loin de la rive gauche du Rhin.

deux officiers généraux se rendirent maitres de l'un et de l'autre.

Le Fort-Louis-du-Rhin étant ainsi dégagé et les ennemis au delà du fleuve, M. de Marcin eut ordre de la cour de se séparer de M. de Villars, et de mener ses troupes en Flandres, où on avoit appris que l'armée des ennemis seroit bien plus forte que la nôtre; [mais notre malheur voulut qu'il n'y pût arriver assez tôt. Je reviens au maréchal de Villars, qui avoit grande envie d'assiéger Landau, et ne le put, le maréchal de Marcin s'étant, comme je viens de le dire, séparé de lui.] Il alla camper, avec toute sa cavalerie et ses dragons, dans la plaine de Langenkandel, où elle trouva une subsistance abondante. Il laissa son infanterie sur la Lauter, où il travailla à faire de nouvelles lignes, depuis Lauterbourg jusques sur la montagne au delà de Wissembourg. Puis, sur les nouvelles qu'on eut à la cour que les troupes de Lünebourg, de Hesse et les Palatines marchoient à grandes journées pour joindre l'armée du duc de Marlborough en Flandres, le maréchal reçut ordre d'y envoyer encore vingt bataillons et six escadrons de carabiniers sous le chevalier du Rozel. [Il envoya aussi à la Rehute, sur le Spirebach, deux brigades de cavalerie, pour la commodité des fourrages et les consommer, et Imécourt derrière Germersheim avec un autre corps et quelque infanterie. Plusieurs parties en furent détachées pour tirer des contributions du Palatinat. Le maréchal s'avança même en personne jusques à Spire et revint aussitôt à Langenkandel; peu de jours après, il s'avança avec toute l'armée et la fit camper contre Spire.]

Après qu'il eut consommé tous les fourrages des

environs, il eut avis que les Impériaux avoient quelque dessein de passer le Rhin à Philipsbourg. Il alla lui-même en reconnoître les débouchés, fit repousser quelques gardes des Impériaux qui se trouvèrent en deçà de la redoute du pont et plaça un petit corps d'infanterie à la Petite-Hollande, afin de se donner le temps d'y venir lui-même avec toute l'armée en cas de besoin[1].

Quelques jours après, le gros de l'armée décampa de Spire pour venir à Benheim, et on envoya plusieurs postes le long du Rhin jusques à Lauterbourg, pour être averti de ce qui se passoit. Mais, les Impériaux ayant changé de dessein, et le maréchal étant informé qu'ils remontoient le long du Rhin, il fit marcher à Lauterbourg un régiment d'infanterie et un de dragons. Ensuite toute l'infanterie de l'armée avec l'artillerie vint camper à Langenkandel, et, comme presque tous les fourrages y étoient consommés, le maréchal mena sa cavalerie à Bergzabern[2] et envoya encore deux régiments d'infanterie à Lauterbourg. [Peu de jours après, il vint camper avec toute la cavalerie et deux brigades d'infanterie à Barbelroth[3], sous prétexte d'y consommer les fourrages, et envoya un régiment de dragons à Lauterbourg, où il fit passer aussi deux brigades d'infanterie. Tout ce qui lui en restoit vint camper à Alstadt[4], où il vint dîner, et alla le même soir coucher au Fort-Louis-du-Rhin, sous

1. Pour tous ces mouvements, voyez les *Mémoires militaires*, t. VI, p. 415-433, et ceux *de Villars*, t. II, p. 202-203.
2. Dans le duché de Deux-Ponts, au nord de Wissembourg.
3. Village à un kilomètre à l'ouest de Bergzabern.
4. Ou Altenstadt, dans le canton de Wissembourg.

prétexte d'y visiter les travaux qui s'y faisoient, et quelques bouts de lignes à quelques passages du Rhin ; puis il vint repasser à Alstadt.]

Toutes ces dispositions et ces allées et venues dénotoient qu'il se méditoit quelque dessein, et l'on ne s'y trompa pas.

Dessein du maréchal sur l'île du Marquisat contre le Fort-Louis et la manière dont il s'y prit pour l'exécution. — Le marquis d'Hautefort[1], qui commandoit toute l'infanterie du camp d'Alstadt, eut ordre de prendre trois cents hommes par bataillon, avec l'artillerie, et de venir camper à Rödern[2]. Le même jour, sur le soir, il reçut un second ordre pour en faire partir dans le moment tous les grenadiers qui étoient avec lui, avec l'artillerie.

Ces mouvements parurent au prince de Bade n'être causés que pour lui empêcher de faire des ponts sur le Rhin en quelque endroit, [et que le régiment de Navarre, qui devoit être de la partie, n'avoit été envoyé à Offendorf[3] que sous prétexte qu'il avoit beaucoup souffert de maladie et par la maraude, et le bruit en avoit été répandu exprès.]

Il y avoit une petite île détachée de celle du Marquisat par un canal du Rhin fort étroit et profond, sur laquelle le maréchal avoit formé des desseins. Elle

1. François-Marie, marquis d'Hautefort (1654-1727), avait été nommé lieutenant général en 1703; par la suite, il devint gouverneur de Guise en 1717 et chevalier du Saint-Esprit en 1724.

2. Rödern est entre Selz et Sulz, sur un petit affluent du Rhin.

3. Village au sud de Drusenheim.

étoit gardée par les Impériaux, [qui n'avoient personne dans cette petite île]. Ce fut en cet endroit qu'il projeta de faire sa première descente pour attaquer ensuite l'île vis-à-vis le Fort-Louis, qu'on appelle du Marquisat.

Pour réussir dans cette entreprise, il falloit une quantité de bateaux pour transporter les troupes et des pontons pour construire un pont sur le bras du Rhin dans le moment de l'attaque, afin de pouvoir faire passer toutes les troupes qui étoient nécessaires pour opposer à celles que les ennemis étoient en état d'y envoyer de leurs lignes pour soutenir leurs postes. Mais, comme on en manquoit, il fallut y suppléer avec adresse et en faire venir de Strasbourg par terre et le long du Rhin, sans que les ennemis de l'île de Dalonde s'en aperçussent. [L'expédient que l'on y trouva fut d'en faire venir la plus grande partie par terre et de cacher les uns et les autres le mieux qu'on put avec des ramages.] Enfin quelques-uns arrivèrent à Offendorf pour transporter dans la petite île trois cents grenadiers qui y débarquèrent. Les autres vinrent au Fort-Louis, où cinq cents grenadiers s'embarquèrent sous la conduite de Streiff[1], maréchal de camp.

Cette[2] petite flotte commença à voguer au petit

1. Charles-Frédéric, baron de Streiff, appartenait à une famille livonienne et était passé au service de France avec les troupes du duc de Weimar; il était parvenu en 1704 au grade de maréchal de camp; il fut tué dans l'attaque qui va être racontée.

2. L'*Histoire militaire*, t. V, p. 62-67, a donné un récit détaillé de ces mouvements et de la prise de l'île du Marquisat.

point du jour et aborda la petite île, non sans essuyer un grand feu des ennemis postés dans des broussailles qui les cachoient. Streiff fut d'abord blessé à mort. On se retrancha dans cette petite île avec beaucoup de diligence, et on répondit au feu des ennemis qui partoit de l'île du Marquisat par un autre qui devint bientôt supérieur. L'artillerie du Fort-Louis et le canon de campagne de l'armée, [qui avoit été logé dans la partie des retranchements de l'île du Fort-Louis qui regarde l'île du Marquisat,] faisoient un feu terrible sur les ennemis.

Pendant ce grand feu, on embarquoit continuellement des troupes, pour lesquelles les bateaux ne faisoient qu'aller et venir, et on travailloit avec beaucoup de diligence à la construction d'un pont. Cependant, les ennemis voulant absolument disputer le passage, le prince de Bareith[1], qui commandoit les troupes de Franconie, y vint d'abord avec deux mille hommes et quatre bataillons avec leurs drapeaux, qui se placèrent à cent pas de la petite île. Ils rendirent leur feu bien supérieur au nôtre, qui fut bientôt renforcé par celui de quinze compagnies de grenadiers que le maréchal fit joindre avec beaucoup de diligence. D'autre part, notre canon faisoit un feu si terrible que les ennemis, n'y pouvant tenir, prirent le parti de se retirer de l'île, après avoir laissé environ cinq cents hommes sur la place; nous en perdîmes beaucoup moins.

Dès qu'on se fut aperçu de la retraite des Impériaux

---

1. Christian-Ernest, marquis de Brandebourg-Bareith : tome II, p. 252.

et qu'ils abandonnoient l'île, un capitaine de grenadiers, suivi de quelques-uns des siens, passa le canal à la nage et, ayant reconnu qu'il n'y avoit plus personne dans l'île du Marquisat, on acheva facilement de faire le pont. Le maréchal y envoya plusieurs bataillons et y entra lui-même avec un nombre d'officiers généraux. Dans le même moment, il fut reconnoître la rivière de Stolhoffen pour voir si on ne la pouvoit point traverser à gué; mais, n'en ayant pas trouvé, il revint et se contenta de donner des ordres pour rétablir promptement l'ouvrage à corne qui avoit été ci-devant dans cette île, et dont on trouva encore tous les fondements. Il y laissa plusieurs bataillons, qui y campèrent et se mirent à couvert par des retranchements et des épaulements du côté de l'ennemi. Les Impériaux, ayant été ainsi obligés de quitter l'île du Marquisat, prirent des mesures pour empêcher le maréchal de passer la rivière de Stolhoffen et firent travailler, dans le moment, à deux retranchements en amphithéâtre le long de cette rivière, qu'ils garnirent de troupes.

Le lendemain, on occupa une redoute que les ennemis avoient à l'extrémité de l'île, à la tête de l'endroit où ils avoient eu leur pont qu'ils avoient levé. Le maréchal ordonna de faire travailler à une nouvelle redoute sur le bord de la rivière de Stolhoffen vis-à-vis de l'ouvrage à corne qu'on relevoit. Les Impériaux voulurent s'y opposer par quelques coups de canon qu'ils tirèrent sur les travailleurs; mais le maréchal y fit faire une batterie, sur la droite, de dix pièces pour leur imposer silence. Comme ces coups de canon incommodoient fort les travailleurs de part et d'autre, on cessa de tirer, et il y eut, comme de concert, une espèce de trêve à cet égard.

Le maréchal auroit bien voulu faire une autre entreprise du côté de l'île d'Augenheim pour passer ensuite dans celle de Stolhoffen, qui n'en est séparée que par un canal; mais, ayant bien fait reconnoître le terrain, on trouva la chose impraticable; ainsi on continua de travailler à l'ouvrage à corne; puis il partit du Fort-Louis et s'en retourna à Langenkandel, où sa cavalerie étoit restée pour consommer les fourrages des environs. Il envoya à Offendorf quatre bataillons, un régiment de cavalerie et un de dragons, à Stattmatt cinq bataillons, cinq à Lauterbourg avec un régiment de dragons.

Le marquis d'Hautefort resta dans l'île du Marquisat avec deux maréchaux de camp sous lui et six bataillons pour faire achever l'ouvrage à corne; l'artillerie et six autres bataillons retournèrent à Alstadt, et Peri avec sept bataillons s'en alla dans les lignes pour aider à les faire achever.

Dans ce temps-là, le maréchal de Villars reçut ordre de la cour d'envoyer encore dix escadrons en Flandre, et le prince Louis de Bade, malgré toutes les représentations qu'il fit à l'Empereur sur la foiblesse de son armée, fut obligé de détacher cinq de ses meilleurs régiments de cavalerie et de les envoyer en Hongrie. Peu de temps après, ce prince quitta l'armée, qu'il laissa sous le commandement du général Thungen, et s'en alla à son château de Rastadt, et peu après aux eaux.

Nouveau dessein de la cour de faire assiéger Landau pour causer une diversion. — On auroit bien voulu à la cour profiter de ce temps pour assiéger Landau, [et par ce moyen affoiblir l'armée victorieuse des ennemis en Flandre;] mais le maréchal, qui n'avoit plus que trente-cinq bataillons et soixante et quatorze escadrons, en remontra l'impossibilité. Il arrivoit à tous moments des secours considérables aux Impériaux, et, sur les nouvelles récentes qu'il en avoit [et la crainte que les ennemis ne trouvassent le moyen de passer le Rhin en quelque endroit foible de troupes,] il envoya Vivans[1] avec treize escadrons se poster à Bischwiller, afin d'être à portée d'Offendorf et de Stattmatt, où les ennemis avoient plus de facilité de faire des ponts, à la faveur de l'île de Dalonde, qu'ils tenoient. La plupart de leur infanterie étoit alors campée entre Stolhoffen et Hugelheim[2], avec la cavalerie des Cercles; tout le reste de leur armée s'étendoit jusques à Philipsbourg.

Les armées restèrent en cette situation jusques au commencement de septembre, que le général Thungen, ayant assez de troupes pour pourvoir à tout, vint passer le Rhin à Philipsbourg avec vingt mille hommes d'infanterie choisie, trente escadrons, dix pièces de gros canon, trente-cinq de campagne et quatre mortiers. Laissant ses autres troupes aux ordres du comte d'Erffa[3], à la garde des lignes de Stolhoffen, il s'avança le long du Rhin, qu'il avoit passé auprès de l'île d'Axaland; il fit construire un pont sur ce fleuve pour avoir une communication avec les troupes qu'il

1. Henri de Vivans de Noaillac : tome II, p. 137.
2. Hugelheim est au nord de Stolhoffen, sur la route de Rastadt.
3. Nous n'avons pu identifier cet officier.

avoit laissées au delà et se rejoindre à elles, s'il en étoit besoin. Pendant qu'on travailloit à ce pont, il s'approcha jusques à Meinfeld[1]; le bruit couroit alors qu'il vouloit venir attaquer nos nouvelles lignes.

Sur ces nouvelles, le maréchal envoya ordre à sa cavalerie, qui étoit dispersée dans des quartiers, de venir camper près de Lauterbourg, et il alla avec quinze cents chevaux auprès de Meinfeld pour reconnoître les ennemis. Il auroit trouvé une belle occasion de les combattre avec avantage si toute son armée avoit été rassemblée; [mais, comme cela ne se trouva pas, elle fut manquée.] C'est ce qui arrive assez ordinairement quand une armée a une grande étendue de pays à garder et qu'elle se trouve ainsi dispersée.

L'apparition du maréchal près de Meinfeld ne fut pourtant pas tout à fait inutile : car le général Thungen leva son camp, vint se poster à Hagenbach[2], [qui est un poste excellent, où il avoit son pont sur le Rhin derrière lui, ses flancs et son front de bandière couverts de bois et de marais. Il y fut joint encore par des nouvelles troupes et partagea avec nous le reste des fourrages de ces quartiers.] Il se contenta d'y subsister jusques au 15 novembre, qu'il fit repasser le Rhin, sur son pont, à ses gros bagages.

Le maréchal, en étant averti, se présenta à la vue du camp ennemi, croyant qu'il marchoit ce jour-là; il avoit avec lui tous les grenadiers de l'armée, cinq hommes par compagnie d'infanterie et une partie de

1. Meinfeld, dans le duché de Deux-Ponts, au nord de Lauterbourg.
2. Hagenbach, très près du Rhin, au nord de Lauterbourg, est situé dans un pays très boisé et marécageux.

sa cavalerie ; mais, voyant qu'il ne décampoit point, il se contenta de faire pousser ses gardes, ce qui engagea quelques escarmouches, et il se retira. Le lendemain, le comte de Thungen et son armée repassèrent le Rhin en toute liberté, et, étant arrivé au delà, il envoya la plupart de ses troupes dans leurs quartiers et distribua les autres dans divers postes sur le Rhin. Le maréchal de Villars en fit autant des siennes ; et, après avoir pourvu à la sûreté des nouvelles lignes, il congédia l'armée et s'en retourna à la cour.

Campagne de Flandres, 1706. — En Flandres, l'électeur de Bavière commanda notre armée, de beaucoup moins forte que celle des ennemis ; il avoit sous lui le maréchal de Villeroy. Elle fut assemblée entre Louvain et Tirlemont, où elle passa la Grande-Geete le 19 mai et se campa au delà tout le long, ayant cette rivière derrière elle, sa droite au village de Gossoncourt[1] et sa gauche tirant sur la fourche que fait la Petite-Geete avec la Grande. On fit des ponts sur cette petite rivière pour faire croire à l'ennemi qu'on vouloit la passer, et, le surlendemain que l'armée fut campée, le maréchal ayant appris que celle des ennemis, sous le duc de Marlborough, se mettoit en mouvement [et venoit de Tongres à Borloo[2], puis camper à Darion[3]], il se persuada avec quelque vraisemblance que le général anglois avoit des desseins sur Namur. Pour l'en empêcher, M. de Villeroy fit marcher toute

1. Gossoncourt-lès-Tirlemont, à quelques kilomètres au sud de cette ville.
2. Borloo (le manuscrit dit *Borichloo* et *Quaron*) est à huit kilomètres sud de Saint-Trond dans la direction de Waremme.
3. Darion est au sud-ouest de Waremme.

l'armée le jour de la Pentecôte, dès le point du jour, pour s'approcher de la Méhaigne et se venir poster dans un terrain qu'il étoit allé reconnoître la veille. Sa situation lui avoit paru avantageuse pour passer la Méhaigne et aller couvrir Namur, soit pour barrer l'ennemi et le faire changer de dessein.

Il en changea effectivement pour prendre celui de venir nous combattre et se conduire ensuite selon l'événement. La droite de notre armée étoit encore à quelque distance de la Méhaigne lorsqu'on vit paroître celle des ennemis qui entroit dans la plaine de Merdorp[1], marchant sur plusieurs colonnes. Quand elle fut à portée de nous, elle se mit en bataille, et nous en fîmes autant [en nous arrêtant, et nous occupâmes le terrain où on se rencontroit. Il se trouva que notre droite étoit sur le bord de la grande chaussée, ayant un peu derrière elle la tombe d'Ottemont]; celle de notre infanterie débordoit un peu le village de Ramillies, sa gauche se prolongeoit [le long d'Offus[2]] jusques au village d'Autre-Église[3], ayant devant elle un petit coulant presqu'à sec, qui dérivoit de Ramillies et formoit une espèce de petit marais assez ferme, depuis la hauteur d'Offus jusques à Autre-Église et au delà, tirant sur Jauche[4]. Notre cavalerie de la gauche, qui ne combattit point, demeura postée pen-

---

1. Au nord de la Méhaigne, à quelques kilomètres de Wasseiges.
2. Offus est un petit hameau au nord de Ramillies.
3. Autre-Église, village du canton de Jodoigne.
4. Jauche est au nord-est d'Autre-Église, sur le bord du ruisseau de Jauche.

dant tout le combat, comme sans mouvement, sur une hauteur entre Offus et le Mont-Saint-André[1].

Nous n'avions que deux lignes et point de corps de réserve. Les ennemis n'en usèrent pas de même; car, à cause du marais dont j'ai parlé et qu'ils connoissoient bien, ils portèrent toute leur cavalerie adroitement à leur gauche, depuis le village de Franquênes[2] jusques à leur infanterie, dont ils tirèrent douze bataillons qu'ils jetèrent dans ce village. Il fermoit leur gauche devant eux et en couvroit le flanc. Nous avions bien prévu de quelle conséquence il étoit pour nous de l'occuper avant qu'ils s'y fussent établis; mais les quatre bataillons qu'on avoit envoyés pour cela n'arrivèrent qu'après coup [et ne purent se jeter que dans les haies extérieures avec un ou deux régiments de dragons, qu'on y envoya pour les soutenir pied à terre et qui, à la fin du combat, se trouvèrent tout à fait séparés de notre armée et ne laissèrent pas de se retirer à Namur sans grande perte]. Les ennemis formèrent quatre lignes de leur cavalerie, sans laisser aucun intervalle entre leurs escadrons, de manière que, quand on vint à la charge, ils prenoient chacun de nos escadrons en flanc au moyen de l'intervalle ordinaire qui les séparoit les uns des autres. Leur cavalerie de la gauche s'étendoit parallèlement à la nôtre de la droite et venoit presque jusques à la hau-

---

1. Le Mont-Saint-André est un village qui forme un triangle avec Ramillies et Autre-Église; Offus en occupe à peu près le centre.
2. Hameau sur la Méhaigne, entre Boneffe et Taviers, au sud de Ramillies.

leur du village de Ramillies, où elle joignoit leur infanterie, qui étoit en bataille sur trois lignes bien épaisses, qui se prolongeoient jusques au village de Folx[1], où nous avions jeté quelques détachements d'infanterie. Les ennemis avoient encore une nombreuse artillerie et un bon corps de réserve pour prendre notre cavalerie en flanc, lorsqu'elle viendroit à charger.

Bataille de Ramillies, 23 mai 1706. — Les[2] dispositions de part et d'autre étoient en cet état lorsque l'Électeur, venant de Bruxelles, joignit l'armée, qui canonnoit avec succès celle des ennemis. Il jugea avec le maréchal (et je l'entendis) que toute cette affaire se termineroit en canonnades ; mais cette espèce de calme ne dura pas longtemps : peu à peu le combat commença par une fausse attaque sur le village de Folx, où nous jetâmes deux ou trois bataillons. Les ennemis cessèrent cette attaque pour faire celle de Ramillies de vive force, et s'en rendirent maîtres après un rude combat d'environ une heure [et nous y prirent vingt pièces de canon].

Pendant ce temps-là, M. d'Artagnan, depuis maréchal de France sous le nom de Montesquiou, s'ébranla

1. Folx-les-Caves, à très peu de distance à l'est d'Autre-Église.
2. Pour cette bataille de Ramillies, on peut voir l'*Histoire militaire*, t. V, p. 3-11, les *Mémoires militaires*, t. VI, p. 31-43, les *Mémoires de Feuquières*, t. IV, p. 16-30, ceux *de Saint-Simon*, t. XIII, p. 371-380, ceux *de Sourches*, t. X, p. 85-87, la *Gazette d'Amsterdam*, n° XLIII et suivants, les *Mémoires de Lamberty*, t. IV, p. 67-71 ; les correspondances et relations sont dans le volume 1936 du Dépôt de la Guerre.

avec l'infanterie du centre, première ligne, passa, à ce qu'il sembla, assez imprudemment le petit coulant et le petit marais dont j'ai parlé, et alla charger les trois lignes d'infanterie des ennemis qu'il avoit devant lui, [sans cesse soutenu de notre seconde ligne.] Il pénétra jusques à leur troisième; mais il fut forcé de s'en revenir bientôt assez en désordre et ayant perdu bien du monde.

A peu près dans ce même temps, la cavalerie ennemie s'avança fort sur notre droite, qui alla au-devant d'elle. On se mêla, et la charge fut si vigoureuse que plusieurs de nos escadrons de la maison du Roi percèrent la première et la seconde ligne des ennemis, quoiqu'ils les prissent en flanc par leurs intervalles. Alors leur corps de réserve s'avança et longea pour nous prendre aussi en flanc. Notre cavalerie n'étant point soutenue par notre seconde ligne, qui disparut, fut mise en fuite et ne put se rallier que bien au loin dans des broussailles, contre un petit marais.

Alors le désordre devint général, et la cavalerie des ennemis, s'étant avancée, se forma en travers derrière nous et acheva de mettre nos troupes en confusion, c'est-à-dire celles qui avoient combattu; car l'infanterie de notre gauche et toute la cavalerie de cette aile, qui composoit plus de soixante escadrons, se trouvoient sains et entiers, n'ayant essuyé aucun feu, pas même du canon. A l'égard de la droite, il n'y eut que les escadrons de la maison du Roi et peu d'autres fort affoiblis qui vinrent rejoindre notre gauche; car, pour l'infanterie qui avoit combattu, elle jeta bas les armes pour avoir quartier ou pour se sauver plus légèrement.

Mauvaise retraite des François sur Louvain. — L'Électeur et le maréchal, voyant un tel désordre, n'espérèrent plus d'y pouvoir apporter remède ni le réparer. Ils prirent le parti d'ordonner la retraite vers Louvain, partie par les défilés de l'abbaye de Ramée[1], les autres par Jodoigne[2] et par Hougaerde[3], avec une telle confusion que c'étoit plutôt une fuite qu'une retraite.

Le régiment du Roi-Infanterie, voulant aller prendre ses havresacs qu'il avoit laissés derrière lui pour combattre, se débanda mal à propos et trouva dans la plaine un corps de cavalerie des ennemis, qu'il prit d'abord pour un des nôtres et n'en fut désabusé que lorsqu'ils tombèrent sur lui. Il y en eut beaucoup d'écharpés et de pris; le reste gagna un petit bois qui n'étoit pas éloigné et s'y rassembla; ce qui facilita la retraite de ceux qui purent le gagner.

L'artillerie fit la sienne assez heureusement jusques à Jodoigne, où elle arriva sur les quatre ou cinq heures après midi, [quoique sa marche eût été fort interrompue par la quantité de fuyards qu'elle trouva sur son chemin;] mais malheureusement elle trouva toutes les rues et les portes du côté de Louvain engorgées par les gros bagages de l'armée qu'on y avoit envoyés avant le combat. Celui qui la commandoit fit tout ce qu'il put, jusques à la nuit fermante, pour tâcher de les débarrasser [et la faire passer pour regagner

---

1. La Ramée est un hameau dépendant de Jauchelette, sur la Grande-Geete; il s'y trouvait un prieuré.
2. Jodoigne-le-Marché, chef-lieu d'un canton moderne.
3. Entre Jodoigne et Tirlemont : ci-dessus, p. 153.

l'armée, qui étoit déjà bien loin]; toutes ses peines furent inutiles, et il ne put sauver que quatre pièces, qui prirent un autre chemin.

Je ne crois pas qu'il soit demeuré sur le champ de bataille plus de deux mille hommes de tués, tant de part que d'autre, et peu d'officiers remarquables; mais en récompense les ennemis nous prirent quantité de monde, plusieurs drapeaux et étendards. Heureusement pour nous qu'ils ne nous suivirent pas d'abord, se contentant de leur victoire et n'étant pas informés du désordre et de la confusion de notre retraite. Ce ne fut que vers le soir qu'ils détachèrent un gros corps d'infanterie et de cavalerie pour suivre notre marche; mais, comme elle avoit été fort hâtive, ils ne nous joignirent point, et nous arrivâmes à Louvain vers le minuit. On y passa la Dyle, [partie par la ville et l'autre sur des ponts que l'on fit faire tout proche.] Le lendemain matin, on débrouilla le chaos de notre armée, qui étoit pêle-mêle, et, sur ce qu'on apprit que les ennemis marchoient sur nous, on ne jugea pas à propos de les attendre. On alla se mettre derrière le canal contre Bruxelles, après avoir évacué Louvain et fait sortir toutes les farines et munitions de guerre qu'on put charger, [et gaspillé le reste. On évacua aussi Malines, que l'on abandonna incontinent après. Voilà la relation de notre triste aventure, qui n'en demeura pas là, comme on va le voir.]

Dès que nous eûmes abandonné Louvain, l'armée ennemie vint l'occuper et passa la Dyle, ce qui fut cause que la nôtre décampa de derrière le canal, où beaucoup de nos fuyards la vinrent rejoindre. Comme

Bruxelles étoit mal fortifié et que notre armée n'étoit pas en état de soutenir cette ville, l'Électeur en tira tous ses meubles et papiers et rejoignit notre armée, qui se retira à Gand et se campa au delà de l'Escaut.

Pendant la route qu'elle fit depuis Bruxelles, la plus grande partie des troupes wallonnes et bavaroises se débandèrent, ce qui ne fit qu'augmenter quand nous fûmes près de Gand, tellement que notre armée se trouva encore fort affoiblie. On distribua une quantité d'armes pour remplacer celles que les régiments avoient jetées après la bataille. On travailla à réparer, autant que l'on put, les fortifications de Gand du côté de l'ennemi, comme si on avoit eu dessein de soutenir cette ville, et on fit revenir d'Anvers à l'armée le comte de Gacé[1], qui y commandoit, et dix bataillons, ce qui parut une faute notable; car il falloit plutôt jeter de nouvelles troupes dans cette ville, sous un bon chef, afin de s'y maintenir, que d'en affoiblir la garnison, qui se rendit honteusement quelques jours après à l'apparition de Cadogan[2], officier général anglois, qui s'y présenta à la tête de cinq ou six cents chevaux et somma la place de se rendre. A la vérité, il étoit d'intelligence avec Tarracen, gouverneur de la citadelle pour le roi d'Espagne; elle étoit très bonne et très bien munie et n'auroit pas laissé de se pouvoir

1. Charles-Auguste de Goyon (tome 1, p. 147), qui va devenir maréchal de France en 1708 sous le nom de maréchal de Matignon.
2. Guillaume Cadogan, tout dévoué à Marlborough, avait le grade de major général depuis 1706; par la suite, il remplit plusieurs missions diplomatiques, notamment en Hollande et à Vienne.

sauver, si celui qui commandoit les six bataillons françois restés campés sur le glacis de la citadelle avoit eu l'intelligence de se jeter dedans avec ses troupes et d'arrêter le [traître de] gouverneur espagnol, ainsi qu'il en eut l'occasion et qu'il étoit très possible.

Après notre retraite de Bruxelles, les ennemis y vinrent et s'acheminèrent vers Gand, que nous abandonnâmes incontinent, laissant seulement deux bataillons de troupes d'Espagne dans le château; ils se rendirent bientôt sans résistance.

Nous abandonnâmes aussi Bruges [et Damme[1], qui ne valoient rien], et l'on en retira les garnisons. Les ennemis s'en saisirent aussitôt et vinrent camper à Thielt et à Arseele, où ils tinrent un grand conseil de guerre qui devoit décider de leurs opérations pendant le reste de la campagne. Mais, comme ils ne s'accordèrent pas entre eux, le duc de Marlborough s'en alla à la Haye en concerter avec les États-Généraux.

Quand nous eûmes quitté Gand, après avoir tiré tout ce qui se put de munitions de guerre et de bouche, notre armée délabrée vint camper contre Courtray, qui étoit entièrement démoli. De là, elle vint passer la Lys à Menin, où elle laissa une grosse garnison sous Caraman et une augmentation de munitions de guerre et de bouche. Cette place, étant régulièrement fortifiée et ne manquant de rien, fut mise en état d'une bonne défense.

Après cela, l'armée vint camper près de Lille et se sépara, c'est-à-dire qu'on mit l'infanterie dans toutes nos places de la première ligne, également menacées

1. Petite place au nord de Bruges.

de siège; la cavalerie fut distribuée, pour sa subsistance, en plusieurs petits camps séparés où elle étoit hors de danger. [M. de Chamillart vint de la part du Roi pour lui faire rapport de l'état de l'armée et de ce qui s'étoit passé, dont il n'avoit eu aucune nouvelle particulière ni certaine depuis notre malheureux combat, et de l'abandonnement de Bruxelles et de Gand[1].] L'Électeur se retira à Mons, le maréchal de Villeroy à Valenciennes, et je m'en allai à Douay pour remettre sur pied un nouvel équipage d'artillerie, qui fut bientôt aussi complet que le précédent, et pour faire sortir de Tournay la grosse artillerie pour sièges qui y étoit en dépôt. Je la fis passer par eau à Valenciennes et envoyai dans toutes nos places menacées de siège une augmentation de canons et de munitions de guerre, au prorata de ce qu'elles pouvoient tenir de temps; car il fallut pourvoir à toutes en même temps dans l'incertitude où on étoit de celles que les ennemis attaqueroient, étant les maîtres absolus de la campagne et n'ayant qu'à choisir. Pour cela, il fallut user d'une diligence si grande que j'en fus loué.

Le duc de Marlborough, étant de retour de la Haye à son armée, le général d'Owerkerque, avec les troupes hollandoises, alla se présenter devant Nieuport et se contenta de prendre le fort de Niewerdam, qui en est tout proche. De là, il s'en alla avec son armée

1. Chamillart partit de Versailles le 30 mai au soir et rejoignit l'armée autour de Courtray; il passa quatre jours à se faire rendre compte du désastre et à étudier avec l'électeur de Bavière et avec Villeroy les moyens de le réparer; il rentra à Versailles le 4 juin à huit heures du soir (*Dangeau*, p. 116-118 et 121).

faire le siège d'Ostende, secondé de quelques escadres de vaisseaux de guerre anglois et hollandois, qui fermèrent tout secours par la mer.

Le duc de Marlborough, avec l'autre armée (car ils la divisèrent en deux parties), vint camper à Beetzar, du côté d'Ypres.

Sur ces nouvelles, le maréchal de Vauban fut envoyé à Dunkerque par la cour et fit faire un camp retranché depuis le canal de Bergues jusques à celui de Bourbourg[1]. On lui donna des troupes à ses ordres, et il se prépara à faire une bonne défense en cas qu'il fût attaqué.

Les Alliés reprennent Ostende. — Ostende ne dura pas longtemps, la place n'étant pas revêtue. Nous n'y avions que six bataillons de nouvelles levées, deux bataillons de troupes espagnoles et quatre compagnies de dragons de Pignatelli fort mal intentionnés, de même que les bourgeois et le gouverneur de la place pour le roi d'Espagne. Le comte de la Motte commandoit le tout. La place fut rudement battue et presque toutes les maisons démolies par le canon et les bombes, ce qui fit mutiner les habitants, qui sont presque tous matelots. Le comte de la Motte n'en fut pas le maître, d'autant plus que le gouverneur et les troupes espagnoles se mirent de la partie et voulurent capituler. Cela se fit le quatorzième jour de tranchée, et il fut accordé que les François seroient conduits à Gravelines et à Bourbourg et les troupes espagnoles à Mons;

---

1. Vauban fut nommé au commandement de la Flandre maritime le 12 juin et s'occupa aussitôt de mettre le pays en état de défense (*Gazette*, p. 323, 335, 348, 359 et 360).

mais ces dernières, en sortant de la place, prirent presque toutes parti avec les ennemis[1].

Après cette expédition, le général Owerkerque revint passer la Lys à Deynze, pour joindre la grande armée commandée par le duc de Marlborough. Elle étoit pour lors campée à Helchin et au pont d'Espierres[2], d'où elle menaçoit Tournay; car il lui étoit venu de nouvelles troupes d'Allemagne, et les ennemis avoient retiré les garnisons dans les villes des nouvelles conquêtes, où elles avoient été relevées par celles qu'ils avoient dans les villes de leur ancien domaine.

Pendant que tout ceci se passoit, le délabrement de notre armée se rétablissoit, et le secours des troupes que le maréchal de Villars avoit eu ordre de nous envoyer de la sienne, [qui consista en cinquante-deux bataillons et quarante-huit escadrons,] commençoit d'arriver dans le Hainaut, et elles s'y reposèrent quelques jours. Cependant les ennemis se rabattirent sur Menin, dont ils formèrent le siège; à quoi ils auroient trouvé de plus grandes difficultés, si nous avions toujours tenu Anvers, parce que toutes leurs munitions de guerre et de bouche, qui leur venoient de Hollande par mer, y abordoient, et de là s'approchoient d'eux par l'Escaut.

Les Alliés assiègent et prennent Menin. — La place fut investie par le général Salisch, qui en fit l'investiture le 23 juillet et ensuite le siège. Les deux armées

---

1. Ostende fut pris le 6 juillet (*Gazette*, p. 311-312, 323-326, 335-336, 347-348, 359-360; *Mémoires de Sourches*, p. 118-119).

2. Espierres est un bourg sur l'Escaut en aval de Tournay; Helchin est sur le même fleuve, un peu au nord d'Espierres.

ennemies qui le soutenoient vinrent se camper en ligne à deux ou trois lieues de la place, et s'en approchèrent dès qu'ils virent que notre armée se reformoit.

Salisch employa depuis le 24 jusques au 4 août à poster ses troupes, les retrancher, faire des ponts de communication sur la Lys et autres eaux, à faire des lignes de circonvallation et un grand amas de fascines et de gabions. Enfin, toute son artillerie étant arrivée, il fit ouvrir la tranchée la nuit du 4 au 5, à la droite et à la gauche de la porte d'Ypres, et les assiégés ne s'aperçurent pas autrement de cette ouverture de tranchée. Le 17 ou le 18, les ennemis se trouvèrent en état d'attaquer le chemin couvert, qu'ils emportèrent après une demi-heure de résistance assez vive. Le duc de Marlborough en fut témoin et s'en retourna le soir à son armée, à qui il fit faire un mouvement le lendemain pour s'approcher de la place. Leur grande armée avoit sa droite à Reckeim et sa gauche vers Espierres.

Dans ce temps-là, M. de Vendôme, étant arrivé d'Italie en Flandres, reforma notre armée, qui se trouva belle et nombreuse, et la mena camper le long de la Lys et de la Deule, sa gauche à Frelinghien[1] et sa droite tirant sur le château du Quesnoy, ayant devant elle la Deule, le long de laquelle on avoit de bons postes, et même quelques retranchements, qui venoient jusques au Pont-Rouge, sur la Lys. Telle étoit la situation des armées.

La place se trouva fort pressée le 21, et, Caraman en ayant donné avis à M. de Vendôme, il lui répondit

1. Village sur la Lys, à l'ouest du Quesnoy.

par un billet de sauver la garnison. Après cette réponse, Caraman crut qu'il étoit temps de capituler, pour l'empêcher d'être faite prisonnière de guerre; il fit battre la chamade et capitula le 22. A tout prendre, cette place, qui avoit la réputation d'être très bonne, fut mal défendue, et devoit tenir plus longtemps[1]. La garnison sortit par la brèche, avec armes et bagages, quatre pièces de canon et deux mortiers. Elle fut conduite à Douay.

Menin étant pris, le duc de Marlborough envoya le général Churchill, son frère, assiéger Dendermonde, qu'il tenoit déjà bloqué et, à cet effet, fit passer une augmentation de troupes, avec l'artillerie nécessaire. La tranchée y fut ouverte le 1er septembre, à deux cents pas de la palissade, devant la porte de Bruxelles. Il fit démolir incontinent, à coups de canon, une redoute qui étoit sur cette avenue. Ce siège fut bientôt expédié : car la garnison n'étoit pas nombreuse, et la place étoit fort négligée[2]; de plus, il y eut beaucoup de mésintelligence entre le gouverneur et le brigadier qui y commandoit les François[3]. Ainsi elle se rendit le 5 par capitulation; on ne laissa à la garnison que leurs épées et leurs équipages. Le général Churchill

1. Voir le récit du siège et de la prise de Menin dans l'*Histoire militaire*, t. V, p. 20 et suiv., et dans les correspondances de la *Gazette* pour le mois d'août.

2. L'*Histoire militaire* par le marquis de Quincy, t. V, p. 44-45, a raconté ce siège.

3. Le gouverneur était un Espagnol appelé le marquis del Valle; quant aux troupes françaises de la garnison, elles étaient commandées par l'officier suisse Balthazar de Greder, qui avait été nommé brigadier en 1704.

revint incontinent avec ses troupes rejoindre Mylord Marlborough à son camp d'Helchin, où il se trouvoit alors.

Les Alliés assiègent Ath et le prennent. — Ensuite, les ennemis passèrent l'Escaut et allèrent assiéger Ath, qui étoit une petite place fortifiée régulièrement et qui fut assez mal défendue; la garnison fut faite prisonnière de guerre[1].

Pendant ce siège, M. de Vendôme traversa l'Escaut entre cette ville et Condé, pour couvrir ces places.

Après la prise d'Ath, les ennemis allèrent camper à Cambron et ne tardèrent pas de prendre leurs quartiers d'hiver, qui s'étendirent dans tous les pays de leur domination, depuis Ostende jusques au Rhin. M. d'Owerkerque resta pendant l'hiver à Bruxelles, pour commander en Flandres.

Notre armée alla prendre ses quartiers. L'Électeur fit raccommoder le poste de Saint-Ghislain pendant l'hiver, tant bien que mal, et y établit des troupes. Ainsi finirent nos exploits de 1706, qui furent très malheureux, pour ne pas dire pis; car il n'y eut que le côté du Rhin où nous remportâmes quelque avantage sur les ennemis, par les attentions particulières du maréchal de Villars et par un bonheur qui ne l'a presque jamais abandonné jusques ici. Pour ce qui est du triste récit que j'ai fait de notre campagne d'Italie, je laisse à ceux qui le liront à faire telles réflexions qu'il leur plaira sur des événements si funestes et que la postérité aura peine à croire; [pour ce qui est de moi, je n'en puis dire davantage.]

---

1. *Histoire militaire*, t. V, p. 45-48.

Exploits maritimes. — J'ai déjà parlé[1] du prodigieux armement de mer que les ennemis firent pour cette campagne, et comme l'arrivée de leur nombreuse flotte devant Barcelone nous en fit lever le siège. Après cette expédition, cette armée, qui étoit commandée par l'amiral Leake, alla s'emparer d'Alicante, [d'Orihuela] et de Carthagène[2], que le maréchal de Berwick reprit à la fin de la campagne. Cette flotte fut occupée à faire ces conquêtes jusqu'au mois d'août, qu'elle fit voile de nouveau et arriva devant Iviça, dont elle se saisit. De là, elle vint devant Majorque, dont elle s'empara, ainsi que de toute l'île[3] et des châteaux qui en dépendent, puis retourna en Angleterre, la saison se trouvant fort avancée.

Une autre armée qu'ils mirent en mer, dont l'amiral Shovell avoit le commandement, étoit encore très nombreuse et portoit, dans plusieurs bâtiments de charge, une quantité considérable de chevaux de remonte, de selles, de brides, de fourrages, de vivres et d'autres provisions militaires. Elle avoit aussi embarqué plusieurs bataillons et étoit accompagnée de galiotes à bombes, de brulôts et de beaucoup de bateaux plats de nouvelle invention, avec lesquels on avoit dessein de faire une descente sur les côtes de France. Les fourrages, les chevaux et les provisions étoient destinés à être transportés à l'armée de l'Archiduc, avec quelques vaisseaux qui devoient être détachés de cette flotte pour leur servir d'escorte.

1. Ci-dessus, p. 231-234.
2. *Histoire militaire*, t. V, p. 255-256.
3. *Ibidem*, p. 256.

Cette armée, ayant encore été jointe par une escadre hollandoise, mit à la voile et vint à la hauteur de Brest, où elle fut accueillie d'une si rude tempête, qu'elle fut obligée de venir relâcher à Torbay, sur les côtes d'Angleterre, pour se radouber.

Elle en repartit le 31 août; mais, étant encore assaillie par un gros temps, elle fut obligée de s'en venir une seconde fois à Torbay, où elle fut retenue jusqu'au 5 d'octobre, après avoir tenté plusieurs fois de sortir de la Manche, sans y avoir pu réussir, à cause des vents contraires, et perdit même quelques vaisseaux, qui périrent vers les côtes de Normandie. La plupart des chevaux de remonte que la flotte menoit moururent et furent jetés dans la mer; la maladie se mit parmi les soldats et les matelots, dont il mourut environ deux mille, et quantité de vaisseaux furent si maltraités qu'ils ne se trouvoient plus en état de naviguer. Toutes ces mésaventures obligèrent l'amiral Shovell à tenir un conseil de guerre, dont le résultat fut qu'il n'y avoit point d'apparence de remettre à la mer avec toute la flotte, surtout dans une saison aussi avancée. Il en rendit compte à la cour de Londres, dont il reçut ordre de faire désarmer, et de se remettre pourtant en mer avec une forte escadre de vaisseaux, pour conduire à l'armée de l'Archiduc, vers les côtes du royaume de Valence, les équipages de guerre qui avoient été embarqués pour y être menés.

Il se remit donc en mer avec cette escadre et rencontra, à soixante lieues au delà du cap Lizard, l'amiral Leake qui revenoit en Angleterre avec son armée, et qui lui donna avis de la mauvaise situation présente des affaires de l'Archiduc en Espagne; ce qui le fit résoudre d'aller droit à Alicante, pour y débarquer les secours qu'il lui menoit; mais il ne put exécuter son dessein, à cause de plusieurs tempêtes qui survinrent et le contraignirent de gagner la rivière de Lisbonne, où il entra le 12 novembre. Trois gros vaisseaux et plusieurs bâtiments furent poussés sur les côtes d'Irlande.

Pendant cette campagne, les Anglois armèrent encore une autre flotte et y embarquèrent plusieurs régiments d'infanterie, de cavalerie et de dragons qui étoient en Irlande et y formoient un camp proche de Cork. Ils répandoient le bruit que cet embarquement étoit destiné pour naviguer vers les Indes et y faire quelque entreprise; mais, comme il n'eut point lieu, il y a plus d'apparence qu'ils l'avoient destiné pour porter encore du secours à l'Archiduc et que, sur les nouvelles qu'ils reçurent depuis, que ses affaires avoient mal tourné en Espagne, ils jugèrent à propos de le suspendre et de garder leurs troupes pour quelqu'autre occasion.

Je viens de dire à peu près tous les exploits de ces prodigieux armements, dont la dépense fut immense, et qui aboutit à très peu de chose, si on en excepte la levée du siège de Barcelone et la prise qu'ils firent des îles de Majorque et d'Iviça, qui ne leur furent point disputées.

Une escadre de vaisseaux de guerre, commandée par le comte de Chavagnac[1], qui se joignit près de la

1. Henri-Louis de Chavagnac, originaire d'Auvergne, était capitaine de vaisseau depuis 1701 et ne devint chef d'escadre qu'en 1728.

Martinique à des vaisseaux d'armateurs et à plusieurs petits bâtiments sur lesquels on embarqua quelques troupes réglées et des milices de cette île, alla faire une descente dans celle de Saint-Christophe[1], qu'il pilla et ravagea. Puis il se joignit à une autre escadre commandée par d'Iberville[2], et elles allèrent ensemble faire une autre descente dans l'île de Nièves[3], qui est une des Antilles, possédée aussi par les Anglois. On fit prisonniers de guerre le commandant et les soldats ; on dépeupla cette île, et l'on enleva sept mille nègres et plusieurs vaisseaux montés en guerre et marchands. Les nègres furent conduits dans les ports d'Espagne et les vaisseaux amenés dans ceux de France. On compta que la perte des Anglois, en ces deux descentes, monta à quinze millions[4].

Le chevalier de Forbin[5] se mit aussi en mer du côté de Dunkerque, avec une escadre de sept navires, tant vaisseaux de guerre que frégates, et fit plusieurs prises pendant le cours de la campagne sur les Anglois et les Hollandois.

Le comte de Villars[6], chef d'escadre, sortit aussi

1. Cette île des Antilles avait été possédée par moitié par les Anglais et les Français jusqu'en 1702 ; les Anglais s'en étaient alors emparés.

2. Pierre Le Moine d'Iberville était aussi capitaine de vaisseau depuis 1702 ; il mourut peu après l'expédition dont il va être parlé ; il avait fait plusieurs campagnes en Amérique.

3. Nièves ou Nevis est une des petites Antilles.

4. C'est aussi ce que disent les *Mémoires de Sourches*, t. X, p. 80-82 et 174. Comparez la relation que donna le *Mercure* (mai, p. 239-319) et les registres des archives de la Marine, B⁴ 29 et 31.

5. Ci-dessus, p. 187.

6. Tome III, p. 273.

de Toulon avec cinq vaisseaux de guerre, pour aller renforcer la garnison de Port-Mahon.

Le chevalier des Augiers[1] partit de Brest avec deux gros vaisseaux de guerre et deux frégates et alla croiser vers le Cap Vert; il fit quelques prises sur les ennemis et eut avec eux quelques rencontres, dont il sortit à son honneur.

Je finirai ici les expéditions militaires de cette année 1706, ne me souvenant point qu'il se soit passé aucune autre chose mémorable.

---

1. Le chevalier des Augiers (on disait aussi *des Augers*, mais sa signature est *des Augiers*) était capitaine de vaisseau depuis 1687 et n'avait pu parvenir au grade de chef d'escadre; après cette campagne, il se retira chez lui, en Médoc, et y mourut le 9 novembre 1708.

APPENDICE

CORRESPONDANCE DE SAINT-HILAIRE.

Saint-Hilaire au ministre de la Guerre[1].

A Paris, le 13 janvier 1705.

Monseigneur,

Permettez-moi, s'il vous plaît, de vous demander l'honneur de votre protection pour obtenir le cordon rouge vacant par la mort du feu gouverneur des Invalides, et de continuer à toutes les vacances, jusques à ce qu'il ait plu à S. M. de m'en accorder un; alors je ne vous importunerois plus de me faire retrouver les appointements de la charge que j'ai perdue dans l'artillerie, et j'en serois récompensé par ce moyen, qui me donneroit encore celui de vivre plus conformément au grade de lieutenant général d'armée dont je suis revêtu. Vous savez, Monseigneur, que cet ordre est établi pour récompenser les bons et anciens officiers de guerre; ainsi je puis vous représenter trente-huit années de bons services et des blessures fort fâcheuses, dont je ne parlerois pas si l'occasion ne le requéroit, et que je suis de la première promotion de l'ordre, sans en rien recevoir que l'honneur; à quoi j'ajouterai qu'il n'y a que le seul corps de l'artillerie auquel cette distinction manque et que, me trouvant le plus ancien et dans toutes les circonstances favorables, il semble, en me refusant, que c'est une exclusion éternelle pour tout le corps. Au contraire,

---

[1]. Vol. Guerre 1895, n° 59.

cela encourageroit tout le reste, qui en a bon besoin, et le ranimeroit, s'ils voyoient à cet égard qu'ils ne sont pas en pire état que le reste des troupes et de la marine. Je joins à ces motifs le zèle, la fidélité et l'exactitude que j'ai toujours eus pour le service de S. M. et mon dévouement respectueux pour votre personne...

Sainct-Hilaire.

Saint-Hilaire au ministre de la Guerre[1].

A Paris, le 21 janvier 1705.

Puisque vous me faites l'honneur de me demander mon sentiment sur le placet en forme de mémoire qu'il vous a plu de me renvoyer et qui vous a été présenté par le sieur de la Chaumette, qui y a joint une copie imprimée du privilège exclusif qu'il a obtenu à Bruxelles pour la fabrique des armes brisées de son invention, épées en guise de baïonnettes et espontons, j'aurai l'honneur de vous dire qu'il y a environ quinze mois que ledit la Chaumette, introduit par M. d'Artagnan, vous présenta lesdites armes, que vous ne jugeâtes pas de grande utilité pour les troupes du Roi et dont vous m'ordonnâtes de faire l'épreuve. J'eus l'honneur de vous en rendre compte en cette conformité. Mais, comme lesdites armes peuvent mieux convenir à des officiers qui s'en voudroient fournir à leurs dépens et qu'elles peuvent être d'usage, je croirois que le privilège exclusif que ledit la Chaumette demande en France peut lui être accordé, d'autant plus que cette grâce ne coûte point d'argent et qu'elle peut encourager ceux qui s'ingénient à trouver quelque chose d'utile pour le bien du service, et ledit la Chaumette à se perfectionner. En lui accordant ledit privilège, je croirois aussi à propos que ce ne fût que pour l'usage des officiers des troupes,

1. Vol. Guerre 1895, n° 114.

afin de ne donner aucun sujet de plainte à ceux qui fournissent les magasins du Roi, et de retrancher une partie de l'éloge desdites armes contenu au privilège de Bruxelles.

J'ai l'honneur, etc...

Sainct-Hilaire.

Si vous jugiez à propos d'accorder ce privilège, il me semble qu'il faudroit que le lieu qui sera donné pour la fabrique soit situé de manière qu'il ne pût préjudicier à celles établies pour le service du Roi, afin que les ouvriers n'en puissent être débauchés.

Saint-Hilaire au ministre de la Guerre[1].

A Paris, le 21 février 1705.

Après avoir conféré avec Messieurs les entrepreneurs des poudres et examiné les inventaires des places de Flandre, j'ai trouvé que nous leur pouvions fournir cinquante-quatre milliers de salpêtre des magasins du Roi, en y en laissant encore quelques milliers en cas qu'on en ait besoin pour des artifices, et lesdits sieurs des poudres m'ont dit avoir dans un de leurs moulins de Flandre soixante-dix milliers de salpêtre à eux appartenant, tellement que, tant de l'un que de l'autre, ils fourniront cette année, en remplacement des consommations de la précédente, environ cent soixante milliers de poudre neuve sur les deux cents que vous avez ordonnés par chacun an pour ledit remplacement des consommations, et m'ont promis de prendre de bonne heure leurs mesures pour les deux cents milliers de l'année prochaine.

Mais, comme ces Messieurs m'ont appris qu'ils ne peuvent à présent recouvrer de salpêtre que pour faire dix-huit cents milliers de poudre par an, dont ils four-

---

1. Vol. Guerre 1895, n° 336.

nissent les deux tiers à la marine, j'ai cru que vous ne trouveriez pas mauvais que j'eusse l'honneur de vous représenter que, s'il arrivoit quelque consommation extraordinaire pendant le cours de cette guerre, que nous nous trouverions bientôt manquer de poudre, le remplaçant étant à peine suffisant pour les ordinaires, et qu'il seroit très à propos pour le bien du service de faire un recouvrement annuel d'un autre million de salpêtre, qui seroit gardé pour le besoin dans les magasins du Roi qui en sont épuisés. Celui qui peut venir des Indes par la voie de la compagnie françoise est très bon et serviroit de lest aux vaisseaux, soit pour le compte du Roi ou de Messieurs des poudres.

J'ai l'honneur, etc.

Sainct-Hilaire.

[10 mars 1705. — Saint-Hilaire demande si le ministre approuve qu'il fasse envoyer à M. le duc d'Aumont, pour armer les côtes du Boulonnais, trois pièces de fer qui sont dans l'arsenal de Douay. Le ministre approuve le 11 (vol. Guerre 1896, n°s 93 et 116).]

Saint-Hilaire au ministre de la Guerre[1].

A Paris, le 29 mars 1705.

Après avoir fait inutilement tout ce qui étoit en mon pouvoir pour parvenir à faire faire une épreuve en la manière que j'ai cru la plus convenable, pour connoître, selon vos intentions, précisément du déchet des cuivres de la compagnie de la Chine, je n'ai pu en venir à bout par plusieurs raisons, que j'ai cru nécessaire de vous exposer ici.

La première en ce que ces Messieurs ont toujours insisté

1. Vol. Guerre 1896, n° 282.

à vouloir cette épreuve avec deux parties de cuivre rouge, alliées avec une de jaune, comme si on n'étoit pas d'accord avec eux que le déchet dudit cuivre rouge ne doit pas outrepasser huit à dix livres par cent et qu'il en fallût disputer encore. La raison qui les engage à y persister est en ce que, cette épreuve se faisant selon leur désir avec deux parties de cuivre rouge et une de jaune, ils s'attendent, comme il est vrai, que le déchet ne seroit pas si considérable que celui que j'ai eu ci-devant l'honneur de vous accuser, dont ils veulent éviter la vérification.

La deuxième en ce que, par la raison susdite, je n'ai jamais pu les faire consentir à l'épreuve seule du cuivre jaune, duquel on ne convient pas et lequel seul il me paroît nécessaire d'approfondir, parce qu'il est de mauvaise nature et que la livraison qui en a été faite est de quatre-vingts milliers contre six ou sept de rouge. De plus, il est impossible, quand même il en seroit besoin, de les satisfaire sur cet article; car le peu de cuivre rouge qu'ils ont fourni est passé à Lyon par vos ordres. Ils offrent bien, toujours dans leur même pensée, d'y suppléer par d'autre cuivre rouge qu'ils ont cherché dans Paris; mais quel rapport, en cette occasion, entre ce cuivre vendu et absent, dont ils veulent hors de propos qu'on doute, avec un autre, peut-être de différente nature, et dont il n'est pas question? En peut-on faire une juste comparaison et y tabler?

Ils ne peuvent opposer sinon que le canon fondu ci-devant de leur métal a été allié de deux parties de cuivre jaune avec une de rouge. La réponse est que cette épreuve a été plutôt faite pour connoître si, en quelque façon que ce fût, ce cuivre jaune pouvoit être employé à faire de bon canon, que pour connoître le déchet qui y est survenu, lequel pourtant n'en est pas moins certain, selon le rapport que j'en ai fait il y a environ un an et demi, non plus qu'en la fabrique de ce canon il n'a été employé que le tiers de cuivre rouge; mais, comme cette partie est très impure et doit être employée, si le Roi l'achète, à faire de bons canons, il ne s'ensuit pas de là que, pour l'épreuve juste méditée du déchet du cuivre jaune, il ne doive être mis et tenu au fourneau avec la même quantité, chaleur et temps de dix à douze heures dont on a coutume d'user quand on fait du canon d'autre métal, afin que les parties impures aient le moyen et loisir de se consommer et de s'exhaler, pour éviter qu'il soit défectueux.

Enfin, une autre raison qui m'est insurmontable et qui me fait à présent vous supplier très humblement de me décharger de cette épreuve est que j'ai trouvé dans le sieur Sautray, fondeur de cet arsenal, tant d'indocilité sur ce que je lui ai voulu prescrire à cet égard et des répliques si insolentes que je ne puis douter qu'il n'ait quelque raison secrète d'empêcher cette épreuve en la manière convenable, et, comme il est en son pouvoir de mal chauffer son fourneau ou d'y introduire une augmentation de métal afin de diminuer le déchet, sans que je m'en puisse apercevoir, il n'y auroit rien de certain sur cette épreuve, et je ne me puis commettre avec un pareil homme.

S'il s'agissoit d'un plus grand intérêt pour le Roi, j'aurois l'honneur de vous proposer de faire passer à Douay trois ou quatre milliers de ce métal pour en faire une épreuve juridique et verbalisée, et je crois qu'on se pourroit assurer sur le fondeur de Douay qui y est présentement établi, parce qu'il a dit hautement avoir ci-devant résisté à deux cents louis d'or qui lui avoient été offerts de la part de la compagnie pour juger en leur faveur de la valeur de ce cuivre, dont on lui avoit envoyé des échantillons pour en donner son avis...

J'ai l'honneur, etc.

Sainct-Hilaire.

*Le ministre de la Guerre au duc du Maine,
grand maître de l'artillerie*[1].

Versailles, le 5 avril 1705.

Monseigneur,

Je vis hier M. de Saint-Hilaire fort affligé d'une lettre qu'il a reçue de Votre Altesse Sérénissime à l'occasion des ordres que je lui avois donnés pour faire l'épreuve d'une partie de cuivre de la compagnie de la Chine, afin d'assurer la vérité de la première qui a été faite ou d'en établir la différence. Il estimoit pour cela qu'il convenoit d'éprouver le cuivre jaune seul, qu'il n'étoit point nécessaire d'y mêler de cuivre rouge, puisqu'il ne s'agit pas d'en faire aucun alliage pour l'employer, mais seulement de connoître le véritable déchet sur le cuivre jaune. Je ne saurois attribuer toutes les démarches qui ont été faites auprès de Votre Altesse Sérénissime et toutes les lettres qu'on l'a obligé d'écrire, qu'à des manèges que l'on croit nécessaires pour que la vérité ne soit pas connue entièrement. Je suis bien persuadé que Votre Altesse Sérénissime n'y seroit point entrée si elle avoit su que, cette partie de cuivre m'ayant été proposée par la compagnie de la Chine, j'en fis faire une première épreuve, sur laquelle j'étois déterminé d'en faire le payement. Je fus averti que l'on n'y avoit pas apporté toute l'exactitude nécessaire, et je me déterminai à en faire faire une seconde. Il a été d'usage de tous les temps que celui qui remplissoit la place de secrétaire d'État avant moi faisoit acheter des cuivres pour fournir les magasins; il ne s'étoit jamais trouvé aucune difficulté dans l'exécution des ordres qu'il donnoit. S'il y a eu sur cela quelque changement qui ne soit inconnu, quoiqu'il me semble que j'aie fait au delà de ce que Votre Altesse

1. Vol. Guerre 1896, n° 358.

Sérénissime devoit attendre de mon attachement et de mon respect pour elle pour relever les fonctions de sa charge, je consentirai volontiers à faire rendre à la compagnie de la Chine les cuivres dont elle a tant d'envie de se défaire, et je supplie Votre Altesse Sérénissime de trouver bon qu'il n'entre point dans les magasins du Roi sans que l'épreuve soit faite du seul cuivre jaune. Si elle ne le désapprouve point, M. de Saint-Hilaire a besoin d'une lettre d'elle pour le déterminer à faire faire cette épreuve.

Je suis, etc.

CHAMILLART.

[A cette lettre maladroite, le duc du Maine répondit par la lettre suivante, dans laquelle Saint-Hilaire est directement mis en cause et qui semble montrer qu'il n'était pas toujours en bon accord avec le prince son supérieur :]

Le duc du Maine, grand maître de l'artillerie, au ministre de la Guerre[1].

A Versailles, le 6ᵉ avril 1705.

Je viens de recevoir, Monsieur, la lettre que vous avez pris la peine de m'écrire du 5 de ce mois. Vous ne sauriez vous imaginer le plaisir qu'elle me fait, puisque je suis bien éloigné de ne pas convenir de tous les faits que j'y trouve qui ont rapport à vous et que je désirois ardemment d'avoir une occasion naturelle de vous écrire avec franchise sur tout ce que j'ai fait et pensé au sujet des métaux de la compagnie de la Chine, dont vous avez voulu, comme de raison, connoître la valeur avant que d'engager le Roi à en faire l'acquisition.

Après ce préambule, trouvez bon que, pour répondre plus nettement et plus solidement à votre lettre, je le fasse par article, afin que cette lecture, vous mettant

1. Vol. Guerre 1896, n° 359.

bien au fait, ainsi qu'il a frappé mon entendement, ne vous fasse point regretter le temps que vous emploierez à la faire.

Vous commencez par me dire que M. de Saint-Hilaire est fort affligé d'une lettre qu'il a reçu de moi à l'occasion des ordres que vous lui aviez donnés pour faire l'épreuve d'une partie des cuivres de la compagnie de la Chine, afin d'assurer la vérité de la première qui a été faite et d'en établir la différence.

Je vous dirai que mondit sieur de Saint-Hilaire a dû être en effet peiné de madite lettre, qui cependant n'est qu'une réponse à une des siennes, mais qu'il ne m'est pas possible de juger précisément de l'effet qu'elle lui a fait, puisqu'il ne dépend que du témoignage secret que sa conscience lui rend sur l'affaire dont il est question. Vous allez en juger, Monsieur, par l'histoire courte et naïve de ce qui a précédé.

Je ne saurois pas que la compagnie de la Chine a du métal à vendre si vous n'en aviez pas ordonné les épreuves au Père Figari[1], qui les a faites comme il lui a plu, sans que j'aie voulu y entrer en aucune façon, le grand maître, depuis un long temps, ne se mêlant point ni des achats ni du choix des métaux, à moins que, par l'ordre du Roi, qui d'ordinaire lui est envoyé par le secrétaire d'État de la Guerre, il n'en soit nommément chargé et partant responsable. Si j'ai parlé avec quelque vivacité à M. de Saint-Hilaire dans cette occasion et si même j'en ai pris une connoissance exacte, qui m'a été fort désagréable par plus d'une raison, vous en connoîtrez la cause dans la suite, ne la mettant point ici pour éviter les répétitions..., n'ayant besoin pour cet article que de dire qu'ayant compris, ainsi que vous le marquez, que les ordres que vous aviez donnés

---

1. Il a été question de ce religieux dans notre tome III, p. 315-322.

de la part du Roi, autant au grand maître qu'à M. de Saint-Hilaire, pour assurer par une seconde épreuve la vérité de la première qui avoit déjà été faite des cuivres de la compagnie de la Chine, desquels la variété des opinions avoit justement dû vous donner du soupçon, il étoit nécessaire que cette seconde et dernière fût faite en présence de gens neutres, entièrement conforme à celle dont vous avez eu le rapport, pour voir lesquels imposoient et connoître véritablement par là ceux qui auroient été capables d'avancer faux, soit par intérêt, soit par ignorance...

J'ai peine à croire que, si M. de Saint-Hilaire vous eût exposé ainsi l'affaire et vous eût dit que, si j'ai pris feu dans ma réponse, c'étoit sur ce qu'après bien des répliques il osoit me mettre que l'intérêt du Roi (que j'entends certainement mieux que lui) étoit que l'on ne fît point la chose comme je l'avois ordonné, d'autant plus que c'étoient toutes précautions (puisqu'il faut vous l'avouer) que j'avois prises, suivant votre intention, également contre mondit sieur de Saint-Hilaire, le contrôleur général, le fondeur et la compagnie de la Chine...

Vous me marquez ensuite que M. de Saint-Hilaire estimoit qu'il convenoit, pour juger de la vérité de la première épreuve, d'éprouver le cuivre jaune seul et qu'il n'étoit point nécessaire d'y mêler du cuivre rouge, puisqu'il ne s'agit pas d'en faire aucun alliage pour l'employer, mais seulement de connoître le véritable déchet sur le cuivre jaune.

Cet article est si extraordinaire que j'ai cru me tromper en le lisant et que, sans être du métier, Monsieur, avec un moment de réflexion vous en allez connoître l'absurdité.

Comment, pour juger de la première épreuve, où le cuivre jaune a été mêlé avec le cuivre rouge, demander que le jaune seul, que l'on sait être un mauvais métal quand il n'est point mêlé, soit éprouvé? Pourquoi dire que le cuivre jaune peut être employé sans alliage, puisque jamais cela n'a été, au moins en bonnes pièces d'artillerie? Et pourquoi enfin, s'il n'y avoit quelque chose là-dessous, s'obstiner à se mettre hors d'état de juger de la même chose qui a été d'abord avancée, en prenant différemment les épreuves?...

Vous mettez ensuite que vous ne sauriez attribuer toutes les démarches qui ont été faites auprès de moi et toutes les lettres qu'on m'a obligé d'écrire qu'à des manèges que l'on croit nécessaires pour que la vérité ne soit pas connue entièrement...

Quant à ce qui est des démarches qu'on soupçonne qui ont été faites auprès de moi et des lettres qu'on m'a obligé d'écrire, je n'ai autre chose à dire, sinon qu'étant entré du 1er de ce mois dans ma trente-sixième année, on ne me fait point écrire quand on veut sur de certaines matières, et que, sachant lire beaucoup mieux qu'écrire, je ne signe rien que je ne croie pouvoir avouer. Je n'ai jamais passé pour trop facile dans les détails qui ont roulé sur moi, et cela a souvent fait de la peine aux officiers qui m'ont été subordonnés; mais je ne m'en repens point et ne changerai pas, croyant que cela est mon devoir.

Quant aux manèges que l'on croit nécessaires pour que la vérité ne soit pas entièrement connue, ce n'est pas d'aujourd'hui que je les vois. Vous en pouvez juger par tout ce qui précède, et je suis bien confirmé dans mon opinion par toutes les choses qu'il faut que M. de Saint-Hilaire vous ait avancées, à en juger par la lettre que vous avez pris la peine de m'écrire.

Quant à ce qui a rapport à moi, je n'ai rien à dire; nous sommes trop amis pour que je sois en doute de vos sentiments à mon égard... Mais voici où il faut que je place l'histoire que, vous ayant promis d'abord, j'ai tant fait attendre et qui vous donnera peut-être la clef de tout et vous fera voir que, si on se laisse aller aux soupçons, aucun de ceux qui interviennent dans cette affaire n'en doit être exempt, hors moi et mes gens, ainsi que je le vas prouver.

Quand le métal vous fut proposé par la compagnie de la Chine, ainsi que vous me le marquez, vous en fîtes faire une épreuve. Ce fut par le Père Figari; il me le dit dans le temps et je lui répondis que, puisqu'il en avoit l'ordre, il n'avoit qu'à la faire, à vous en rendre compte ensuite en honneur et en conscience, et que, n'en étant point chargé, je ne voulois point m'en mêler. Il la fit comme il voulut, et, ainsi qu'il me l'a dit lui-même au dernier voyage de Fontainebleau, sur le rapport qu'il vous fit qu'il étoit bon et qu'il valoit vingt-quatre sols, vous vous déterminâtes à le prendre pour ce prix. Je ne sais si, dans ce temps, on n'avoit pas commencé à procéder au payement; mais au moins l'ordre en étoit donné, et je ne puis ignorer que vous fûtes averti alors qu'il étoit besoin d'en faire une seconde épreuve; car c'est moi qui pris la liberté de vous mander que je croyois convenable de suspendre le payement et de recommencer les épreuves sur nouveaux frais.

Sur ces entrefaites, le Père Figari me dit qu'il avoit à me parler d'une affaire d'importance, et, voyant que sa conversation tomboit sur du métal, je lui dis que je n'avois point suivi cette affaire, qu'il en avoit été chargé et que je ne voulois point l'entendre. Cependant, m'ayant dit avec esprit et avec grimaces que je ne pouvois pas me dispenser de l'entendre et qu'il venoit me faire une confession, il fallut l'écouter. Voyant que je ne lui donnois point audience facilement, il me dit, en moins de mots qu'à son ordinaire, que le fait étoit que vous lui aviez fait éprouver du métal, qu'il vous avoit dit qu'il étoit bon et qu'il valoit vingt-quatre sols, que cependant il étoit obligé de venir à moi pour me dire qu'il y avoit quelque chose là-dessous, ne doutant point que cette affaire ne fît du bruit; que le métal ne valoit point cela, qu'il ne l'estimoit que vingt-deux sols, mais que, moyennant son secret, avec deux sols que la compagnie s'étoit engagée à lui donner par un billet, il le rendroit fort bon, et que, par conséquent, on ne devoit pas croire qu'il eût trompé le Roi en lui garantissant ledit métal bon pour vingt-quatre sols ; que, par la plus grande mauvaise foi du monde, on lui disputoit l'acquit de la parole donnée et que cela le fâchoit fort, non seulement par ce que vous en pourriez penser, mais parce que, si ce métal étoit entre les mains d'un autre, il faudroit infiniment plus d'argent pour le mettre en état de servir. Et, sur ce que, voyant ces difficultés, je l'exhortai de laisser là son marché et de vous avertir de n'en donner que vingt-deux sols, il me dit qu'il pourroit bien prendre son parti s'il étoit tout seul intéressé, mais que ce qui lui faisoit le plus de peine étoit un homme de ses amis avec qui il étoit convenu de partager la somme promise. Je ne voulus point lui demander qui étoit cet ami ; mais voyez, par tout ce qui s'est passé depuis, si l'on ne peut pas s'en douter et de combien en un moment le métal en question a déchu de prix, étant cependant toujours le même, qui auroit été fort bon si le billet eût été acquitté.

Ce ne fut donc qu'après cette confession que je vous écrivis quelques lettres que je n'osois pas rendre trop intelligibles sur ce sujet, et je ne m'étonne pas aujourd'hui que des gens qui savent bien qu'on peut dire du métal bon quand on a reçu quelque argent puissent soupçonner que les autres le disent sur le même principe. Je le suis bien davantage de voir M. de Saint-Hilaire prendre présentement une cause en main qui ne devoit regarder que le Père.

J'ajouterai à tout ce détail, Monsieur, que, s'il y avoit de l'homme en moi, j'aurois pu désirer, pendant toute cette discussion, que ce métal ne fût point reçu, pour faire de la peine à M. Bégon, qui pour lors n'en usoit pas comme je le pouvois désirer sur ce que je demandois avec tant de vivacité sur la manufacture des glaces de Dombes.

Ainsi je ne vous presse en aucune façon ni de le prendre ni de le laisser. Je ne répondrai pas non plus de ce qui fait parler M. Destouches, ni le fondeur, ayant toujours envie de croire que c'est la vérité seule qui les pousse; mais je ne blâmerai point ledit fondeur de n'avoir pas voulu exécuter ce que M. de Saint-Hilaire, qui n'est son supérieur qu'en cas d'ordre par écrit du grand maître, lui a dit de faire de contraire à celui de moi par écrit dont lui fondeur étoit nanti, et j'espère que vous ne lui en saurez pas mauvais gré.

Enfin, après tout, il n'y a pas un chat à fouetter à ce qui s'est fait jusqu'à présent. M. de Saint-Hilaire auroit, je crois, mieux fait de vous parler avec un peu plus de retenue, de se souvenir de ce qu'il me doit de toutes façons et de ne pas paroître si abondant dans son sens contre ce qu'il voyoit venir de son supérieur. Je ne me mêlerai donc plus, s'il vous plaît, de cette épreuve; j'en suis plus que quitte. Je ferai dire au fondeur d'obéir, dirai même à M. de Saint-Hilaire, si je le vois, qu'il peut faire à cet égard ce qu'il voudra et souhaite pour le bien de la chose qu'il parle et agisse avec moins de prévention sur ces métaux qu'il n'a fait dans ce qui a eu rapport à la confrontation de la nouvelle pièce à trois bouches que j'ai fait fondre avec une de celles du Père Figari.

Autographe : Voilà, Monsieur, une prodigieuse épître que j'aurois bien voulu pouvoir faire de ma main; mais je suis si longtemps à écrire que je me suis contenté de la dicter, pour ne point trop abuser d'un loisir que je n'emploierai certainement pas aujourd'hui à mon plaisir. Pardonnez-moi une si longue discussion et essuyez encore une protestation que, loin de songer à empiéter, je n'ai point assez de bouche pour me louer de vous.

L.-A. DE BOURBON[1].

1. Il y a encore sur la suite de cette affaire une lettre du

[1ᵉʳ avril 1705. — Le ministre charge Saint-Hilaire, lorsqu'il sera en Flandre, d'examiner les inventions du sieur de Belly, capitaine au régiment d'Alsace, en garnison à Louvain, inventions relatives aux mines et à la rapidité du tir du canon (vol. Guerre 1896, n° 326).]

[11 avril 1705. — Saint-Hilaire demande au ministre de trancher une difficulté relative aux tonneliers qui ont remis en cercles les poudres et plombs des places de Flandre et auxquels on veut faire payer les droits sur les cercles et douves qu'ils ont employés (*Ibidem*, n° 434).]

[Douay, 3 mai 1705. — Saint-Hilaire demande que les armes empruntées en 1702 par les magistrats de Béthune, pour faire monter la garde aux bourgeois, soient remises dans les magasins (vol. Guerre 1835, n° 13).]

Le ministre de la Guerre à M. de Saint-Hilaire[1].

Marly, le 12 mai 1705.

J'ai reçu, avec la lettre que vous avez pris la peine de m'écrire le 7 ce mois, le procès-verbal[2] du vol qui a été fait de quatre milliers de plomb en balles de mousquet dans un grand couvert hors de l'enclos de l'arsenal de Douay. Puisqu'il ne s'est trouvé aucune preuve contre les trois soldats bombardiers qui en étoient soupçonnés, vous avez bien fait de les faire mettre en liberté pour suivre leur régiment, qui devoit partir de cette place. Mais le Roi ne juge pas à propos de le faire payer à la garnison sans avoir des indices plus forts contre elle. Il me semble que l'on pourroit suivre aisément cette grosse quantité de

— duc du Maine, du 11 avril (même volume, n° 437), et la réponse du ministre (n° 465); mais il n'y est plus question de Saint-Hilaire.

1. Vol. Guerre 1835, n° 62.
2. Lettre et procès-verbal n'ont pas été retrouvés.

plomb, qui ne s'enlève et transporte pas facilement et qui peut avoir été vendue ou dans la ville ou dans le voisinage.

[Marly, 18 mai 1705. — Le ministre spécifie à M. de Saint-Hilaire les quantités de poudre qui peuvent être délivrées pour les salves de canon et les réjouissances publiques, et l'autorise à envoyer à Calais cent arquebuses à croc du dépôt de Saint-Omer (vol. Guerre 1835, n° 105).]

[Versailles, 13 juin 1705. — Le ministre attire l'attention de M. de Saint-Hilaire sur la nécessité qu'il y a de l'informer des mouvements de pièces d'artillerie et des envois de munitions qui se font par les soins des officiers de son département (*Ibidem*, n° 273).]

M. de Saint-Hilaire au ministre de la Guerre[1].

Au camp d'Horion, ce 15 juin 1705.

Il m'a été impossible d'avoir l'honneur de vous informer plus tôt de la conclusion de notre siège. Nous y avons eu vingt-deux pièces de 24 éventées, de trente-deux qui nous y ont servi, et deux autres dont la lumière est fort évasée et cinq pièces de douze éventées tirées de Namur, avec un mortier de douze pouces. Cet accident provient de plusieurs causes : la première de ce qu'il est constant qu'il y a du temps que nos fontes ne sont pas bonnes. Il y a treize ou quatorze ans que, Sa Majesté me faisant l'honneur de m'en demander la raison, je la lui expliquai par un mémoire auquel on n'a pas fait d'attention; cependant le mal subsiste. Une autre raison est que, dans cet équipage, il n'y a pas trois officiers d'artillerie qui s'appliquent et sur lesquels je puisse compter. La troisième que, n'ayant pas de canonniers, j'ai été obligé de me servir de soldats qui

---

1. Vol. Guerre 1835, n° 287.

ne savent point ménager les pièces, et que, quelque peine que je me puisse donner, je ne saurois être partout en même temps. De plus, l'impatience a été grande à faire brèche contre un rocher enduit de bonnes maçonneries; ainsi on a poussé les pièces à bout à force de les tirer. Toutes ces raisons, qui sont à la lettre, vous confirmeront, à ce que je crois, la nécessité de rédiger l'artillerie en une meilleure forme pour le bien du service, toutes considérations cessantes, puisque l'on en a besoin plus que jamais en cette guerre. J'ai eu l'honneur, l'hiver dernier, de vous adresser sur cela un mémoire que vous m'avez témoigné approuver. Il ne s'agit plus à présent que de l'exécution; autrement, je ne feins point de dire que les choses de ce métier iront de pis en pis et, en mon particulier, pour ce qui concerne ce dont je suis chargé, je craindrois plus que la mort d'être exposé à perdre le peu de réputation que j'ai eu bien de la peine à acquérir.

J'ai renvoyé à Maubeuge le canon qui est devenu défectueux pendant le siège de Huy et eu ordre de M. le maréchal de Villeroy d'en faire descendre trente nouvelles pièces de 24 et l'attirail nécessaire pour le siège de la citadelle de Liège, auquel je crois que nous nous acheminons, comme aussi dix mortiers d'augmentation et les bombes nécessaires. Lorsque tout ceci sera fini, j'aurai l'honneur de vous envoyer un état de tout ce que nous aurons tiré des places, remis en icelles et consommé en nos deux expéditions.

Nous avons trouvé dans les forts de Huy dix-huit pièces de canon de fonte, la plupart de France, quatorze pièces de fer, six mortiers de fonte, trois de fer à jeter grenades et quatre obusiers de fonte.

Vous aurez au premier jour un détail de toutes ces choses, auxquelles je n'ai pu vaquer en personne à cause d'une vieille blessure qui s'étoit rouverte avant mon départ de Paris et qui n'a pas eu le loisir de se consolider dans une action continuelle; cela ne m'empêchera pourtant pas d'agir autant que je le pourrai.

J'ai appris qu'un homme domicilié à Douay vouloit acheter la charge de commissaire provincial de l'artillerie de Douay, que le sieur de Rond exerce depuis longtemps avec beaucoup de capacité. Je ne puis m'empêcher de vous représenter la nécessité qu'il y a, pour le bien du service dans un arsenal aussi considérable, que le sieur de Rond y soit continué extraordinairement en cas que son emploi soit vendu. Je n'en connois point de plus capable que lui; c'est une justice que je lui dois.

J'ai l'honneur, etc.

Sainct-Hilaire.

Réponse en apostilles : Ce mémoire ne m'est pas connu. Je ne sais quelle peut être cette raison, si ce n'est que les fondeurs ne savent pas leur métier pour faire leur alliage comme ils doivent, ou il faut qu'il y ait d'autres raisons qui les empêchent de le bien faire.

Pour le service, il conviendroit qu'il y eût de bons officiers; mais ce n'est pas ce qui fait crever le canon.

Il y a un bataillon de Royal-Artillerie à l'armée et dans ce bataillon des canonniers dont on pourroit se servir.

Il faudroit renvoyer à Douay toutes les pièces défectueuses et qu'il faut refondre, et que j'ordonnerai au commissaire de faire son devoir à l'avenir. Je serois bien en repos si vous pouviez y être vous-même.

Il ne convient point au service du Roi d'avoir doubles officiers, et que je suis persuadé que ceux qui achèteront les charges se mettront en état de les faire avec honneur.

[Versailles, 15 juin 1705. — Le ministre annonce qu'il a fait un fonds de quarante mille livres pour le payement des dépenses des batteries du siège de Huy. Il demande si le grand nombre de pièces qui ont crevé ou ont été éventées à ce sièg provient de la mauvaise qualité de la fonte (vol. Guerre 1835, n° 280).]

[Versailles, 23 juin 1705. — Le ministre accuse réception de l'état des pièces de canon et des munitions de guerre qui ont été tirées de Namur et de Maubeuge pour le siège de Huy (*Ibidem*, n° 330).]

M. de Saint-Hilaire au ministre de la Guerre[1].

Au camp de Bedoé, ce 28 juin 1705.

J'aurai l'honneur de vous dire, en réponse de votre lettre du 20 de ce mois, sur la mauvaise qualité des pièces qui ont servi au siège de Huy, dont la meilleure partie a été éventée, ce que je crois vous avoir dit par mes précédentes, savoir, qu'il faut donner aux fondeurs de bonnes matières et mêler dans les fontes qui se feront ci-après le moins d'étain qu'il sera possible, avec une moitié de vieux métal et une moitié de bonne rosette, et payer au par-dessus du prix courant aux fondeurs, à proportion du point de perfection qu'ils atteindront, et, en cas qu'ils manquent quelque pièce, comme cela arrive, les indemniser seulement des frais de la façon du moule et des frais du chauffage, ce que j'évalue environ à cent livres fort et foible. Cela vous paroîtra d'abord une augmentation de dépense; mais, dans la suite, je vous puis assurer, par la connoissance que j'en ai, que ce sera un bon marché, en ce que le Roi sera certain d'avoir de bon canon et qu'on ne sera pas obligé de refondre les pièces si souvent qu'on est contraint de le faire aujourd'hui, ajouté à cela la dépense qu'il convient faire pour remener aux fonderies les pièces défectueuses.

On ne peut à présent renvoyer à Douay celles qui viennent

1. Vol. Guerre 1835, n° 370.

de remonter par eau à Maubeuge; car nous n'avons aucuns chevaux à portée. Ceux de Rivier pourront faire la voiture au retour de la campagne, et, si le Roi ordonne de nouvelles fontes pour l'hiver prochain, j'y donnerai mes soins : car je prétends le passer à Douay, afin que Sa Majesté soit mieux servie s'il m'est possible. Ainsi vous serez en repos là-dessus.

Quant à ce que j'ai eu l'honneur de vous mander que nous avons été contraints de nous servir de soldats au lieu de canonniers, j'aurai l'honneur de vous dire qu'il n'y a qu'une compagnie de douze canonniers dans le bataillon de Royal-Artillerie qui sert ici, lequel a été défait l'an passé en Bavière, et qu'elle est restée en cet état parce que le capitaine n'a point encore reçu ses ordres pour se recruter dans les troupes. Il y avoit encore l'an passé deux compagnies de canonniers dans ce bataillon; l'une a été incorporée dans le premier et l'autre est actuellement à Sarrelouis. Comme elle ne m'y paroît pas à présent fort nécessaire, je vous serois très obligé si vous vouliez bien la faire revenir en cette armée et aussi les détachements du bataillon des bombardiers qui sont audit Sarrelouis et sur la Moselle, en cas que vous ne les y jugiez pas nécessaires; il y en a trois : un à Metz, un à Thionville et un à Sarrelouis.

Permettez-moi encore, s'il vous plaît, Monseigneur, de vous représenter qu'il n'est pas moins nécessaire de rédiger le corps des officiers d'artillerie que les fontes dans une forme plus convenable; car le mal empirera toujours tant qu'on n'y apportera point de remède. M. le maréchal de Vauban a fait là-dessus un excellent mémoire; le Roi et M. le duc du Maine l'ont entre les mains. J'ai eu l'honneur de vous en adresser un, l'an passé, beaucoup inférieur, mais plus facile à exécuter. Vous l'avez remis à M. de Pléneuf. M. le duc du Maine ne me paroît pas opposé à l'exécution de ces mémoires. Je ne vois pas que cela puisse préjudicier à la vente des charges qui restent, puisque ceux qui en seront pourvus pourront entrer dans ce service militaire à mesure qu'ils en seront jugés capables, en conservant leurs revenus sur le pied de leur finance. Vous pouvez juger mieux que moi qu'il est impossible de tirer un bon parti de gens qui s'attendent à être débusqués de leurs emplois à mesure qu'on les achète, et que le nom seul ne fait pas un bon officier d'artillerie, qui renferme des fonctions toutes particulières et très nécessaires pour le succès des grandes choses. Le zèle que j'ai pour le bien du service exige encore de moi cette tentative.

J'ai l'honneur, etc.

SAINCT-HILAIRE.

Réponse en apostille : Que j'ai appris par M. le duc du Maine que les pièces qui ont été éventées à Huy étoient de l'ancienne fabrique; ce n'est donc point le ménage que l'on a voulu faire sur le prix des pièces qui a donné lieu au fondeur de mal faire son devoir. S'il sait son devoir, il doit faire l'alliage de manière que les pièces soient toujours également bonnes, et, pour qu'il ne trompe pas à l'avenir, il faudroit établir des peines contre lui, en cas qu'elles viennent à manquer par la faute du fondeur. Je crois comme vous qu'il faudra qu'il y ait des chevaux de Rivier inutiles pour les employer au transport des pièces qu'il faudra refondre. Il en passe six cents qui étoient inutiles à l'armée de la Moselle; en cas qu'on n'en ait pas besoin d'un si grand nombre pour les armées de Flandres, comme il y a apparence, il pourra s'en servir comme il le jugera à propos.

M. de Saint-Hilaire au ministre de la Guerre[1].

Au camp de Bethléem, près Louvain,
[20 juillet] 1705.

Comme nous avons toujours marché depuis avant-hier la nuit jusques à aujourd'hui, il ne m'a pas été possible d'avoir l'honneur de vous informer plus tôt de la perte que nous avons faite, le 18 au matin, de dix triples canons, dont quatre de 8 et six de 4, et de seize caissons chargés de munitions de guerre, à l'affaire des lignes d'Oesmal, dont je crois très inutile de vous faire le détail. Il ne reste que cent soixante-dix hommes au bataillon du Royal-Artillerie et environ deux cent cinquante à celui des bombardiers; il en pourra encore revenir quelques-uns. Les bombardiers ont aussi perdu un drapeau; l'enseigne a été tué enveloppé dedans. Tous les chevaux qui atteloient cette brigade d'artillerie ont été tués ou pris, à la réserve de sept, à moins qu'il ne s'en soit sauvé quelques-uns qui n'aient pas encore rejoint. J'étois avec M. le maréchal dans le temps que cette malheureuse affaire, qui n'a duré qu'un quart d'heure, est arrivée. J'ai envoyé ce matin chercher six pièces de 4 à Malines pour remplacer en partie ce que nous avons perdu.

Je n'ai nulle nouvelle des six cents chevaux de Rivier que vous m'avez fait l'honneur de me mander devoir nous venir de la Moselle; tous ceux qu'on doit atteler à Douay et à Malines sont prêts, conformément à l'état que je vous en ai envoyé.

J'en ai reçu un ce matin de ce que les ennemis ont trouvé dans Huy après la prise. Vous en trouverez ici une copie, par laquelle vous verrez que M. de Saint-Pierre, qui y commandoit, y avoit retenu trois pièces de 4 aux armes

1. Vol. Guerre 1836, n° 175 *bis*.

de France, au lieu de deux de 6 courtes qui lui devoient rester, un mortier de plus et un obusier, deux mille outils à pionniers, quatre cents serpes, vingt-deux heurtoirs et deux cents madriers, qu'il a fait prendre sur les bateaux lorsqu'ils ont remonté de Liège. Cependant, l'état de ce qui lui devoit rester, et que j'avois dressé, avoit été approuvé par M. le maréchal.

J'ai l'honneur, etc.

SAINCT-HILAIRE.

M. de Saint-Hilaire au ministre de la Guerre[1].

Au camp de Bethléem, près Louvain,
le 22 juillet 1705.

M. le maréchal de Villeroy me vient d'ordonner de faire descendre incessamment de Maubeuge à Charleroy trente milliers de poudre, et en cette conséquence je fais partir les ordres nécessaires.

Nous avons perdu au combat des lignes quatre-vingt-quinze chevaux d'artillerie de la brigade prise par les ennemis, tant tués que pris. Ils étoient les meilleurs de l'équipage et appartenoient aux sieurs Lefèvre et de Launay, bons capitaines de charroi, qui ont perdu avec nous, la campagne dernière, tous leurs chevaux de la maladie. Ainsi, si le Roi n'a pitié d'eux, ce sont des gens ruinés. Aux termes de leur marché, Sa Majesté est tenue de les indemniser, mais fort au-dessous de ce que leurs chevaux leur coûtoient. Me ferez-vous l'honneur de m'ordonner si je leur ferai payer la solde de ces chevaux pris le 19 de ce mois jusques à la fin d'icelui et comme je me dois comporter à cet égard le reste de la campagne?

J'ai l'honneur, etc.

SAINCT-HILAIRE.

1. Vol. Guerre 1836, n° 205.

[Versailles, 25 juillet 1705. — Le ministre l'engage à mettre tous ses soins à réparer promptement la perte en pièces et en munitions qu'on a faite à l'affaire des lignes (vol. Guerre 1836, n° 234).]

[Versailles, 26 juillet 1705. — Le ministre répond à la lettre du 22 qu'il n'y a point à indemniser les sieurs Lefèvre et de Launay de la perte de leurs chevaux, puisqu'ils sont tenus par leur traité de les remplacer d'un jour à l'autre (*Ibidem*, n° 234 v°).]

M. de Saint-Hilaire au ministre de la Guerre[1].

Au camp de Corbeck, le 1er août 1705.

Il est vrai que la marine a une quantité de pièces de fer dans les forts des environs d'Anvers et que nous avons quarante-trois pièces de fer du calibre de huit à Dunkerque, qu'on me mande de là n'y être d'aucun usage quant à présent, et, s'il en survenoit quelque besoin à l'avenir, nous en pourrions fournir de Douay, où il y en a une quantité. Ainsi, il me semble que l'échange que M. de Pontchartrain propose se peut faire, poids pour poids, aux dépens toutefois de la marine qui le demande[2]...

SAINCT-HILAIRE.

M. de Saint-Hilaire au ministre de la Guerre[3].

Au camp de Corbeck, le 1er août 1705.

J'ai reçu avis de Maubeuge, depuis peu de jours, qu'il en étoit descendu pour Namur, par ordre de M. le maréchal

1. Vol. Guerre 1837, n° 4.
2. Le 6 août, le ministre l'informe qu'il a avisé le ministre de la Marine de s'entendre avec lui pour cet échange (*Ibidem*, n° 49).
3. Vol. Guerre 1837, n° 6.

de Villeroy, duquel il ne m'a été fait aucune part, huit mortiers de fonte de douze et huit pouces et six pièces de douze, au par-dessus de l'ancien fonds d'artillerie de la place, que vous-même jugeâtes, l'an passé, suffisant pour la défense de ladite place, en me renvoyant un mémoire que le sieur Bouchard, qui commande l'artillerie à Namur, avoit eu l'honneur de vous adresser. Je vois bien qu'en ceci cet officier, naturellement un peu inquiet, a fait agir M. de Salians près de M. le maréchal, pour obtenir l'augmentation de cette artillerie, qui est assurément superflue audit Namur, et qu'il n'avoit garde de me demander par cette raison. Je lui ai fait là-dessus une petite réprimande que j'ai cru qu'il méritoit. En ces rencontres, vous jugerez peut-être à propos pour le bien du service que je sois soutenu par mes supérieurs; car je dois savoir mieux que les officiers d'artillerie des places ce qui est nécessaire en icelles. J'y fais toute l'attention possible, comme vous le savez, et autrement il se fait une confusion et une dissipation des choses.

J'ai été obligé, ces jours passés, de tirer de Malines cinq milliers de poudre pour l'armée.

Vous aurez su que notre canon et nos pièces à trois coups ont utilement servi à notre affaire d'avant-hier; dans celles que nous pourrons avoir encore pendant le reste de la campagne, j'y aurai la même attention. A l'égard de la première, je puis avoir l'honneur de vous dire que la faute en vient de plus loin que des officiers particuliers et des soldats.

J'ai l'honneur...

Sainct-Hilaire.

Nous n'avons encore aucune nouvelle des six cents chevaux du sieur Rivier qui doivent nous venir d'Allemagne; cependant, une augmentation prompte d'artillerie et de munitions de guerre est très nécessaire à cette armée.

[Marly, 5 août 1705. — Le ministre approuve sa conduite à propos du sieur Bouchard et lui demande ce qu'il convient de faire pour maintenir la règle et la subordination (vol. Guerre 1837, n° 50).]

[Au camp de Duisbourg, le 21 août 1705. — Saint-Hilaire écrit qu'une lettre du ministre à M. Bouchard et une autre à M. de Salians feront bon effet, parce qu'il convient que lui seul Saint-Hilaire, qui a le détail de l'artillerie, puisse donner des ordres sur cette matière. Il annonce l'arrivée des six cents chevaux du sieur Rivier, qui sont déjà en route pour mener de l'artillerie à l'armée (*Ibidem*, n° 189).]

M. de Saint-Hilaire au ministre de la Guerre[1].

Au camp de Bethléem, le 31 août 1705.

[Il fait connoître au ministre l'état sanitaire des chevaux du sieur Rivier, et il propose de rechercher si une dépense engagée à Douay sans ordre l'a été légitimement; puis il ajoute :]

Vous êtes bien informé que nos officiers d'artillerie ont un très grand besoin d'être instruits et disciplinés, l'hiver aussi bien que l'été. Je vais prendre la liberté de vous en proposer un moyen.

Vous savez que le Roi entretient l'hiver dans les places la plus grande partie de ceux qui ont servi en campagne. Dans ces places, ils n'y font que baguenauder, pour ainsi dire. Je proposerois donc qu'au lieu de les envoyer après la campagne dans les différentes résidences qu'ils ont coutume d'occuper, on envoyât ceux de Flandre à Douay passer leur hiver. Ils verroient travailler dans les arsenaux et fonderies, seroient instruits aux écoles qui y sont établies, et je les tiendrois fort en haleine. Ils y recevroient les mêmes appointements qu'on leur donne dans les rési-

1. Vol. Guerre 1837, n° 273.

dences, apprendroient leur métier et ne coûteroient pas un sol de plus à Sa Majesté. Si ce remède, qui est facile et dont l'utilité est évidente, ne guérit pas entièrement les maux de l'artillerie, au moins est-il palliatif. Je fais la même proposition à M. le duc du Maine, et je crois qu'elle ne vous désagréera pas ; il ne s'agira plus que de l'exécution[1].

J'ai l'honneur...

Sainct-Hilaire.

M. de Saint-Hilaire au ministre de la Guerre[2].

Au camp de Vineghem, le 25 octobre 1705.

Conformément aux ordres de M. le maréchal de Villeroy, il se fit hier un détachement d'officiers d'artillerie, aux ordres de M. Grimaldi, avec trois pièces de vingt-quatre, quatre de huit, dix triples canons de quatre, quatre pontons et les munitions qu'il a ordonnées, pour aller reprendre Diest. Cet équipage a eu un relai de chevaux d'artillerie en chemin, afin qu'il fît plus de diligence.

J'ai l'honneur...

Sainct-Hilaire.

[21 novembre 1705. — Ordres du ministre au sujet de ce qu'il convient de conserver de l'équipage d'artillerie pendant l'hiver (vol. Guerre 1839, n° 129).]

---

1. Le ministre répondit le 4 septembre (vol. 1838, n° 23) : « A l'égard de la proposition que vous faites de faire rester les officiers d'artillerie pendant l'hiver à Douay, pour y être instruits et disciplinés, elle me paroît fort avantageuse au bien du service ; mais vous devez la faire goûter à M. le duc du Maine, qui est maître de cet arrangement. »

2. Vol. Guerre 1838, n° 327.

386   APPENDICE.

M. de Saint-Hilaire au ministre de la Guerre[1].

A Douay, le 8 décembre 1705.

J'ai eu avis de Dunkerque que Messieurs de la marine prétendent que nous payons la moitié de la voiture des pièces de fer qui doivent être prises à Dunkerque pour mener à Anvers, à la place de pareil nombre que M. de Pontchartrain désire en retirer, et des autres dépenses en conséquence. Faites-moi, s'il vous plaît, la grâce de me donner vos ordres là-dessus, afin qu'ils soient exécutés ponctuellement et sans retard.

J'ai l'honneur...

SAINCT-HILAIRE[2].

M. de Saint-Hilaire au ministre de la Guerre[3].

A Dunkerque, le 30 décembre 1705.

Pour avoir l'honneur de vous rendre compte de la visite que j'ai faite de l'artillerie de Dunkerque, je commencerai par celui de vous dire que, des quatre cent quatre-vingt-dix milliers de poudre qu'il y a dans les magasins, les trois cents d'icelle sont en très méchant état, parce qu'on a été obligé de les loger dans les souterrains, n'y ayant que deux magasins à poudre, dont l'un a encore grand besoin de réparations. Il y en avoit autrefois un troisième qu'on a donné à la marine et qui existe, et on m'a dit qu'ils l'avoient obtenu parce qu'alors il y avoit peu de poudre dans la place et qu'on avoit projeté d'en faire trois autres pour celle qui y seroit remise d'augmentation, ce qui n'a

1. Vol. Guerre 1839, n° 195.
2. Le ministre répond en apostille : « A moins qu'ils ne les voiturent par mer, on ne peut pas leur refuser de faire la moitié de cette dépense, s'ils le demandent. »
3. Vol. Guerre 1839, n°s 286 et 287.

point eu lieu jusques à présent, ce qui fait que les poudres sont mal logées dans les souterrains où on les a mises, et que toutes les tonnes périssent et qu'elles ne peuvent se conserver deux ans sans les renouveler, dont il résulte qu'il est indispensable de faire de nouveaux magasins, autrement on ne peut entretenir lesdites poudres sans une dépense considérable et qu'il pourroit encore arriver que, lorsqu'on auroit besoin desdites poudres, on les trouveroit hors d'état de servir. Quant à présent, je les ferai rétablir dès que le mois de mars sera arrivé.

Dans un autre projet qui n'a point été exécuté, on devoit enclore un espace de terrain pour l'arsenal, qui l'est seulement à présent d'une vieille palissade toute pourrie, tellement que les bombes, boulets, affûts, etc., qui y sont enclos, sont en prise et que le garde n'en peut répondre, cette enceinte étant mal garnie de couverts; mais, ayant égard au temps, je crois qu'il n'en faut point demander de nouveaux et s'attacher seulement au plus nécessaire, qui est la clôture, et un ou deux bons magasins à poudre. Pour ce qui est des autres petits besoins concernant l'artillerie, j'y pourvoirai de mon mieux.

[Il annonce aussi qu'il a conféré avec l'intendant de la marine au sujet des pièces de fer que l'on doit prendre à Dunkerque pour transférer à Anvers.]

J'ai l'honneur...

SAINCT-HILAIRE.

[28 avril 1706. — Le ministre ordonne à Saint-Hilaire de se rendre à Douay incessamment, pour être à la disposition du maréchal de Villeroy (vol. Guerre 1936, n° 81).]

[10 mai 1706. — Le ministre lui réitère l'ordre de partir immédiatement pour la Flandre et lui envoie un acompte sur ses appointements (*Ibidem*, n° 130).]

[20 mai 1706. — Le ministre écrit à M. de Saint-Hilaire au sujet du remplacement des poudres qui se consomment annuellement dans le département de Flandre (*Ibidem*, n° 189).]

Saint-Hilaire au ministre de la Guerre[1].

Au camp, près Bruxelles, le canal devant,
le 25 mai 1706.

Je n'aurai l'honneur de vous parler que de la perte particulière que nous avons faite[2], après avoir bien fait notre devoir. Si toute l'armée avoit agi à proportion, il en seroit arrivé autrement, et il y auroit trop de choses à dire là-dessus. Nous avons perdu vingt-quatre pièces de canon au village que les ennemis ont forcé le premier, et le reste, jusques à concurrence de cinquante-six, à Judoigne, par où j'eus ordre de me retirer. Je trouvai le défilé bouché par les gros bagages de l'armée, qui l'avoient suivie au champ de bataille. Je fis inutilement tout ce qui me fut possible pendant trois heures pour m'ouvrir un passage. Quelques troupes se jetèrent aussi dans ledit défilé, ce qui augmenta le désordre. A la fin, toute notre armée ayant passé de bien loin ledit défilé sur Louvain, les gros bagages qui étoient devant moi engorgés dans le chemin ayant dételé pour sauver leurs chevaux, et étant resté seul avec deux de nos officiers, sans aucune troupe ni seulement un soldat, jusques à l'entrée de la nuit, et l'ennemi étant sur nous en queue et en flanc, force m'a été de laisser tout ce canon dans les rues de Judoigne, où je n'aurai pu tenir si longtemps si je n'avois eu la précaution de faire fermer la porte du côté de l'ennemi; puis j'ai regagné notre armée le mieux qu'il m'a été possible. Nous avons aussi perdu presque toutes nos charrettes et quatre pontons qui s'étoient retirés par Wavre. J'espère dans peu, à l'aide des quatre cents chevaux qui nous viennent d'Allemagne, d'environ sept cents qui se retrouveront ici, à ce que je crois, reformer en peu de temps un train de cin-

1. Vol. Guerre 1936, n° 227.
2. A la bataille de Ramillies.

quante pièces et les munitions nécessaires à l'armée, que je prendrai tant à Malines qu'à Gand et Douay. Plût à Dieu que les autres pertes fussent aussi aisées et promptes à réparer! J'ai envoyé ordre d'évacuer Malines des munitions de guerre qui y sont appartenantes à Sa Majesté et de les envoyer par eau à Dendermonde, et j'ai fait partir aussi hier dudit Malines notre grosse artillerie qui en étoit descendue; mais M. de Bagnols avoit fait rester les deux cents milliers de poudre de ce convoi, dans la présupposition qu'on en auroit affaire pour l'armée. Mais, comme nous en avons d'autres dans les magasins de Malines, où j'ai envoyé ce matin en chercher, j'ai donné ordre que lesdits deux cents milliers en partent pour Tournay, et on m'a répondu qu'ils partiroient aujourd'hui par la première marée.

Nos deux bataillons du Royal-Artillerie et des bombardiers ont beaucoup souffert et ont perdu beaucoup d'armes. Si vous le trouviez bon, je leur en ferai donner des magasins de Gand, lorsque nous en serons à portée, jusques à concurrence de ce qui leur en manquera.

Je ne puis encore vous marquer précisément le nombre des chevaux d'artillerie que nous avons perdus; il en arrive encore ce matin à Malines, et il y en a plusieurs dispersés dans l'armée, qui n'est pas encore toute reformée, tant le désordre est grand aussi bien que la perte.

J'ai l'honneur, etc...

SAINCT-HILAIRE.

Saint-Hilaire au ministre de la Guerre[1].

Au camp de Saint-Denis, près Gand,
le 30 mai 1706.

J'ai rassemblé des places vingt-huit pièces de canon et

---

1. Vol. Guerre 1936, n° 257.

des munitions pour l'armée, tellement que nous avons présentement trente-deux pièces de canon et treize pontons. Avec les chevaux qui doivent revenir d'Allemagne à Douay, il nous joindra encore dix-sept pièces de canon, avec les munitions et outils nécessaires à cette armée. Mais je crains fort que ces précautions ne deviennent inutiles; car l'armée est en méchant état. On est pressé du temps, et l'ordre ne s'établit guère. Notre grosse artillerie, évacuée de Malines avec une partie des munitions de guerre qui y étoient de l'ancien fonds, remonte la Lys pour se rendre à Menin, où elles seront en sûreté; mais nous sommes si peu secourus, quelque peine que je m'en donne et quelque précaution que j'aie prise de mon chef, que je craindrois, s'il arrivoit un mouvement précipité à cette armée, ainsi que j'y vois de l'apparence, que la plupart des bateaux ne fussent en péril; car les eaux sont basses, les bateaux fort chargés, peu de secours de Gand; il faut les remonter à bras d'hommes; on ne les peut suivre à cheval pour y veiller le long de la rivière à cause des marais et watergans; ma seule ressource a été de demander des suisses et de les faire tirer les bateaux à prix d'argent; mais ce secours vient lentement, tant la confusion règne. Je fais et ferai les derniers efforts, tant qu'il me restera une once de force.

Après avoir bien pressé M. le maréchal depuis trois jours, je viens enfin d'obtenir de faire embarquer cent cinquante mille livres de poudre des deux cents et tant de milliers qui sont à Gand, lesquels incontinent après je ferai remonter à Menin, s'il est possible et si le temps et l'ennemi le permettent...

Je suis, etc.

SAINCT-HILAIRE.

La garnison de Namur a recouvert huit pièces de notre canon que les ennemis avoient pris dans un des villages attaqués le jour de la bataille et qu'ils gardoient mal, et on vient de me dire que la même garnison en avoit encore recouvré vingt-sept autres.

[7 juin 1706. — Le ministre donne l'ordre à Saint-Hilaire de faire entrer dans Ypres les munitions nécessaires pour soutenir un siège (vol. Guerre 1937, n° 58).]

[9 juin 1706. — Saint-Hilaire fait part au ministre des difficultés qu'il éprouve pour approvisionner les places menacées par les ennemis, Condé, Lille, Ypres, Nieuport, Ostende, etc., par manque de munitions, d'hommes et d'argent; il demande le gouvernement d'Amiens (*Ibidem*, n° 87).]

[10 juin 1706. — Ordres du ministre pour faire retirer de Furnes les poudres en excédent et les envoyer à Dunkerque et pour approvisionner Charleroy; le gouvernement d'Anvers a été donné à M. de Mézières (*Ibidem*, n° 98).]

[13 juin 1706. — Saint-Hilaire fait connaître au ministre qu'il a envoyé vingt hommes d'artillerie à Ostende et demande d'envoyer à Dunkerque une compagnie de canonniers; il a fait passer à Mons et à Ath un convoi d'artillerie (*Ibidem*, n° 129).]

[14 juin 1706. — Ordre à Saint-Hilaire de suspendre l'évacuation des munitions de guerre qui sont à Furnes (*Ibidem*, n° 147).]

[14 juin 1706. — Saint-Hilaire rend compte des munitions qu'il a envoyées à Ypres et à Condé (*Ibidem*, n° 150).]

[16 juin 1706. — Ordre d'approvisionner Dunkerque de poudre et de munitions en prévision d'un siège par les Anglais (*Ibidem*, n° 162).]

[16 juin 1706. — Saint-Hilaire rend compte de ses efforts pour pourvoir de munitions toutes les places, et des difficultés qu'il rencontre auprès des gouverneurs des places dont on retire ce qui semble en superflu (*Ibidem*, n° 164).]

[17 juin 1706. — Saint-Hilaire demande à être chargé, pour le temps de la guerre, de l'inspection des places d'Artois, afin de n'éprouver ni difficulté, ni conflit dans ce qui sera utile au service du Roi (vol. Guerre 1937, n° 172).]

[17 juin 1706. — Le ministre lui prescrit ce qu'il doit laisser de canon à Tournay et l'avise qu'il a donné des ordres pour faire passer de la poudre et des boulets à Charleroy (*Ibidem*, n° 174).]

[18 juin 1706. — Saint-Hilaire envoie l'inventaire des munitions de guerre qui sont à Condé et à Charleroy (*Ibidem*, n°ˢ 176, 177 et 178).]

[21 juin 1706. — Le ministre l'avise des contretemps qui ont retardé l'envoi des fonds pour les dépenses de l'armée de Flandre (*Ibidem*, n° 210).]

[22 juin 1706. — Le ministre lui ordonne, dans le cas où il éprouverait des refus de la part des gouverneurs de places, de se faire donner ces refus par écrit; il lui enjoint de ne plus rien enlever de Maubeuge (*Ibidem*, n° 220).]

[26 juin 1706. — Le ministre croit comme lui qu'il sera du bien du service qu'il ait la surveillance des places d'Artois, comme il l'a demandé (*Ibidem*, n° 252).]

[28 juin 1706. — Le ministre lui envoie l'ordre de mettre dans Nieuport toutes les munitions de guerre que le maréchal de Vauban lui a demandées (*Ibidem*, n° 293).]

[29 juin 1706. — Saint-Hilaire annonce qu'il prend ses mesures pour approvisionner Dunkerque et Nieuport (*Ibidem*, n° 303).]

Saint-Hilaire au ministre de la Guerre[1].

A Douay, le 30 juin 1706.

En conséquence de la lettre que vous m'avez écrite le 22 de ce mois, j'ai voulu retirer de Tournay les huit pièces

---

1. Vol. Guerre 1937, n° 309.

de vingt-quatre que M. de Gacé y a retenues au par-dessus des huit ordonnées et où elles sont superflues par rapport à la poudre qui est en cette place, afin d'en envoyer quatre à Condé... et les quatre autres à Valenciennes... Mais M. de Gacé ne m'a point fait de réponse, et j'apprends, par un exprès que M. Mermont, lieutenant d'artillerie audit Tournay, m'a dépêché, que M. de Gacé ne les veut point laisser sortir. Il retient aussi tout le plomb au par-dessus des cent soixante milliers que vous avez ordonnés... Vous aurez donc, s'il vous plaît, la bonté de donner vos ordres en droiture à M. de Gacé à ce sujet.

J'ai l'honneur, etc.

SAINCT-HILAIRE.

[1er juillet 1706. — Saint-Hilaire envoie l'état de l'artillerie et des munitions qu'il a fait partir pour approvisionner Nieuport (vol. Guerre 1938, nos 10 et 11).]

[2 juillet 1706. — Le ministre l'autorise à prélever deux cents milliers de poudre à Metz pour garnir les places d'Artois (*Ibidem*, n° 16).]

[4 juillet 1706. — Le ministre lui prescrit, en prévision d'une descente des Anglais, de fournir un petit équipage d'artillerie au maréchal de Bezons, qui commandera dans la Flandre maritime, et d'approvisionner les places du pays (*Ibidem*, n° 41).]

[5 juillet 1706. — Le ministre l'autorise à prendre à Furnes la poudre nécessaire pour Abbeville et Montreuil (*Ibidem*, n° 51).]

[7 juillet 1706. — Saint-Hilaire prie le ministre de donner des ordres aux intendants pour lui fournir les chariots et les chevaux dont il a besoin pour le transport des munitions (*Ibidem*, n° 88).]

[10 juillet 1706. — Le ministre l'autorise à tirer cent milliers de poudre de Charlemont, pour les utiliser, avec les deux cents

394   APPENDICE.

qui viennent de Metz, à l'approvisionnement des places de Flandre et d'Artois (vol. Guerre 1938, n° 114).]

[11 juillet 1706. — Saint-Hilaire fait connaître qu'il a tiré de Furnes la poudre nécessaire à Abbeville, Montreuil et Ambleteuse, et qu'il a préparé l'équipage d'artillerie pour le corps du maréchal de Bezons (*Ibidem*, n° 131).]

[15 juillet 1706. — Saint-Hilaire annonce le départ de cet équipage (*Ibidem*, n° 188).]

[17 juillet 1706. — Saint-Hilaire fait connaître qu'il garde à Maubeuge les cent milliers de poudre tirés de Charlemont, pour les faire diriger du côté où l'ennemi se présentera (*Ibidem*, n° 206).]

[18 juillet 1706. — Le ministre approuve qu'il n'ait mis que quinze pièces pour l'équipage du maréchal de Bezons (*Ibidem*, n° 219).]

Saint-Hilaire au ministre de la Guerre[1].

A Douay, le 19 juillet 1706.

Si les ennemis se jetoient du côté de la Sambre, nous avons à Maubeuge une quantité de grosse artillerie qui y pourroit être en péril. Si vous le jugez ainsi, il y auroit deux moyens pour la retirer : l'un de la faire descendre par la Sambre à Namur et remonter par la Meuse à Mézières ; l'autre de la faire passer à Avesnes avec la plus grande partie des chevaux d'artillerie que nous avons en cette ville et que j'enverrois à Maubeuge mener l'approvisionnement d'augmentation pour Charleroy. J'attendrai vos ordres là-dessus.

SAINCT-HILAIRE.

1. Vol. Guerre 1938, n° 231.

[22 juillet 1706. — Saint-Hilaire envoie l'état des munitions envoyées à Mons (vol. Guerre 1938, n° 280).]

[31 juillet 1706. — Le ministre l'autorise à faire fondre soixante pièces de canon de divers calibres et douze pierriers (*Ibidem*, n° 380).]

Saint-Hilaire au ministre de la Guerre[1].

A Douay, le 6 août 1706.

... Il est vrai que M. le duc du Maine a envoyé M. de Ressons en ces quartiers; mais c'est pour commander le petit équipage d'artillerie que vous m'avez ordonné d'envoyer sur les côtes de Picardie. M. le duc du Maine ne m'a pas mandé lui avoir ordonné de passer outre; mais je comprends, par une lettre que j'ai reçue de mondit sieur de Ressons, que l'envie qu'il a de venir faire une tournée dans les places d'Artois roule principalement pour se mettre en possession des logements qu'il croit que les villes de cette province me payent. En les lui abandonnant, comme je fais et lui ai mandé, et même, si vous le jugez à propos, une pension de cinq cents livres que Messieurs des États d'Artois me donnent et qui me sert à payer la meilleure partie des ports de lettres que je reçois des places de cette province, je ne crois pas que mondit sieur de Ressons persiste à vouloir venir en Artois, et pour peu que vous jugiez à propos de lui mander que, n'y ayant encore aucun arsenal principal en Artois et que l'arrangement de toutes les places de cette frontière provenant de celle de Douay, vous avez trouvé à propos de m'en laisser le soin et la direction, le reste de la guerre ou jusques à ce que le Roi ait trouvé à propos de fonder un arsenal principal en Artois pour subvenir aux places de ce département. Effec-

1. Vol. Guerre 1939, n° 46.

tivement, le service ne se peut faire autrement, et le voyage de M. de Ressons seroit un contretemps préjudiciable dans la conjoncture présente. Mon désintéressement vous doit faire juger que ce que j'en ai dit jusques ici n'est que pour le bien du service pour lequel je ne plains pas mes peines. C'est tout ce qui m'en revient, en attendant que vous ayez la bonté d'avoir souvenance de moi pour les grâces.

J'ai l'honneur, etc.

SAINCT-HILAIRE.

[9 août 1706. — Le ministre approuve ses dispositions pour l'approvisionnement de Lille; quant à la demande de M. de Ressons, il sera mis en possession de son département dès que l'arrangement général sera fait; ordre d'assembler en diligence les soixante pièces de canon qui doivent composer l'équipage de l'armée de Vendôme (vol. Guerre 1939, n° 59).]

[12 août 1706. — Saint-Hilaire annonce qu'il fait passer cent milliers de poudre de Dunkerque à Lille; il demande des ordres au sujet de l'artillerie et des munitions que M. de Vendôme demande pour la ville d'Ath (*Ibidem*, n° 92).]

[18 août 1706. — Il a préparé tout ce que M. de Vendôme réclame pour Ath; mais il attendra les ordres du ministre pour rien faire partir (*Ibidem*, n° 134).]

[20 août 1706. — Le ministre l'avise qu'il a ordonné des fonds pour la réparation des armes des places de son département (*Ibidem*, n° 151).]

[21 août 1706. — Le ministre l'autorise à envoyer à Ath les pièces et munitions demandées par M. de Vendôme, sauf la poudre (*Ibidem*, n° 158).]

[27 août 1706. — Saint-Hilaire annonce qu'il a fait partir les munitions pour Ath; quant à la poudre, si on en tire cinquante milliers de Douay, il en restera encore dans cette place quatre-vingt-douze milliers; il demande des instructions promptes (*Ibidem*, n° 211).]

[28 août 1706. — Le ministre lui envoie des ordres pour l'approvisionnement d'Ypres en artillerie et en poudre (vol. Guerre 1939, n° 216).]

[28 août 1706. — Le ministre lui prescrit d'envoyer à Ypres le plus possible de mousquets de rempart (*Ibidem*, n° 223).]

[3 septembre 1706. — Saint-Hilaire rend compte du nombre des pièces d'artillerie qu'il a envoyées à Ypres et de celles qu'il conduit à l'armée (*Ibidem*, n° 258).]

[3 septembre 1706. — Saint-Hilaire demande la nomination du sieur Moralec comme second garde d'artillerie à l'arsenal de Douay (*Ibidem*, n° 259).]

Saint-Hilaire au ministre de la Guerre[1].

A Douay, le 14 septembre 1706.

Il y a quatre ou cinq jours que M. de Vendôme nous a renvoyé ici, jusques à nouvel ordre, pour se débarrasser pendant la marche qu'il méditoit; il n'a retenu avec lui que deux brigades d'artillerie et vingt pontons.

J'aurai l'honneur de vous supplier très humblement, Monseigneur, de trouver bon que je fasse faire ici deux petites pièces de canon de deux livres pour mettre à ma maison de campagne; elles ne coûteront rien au Roi pour la façon ni autrement; c'est la grâce que je vous demande[2] et celle de me croire, etc.

SAINCT-HILAIRE.

[29 octobre 1706. — Le ministre lui envoie des instructions pour l'approvisionnement des places pendant l'hiver, la fonte des boulets, la confection des poudres et le licenciement de

---

1. Vol. Guerre 1939, n° 325.
2. Le ministre donna l'autorisation le 20 septembre (*Ibidem*, n° 351).

l'équipage d'artillerie jusqu'à la campagne prochaine (vol. Guerre 1940, n° 132).]

[1er novembre 1706. — Saint-Hilaire demande l'autorisation de se servir des quatre cents chevaux du sieur Rivier, pour mener du canon et des affûts à Dunkerque et dans les places d'Artois, parce que les chevaux du pays n'ont pas les harnais convenables pour ce travail (*Ibidem*, n° 158).]

2 novembre 1706. — Saint-Hilaire demande qu'on prescrive aux gouverneurs des places de démonter leur canon pendant l'hiver, sauf quatre pièces, afin que les affûts puissent être mis à l'abri des intempéries (*Ibidem*, n° 164).]

[5 novembre 1706. — Le ministre l'autorise à se servir des chevaux du munitionnaire Rivier, pour munir d'artillerie Dunkerque et les places d'Artois; il a prescrit aux gouverneurs des places de laisser démonter leur canon pendant l'hiver (*Ibidem*, n° 179).]

Saint-Hilaire au ministre de la Guerre[1].

A Douay, le 2 novembre 1706.

Je vois bien que la rareté des espèces empêche M. Landais de satisfaire aux fonds que vous avez ordonné, tant pour la subsistance de l'équipage d'artillerie de l'armée, sur laquelle il est dû beaucoup, que pour les dépenses extraordinaires que l'on est obligé de faire pour mettre toutes les places de ce pays en bon état par rapport à l'artillerie. Cependant, il est impossible de faire travailler davantage les ouvriers, ni de faire des marchés pour remplir les places, sans les payer manuellement, et tout va demeurer ici, s'il n'y vient des espèces promptement, et, quand la campagne prochaine s'ouvrira, les places ne seront point pourvues. Cette considération me fait avoir

1. Vol. Guerre 1940, n° 163.

recours à un expédient, pour avoir en ce pays-ci des espèces, sans vous en donner l'embarras et sans que cela soit à charge en rien du monde aux coffres du Roi, et le voici :

Nous avons en cet arsenal plusieurs pièces de canon crevées et qui deviennent absolument inutiles, n'ayant plus de rosette pour les refondre et en faire de bonnes pièces. D'ailleurs, il me paroît que, dans l'état présent des choses, il y aura suffisamment de canon en ce pays d'ici à quelque temps, avec les soixante pièces que l'on fond actuellement. Si vous le jugiez à propos, nous livrerions au maître de la monnoie de Lille une quarantaine de milliers de vieux métal en canon et pontons de nul service, dont il feroit incessamment des sols marqués, et tout ce provenant seroit remis sans divertissement entre les mains du trésorier de l'artillerie pour fournir aux dépenses. Cela s'appelleroit faire de la terre le fossé. Le service se feroit bien, et cet expédient vous pourroit peut-être agréer dans la conjoncture présente. Deux cent quatre-vingt-douze sols marqués en espèces pèsent environ une livre, poids de marc, et, s'il falloit quelque étain pour l'alliage, nous en pourrions aussi fournir. Cet étain ne vaut pas tant que le vieux métal, et un millier pesant d'icelui produira en sols dix-huit mille sept cent cinquante livres.

J'ai l'honneur, etc.

SAINCT-HILAIRE[1].

[12 novembre 1706. — Saint-Hilaire annonce qu'il a licencié l'équipage d'artillerie; mais il demande à conserver au moins seize chevaux pour le service de l'école de Douay (vol. Guerre 1940, n° 225).]

1. Le ministre demanda l'avis du directeur des monnaies, et il ne semble pas qu'on ait donné suite à cette proposition.

[13 novembre 1706. — M. de Vendôme ayant fait suspendre l'évacuation de la grosse artillerie de Maubeuge, Saint-Hilaire remontre au ministre que, cette évacuation et celle des munitions devant demander six mois, il est à craindre qu'elle ne soit pas achevée à l'ouverture de la campagne (*Ibidem*, n° 229).]

Saint-Hilaire au ministre de la Guerre[1].

A Douay, le 18 novembre 1706.

Je viens d'être averti que l'on défait une partie des tuyaux de fontaines des jardins de Versailles, dont le sieur Pollart, qui en a la direction, vend le produit au profit du Roi. Si vous jugiez à propos de le retenir pour le faire convertir en saumons à Paris, puis en balles de mousquet où il sera besoin, ce seroit un fonds pour lequel il ne faudroit pas débourser d'argent.

J'ai l'honneur...

SAINCT-HILAIRE[2].

1. Vol. Guerre 1940, n° 254.
2. Le ministre répond en apostille : « Je viens de faire acheter du plomb ce qu'il en faut pour fournir les magasins qui en manqueront. »

SOMMAIRE

DU TOME QUATRIÈME.

Troisième partie des Mémoires, 1697-1715 (suite).

Année 1704 (suite). — Campagne de Vendôme en Piémont; combat de Treno, p. 1-4. — Prise de Suse par La Feuillade, 4-6. — Marche de Vendôme sur Verceil, 6-8. — Siège et prise de Verceil, 8-14. — Siège et prise d'Ivrée, 14-18. — Tentative du duc de Savoie sur Verceil, 18-20. — Siège de Verrue, 20-38. — Le duc de Savoie abandonne Crescentin, 38-41. — Capitulation de Verrue, 41-42. — Campagne de Lombardie sous les ordres du Grand Prieur, 42-49.

Campagne de Flandre : Villeroy et Marlborough, p. 49-51. — Namur bombardé par Owerkerque, 51-53.

Campagne d'Allemagne et de Bavière : Tallard prépare son passage, p. 53-57. — Marche du convoi; jonction avec l'Électeur; Tallard revient en Alsace, 57-61. — Le prince de Bade poursuit l'Électeur, 61-62. — Villeroy passe en Alsace; projets de campagne, 62-63. — Conférences d'Heilbronn entre Marlborough et Eugène, 63-66. — Défaite du maréchal d'Arco à Schellenberg, 66-69. — Retraite de l'Électeur; marche des Alliés en Bavière, 69-70. — Tallard et Villeroy en Bavière; prise de Villingen, 70-73. — Mouvements des deux armées, 73-78. — Bataille de Plentheim ou d'Hochstedt; défaite de l'armée franco-bavaroise; sa retraite; liste des prisonniers, 78-97. — Siège d'Ulm; retraite de Villeroy en Alsace, 97-98. — Opérations en deçà du Rhin, 98-101. — Les Alliés assiégent et prennent Landau, 101-104. — Inaction de Villeroy; prise de Traërbach; tentative contre Brisach; fin de la campagne, 104-107.

Année 1705. — Campagne de la Moselle; poste avantageux de Villars, qui empêche Marlborough de rien faire, p. 107-118.

Campagne d'Allemagne : Villars y remplace Marcin ; petits combats, p. 118-121. — Prise d'Hombourg par Reffuge, 121. — Villars passe le Rhin ; les mouvements des Impériaux le forcent à revenir en arrière, 122-126. — Le prince de Bade en Alsace, 126-128. — Villars, campé sous Haguenau, arrête l'armée ennemie ; il fait mine de repasser le Rhin, 128-134. — Conquêtes des Alliés en Alsace ; Villars ne peut les empêcher ; fin de la campagne, 134-138.

Campagne de Flandre : siège et prise de Huy, p. 138-143. — Tentative sur Liège ; l'armée revient dans les lignes, 143-145. — Description des lignes, 146-147. — Marche des ennemis vers les lignes ; ils y pénètrent et battent le corps de Roquelaure, 147-152. — Retraite des Français derrière Louvain ; les Alliés tentent de passer la Dyle ; canonnade entre les deux armées, 152-156. — Tentative des Alliés sur Bruxelles, 156-164. — Ils prennent Santvliet, 164-166.

Campagne de Lombardie : le Grand Prieur défait le général Patté ; marche en avant de Vendôme, p. 166-173. — Affaire de la cassine de Moscolino, 173-176. — Le comte de Torralba battu par Visconti, 176-177. — Mouvements divers de Vendôme et d'Eugène, 177-183. — Combat de Cassano, 184-189. — Efforts inutiles d'Eugène pour pénétrer dans le Crémonais ; cantonnements des troupes, 189-195.

Campagne de Piémont : La Feuillade prend Villefranche et Nice, p. 195-197. — Vendôme marche vers Chivas, l'assiège et s'en empare, 197-205. — La Feuillade se dispose à assiéger Turin ; tentative avortée sur Asti, 205-208. — Berwick prend la citadelle de Nice ; rasement des places prises, 208-212.

Campagne d'Espagne : les Alliés prennent Salvaterra, Valencia et Alburquerque, p. 212-214. — Conspirations en Espagne, 215-216. — Flotte des Alliés pour la Catalogne ; l'Archiduc prend Barcelone, 216-221. — La Catalogne soumise à l'Archiduc, 222-223. — Campagne d'automne en Estrémadure : siège de Badajoz, 223-225.

Expéditions maritimes ; exploits du chevalier de Saint-Pol-Hécourt, p. 225-226.

Année 1706. — Campagne d'Espagne et de Portugal ; l'Aragon et Valence se soumettent à l'Archiduc, p. 227-228. — Le duc de Noailles en Catalogne, Tessé en Espagne, Berwick en Portugal, 229-231. — Siège de Barcelone par Philippe V, qui est contraint de se retirer, 231-234. — Berwick ne peut arrêter l'armée portugaise, qui prend Plasencia, Ciudad-Rodrigo et Salamanque, 234-239. — Réunion des grands d'Espagne; discours d'Amelot et du duc de Medina-Celi, 239-242. — Philippe V quitte Madrid, dont les Alliés s'emparent; fidélité des Espagnols, 242-245. — Les Alliés quittent Madrid et marchent à l'armée espagnole; mouvements divers, 245-249. — Reprise de Madrid par Philippe V; les Alliés se retirent vers Tolède, puis regagnent le Portugal, 249-253. — Philippe V retourne à Madrid; petits exploits de Berwick et du marquis de Bay, 253-258.

Campagne d'Italie : Vendôme entre en campagne; combat de Calcinato, p. 258-262. — Eugène arrive et recule vers le Trentin; il est suivi par Vendôme, 262-265. — Dispositions de Vendôme pour empêcher Eugène de passer l'Adige, 265-267. — Préparatifs pour le siège de Turin, qui est investi par La Feuillade; disposition des attaques, 267-273. — — Ouverture de la tranchée et détail du siège, 273-277. — La Feuillade poursuit le duc de Savoie, 277-279. — Continuation du siège de Turin, 279-289. — Arrivée du duc d'Orléans en Italie; Vendôme passe en Flandre, 289. — Suite du siège, 289-303. — Mouvements des armées française et impériale sur l'Adige, 303-308. — Vendôme laisse le commandement au duc d'Orléans; mauvais état des affaires d'Italie, 308-309. — Le duc d'Orléans ne peut empêcher Eugène de gagner le Piémont; il ramène son armée au siège de Turin, 309-313. — Conseil de guerre; contention entre le duc d'Orléans et le maréchal de Marcin, 313-315. — Eugène passe le Pô et joint le duc de Savoie, 315-318. — L'armée française est battue, le maréchal de Marcin tué et le duc d'Orléans blessé, 318-320. — Retraite des Français sur Pignerol et le Dauphiné, 320-323. — Les Alliés s'emparent peu à peu de toutes les places d'Italie, 323-325.

Campagne d'Allemagne : projets de Villars, p. 326-327. — Petits succès des troupes françaises, 327-332. — Villars s'empare de l'île du Marquisat, 332-336. — Projet d'assiéger Landau; derniers mouvements de la campagne, 336-339.

Campagne de Flandre : opérations de l'électeur de Bavière et du maréchal de Villeroy, p. 339-342. — Bataille de Ramillies; retraite des Français sur Louvain; abandon de Bruxelles, de Gand, de Bruges; l'armée se cantonne autour de Lille, 342-349. — Prise d'Ostende, de Menin et d'Ath par les Alliés, 349-353.

Campagnes de mer : flottes de Leake et de Shovell, p. 354-356. — Exploits de Chavagnac, d'Iberville, du comte de Villars et des chevaliers de Forbin et des Augiers, 356-358.

Appendice. — Correspondance de Saint-Hilaire, années 1705-1706, p. 359-400.

Ouvrages publiés par la Société de l'Histoire de France
depuis sa fondation en 1834.

In-octavo à 9 francs le volume, 7 francs pour les Membres de la Société.

Ouvrages épuisés.

- L'Ystoire de li Normant. 1 vol.
- Lettres de Mazarin. 1 vol.
- Villehardouin. 1 vol.
- Histoire des Ducs de Normandie. 1 vol.
- Grégoire de Tours. Histoire ecclésiast. des Francs. 4 v.
- Beaumanoir. Coutumes de Beauvoisis. 2 vol.
- Mémoires de Coligny-Saligny. 1 vol.
- Mémoires et Lettres de Marguerite de Valois. 1 vol.
- Comptes de l'Argenterie des rois de France. 1 vol.
- Mémoires de Cosnac. 2 vol.
- Journal d'un Bourgeois de Paris sous François Ier. 1 v.
- Chroniques des Comtes d'Anjou. 1 vol.
- Lettres de Marguerite d'Angoulême. 2 vol.
- Joinville. Hist. de saint Louis. 1 vol.
- Chronique des quatre premiers Valois. 1 vol.
- Guillaume de Nangis. 2 vol.
- Mém. de P. de Fenin. 1 vol.
- Œuvres de Suger. 1 vol.
- Histoire de Bayart. 1 vol.

Ouvrages épuisés en partie.

- Œuvres d'Éginhard. 2 vol.
- Barbier. Journal du règne de Louis XV. 4 vol.
- Mémoires de Ph. de Commynes. 3 vol.
- Registres de l'Hôtel de Ville pendant la Fronde. 3 vol.
- Procès de Jeanne d'Arc. 5 vol.
- Choix de Mazarinades. 2 vol.
- Histoire de Charles VII et de Louis XI, par Th. Basin. 4 vol.
- Grégoire de Tours. Œuvres diverses. 4 vol.
- Chron. de Monstrelet. 6 vol.
- Chron. de J. de Wavrin. 3 vol.
- Journal et Mémoires du marquis d'Argenson. 9 vol.
- Œuvres de Brantôme. 11 v.
- Commentaires et Lettres de Blaise de Monluc. 5 vol.
- Mém. de Bassompierre. 4 vol.
- Bibliographie des Mazarinades. 3 vol.

Ouvrages non épuisés.

- Orderic Vital. 5 vol.
- Corresp. de Maximilien et de Marguerite. 2 vol.
- Richer. Hist. des Francs. 2 v.
- Le Nain de Tillemont. Vie de saint Louis. 6 vol.
- Mém. de Mathieu Molé. 4 v.
- Miracles de S. Benoît. 1 vol.
- Mém. de Beauvais-Nangis. 1 v.
- Chronique de Mathieu d'Escouchy. 3 vol.
- Pièces inédites du règne de Charles VI. 2 vol.
- Comptes de l'hôtel des Rois de France. 1 vol.
- Rouleaux des morts. 1 vol.
- Mém. et corresp. de Mme du Plessis-Mornay. 2 vol.
- Chron. des églises d'Anjou. 1v.
- Introduction aux chroniques des comtes d'Anjou. 1 vol.
- Chroniques de J. Froissart. T. I à XI. 13 vol.
- Chroniques d'Ernoul et de Bernard le Trésorier. 1 v.
- Annales de S.-Bertin et de S.-Vaast d'Arras. 1 vol.
- Histoire de Béarn et de Navarre. 1 vol.
- Chroniques de Saint-Martial de Limoges. 1 vol.
- Nouveau recueil de comptes de l'argenterie. 1 vol.
- Chanson de la croisade contre les Albigeois. 2 vol.
- Chronique du duc Louis II de Bourbon. 1 vol.
- Chronique de J. Le Fèvre de Saint-Rémy. 2 vol.
- Récits d'un ménestrel de Reims au XIIIe siècle. 1 v.
- Lettres d'Ant. de Bourbon et de Jeanne d'Albret. 1 vol.
- Mém. de La Huguerye. 3 vol.
- Anecdotes et apologues d'Étienne de Bourbon. 1 vol.
- Extraits des auteurs grecs concern. la géographie et l'hist. des Gaules. 6 vol.
- Mémoires de N. Goulas. 3 v.
- Gestes des évêques de Cambrai. 1 vol.
- Les Établissements de saint Louis. 4 vol.
- Chron. normande du XIVe s. 1 v.
- Relation de Spanheim. 1 vol.
- Œuvres de Rigord et de Guillaume le Breton. 2 v.
- Mém. d'Ol. de la Marche. 4 v.
- Lettres de Louis XI. 1 vol.
- Mémoires de Villars. 6 vol.
- Notices et documents, 1884. 1v.
- Journal de Nic. de Baye. 2 v.
- La Règle du Temple. 1 vol.
- Hist. univ. d'Agrippa d'Aubigné. 10 vol.
- Le Jouvencel. 2 vol.
- Chroniques de Louis XII, par Jean d'Auton. 4 vol.
- Chron. d'A. de Richemont. 1 v.
- Chronographia regum Francorum. 3 vol.
- L'Histoire de Guillaume le Maréchal. 3 vol.
- Mémoires de Du Plessis-Besançon. 1 vol.
- Éphéméride de La Huguerye. 1 vol.
- Hist. de Gaston IV, comte de Foix. 2 vol.
- Mémoires de Gourville. 2 vol.
- Journal de J. de Roye. 2 vol.
- Chron. de Richard Lescot. 1 v.
- Brantôme, sa vie et ses écrits. 1 vol.
- Journal de J. Barrillon. 2 v.
- Lettres de Charles VIII. 5 v.
- Mém. du chev. de Quincy. 3 v.
- Chron. de Morosini. 4 vol.
- Doc. sur l'Inquisition. 2 vol.
- Mém. du vic. de Turenne. 1 vol.
- Chron. de Perceval de Cagny. 1 vol.
- Journal de J. Vallier. T. I.
- Mém. de Saint-Hilaire. T. I à IV.
- Journal de Fauquembergue. T. I et II.
- Chron. de Jean le Bel. 2 v.
- Mémoriaux du Conseil de 1661. 3 v.
- Chron. de G. Le Muisit. 1 vol.
- Rapports et Notices sur les Mém. du card. de Richelieu. T. I.
- Mémoires de Souvigny. 3 vol.
- Mém. du card. de Richelieu. T. I et II.
- Mémoires de M. et G. du Bellay. T. I et II.
- Mém. du maréchal de Turenne. T. I.
- Grandes Chroniques de France. T. I.
- Mém. du maréchal d'Estrées. 1 vol.
- Correspondance de Vivonne. 1 vol.
- Chronique de Morée. 1 vol.

SOUS PRESSE :

- Mém. du maréchal de Turenne. T. II.
- Mém. de Florange. T. I.
- Mém. de Richelieu. T. III.
- Lettres du chevalier de Sévigné.

ANNUAIRES, BULLETINS ET ANNUAIRES-BULLETINS (1834-1910).

In-18 et in-8°, à 2 et 5 francs.

(Pour la liste détaillée, voir à la fin de l'Annuaire-Bulletin de chaque année.)

Nogent-le-Rotrou, imprimerie Daupeley-Gouverneur.

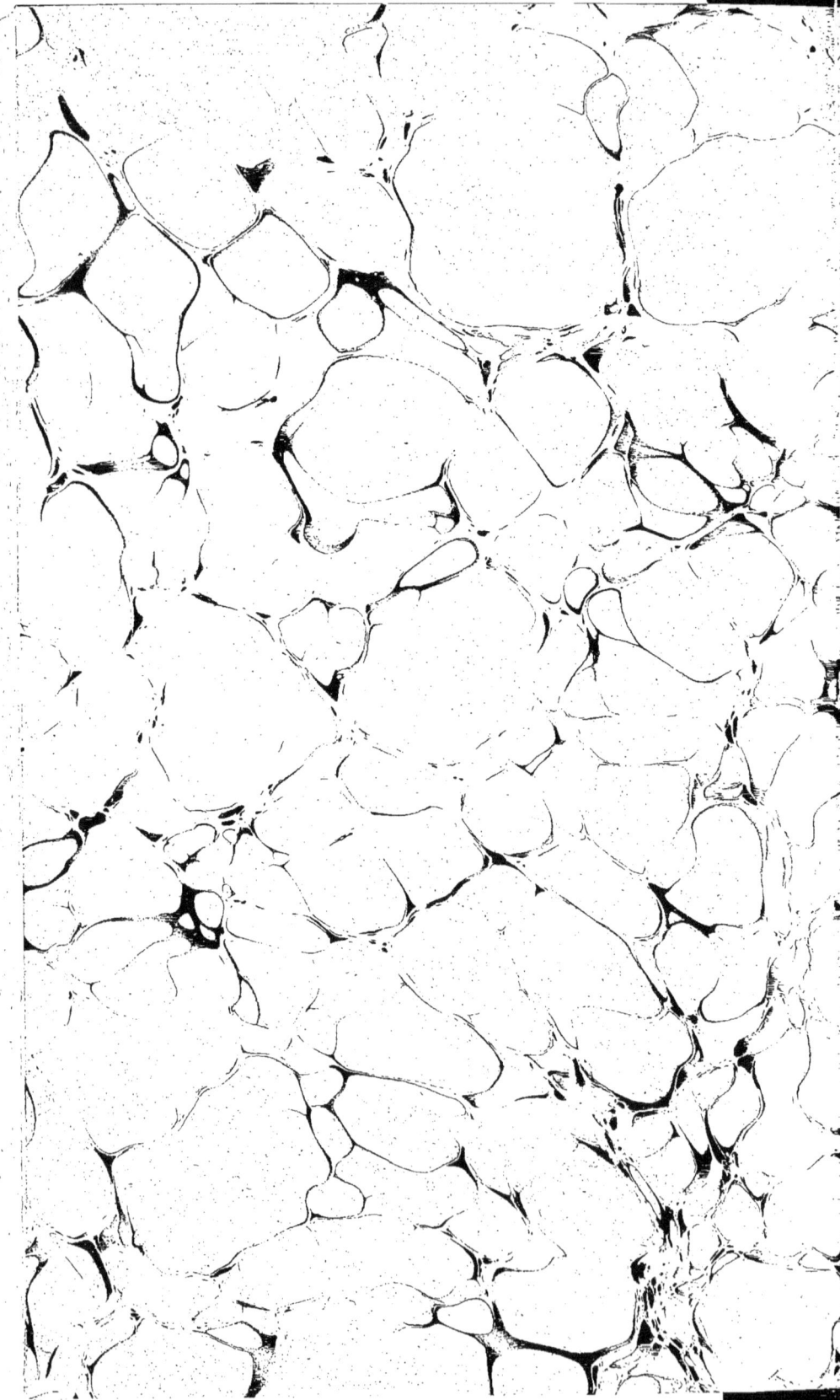

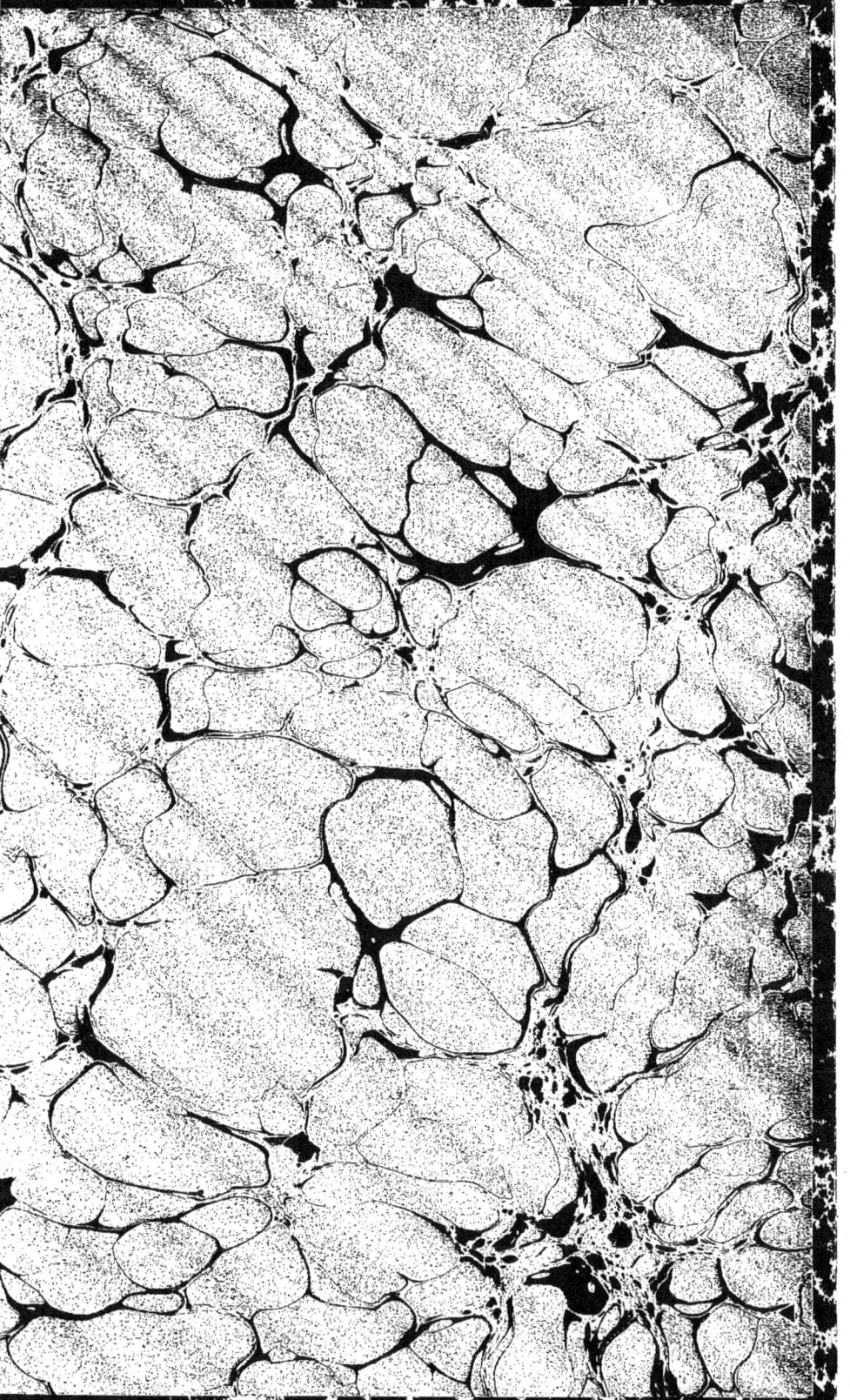